KB042255

한반도미래연구원 기획번역도서

2ND EDITION

비판적 사고와 전략정보생산

Critical Thinking for Strategic Intelligence

Katherine Hibbs Pherson · Randolph H. Pherson

이길규 · 김병남 · 김유은 · 허태회 공역

박영사

추천의 글

찰스 알렌(Charles E. Allen)
전 국토안보부 정보 및 분석담당 차관/전 CIA 수집담당 차장보

당신이 정보업무를 수행하는 정보전문가이거나 또는 정보를 바탕으로 의사결정을 하는 정책결정자이거나를 불문하고 『비판적 사고와 전략정보 생산』 (Critical Thinking for Strategic Intelligence)은 반드시 읽어야 할 필독서이다. 비판적 사고 능력은 분석관뿐만 아니라 수집관, 관리자 그리고 정보사용자에게도 반드시 필요한 필수적인 것이다. 필자가 이전에 정보기관의 고위 관리자로서 보고서 작성을 지시하였을 때 모두들 보고서는 명료하고 논리적이며 신속하게 작성되어야 한다는 것을 알고 있었다. 가장 쓸모없는 보고서는 이미 알려진 사실이나 누구나 상상할 수 있는 당연한 것을 성의 없이 나열하여 기억나는 대로 작성한 쓰레기 더미와 같은 것들이다. 내가 필요로 하는 보고서는 사실에 기초하여 충분한 타당성을 가진 것이었다. 캐시(Kathy)와 랜디 퍼슨(Randy Pherson) 은 이러한 결과를 도출할 수 있는 분석과정을 가장 잘 수행하기 위해 필요한 것들을 정확하게 알려주는 책을 출간하였다.

필자는 정보분석 실무자들이 업무를 수행할 때 비판적 사고를 활용하는 데 도움이 되는 서적의 필요성을 오랫동안 느끼고 있었다. 정보분석의 환경이 나날이 복잡해지는 것을 고려하면 이 같은 필요성을 더욱 절감하게 된다. 이 책은 실무자들이 분석과정에서 직면하게 되는 어려움들을 포괄적으로 해결할 수 있도록 기획되었으며, 일상적으로 마주치는 20여 개의 질문을 중점적으로 다루고 있다. 가장 염두에 두어야 할 중요한 지침은 새로운 과제에 착수하기 전에 잠시 곰곰이 생각해 본다는 것이다. 해결하여야 할 문제의 틀을 구상하고 핵심을 정리하며 분석의 범위를 정하기 위해 적절한 시간을 사용하는 것은 나중에 불필요하게 많은 시간을 허비하는 것을 예방할 수 있다.

이 책의 저자들은 유용한 정보를 얻기 위한 방법에 대해 여러 가지 좋은 조언을 아끼지 않는다. 특히 중요한 것은 정보의 출처가 신뢰할 만한 것인지, 기만적인 속임수는 없는지, 그리고 어떤 주의사항을 점검해야 하는지를 판단할 수 있는 유용한 검토 목록이 있다는 점이다. 저자들은 좋은 분석 결과를 만들어 내는 방법뿐만 아니라 분석 결과를 설득력 있게 구성하는 방법에 대해서도 알려주고 있다. 저자들은 대부분의 시간을 미국 정부를 위한 분석관으로서 근무하였지만, 캐나다와 영국의 정보기관에 근무하는 동료들로부터 얻은 통찰력 있는 정보도 풍부하게 제공하고 있어 분석관들이 활용하기에 적절한 관점과 모델을 제공하고 있다. 『비판적 사고와 전략정보 생산』은 분석관이 작성하는 모든 문장과 문단마다 그 출처를 요구하는 최근의 추세에 대응하여 정보생산자들에게 일종의 예방접종과 같은 도움을 줄 수 있을 것이다. 단편적인 보고서가 주류를 이루는 이 시기에 분석관들이 전문분석 기법을 완벽하게 체득하고, 이것을 바탕으로 독자적으로 생각하고, 적절한 정책판단을 하며, 경고정보를 생산할 수 있게 되는 것은 매우 중요하다.

탁월한 정보에 대한 수요가 계속 증가하고 있어 정부와 학계에서도 공식적으로 정보분석 훈련을 확대하는 추세이다. 이 책은 정보업무를 하는 실무자들뿐만 아니라 학생들도 가장 우선적이고 필수적으로 습득해야 할 내용으로 구성되어 있다. 또한 첨부되어 있는 다섯 개의 사례연구가 강의교재로서 큰 도움이 될 것이다. 사례연구들은 국방예산에서부터 사이버와 식품안전 등 다양한 주제를 다루고 있는데, 각각의 사례는 분석기법을 광범위한 이슈에 활용하는 방법에 대해 생생하게 설명해주고 있다.

또한 이 책은 정보학 분야에서 미국은 물론 세계적으로 호평을 받는 랜디 퍼슨 등이 저술한 다음과 같은 7권의 서적을 보완하는 성격도 가지고 있다. 『분석보고서 작성법』(Analytic Writing Guide), 『분석보고서 생산 가이드』(Analytic Production Guide), 『분석 브리핑 안내』(Analytic Briefing Guide), 『분석도구와 분석기법 핸드북』(Handbook of Analytic Tools and Techniques), 『정보분석을 위한 구조화 분석기법』(Structured Analytic Techniques for Intelligence Analysis), 『정보분석 사례연구: 구조화 분석기법의 실제』(Case in Intelligence Analysis: Structured Analytic Techniques in Action), 『디지털 시대의 정보소통: 안보 변환과

국방』(Communicating Intelligence in the Digital Era: Transforming Security, Defence and Security). 독자들이 이들 최신 서적을 자신의 서가에 구비한다면, 정보기관의 분석역량을 스스로 갖추는 것이 될 것이다.

캐시와 랜디 퍼슨은 『비판적 사고와 전략정보 생산』을 통해 기업과 정부에서 일하는 바쁜 고위 정책결정자들의 분석적 요구를 만족시키는 방법에 대해 최고의 안내를 제공하고 있다. 저자들은 정보분석이 어떻게 하면 직접적이고 실용적으로 활용될 수 있는지에 초점을 맞추었다. 또한 이 책은 비판적 사고 기법에 대해 정보 수집관, 분석관, 사용자 모두에게 필요한 내용을 다루고 있다. 미국 정보기관과 국토안보부에서 근무한 개인적인 경험을 기초로 생각해 보면, 이 책은 분석능력을 향상시켜 줄 수 있는 소중한 안내서가 될 것이라고 확신한다. 이 책을 읽으면서 아쉬운 것은 오직 좀 더 빨리 출간되었으면 좋았을 것이라고 하는 생각뿐이다.

서 문

2009년, 저자 중 한 명이 유명한 경영 대학원에서 기업경영 분석에 구조화 분석 기법을 활용하는 가치에 대해 강의를 한 적이 있다. 그는 대략적인 개요를 잡고 시작하는 것이 분석보고의 질을 향상시키면서도 동시에 어떻게 시간을 절약할 수 있는지에 대한 토론으로 강의를 시작했다. 분석관은 개요를 작성하거나 스케치 혹은 흐름도를 만들어 놓으면 이용 가능한 정보를 조직화할 수 있고, 논지의 핵심 맥락을 발전시킬 수 있으며, 부족한 지식을 용이하게 파악할 수 있다. 불과 몇 분만 투자하면 되는 이 간단한 작업은 무조건 덤벼들 때보다 몇 시간, 혹은 몇 일간의 노력을 절약하게 해 준다. 저자는 예를 들면 핵심가정 점검기법(key assumptions check)과 같은 구조화 분석기법을 사용하는 단순한 예를 보여줌으로써 커다란 정보실패는 물론 일반적인 인지적 오류를 피할 수 있다고 생각하였다.

놀라운 사실은 학생들의 약 1/3만이 보고서를 작성하기 이전에 개요를 준비한다고 한 것이었다. 이것은 특이한 경우가 아니었다. 우리는 다른 기회에 정부기관에 입사하는 신임 분석관들에게도 똑같은 질문을 하였는데 보통은 절반 이상이 보고서 작성계획을 수립하기 위한 스케치나 개요를 미리 준비하지 않는다고 하였다.

강력한 인터넷 검색엔진의 발전으로 보고서 작성절차도 변화하였다. 학생들이 널리 하는 방법은 검색엔진을 사용하여 주제와 관련된 정보나 문서를 찾아내고, 최적의 출처를 선별한 다음, 가장 적절한 부분을 선택하여 복사 및 붙여넣기를 하고, 이것을 편집하여 최종 보고서로 만든다.

의심스러운 것은 과연 이러한 과정에서 비판적 사고가 발휘되느냐 하는 것이다.(책 뒷표지 안쪽의 분석관 로드맵 참고). 학생들은 보고서의 작성을 준비하면서 실질적인 핵심 논지를 개발하였는가? 제기된 모든 핵심 질문들에 대한 타당성이 검토 되었는가? 모든 가정이나 대안적인 가설에 대해 검증이 되었는가? 상반되는 증거 및 정보 또는 논리의 갭(gap)에 대해 확인했는가?

　우리들은 구글 세대의 작성자들이 무시하기 쉬운 이 모든 과정들이 우수한 양질의 분석 보고서를 생산하는데 필수적이라고 믿는다. 이 책은 정부와 민간 분야의 분석관들뿐만 아니라 학생들에게도 정보분석 과정을 더욱 치밀하게 하고 신뢰성 있는 최종 보고서를 생산하는데 실질적인 지침을 제공하고자 하는 의도에서 기획되었다.

독자층

　우리들은 더욱 영민하게 생각하고 더욱 글을 잘 쓰기 위해 최선의 방법을 찾는 이들을 위해 이 책을 집필하였다. 이 책의 체계는 정보 분석관, 정보 관리자, 정보 교육자 그리고 기업 컨설턴트로서 활동한 과거의 경험을 기초로 하여 구성하였다. 따라서 이 책은 우리가 주로 활동했던 미국 정보공동체의 범위를 넘어 다른 이들에게도 충분한 가치가 있을 것으로 믿는다.

　훌륭한 정보분석을 한다는 것은 일종의 과학이자 기술이다. 정부기관이나 민간분야에서 업무를 하는 분석관들은 보다 완벽한 보고서 작성 방법을 익히거나, 개념적 분석기술을 발전시키거나, 새로운 분석기법을 습득하는 데 이 책을 활용할 수 있다. 우리는 장차 분석관을 지망하는 대학생들이 보다 중요한 독자이고, 고등학교와 그 이전의 학교 교육을 담당하는 교사들에게도 이 책이 도움이 될 것으로 생각한다. 모든 연령대의 학생들이 자신의 일상생활을 개선하고 직업능력을 향상시킬 수 있도록 하기 위해 교사들은 비판적 사고의 기본원리에 대해 숙지하고 있어야 한다.

내용과 편성

　이 책은 분석관이 자료를 조사하여 보고서 초안을 구상하고 분석 결과를 보고서로 작성하고자 할 때 마주치게 되는 핵심적인 20가지 질문을 중심으로 구성되었다. 우리는 20가지 질문을 분석 보고서를 생산하는 4단계에 따라 4개의 그룹으로 구분하였다.

1. 어떻게 시작해야 하는가?
2. 필요한 정보는 어디에서 구할 수 있는가?
3. 나의 논점은 무엇인가?
4. 나의 메시지를 효과적으로 전달하는 방법은 무엇인가?

우리는 오랫동안 무엇을 학습하기 위한 최상의 방법은 직접 해보는 것이라고 주장해왔다. 이 책을 집필하면서 저자들은 독자들이 핵심 포인트를 더욱 잘 이해할 수 있도록 하기 위해 몇 개의 사례연구를 포함시켰다. 사례연구는 정치, 경제, 군사, 사이버와 보건 관련 이슈 등 다양한 범위의 주제를 다룬다. 각 장의 마지막에 있는 일련의 질문을 통해 교수와 학생들이 강의의 핵심 포인트가 충분히 이해되었는지 확인할 수 있도록 하였다.

독자들이 잠시 활동을 멈추고, 책 전반에 걸쳐 있는 그림박스(feature box)를 이용하여 어떤 구조화 분석기법이 각 장에서 논의된 활동에 가장 적합한지를 확인할 수 있도록 하였다. 또한 우리가 좋아하는 약간의 인용구와 확실한 내용의 그래픽과 텍스트 박스를 삽입하였다. 책 뒷표지 안쪽에 분석관 로드맵(Analyst's Roadmap)을 그림으로 표시하여 이 책의 핵심 요지를 한 페이지로 요약하였다.

이 책을 구입하는 정부기관 및 민간분야의 분석관을 포함한 모든 교육자들은 각 장의 마지막에 있는 질문에 대한 답변을 PDF 파일로 무료로 다운로드 받을 수 있다. 책에 포함되어 있는 그래픽 또한 JPEG 및 PPT 슬라이드로 다운로드 받을 수 있다. 웹 페이지는 다음과 같다.
http://college.cqpress.com/sites/intel−resources/.

감사의 말

이 책을 집필하는 데 큰 도움을 준 고든 바라스(Gordon Barrass), 더글라스 벡(Douglas Beck), 앤소니 캠벨(Anthony Campbell), 레이 컨버스(Ray Converse), 잭 데이비스(Jack Davis), 애버릴 패럴리(Averill Farrelly), 에드워드 패럴리(Edward Farrelly), 닉 해어(Nick Hare), 맷 졸리(Matt Jolly), 릭 질(Rick Gill), 조오지아 호머(Georgia Holmer), 루 카이저(Lou Kaiser), 로라 렌즈(Laura Lenz), 조 마코비츠(Joe Markowitz), 프랭크 마쉬(Frank Marsh), 게리 올슨(Gary Oleson), 존 파이릭(John Pyrik), 메리 오설리번(Mary O'Sullivan), 토드 시어스(Todd Sears), 케빈 셔먼(Kevin Sherman), 신시아 스토어(Cynthia Storer), 데이비드 테리(David Terry), 구드문드 톰슨(Gudmund Thompson)에게 감사드린다. 또한 사례연구 부문에 있어 "항공모함 시대의 종식"(The End of the Era of Aircraft Carriers) 부분에 도움을 준 알리샤 갠더(Alysa Gander), "독일의 식중독 사건의 수수께끼"(Puzzling Food Poisonings in Germany) 와 "2008년 미국 금융위기는 예방할 수 있었는가?"(Financial Crises in the United States: Chronic or Avoidable?)부분에 도움을 준 메리 보드맨(Mary Boardman), 그 외에 사례분석의 그래픽 작업에 도움을 준 데이비드 서튼(David Sutton)에게 고맙다는 말을 전한다.

또한 책을 집필하는 과정에서 초판본의 원고를 정독하고 편집 및 수정과정에서 여러 가지 귀한 제안을 해 준 리차즈 휴어(Richards J. Heuer Jr.), 엘렌 케인(Ellen Kane), 메릴린 스콧(Marilyn Scott)에게도 큰 도움을 받았다. 또한 그 밖에도 그래픽 작업이나 책의 일부를 검토해 주고, 사례연구들을 검증하고 비평하며, 편집 및 교정에 힘써 준 니가 아자지(Nigah Ajaj), 리차드 헤이어스(Richard E. Hayes), 윌리엄 존슨(William Johnson), 아만다 퍼슨(Amanda Pherson), 리차드 퍼슨(Richard Pherson), 폴 필라(Paul Pillar), 데이비드 라머(David Ramer), 조수아 로브너(Joshua Rovner), 카렌 샌더스(Karen Saunders), 케빈 셔먼(Kevin Sherman), 마이클 스콧(Michael Scott)에게도 감사하게 생각한다. 런던 정치경제 대학교(London School of Economics), 미시시피 주립대학교(University of Mississippi), 제임스 메디슨 대학교(James Madison University)의 학생들 그리고 국제정보교육학회(International Association for Intelligence Education: IAFIE) 및 국제학학회(International Studies Association: ISA) 학술대회에서 이 책의 각 장에 여러 가지 고마운 논평을 해준 토론자들께도 감사의 말을 전하고 싶다.

이번 제2판을 위해 제10장과 예멘의 사례연구 수정에 힘써 준 스테시 카민스키(Stacey Kaminski), 카렌 샌더스(Karen Saunders) 그리고 금융위기 사례연구의 내용을 보완해 준 메리 보드맨(Mary Boardman), 스턱스넷(Stuxnet) 및 항공모함 사례연구의 내용을 보완해 준 리안 라슨(Ryan Larson)과 레이니 젤(Laynie Zell)에게도 무한한 감사를 드린다. 리안 라슨은 예전 동료 데일 애버리(Dale Avery)가 그러하였듯이 제임스 메디슨 대학의 스티브 매린(Steve Marrin) 교수가 제1판을 사용하여 수업한 강의를 수강한 학생으로서 다른 학생들과 함께 귀한 의견을 제공해 주었다. 또한 제13장 및 제18장과 예멘 사례연구에서 새로운 그래픽 작업을 해 준 저자의 자녀들 아만다 퍼슨(Amanda Pherson)과 교정을 보아 준 리차드 퍼슨(Richard Pherson)에게도 고마운 말을 전하며 글을 마친다.

책임문제(Disclaimer)

TH!NK Suite®와 그 외에 함께 사용된 보조 프로그램 즉 Te@mACH®, Indicators Validator®, Multiple Hypotheses Generator®, Quadrant Crunching™, Indicators Validator™, Opportunities Incubator™은 글로벌리티카(Globalytica)의 지식재산권으로서 이 회사의 허가를 받아 사용하였다. 이 책의 모든 견해와 사실, 분석에 관한 문구들은 저자들의 입장에서 해석된 것이며 CIA 및 미국 정부 기관의 어떠한 공식적 입장을 반영한 것이 아니다. 본문 내용 중 저자들의 어떠한 견해도 미국, 영국, 캐나다 정부의 확인을 받은 것으로 이해되거나 정보의 진위가 공식적으로 입증된 것으로 간주되어서는 안 된다. 또한 이 책은 비밀유출을 예방하기 위하여 CIA에 의해 사전에 검토되었음을 밝힌다.

저자 소개

캐더린 힙스 퍼슨(Katherine Hibbs Pherson)은 구조화 분석기법의 활용 및 안보 이슈 그리고 강력한 분석공동체의 구축에 대해 정부와 민간업체에 자문하는 컨설팅 회사인 Globalytica(LLC)의 회장직을 맡고 있다. 또한 그녀는 안보학회인 ASIS International과 스페인의 레이 후안 카를로스(Rey Juan Carlos) 국립대학의 석사과정에서 구조화 사고와 발표법에 대해 강의하고 있다. 또한 그녀는 국가정보 및 안보학회(Intelligence and National Security Association)의 안보정책개혁 자문위원회(Security Policy Reform Council)에서 부위원장을 맡고 있으며, 정부와 기업 간에 일련의 생산적 교류를 가능하게 한 "안보개혁을 위한 다음 단계: 국가안보계약에 있어 비용절감과 효율성 증진을 위한 기업 제안"(Next Steps for Security Reform: Industry Proposals to Enhance Efficiency and Reduce Costs in National Security Contracts)의 최초 입안자이기도 하다.

그녀는 또한 퍼슨 어소시에이츠(Pherson Associates, LLC)의 CEO로 재직하고 있으며, 비판적 사고능력과 구조화 분석기법에 대한 효율적 활용을 장려하기 위해 미국 및 유럽 전역의 대학 강의를 목적으로 2011년 설립된 비영리 단체인 "분석역량강화 포럼 재단"(Forum Foundation for Analytic Excellence)의 설립이사이다. 지난 2000년 정보와 안보 분석관 및 관리자로서 27년간 재직했던 CIA에서 퇴직했다. 안보분야에서의 타고난 리더십으로 위험관리(risk management) 방법론의 적용, 해외안보대책 강화, 그리고 불법 접촉문제 처리의 개선 등 안보분야에 있어 많은 업적을 이루었다. CIA 보안평가국장으로 재직하면서 침해사고를 겪은 모스크바 주재 미국 대사관을 재건하는 정보공동체의 업무를 관장하기도 하였다. CIA의 최고 훈장(Distinguished Career Intelligence)과 정보공동체(Intelligence Community)의 최고 훈장을 수상하였다. 바사르 대학(Vassar College)에서 학사를 마치고, 일리노이 대학에서 스페인어 및 라틴 아메리카 연구로 석사학위를 취득하였으며 오클라호마 대학에서 커뮤니케이션학 석사학위를 받았다.

랜돌프 퍼슨(Randolph H. Pherson)은 글로벌리티카(LLC)의 최고경영자로서 정부와 기업의 구조화 분석역량 강화사업을 지원하고 있다. 그는 구조화 분석기법, 비판적 사고 및 보고서 작성법, 전략적 통찰력 분석, 디지털 시대의 정보소통 분석 등 7권의 책을 저술한 바 있다. 리차즈 휴어와 협력하여 경쟁가설 분석(Analysis of Competing Hypotheses: ACH) 방법론을 개발했으며, 2015년 개정판이 나온 『정보분석을 위한 구조화 분석기법』의 공동 저자이기도 하다. 퍼슨은 런던 정경대학교, 리버풀 홉 대학교, 베를린의 헤르티－거버넌스 학교, 마드리드의 후안카를로스 대학교(Universidad Rey Juan Carlos), 바르셀로나 자치대학교(Autonomous University of Barcelona) 등에서 강의하고 있다. 또한 웹 기반의 소프트웨어, TH!NK Suite®를 개발하여 그 특허권을 소유하고 있다.

그는 또한 퍼슨 어소시에이츠(Pherson Associates)의 회장이고, "분석역량강화 포럼 재단"의 이사이기도 하다. 2000년 남미 담당 국가정보관을 마지막으로 미국 정보공동체에서의 28년 경력을 마치고 퇴직하였다. 이전에 CIA에서 "세계적 불안정성"이라는 문제로부터 라틴 아메리카 지역문제에 이르기까지 광범위한 주제의 정보분석을 담당하였으며, 감찰관(Inspector General) 보좌역으로 재직하면서 CIA를 위한 전략기획 절차를 개발하기도 하였다. 라틴 아메리카 담당 국가정보관으로서의 공로가 인정되어 CIA의 최고 훈장을 받았으며 다트머스 대학(Dartmouth College)에서 학사를, 예일 대학교(Yale University)에서 국제관계학 석사학위를 받았다.

제 2판 안내

우리는 『비판적 사고와 전략정보 생산』의 초판본을 집필하면서 주 독자층이 업무능력개선을 원하는 비교적 경력이 짧은 초임 분석관이 될 것이라고 생각하였다. 그러나 과거 3년간 미국과 해외의 많은 학생, 교수, 정보관리자들의 의견을 청취하고 정부기관 및 학교에서 강의를 하면서 얻은 경험에 의하면 비판적 사고능력을 효과적으로 활용하기를 원하는 독자층이 훨씬 더 광범위하고 전 세계적으로 존재한다는 것을 확신하게 되었다.

예를 들어, 한 대학의 교수가 우리에게 이야기한 바에 의하면, 그가 학생들에게 졸업논문을 준비할 때 이 책을 활용하도록 소개했을 때 학생들은 그 때까지 대학에서 과제를 수행하는 기본적인 방법을 안내하는 책이 없었다면서 불만을 표시했다고 하였다. 그 학생들 중의 한 명은 우리와 함께 일하고 있는데 우리에게 동료들의 제안을 전달하는 등 이 책에도 많은 기여를 하여 감사의 말에서 이름을 밝혔다.

이번 제2판에서는 더욱 많은 독자들이 흥미를 가질만한 몇 가지 이슈와 지난 초판본 이후 더욱 중요성이 높아져 분석관들의 관심을 끌고 있는 새로운 상황들도 포함시켰다. 여기에는 인지적 기능과 구조화 분석기법이 분석결과에 미치는 영향, 효과적인 연구전략, "빅 데이터"와 강력한 자동화 도구들의 영향, 디지털 시대의 분석 결과물의 생성과 전달, 계량적 데이터와 통계를 해석하고 제시하는 방법, 정확하고 더욱 설득력 있게 그래픽을 작성하는 방법 등이 포함된다.

좋은 분석이란 복잡한 이슈에서 핵심적인 부분을 도출하여 명확하게 구성해내는 것을 말한다. 분석관은 데이터를 분석하고 제시하여 설득력 있는 최종 결론을 도출하는 가장 좋은 방법을 모색해야 하며, 한 걸음 더 나아가 분석결과의 의미와 효용성을 내다볼 수 있어야 한다.

분석관의 일에는 절대로 완성이나 완벽이란 없다. 분석의 결과는 시간이 지나게 되면 항상 상황의 변화에 따라 개선되거나 보완되어야 한다. 우리는 독자들이 『비판적 사고와 전략정보 생산』 개정판이 더욱 적절하게 개선되었다고 생각하기를 바란다.

캐시(Kathy) 와 랜디 퍼슨(Randy Pherson)

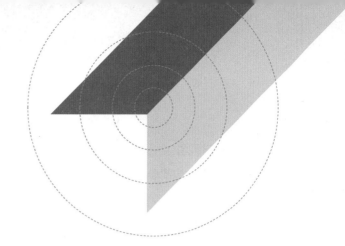

안 내

왜 이 책이 필요하고, 지금 필요한가?

　이 책을 쓰려고 할 때 주변의 가까운 동료가 비판적 사고에 관한 책의 저술 필요성을 강조하는 "비판적사고: 국가적 결핍 중의 하나"라는 표어를 전해 주었다. 이 책의 목표는 바로 그러한 국가적 결핍을 채우는 것이다.

　인터넷을 찾아보거나 도서관의 카탈로그를 찾아보면 수많은 책들이 논점을 구성하고 직관과 합리적인 추론을 구분하는 방법에 대해 상세하게 기술하고 있고 또한 매일 부딪히는 도전과제의 해결에 우리의 경험을 활용할 수 있도록 두뇌의 작용을 연구하는 책들이 무수히 많다는 것을 알 수 있다. 학계 전문가와 논리학자, 연구자들은 고도로 정교하게 설계된 실험을 수행하고 조사연구를 수행하며 그 결과물에 대한 상세한 설명을 붙여 책으로 출간한다. 또 어떤 이들은 이러한 원리들을 분석 분야에 적용하거나 분석관이 어떤 사건을 예측하는 데 실패한 이유를 진단하거나 사건을 해체하여 뼈아픈 교훈을 도출하는데 활용하기도 한다. 이 모든 활동들은 비판적이며 분석적인 사고의 중요성을 이해하는 데 중요한 기여를 한다. 그러나 이러한 활동 자체가 분석적 사고력을 향상시키거나 분석 결과를 개선하는 것은 아니다.

　문제의 원인은 상당히 간단하다. 너무 정보가 많기 때문에 분석관이 모든 정보를 완전히 이해하고 해석하는 데 시간이 부족한 것이다. 자동화된 정보 검색과 보조 추출장치를 활용하더라도 분석관은 자신의 방식으로 이슈를 이해하고 가장 눈에 띠는 데이터만을 인지하고 그렇지 못한 자료 즉 잘못되거나 오해의 소지가 있거나 도움이 되지 않는다고 생각하는 자료들은 배제한다. 그러면 정보 분석관은 어떻게 최고의 비판적 사고방식을 찾아 낼 것인가? 그리고 이보다 더 중요한 것은 어떻게 하면 비판적 사고방식을 매일의 업무수행에 가장 효과적으로 활용할 수 있을 것인가?

해결책은 다음과 같은 네 가지 방법을 활용하는 것이다. 대부분의 분석관은 네 가지 방법을 모두 활동하여 도움을 얻을 수 있을 것이다.

1. 숙련된 관리자와 멘토들이 진행하는 현장실무훈련(on-the-job-training)
2. 초급, 중급, 상급으로 구분된 교육과정과 워크숍
3. 개선된 분석기법의 적용
4. 자기 주도적 학습(self-initiated study)과 실습 및 경험

현장실무훈련(on-the-job-training)

어떤 분석관은 다양한 출처의 첩보들을 뛰어난 통찰력과 추론으로 수월하게 통합하여 어려운 문제를 다루는 고객들의 의사결정에 도움을 제공함으로써 분석의 세계에서 성공적인 사고방법을 자연스럽게 터득하기도 한다. 그러나 대부분의 분석관들은 혼란에 빠지지 않도록 자료를 단순화하고 복잡한 문제를 효과적으로 다룰 수 있는 사고방식을 습득하기 위해 개인교습이나 일정한 교육과정을 거쳐야 한다.

불행하게도 관리자와 멘토들이 모두 같은 능력을 갖고 있는 것은 아니다. 우리는 1970년대 중반에 대학의 특별프로그램을 통해 미국 정보공동체에 들어왔지만, 아직도 훌륭한 분석관이 되기 위한 보고서작성 현장 실무훈련이 필요하다고 생각한다. 우리는 자신의 사고방식과 자료해석이 타당하다는 것을 설명해야 하였고, 매일 다양한 문장을 수정하는 작업을 하였다. 우리는 감독관 책임 하에 자신이 담당한 업무에 대해 관념적 틀(mental frameworks)을 갖게 되었고, 자신의 관념적 틀과 관련된 모든 정보를 확보하였으며, 사건과 그 함의에 대해 신속하고 간결하게 보고서를 작성하였다. 만약 우리가 특정한 데이터에 집착하거나 과도하게 데이터를 수집하려고 하면 감독관은 보다 좋은 방법을 알려주었다.

교육과정

　교육은 실무를 통해 배운 점을 다시 상기하게 해주고 우리의 분석기술에 추가적인 관점을 제공해 주기도 하였지만, 숙련된 분석관인 관리자와 보고서 편집자들의 날카로운 검토와 지적을 통해 배우는 실무와 비교하면 상대적으로 중요도가 낮았다.

　이러한 점은 오늘날에도 마찬가지이다. 더욱 도전적이고 복잡해지는 글로벌 시대를 맞아 불완전하고 모호한 첩보로부터 의미 있는 정보를 도출할 것을 분석관들에게 기대하게 된다. 9/11 사건 이후 70개 이상의 정보통합센터(fusion center)가 미국 전역에 설립되었다. 많은 글로벌 기업들은 사이버 공격과 돈 세탁의 위험에 대비하기 위해 특수분석팀을 신설하기도 하였다. 이들의 고객들은 종종 분석관을 신비한 힘을 가진 초능력자처럼 생각하여 수많은 데이터의 홍수 속에서 중요한 정보를 찾아내어 몇 주만에 복잡한 문제의 해결책을 찾아내고 재앙과 같은 실책이나 사건을 피할 수 있는 보고서를 만들어 낼 것으로 기대한다. 어려운 수학적 증명이 이루어지면 "기적이 일어났다"고 했던 시드니 해리스(Sidney Harris)의 만화처럼 분석관들은 수립된 시스템, 발전시켜 온 절차, 공유된 첩보를 활용하여 유익한 결과를 도출하는 인간의 두뇌 역할을 하는 중요한 연결마디가 되고 있다. 비록 그들이 "분석관"이라는 직함으로 업무를 수행하지만, 많은 사람들은 이러한 높은 기대를 충족시킬 수 있는 비판적 사고 기술과 지식이 부족하며, 교육이나 훈련 프로그램도 이들을 그러한 수준으로 향상시키는 것은 어렵다.

　국가정보, 국토안보, 법 집행, 국방, 기업분야를 불문하고 우리가 가르치고 멘토를 담당했던 분석관들은 그들이 받은 훈련 프로그램에 감사를 표하면서도 수업이 다소 설명적이거나 이론적이라고 하였다. 그들은 다소 "흥미 있는 것"에 대해 배우기는 하지만 실제로 어떻게 분석을 하는지 배우지 못하고, 자신이 분석을 잘하고 있는지 확인하는 방법에 대해 배우지 못한다. 어떤 학생은 강의 평가서에서 "저는 무엇이 중요한지에 대해서는 더 이상 알고 싶지 않습니다. 저는 그것을 어떻게 찾아내고 알 수 있는지 알고 싶습니다."라고 하였다. 결론적으로 그들은 무엇을 분석해야 하는지 보다는 어떻게 분석해야 하는지에 대해 교육받기를 원하는 것이다.

분석기법

    정보기습이나 분석적 결함에 대한 과거의 대응을 살펴보면, 개선을 위해 제안된 내용들은 심하다고 할 정도로 모두 유사하다. 정보실패에 관한 대부분의 사후검증 분석은 분석관이 오래된 정보나 잘못된 정보를 사용했거나 심리적 사고방식에 문제가 있어 대안적 설명을 찾아내는데 실패했다고 결론을 내리고 있다. 이라크 대량살상 무기 위원회(Weapons of Mass Destruction Commission)의 보고서에서 언급된 "미흡한 전문지식"이라든가 9/11위원회(9/11 Commission)의 "상상력의 실패"와 같은 지적 내용은 정보분석 프로세스에 보다 높은 엄밀성과 창의성이 요구된다는 것을 시사한다. 유사한 비판이 기업정보 분야에도 해당된다.

    정부는 분석의 취약점을 보완하기 위해 새로운 분석모델, 새로운 알고리즘, 새로운 컴퓨터 툴을 개발하기 위한 연구개발 사업에 중점을 두었다. 불행하게도 대부분의 정부 투자는 정보수집이나 데이터 마이닝(data mining), 기타 IT 인프라 개선에 책정되었고, 분석절차를 개선하는 데에는 거의 배정되지 않았다. 일부 대기업들은 이러한 과제를 해결하기 위해 이제 관심을 갖기 시작하였으나, 분석의 생산성을 향상시키기보다는 오히려 억제시키는 소프트웨어 개발에 투자하는 경우도 있었다.

    R&D 투자는 오직 소수의 사례에서만 성과를 이룩하여 실제로 분석관의 일상에서 요긴하게 활용할 수 있는 소프트웨어가 개발되었다. R&D 프로그램은 정교한 알고리즘을 이용하여 뒤엉켜 있는 자료로부터 해결방안을 찾아낼 수 있는 분석도구를 개발할 수 있다. 그러나 오늘날 실무를 하는 분석관들은 이러한 시스템을 거의 사용하지 않는다. 보다 선호하는 것은 분석관의 사고를 구조화할 수 있고, 동료들과 함께 공동으로 문제를 해결할 수 있으며, 무엇보다 중요한 시간을 절약할 수 있는 간편한 도구를 개발하는 것이다.

    가장 성공적인 사례는 이라크 대량살상무기 정보실패 훨씬 이전으로 거슬러 올라간다. 1960년대에 있었던 노센코(Nosenko) 이중스파이 사건 논쟁의 결과로 리차즈 휴어(Richars J. Heuer Jr.)는 인지심리학을 연구하여 경쟁가설분석(Analysis of Competing Hypotheses)이라고 하는 학문적 연구방법과 같은 형태의 분석기법을 개발하였다. 이 방법은 1999년 CIA에서 『정보분석 심리학』(*Psychology of Intelligence Analysis*)이라는 책자로 발간되었고, 현재 미국 정보공동체에서 표준적인 분석기법으로서 교육되고 있다.[1] 이 분석기법은 분석관들에게 훌륭한 진단도구로서 정평이 있다. 심지어 신속한 평가가 절실하게 필요하거나 현용정보(current intelligence) 보고를 작성하고 있는 분석관들도 경쟁가설분석을 활용하여 지속적으로 입수되는 선행가설(lead hypotheses)과 일치하지 않는 자료들을 계속 검토하는 것이 중요하다는 것을 알게 되었다.

자기 주도 학습(Self-Study)

숙련된 관리자, 잘 조직된 교육과정, 유용한 분석기법이 부족함에 따라 많은 분석관들은 이러한 문제를 극복하고자 스스로 노력하는 자기 주도 학습 프로그램에 참여하였다. 이 경우에 당면하게 되는 가장 큰 어려움은 좋은 사례연구와 온라인 등을 통해 즉시 활용할 수 있는 강의자료가 부족하다는 점이다.

대부분의 분석관들은 늘 심각한 시간 압박을 받고 있고 접근할 수 있는 자료가 부족하다. 그들은 이러한 문제를 해결할 수 있는 단순하고도 좋은 해결방안이 필요하다. 이 책은 분석적 사고를 하는 데 가장 중요한 20개의 질문을 통하여 이러한 문제를 해결할 수 있도록 실용적인 조언과 쉽게 이해할 수 있는 대답을 제시하였다. 다음과 같은 방법을 고려한다면 분석역량 향상을 위한 4가지 방법을 실행하는 데 도움이 될 것이다.

---

1 이 책은 온라인에서 무료로 이용할 수 있다.
   https://www.cia.gov/library/center-for-the-study-of-intelligence/csi-publications/books-and-monographs/psychology-of-intelligence-analysis/PsychofIntelNew.pdf. 이 책은 Pherson Associates, LLC에서 재발행되어 다음 사이트에서 종이책 형태로 구매할 수도 있다. https://shop.globalytica.com.

1. 만약 당신이 개념화하거나 보고서를 작성할 때 지도해 줄 숙련된 감독관이나 멘토가 없다면 이 책을 안내서로서 활용한다.

2. 수업에서 배운 것을 다시 복습하고자 하거나 가장 주의를 기울여야 할 중요한 부분을 찾아보고자 할 때 이 책을 교재로서 활용한다.

3. 당신이 해결해야 할 문제에 대해 과연 가장 적절한 기법을 선택한 것인지 확인하고자 할 때 이 책의 여러 장에서 소개된 기법에 대해 좀 더 심층적으로 학습한다.

4. 당신이 학습한 것을 확인하고 핵심 학습 포인트를 놓치지 않았는지 점검하기 위해 사례연구를 읽고 연습문제 풀이를 한다.

우리는 연습을 통해 좋은 분석을 할 수 있는 방식을 터득할 수 있다. 훌륭한 분석관에게 어떻게 많은 주제를 다루면서 동시에 세부적인 사항을 전부 기억할 수 있는지 물어보면 종종 "두려움" 때문이라고 답한다. 분석관들은 시간과 분석과정의 제한 속에서도 학문적 엄밀성을 추구함으로써 커다란 실수를 피할 수 있게 된다. 실패의 두려움을 경감시킬 수 있는 가장 좋은 방법은 핵심적인 비판적 사고기술을 내면화하고, 고객의 진정한 요구사항을 지속적으로 확인하며, 주장의 논지를 설득력 있는 논리로 전개하고, 핵심 가정을 점검하며, 일치하는 않는 자료를 찾아내고, 가능한 한 복수의 설명을 해 보려고 노력하는 것이다.

> 철학적 관점에서부터 생물학적 관점에 이르기까지 비판적 사고에 대한 정의는 많지만, 저자들은 오랜 기간 동안 정보 방법론을 연구하고 분석 실무에 종사했던 잭 데이비스(Jack Davis)가 제시한 정의를 따르기로 한다.
>
> "비판적 사고란 전략정보의 특수한 상황에 대하여 과학적 탐구의 가치와 과정을 적용하는 것이다." [2]

---

2 Jack Davis, personal communication, February 24, 2011.

20개의 질문은 왜 중요한가?

이 책의 구성은 학생들을 가르치면서 알게 된 것, 교실에서 토론하면서 공감하게 된 것, 학생들이 커다란 시사점이라고 확인하여 주거나 "아-하"하고 깨닫는 것, 학생들이 실무에 복귀한 다음 나중에 이야기한 것 등을 기초로 하고 있다. 어떤 학생은 교육기간 중에는 해야 할 일들을 기억하지만, 실무에 돌아가면 옛날 습관이 다시 나오게 된다고 고백하기도 하였다. 그 학생은 가능한 한 빨리 일처리를 하는 데 관심이 많았기 때문에 당면한 문제에 대해 "충족시키는" 전략을 선택하여 결과적으로 분석적 결함이 발생하기 쉬울 것이다. 그 학생뿐만 아니라 우리 모두는 실질적으로 업무를 보다 쉽게 할 수 있도록 도와주는 엄격한 분석절차 적용을 생활화하는 것이 필요하다는 것을 항상 기억해야 할 것이다.

시간이 점점 더 귀중한 재화가 되고 있다는 인식에 기초하여 분석기법이 왜 중요한가에 대한 장황한 이론적 논의는 피하면서 분석관이 필요로 하는 것들을 가능한 한 간단한 메시지로 전달하려고 하였다. 이러한 목적에 참고할 수 있는 각주, 용어해설, 추천도서 목록 등도 제시하였다.

우리는 질문항목, 분석단계, 체크 리스트 등을 제공하는 것이 완전한 해법이 아니라는 것을 이해하고 있다. 이러한 것들은 본격적인 학습을 시작하기 위한 하나의 수단에 불과하다. 함정은 항상 세부적인 사항에 숨어있다. 이 책의 20개 장에 포함된 내용을 충분하고 자세하게 습득하여 분석절차를 내면화하고, 이것을 보다 정교하고 종합적인 분석적 노력의 기초로 삼는 것은 독자들의 몫이다.

이 책을 집필하면서 우리는 사람들이 지적인 과제에 접근할 때 호기심이나 노력하는 정도가 다르다고 하는 학습특징과 추론 스타일의 개인적 차이점을 고려하고자 노력하였다. 우리는 일반적인 교육과정에서 학습에 어려움을 겪는 많은 학생들이 우리의 강의에서는 쉽게 학습할 수 있었다고 말해 줄 때 보람을 느낀다. 우리는 이것이 주로 성인교육의 원리를 잘 활용한 덕분이라고 생각하면서 또한 분석이란 논리적인 좌뇌와 창의적인 우뇌를 모두 잘 사용할 때 성공적으로 이루어지는 다각적인 활동이라는 특징을 이해했기 때문이라고 생각한다. 우리는 이 책을 정보분석의 안내서로 활용하여 지속적으로 학습하고, 사례연구를 이용하여 학습이 잘 되었는지 평가해 볼 것을 권고한다.

목 차

PART

1

어떻게 시작해야
하는가?

비판적 사고에 관한 대부분의 강좌나 책들은 논리, 여러 유형의 주장, 인지적 문제점에 관한 것이다. 우리가 가르쳐 온 분석관들은 자신들의 업무 수행을 위한 방법을 배우기를 원했다. 분석관들이 업무를 수행함에 있어 가장 어려움을 겪는 것은 바로 업무에 착수하는 때이다.

분석관들은 일반적으로 어떤 주제에 대한 분석을 시작할 때 우선 그 주제를 다룬 기존의 문서들을 빠르게 검색하고 컴퓨터 데이터베이스에서 가장 좋은 자료들을 선택한 후 그것들을 바탕으로 바로 분석 업무에 몰두하는 경향이 있다. 그러나 우리는 일반적으로 그 주제에 충분히 익숙해지거나 또는 가장 의미가 통하는 범주들이나 가장 핵심적이라 여겨지는 정보들을 인식하고 거기에 초점을 맞추어야만 할 정도로 절박해질 때까지 자료들의 미로 속에서 헤매게 된다. 운이 좋아 세부 정보를 더 수집하고 과거의 역사를 알고 미래를 예측할 수 있는 모델을 구축할 수 있다면 분석 결과는 더 좋아질 것이다.

이러한 전략은 상당한 시간을 소요하게 되는 데 반해 이 저서에서는 더 나은 방법을 제시한다. 제1부에서는 출처를 선별하거나 보고서를 쓰기 전에 취해야 할 일련의 업무들이 무엇인지 보여준다. 성공적 분석의 비결은 특정 소비자를 목표로 행해진 분석으로서 그들이 알기 원하거나 필요로 하는 질문들에 대한 답을 제시하는 것이다. 특정 보고서를 개념화하기 위해 초점을 좁히기 전에 완전한 분석 배경을 고려함으로써 보다 넓은 관점에서 주제에 대해 이해할 필요가 있다(제3장의 이슈 재정의 내용 참조). 제1부의 마지막 장들은 분석을 위해 이용할 수 있는 일련의 접근법과 분석과정에서 다른 접근법을 포함시킬 경우의 장점을 탐구한다.

많은 분석관들은 마감 시간의 압박 때문에 이 모든 것을 행할 시간이 없다고 이야기한다. 그러나 이것은 틀린 것이다. 이는 시간이 빠듯한 것과 관계없이 일관성 있고 통찰력 있는 분석 결과를 생산해 내기 위해 거쳐야 하는 준비 단계이다. 올바른 분석을 하는 데에는 이 책의 뒷표지 안쪽의 분석관 로드맵을 이용하여 단지 몇 분만 할애하면 충분하다. 우선 자신의 작업 환경을 도표화하고, 자료들의 통합과 이해의 속도를 높이기 위해 논리적 사고를 관장하는 좌뇌와 창의성을 관장하는 우뇌 모두를 사용할 필요가 있다.

장기적 관점에서 보면, 제1부에서 제시된 조언들은 분석관의 분석 시간을 상당히 단축시켜 주면서도 더욱 예리한 분석을 하게 해 줄 것이다. 여기에 제시된 분석 인프라가 곧 훌륭한 비판적 사고의 진수이다. 책상에 앉아 있을 때뿐만 아니라 운동할 때나 아침에 일어날 때에도 잠시 생각할 시간을 갖는 것은 중요하다. 자신이 높은 수준의 분석 보고서를 생산할 수 있는지 어떻게 알 수 있을 것인가? 분석관은 정보 소비자가 하는 행동들, 즉 그들이 얼마나 자주 자신의 의견을 구하고자 하는가, 그리고 그들이 하는 행동이 자신의 분석 결과에 의존하는 정도를 추적함으로써 자신의 분석에 대한 성공 정도를 측정할 수 있다.

CHAPTER 1

당신의 고객은 누구인가?

1. 준비사항 점검

어떤 일이나 프로젝트를 시작할 때 분석 보고를 받는 사람이 누구인가를 명확하게 정의하기 위해 잠시 시간을 내어 생각하는 것이 중요하다는 것은 아무리 강조해도 지나치지 않다.[1] 분석관이 어떤 보고서를 준비할 때 다양한 고객집단에게 그들의 이해관계 또는 바람직한 성과에 대해 프레젠테이션 하는 것이 필요하다고 생각하더라도, 구체적인 답변을 제시할 때에는 보고서의 주된 수령자가 누구인가 하는 것이 분명하게 드러나는 경우가 많다. 그러나 분석보고서를 작성할 때에는 이러한 질문이 종종 간과되는데, 그로 인해 분석관과 그들의 조직이 치러야 할 대가는 상당한 것이 될 수도 있다.[2]

분석관과 분석조직의 존재이유는 어려운 문제를 해결하기 위해 폭넓은 첩보를 수집하고 그 중에서 가장 의미 있는 것을 선택한 다음 그것을 알맞게 정리하여 정책결정자에게 제시하는 것이다. 국가안보, 국토안보, 법 집행, 민간 산업분야 등에 종사하는 모든 분석관이 이와 유사한 기능을 수행한다.

하지만 대부분의 정보소비자들은 일반적으로 분석관들이 관심을 갖고 있는 세부적인 첩보의 내용이나 역사적인 자료의 내용보다 더 많은 것들을 원한

---

1 이 책에서는 소비자(customer)와 고객(client)이라는 용어를 다른 의미로 사용하고 있다. 고객은 정보분석의 생산자와 소비자 간에 일정한 관계가 확립되어 있고, 어느 정도의 상호작용이 있을 것이라는 것을 암시한다. 소비자는 일반적으로 단순히 생산품을 받지만 생산자와의 상호작용은 거의 없는 사람을 묘사하는 용어이다. 고객은 서비스 기반 산업에 보다 적합한 용어라면, 소비자는 제조업 기반 산업에 보다 적합한 용어이다. 우리는 분석조직들이 고객 중심적이고 서비스 지향적일 때 가장 성공할 수 있다고 확신한다.
2 이 장에서 사용된 내용은 퍼슨 어소시에이츠(Pherson Associates)의 교육자료에 근거한 것이다 (www.pherson.org).

다. 성공적인 분석관들은 고객들이 묻지 않더라도 스스로 그들의 요구사항과 관심사항을 파악하고 전문지식을 가공하여 "노래하듯이" 전달해 준다. 이를 위해 수행하는 첫 번째 업무는 고객의 임무, 과제, 압박, 그리고 정보 수령자가 무엇을 선호하는지 파악하는 것이다.

2. 심화검토

새로운 분석을 시작하여 분석주제를 파악하기 위해 자료를 읽을 때, 우선 분석관은 분석보고서에 관심이 있거나 기대하고 있을 고객들에 대한 명단을 작성하거나 도표를 만드는 것이 중요하다. 이것은 분석관이 대답해야 할 질문, 수집 및 추적 관찰해야 할 첩보, 보고서의 작성방향을 결정하는 데 도움이 된다. 분석의 결과는 경우에 따라서 특정 고객을 목표로 하기도 하고 여러 고객을 목표로 하기도 한다. 분석관이 지원해야 할 개인 또는 그들의 지위를 명확히 특정할 수 있으면 있을수록 더 좋은 결과물을 낼 수 있을 것이다. 이 명단에는 보고서를 받아 볼 정보기구 밖의 사람들뿐만 아니라 자신의 명령 계통의 상급자들도 포함시켜야 한다.

분석관은 직접 만나거나 대중매체나 동료들을 통해 고객을 파악하는 것이 이상적이다. 분석관은 브리핑하거나 보고서를 제출하는 상대방 및 그들이 분석보고서에 입각하여 정책을 추진하는 것을 상상해 보도록 노력해야 한다. 정보소비자들이 일반적으로 가장 많이 겪는 문제 중의 하나는 효과적인 결정을 내리기 위해 그들이 필요로 하는 모든 자료들을 처리하고 이해할 수 있는 시간이 부족하다는 것이다. 그들이 분석관에게 기대하는 것은 분석관들의 사고능력과 예측능력의 도움을 받아 빠른 시간 내에 정책결정을 위한 통찰력을 얻고자 하는 것이다.

2.1 항상 바쁜 고객에 대한 이해

높은 지위에 있는 고객일수록 그들의 업무 범위는 더 넓고 분석보고서를 읽을 시간은 더 부족하다. 고위층 정보소비자들은 분석관이 보고서를 작성하거나 다른 지원업무를 할 때 고려해야 할 몇 가지 공통된 특성이 있다.

* 그들의 시간은 한정되어 있고 소중하다. 고위층 고객들은 매일 아침 읽어야 할 보고서가 100여 페이지에 달할 수 있다. 고객들은 그들의 관심이나 이익과 관련된 단어들을 중심으로 전체적인 내용을 빠르게 훑으려 할 수 있다. 분석관의 보고서는 고객이 내릴 결정이 갖는 의미와 선택방안을 제시함으로써 "그래서 무엇을 해야 하는가"(So What)를 잘 보여주는 동시에 읽기 쉬운 것이어야 한다.

* 그들은 중요한 것의 우선순위 결정을 위해 분석관에게 의존한다. 분석관의 주제 선택은 고객들이 가장 중요한 것에 시간을 들여 지적 에너지를 쏟을 수 있도록 돕는 것이다. 그런데 인간의 뇌는 일정 시간 내에 제한된 수의 주제들만을 받아들일 수 있을 뿐이다. 고객이 이전의 보고서들을 읽었거나 기억하고 있다고 가정해서는 안 된다. 이 문제를 해결할 수 있는 좋은 전략 중의 하나는 간단한 도표를 삽입하거나 설명하는 자료를 글상자로 따로 제시하는 것이다.

* 고객들은 분석관의 말하는 사실과 분석이 명료하기를 바란다. 분석관이 파악한 것을 알게 된 이유와 결론에 도달한 방법에 기여한 출처의 요약과 논증 방식은 고객이 분석관의 보고서를 수락하거나 거부하는 배경이 된다. 따라서 분석관이 고객들이 동의하지 않을 것으로 생각하는 평가를 제시하는 것은 어려운 일이다. 그러한 경우에 고객들은 분석관이 힘들게 수행한 업무 결과를 무시할 것이다. 분석관이 고객들의 생각을 바꾸거나 그들의 지적 영역에 영향을 미칠 수 있는 기회를 놓쳤다는 것을 전혀 모르고 있을 수도 있다.

* 그들은 "신임 받는" 분석관과 조직들의 정보를 "사용"한다. 분석관이 속한 조직의 "브랜드 네임"이 고객들이 분석관의 보고서에 두는 비중을 정도를 결정할 수 있다. 마치 우리가 신뢰할 수 있는 서비스 제공자, 정보 출처,

상업 제품 등을 더 선호하게 되듯이 고객들도 그들이 믿기에 더 사려 깊고 신뢰할 만하고 정확한 보고서 생산자들에게 더 많은 관심을 기울인다.

* 분석관은 고객들이 받는 정보의 하나의 출처일 뿐이다. 장군에서부터 각료나 최고경영자(chief executive officers)에 이르기까지 바쁜 고위관료들은 다수의 정보 출처들을 갖게 되는데, 많은 출처 제공자들은 분석관보다 당해 이슈에 더 접근해 있을 수 있다. 분석관은 자신만이 출처를 갖고 있다거나 가장 많은 것을 알 수 있는 출처를 가지고 있다고 가정해서는 안 되며, 또한 자신이 다른 사람들과 다른 것을 알고 있다고 가정해서도 안 된다.

BOX 1.1 사회적 정보: 고객과 공감하기

가장 우수한 분석관들은 감정이입을 통해 "다른 사람의 눈으로 세계를 바라보듯이" 고객들의 관점에서 이슈를 바라볼 수 있다. 우수한 판매원이나 매니저는 공감 능력이 뛰어난데, 그 이유는 그들이 고객이나 소비자, 또는 부하들의 요구를 인식하고 반응하기 때문이다. 이들은 상대에게 쉽게 접근하는데, 이는 아마도 상대의 바람과 요구에 대해 우선 관심을 가지고 접근하기 때문일 것이다. 그들은 설사 그들이 소비자가 원하는 색의 셔츠를 가지고 있지 않거나 소비자의 타임 스케줄 변경 요구를 받아줄 수 없다고 하더라도 상대로 하여금 그들이 자신을 이해하고 있다고 느끼게 함으로써 "상대의 마음에 들도록 노력한다." 공감능력은 사회적 상호작용의 핵심으로서 커뮤니케이션, 연민, 협력 등을 원활하게 한다.

자신이 얼마나 공감능력을 가졌는지 어떻게 알 수 있는가? 심리학자들이라면 공감능력의 평가와 개발을 위해 전반적인 것들을 다루기 위한 워크숍을 갖겠지만 여기에서는 압축적인 대답을 제시하고자 한다. 공감능력을 가진 사람들은 남들이 자신을 어떻게 인식하는지 정확하게 감지한다. 그들은 자신에 대한 남들의 인식을 직관적으로 알아차리고 그들이 보여주고 싶은 방식으로 남들이 보도록 그들의 행동을 조절한다.

직장 동료들 및 소비자들과의 공감능력을 키우기 위한 단계들은 다음과 같다.

* 적극적으로 듣기. 우리가 보거나 들은 것을 판단하기보다 필요한 것이 무엇인가를 파악하기 위해 노력한다면 보다 신속하게 광범위한 해결책들을 찾아낼 수 있을 것이다. 적극적으로 듣는다는 것은 다른 사람들에게 관심을 보인다는 것을 의미하고, 또 유사한 단어들을 사용하여 그들의 말을 전할 수 있고, 우리가 들은 것을 반영하여 우리들의 언어로 핵심 메시지를 표현할 수 있다는 것을 의미한다.

* 개선을 위해 개인적인 책임감을 갖기. "스트레스에 강한" 사람들은 세 가지 특징을 갖는다.*

1. 자신의 삶에 열정과 목표를 주는 일에 적극적으로 참여

2. 도전을 기회로 인식

3. 자신이 어느 정도 통제력이나 영향력을 행사할 수 있는 상황에 적극적으로 시간과 에너지를 투자하고자 하는 의지

* 중요한 문제에 대해 명확하고 전향적인 질문하기. 아래와 같은 질문들로 문제나 이슈를 정의하도록 노력한다.

1. 그래서 "무엇을 해야 하는가"(So What)를 포함하여 구체적인 요구사항을 분명히 한다. 당신이 제시한 해결방법으로 누가 무엇을 하고, 그 영향력은 어느 정도일 것인가?

2. 이슈의 세부사항, 즉 누가, 무엇을, 어떻게, 언제, 어디에서, 왜를 파악한다. 자신의 해결방법에 있어 과정과 본질의 차이점을 인식한다. 즉, 완전히 다른 방법으로 접근할 것인가? 아니면 현재의 자료를 기반으로 문제를 다르게 바라볼 것인가? 아니면 두 가지를 모두 고려해야 할 것인가?

3. 하나의 문장으로 질문한다.

4. 답변을 준비한다(최소한 이론적인 답변이라도). 좋은 질문들은 조각들을 맞추면 해결되는 퍼즐과 같은 것이고 아무도 알 수 없는 미스터리가 되면 안 된다. 예를 들면 오늘 아침에 내가 무엇을 먹었는가는 다른 사람이 알아낼 수 있는 퍼즐이다. 이것은 이미 일어난 일이고 거기에는 파악할 수 있는 실마리들이 있다. 그러나 앞으로 일주일 동안 내가 아침에 무엇을 먹을 것인가는 나조차도 모르는 미스터리이다.

* 정확한 자료를 추적하고 수집하기. 자료 수집을 위한 좋은 출처를 가졌는지 점검한다. 조직에서 가지고 있는 지도자들의 연설이나 성명서를 포함하여 해결과제와 관련된 각종 자료들을 읽는다. 조직의 활동 근거가 되는 법률, 규정, 정책들을 숙지하고 자신의 주장을 뒷받침할 수 있는 자료를 제공해 줄 설문조사, 평가, 보고서 등에 주의를 기울여야 한다.

*Suzanne Kobasa, Salvatore R. Maddi, and Stephen Kahn, "Hardiness and Health: A Prospective Study," *Journal of Personality and Social Psychology* 42 (January 1982): 168-177.

2.2 고객요구의 평가

고객의 요구를 파악하는 최선의 방법은 레드햇 분석을 활용하여 분석관 스스로 고객의 입장이 되어 그들의 책무와 이익에 초점을 맞추어 보는 것이다.3 분석관이 고객들의 우선순위, 책임, 목표들을 내면화하면 할수록 고객이 해결하기 원하는 질문들을 보다 명확히 인식할 수 있고 그에 따라 자신의 분석적 목표를 더 잘 세울 수 있다. 아래의 질문들은 분석관이 평가를 내리는 데 도움이 된다.

1) 고객의 역할은 무엇인가?

분석 보고서가 고객의 업무를 지원한다는 점에서 고객이 수행해야 할 임무는 분석 보고서를 결정하는 투입요소 가운데 가장 중요한 것이다. 고객이 특정 이슈나 지리적 영역을 다루고 있는가? 그들이 어떤 종류의 분석을 원하는가? 전반적 사실에 대한 개요인가, 전개된 상황의 평가인가, 아니면 미래에 대한 예측인가? 고객은 누구에게 보고하며, 어떤 결정을 내려야 하며, 또 누구를 위해 봉사하는가? 예를 들면 워싱턴에서 고위 정부 관료들은 장관, 백악관, 의회, 그리고 언론에 부응해야 한다. 회사의 경우, 중역들은 회사의 명령계통뿐만 아니라 이해관계자나 소비자들에게도 부응해야 할 경우도 있을 수 있다.

2) 고객의 관심사항은 무엇인가?

분석관은 모든 상호작용과 만남, 독서 시에 항상 고객들의 관심사항에 대한 힌트를 얻기 위해 노력해야 한다. 고객들은 그들이 추구하는 현재의 정책들을 지지해주는 특정 자료들을 찾고자 하는 것인가, 아니면 분석관에게 그들을 위해 문제를 프레이밍(framing)하는 데 도움을 요청하고 있는 것인가? 분석관이 운이 좋아 고객들과 직접 접촉할 수 있다면 고객들은 그들의 관심사를 분석관에게 말해 줄 수 있다. 보다 가능성 있는 방법으로서, 분석관은 고객들

---

3 레드햇 활용기법에 대한 설명은 다음을 참조한다. Richards J. Heuer Jr. and Randolph H. Pherson, *Structured Analytic Techniques for Intelligence Analysis*, 2nd ed. (Washington, DC: CQ Press/SAGE Publications, 2015), 223–227.

의 부하나 의뢰인(briefers), 또는 명
령계통을 통해 그들의 관심사를 알
아내야 할 것이다. 분석관은 신문
기사, 의회의 증언, 웹 사이트 및
기타 출처들과 분석 보고서 등을
통해 많은 것을 알 수 있다. 일단

> "21세기의 분석관들은 소비자의 요구에 보다 잘 부응하
> 기 위해 덜 독립적이고 덜 중립적일 필요가 있다."
>
> – Carmen Medina
> What to Do When Traditional Modes Fail: The
> Coming Revolution in Intelligence Analysis" 4

정책결정자의 관심사를 알게 되면 분석관은 당해 이슈가 왜 중요한지, 또 기
회인지, 위협인지, 결정이 필요한 시점인지, 그리고 자신의 보고서를 어떻게
작성하는 것이 최선인지 등을 판단하게 된다.

일정표는 고객의 당면한 관심사가 무엇인지를 알려주는 훌륭한 정보 출
처이다. 그들은 단순히 어떤 이슈를 파악하기보다 회의를 하거나, 방문하거나,
협상하기 위해 준비하는 것은 아닌가? 분석보고서는 그들의 이러한 준비에 어
떤 영향을 미칠 것인가?

분석은 보다 광범위한 맥락에서 다른 관심사들도 다루지만 중요한 것은
고객들의 핵심적 관심사에 초점을 맞추어야 한다. 어떤 이들은 분석 보고서가
단순히 전개 상황을 추적하기보다 주요 고객의 특별하고 어려운 질문에 초점
을 맞추어야 한다고 주장한다. 이는 분석관들이 하루 일과를 시작할 때 아침
의 교통정보보다는 고객의 피드백을 먼저 점검하고 과업을 부여받는 것을 먼
저 하여야 한다는 것을 의미한다.5

3) 고개의 전문지식은 어느 정도인가?

분석 주제에 대한 고객의 지식의 깊이를 안다는 것은 분석 보고서를 작성
하는 데 중요하다. 그러한 지식수준에 따라 보고서에서 용어의 정의가 필요한
지, 주장과 판단을 뒷받침하기 위해 얼마나 많은 증거가 제시되어야 하는지,
역사적인 세부사항이 포함되어야 하는지, 맥락에 대한 설명이 얼마나 필요한

---

4 Carmen Medina, "What to Do When Traditional Models Fail: The Coming Revolution in
  Intelligence Analysis," *Studies in Intelligence*, April 14, 2007, www.cia.gov/library/center
  −for−the−study−of−intelligence/csi−publications/csi−studies/studies/vol46no3/article0
  3.html.
5 Ibid.

지 등이 결정된다. 예를 들면 이 분야에서 이미 전문가인 고객은 상황 전개에 대한 몇몇 추가적인 정보만을 빨리 받기를 바란다. 이러한 경우에 있어 분석 관은 정보의 홍수 시대에 가치를 가장 잘 증가시킬 수 있는 작성방법에 초점을 맞추어야 한다. 제너럴리스트(generalists)인 소비자에게는 더 많은 맥락의 설명이 필요할 것이고, 낯선 주제에 대해서는 충분한 소개를 필요로 할 것이다. 때로는 고객이 어떤 상황이나 인물에 대한 직접 얻은 지식이 분석관이 보 고서에 묘사한 것과 다를 수 있다. 분석관은 식견이 뛰어난 고객이 질문을 하 거나 자신의 의견과 불일치하는 것에 대해 질문할 것을 예상하고 있어야 한 다. 분석관은 자신의 출처와 판단이 주의 깊게 선택되었고 정확하게 묘사되었 다는 것을 확실히 함으로써 이에 대비하여야 한다(분석적 불일치를 다루는 문제 에 대해서는 제6장 참조).

정책결정자 또는 의사결정자에게 알려지지 않은 것이나 불확실한 것을 알려주고 잘못 알려진 것을 바로잡아 주는 것은 고객의 요구에 부응하는 데 있어 필수적인 것이다. 중앙정보부(Central Intelligence Agency: CIA)의 전 정보 분석국 부국장인 카먼 메디나(Carmen Medina)가 지적했듯이, "분석관들의 진 정한 가치는 과거의 사례와 경향이 더 이상 계속되지 않는다는 것을 확인해 줄 때 더욱 증가할 것이다."[6] 더 나아가 분석이 적용되는 환경이 변화하듯이 고객의 요구와 선호도도 빠르게 변화하기 때문에 분석관들은 어떻게 하면 고 객의 요구에 가장 잘 부응할 수 있을까를 지속적으로 재검토하여야 한다.

4) 고객은 정보를 어떻게 수용하는가?

예를 들면 국가정보장(Director of National Intelligence)이 생산하는 대통령 일일 정보보고(President's Daily Briefing)는 대통령에 따라 변화해 왔는데, 이러 한 변화는 대통령이 정보처리 과정에 대해 보이는 태도, 세부사항까지 보고하 는 것을 용인하는지 여부, 정보에 대한 관심의 정도 등이 반영된 결과였다. 고 객이 서면 정보를 선호하는가, 또는 구두 정보를 선호하는가? 보고서가 길어 야 하나 짧아야 하나? 보고서를 문단으로 나누는 것이 좋은가, 아니면 글머리

---

6 Ibid.

기호(bullet)를 이용하는 것이 좋은가? 보고서에는 도표가 조금만 포함되는 것이 바람직한가, 다수의 도표가 포함되는 것이 바람직한가? 보고서를 인쇄본으로 전달하는 것이 좋은가, 태블릿을 이용해 전달하는 것이 좋은가?

5) 당신의 조직과 고객은 소통을 하였는가?

고객이 질문을 하였는가? 당신은 지식을 전달하고자 하는가, 확신을 갖도록 하려는가, 아니면 경보를 발하고자 하는가? 조치를 취할 수 있는 행동이 있거나 검토해야 할 옵션이 있는가? 분석관들은 정책을 수립하거나 권고해서는 안 되지만 이익이 되는 행동을 취하거나 위험을 피할 기회에 대해 고객에게 알려줄 수 있는 환경을 인식하고 있어야 한다.

분석관들은 설사 그들의 요청에 명확한 답변을 할 수 없다고 하더라도 그 요청을 충족시키기 위한 환경을 파악하고자 노력해야 한다. 고객이 어떤 위기 상황이나 전략적 도전 또는 진행 중인 이슈에 대해 반응을 보이는지 여부를 아는 것은 도움이 된다. 정보요구자는 새로운 상황에 대해 더 많은 것을 알고자 원하고 있는가, 아니면 이미 충분히 파악하고 있으면서 정책결정 이전에 최근의 사실과 분석을 통해 단순히 확인하고자 하는 것인가?

분석관은 만약 자신이 받은 질문이 형편없거나 명백히 잘못된 것이라고 생각한다면, 보고서 초안을 작성하기 전에 설명을 요청해야 한다. 때때로 어떤 질문은 명령계통을 밟아 내려오면서 여러 번 재해석되거나 수정될 수 있다. 분석관은 설명을 구하기 위해 – 필요한 경우 기왕이면 직접, 또는 제도적 통로를 통해서 – 최초의 출처에 도달하려고 노력해야 한다. 잘못된 질문에 답하는 것은 모두에게 시간낭비이다.

6) 고객이 참조하는 출처에는 어떤 것들이 있는가?

고객은 어떤 출판물을 읽거나 어떤 뉴스 채널을 시청하는가? 어떤 블로그 또는 뉴스 피드(news feed)에 가입하고 있는가? 분석관의 보고서를 평가하고 설명할 수 있는 분석관과 같은 분야의 전문가들을 부하로 두고 있는가? 이것은 기술적 주제에 대한 분석 보고서를 쓰는 분석관에게 특히 도전적인 일이다. 고객은 보고서를 스스로 읽기보다는 분석 보고서를 해석하기 위해 다른 사람에게 의존할 수도 있다.

당신은 정보의 민감성과 이것이 어떻게 사용될 것인가에 대해 우려하는가? 그것이 당신의 분석이나 출처의 사용에 영향을 미칠 수 있는가?

7) 고객들은 분석관의 정보와 통찰력을 활용하여 무엇을 할 것인가?

분석 보고서에 입각하여 취해질 행동은 분석관이 답변할 질문, 포함되는 세부 내용의 수준, 분석 보고서의 생산 빈도 및 다음 보고서의 생산 시기를 결정하는 데 도움을 준다. 자신의 분석 보고서를 받아 볼 고객의 위치에 있다면 자신은 어떤 반응을 보일지 상상해보고 어떤 행동을 취할 수 있을지를 생각해 본다. 분석관은 분석 보고서가 가질 수 있는 잠재적 영향력에 대한 일종의 2차적 감각을 개발하기 위해 고객들의 행동들을 무조치/조치, 간접적/직접적, 긍정적/부정적과 같은 일련의 기준에 따라 범주화할 수 있다. 분석관은 자신이 수행하는 분석의 보다 넓은 맥락을 이해한다면 고객들과 공감할 수 있는 능력을 향상시킬 수 있을 것이고 그들의 요구에 제대로 반응할 수 있는 보고서를 작성할 수 있을 것이다.

완벽한 예측을 하기 위해 너무 몰두해서는 안 된다. 우리는 그러한 노력이 헛고생이라고 확신한다. 분석의 주된 목표는 문제의 범위를 적절히 결정하고 다수의 결과가 가능함을 받아들이며, 배경이 되는 역학관계, 주요 요소들, 핵심 추동력들에 대해 정책결정자들이 보다 잘 이해할 수 있도록 돕는 것이다. 정책결정자들이 이러한 지식으로 무장되어 있는 때에만 그들의 역할을 효과적으로 수행할 수 있을 것이다.

그림 1.1은 분석관들이 고객의 요구를 모든 측면에서 고려할 수 있도록 하기 위해 사용할 수 있는 간단한 고객 체크리스트를 제시하고 있다.7 체크리스트는 또한 가장 중요한 문제에 초점을 맞추고 당면한 분석업무에 대해 차질 없이 대응하는 데 도움이 된다.

---

7 이 체크리스트는 Heuer and Pherson, *Structured Analytic Techniques*, 51−52에서 찾아 볼 수 있는데, 여기에서는 약간 수정하였다.

그림 1.1	고객 체크리스트 파악하기

다음 질문은 당신의 고객에게 최상의 서비스를 제공하는 방법을 모색하는데 도움이 된다.

1. 현재 준비하고 있는 결과물의 핵심 고객은 누구인가?

2. 이 결과물은 고객의 질문에 답을 줄 수 있는가? 고객의 질문은 옳은 것인가? 그렇지 않다면 고객의 특별한 관심사항을 다루기에 앞서 당신의 대답을 보다 광범위한 맥락에서, 보다 개선된 틀 속에서 검토할 필요가 있다고 생각하는가?

3. 고객에게 전달한 가장 중요한 메시지는 무엇인가?

4. 고객은 제공받은 정보를 어떻게 사용할 것으로 기대되는가?

5. 고객이 분석관의 결과물을 완전히 이해하는데 얼마만큼의 시간이 필요한가?

6. 어떤 형식이 정보를 가장 효과적으로 전달할 수 있는가?

7. 하나 또는 소수의 주요 도표로 핵심적인 요점을 표현하는 것이 가능한가?

8. 기술적 용어에 대한 고객의 관심이나 지식수준은 어느 정도인가? 참고자료, 도표, 첨부자료 등을 통해 세부사항을 제공할 수 있는가?

9. 이 문서의 배포가 제한될 필요가 있는가? 어떤 분류가 가장 적절할 것인가? 분석관은 제한 등급을 고려하여 거기에 부합하는 여러 개의 결과물을 준비해야 하는가?

10. 고객은 분석관이 보고서 작성에 필요한 전문지식 활용을 위해 다른 전문가와 접촉하기를 기대할 것으로 예상되는가? 그렇다면 결과물에 전문가들의 기여를 어떻게 표시할 것인가?

11. 고객은 누구에게 이 주제에 대한 다른 견해를 요청할 수 있겠는가? 분석관이 준비하고 있는 보고서에 대한 고객의 반응에 영향을 줄 수 있는 것으로서 다른 사람들이 고객에게 제공할 수 있는 자료나 분석은 무엇인가?

12. 다른 이해 관계자들은 이 이슈에 대해 어떤 관점을 가지고 있는가? 다른 이해 관계자들의 임무는 무엇인가?

8) 분석관은 고객에게 걱정할 필요가 없다고 함으로써 그 문제에 대해
   관심을 갖지 않도록 할 수 있는가?

때때로 분석관은 무엇이 중요한가를 찾는 고객의 전략을 무시하고 그들에게 무엇이 중요하지 않은지를 말한다. 바쁜 사람들은 그들이 관심을 가질 필요가 없는 이슈가 무엇인지 듣는 것을 가치 있게 생각한다. 저자들이 장관 및 차관급의 고위 정책결정자들로부터 받았던 일부 가장 긍정적인 반응들은 그들이 어떤 정부가 붕괴될 가능성이 적은 이유나 특정 상황이 위기로 전개되지 않을 것이라는 이유에 관한 분석을 제공했을 때였다.

2.3 핵심 고객의 파악

분석관은 특정 프로젝트를 시작할 때 우선 주된 고객의 목록과 고객이 보고서를 읽고 할 수 있는 조치의 목록을 만드는 것이 필요하다. 이와 같은 작업은 미리 분석의 초점을 명확하게 하고, 상관, 보고서 검토자, 멘토들과 분석계획에 대해 구체적인 토론을 가능하게 함으로써 분석을 순조롭게 출발할 수 있도록 한다.

경우에 따라서는 다양한 고객들과 소비자들을 대상으로 분석이 준비될 것이다. 예를 들면 국토안보부에서 분석관들은 보통 국토안보부 장관, 주 및 지방의 법집행 관료들, 민간 산업, 정보공동체 내 대응부서(counterpart)와 같은 다수의 매우 다른 소비자들의 요구들에 부응해야만 한다. 이러한 환경에서 분석관들은 각각의 고객 또는 소비자 유형에 따른 특정한 요구들에 맞추어진 두 개 또는 그 이상의 차별적인 보고서 초안을 작성하는 것을 고려해야 한다. 일반적으로 고객 또는 소비자의 유형에 따른 연구 및 초안 작성, 그리고 보고서의 산출은 병렬적 과정으로 진행될 때 가장 효율적으로 달성될 수 있다. 맞춤형 보고서의 동시적 생산은 분석관이 각 고객들의 특정 요구들을 다루는 데 도움이 되고, 또한 각 고객이 자신에게 가장 가치가 있다고 생각하는 정보를 받는 데에도 도움이 된다.

2.4 피드백에 대한 기대

바쁜 고객들은 많은 임무에 부응하기 위해 그들의 시간을 할애하기 때문에 분석관들의 보고에 피드백을 주기보다는 그들의 문제 자체에 초점을 맞추게 된다. 많은 분석 조직들은 분석 평가 보고서 및 주기적인 출판물들에 대해 독자들의 피드백을 요청하거나 받기를 원한다. 그러나 분석관들은 그들이 원하는 만큼의 피드백, 특히 그들의 상관인 고객들의 피드백은 거의 받지 못한다.

사람의 뇌는 다른 사람에 대한 자신의 분석 영향력을 과대평가하도록 프로그램 되어 있는 반면, 정책결정자들은 정책결정과정에서 분석적 지원의 가치를 과소평가하는 경향이 있다는 것을 명심해야 한다. 분석관들은 칭찬을 받았을 때 기분이 좋아지고, 자신의 보고서를 읽었다는 것을 확인할 때 기뻐한다. 분석관의 목표는 고객이 더 많은 것을 지속적으로 요구할 정도로 가치 있는 분석을 제공하는 것이다.

주요 시사점

* 새로운 이슈나 주제에 대한 분석을 시작할 때 분석관들은 고객의 기반을 확인하고, 다양한 사용자들이 분석결과를 어떻게 활용하며, 이로부터 어떤 이익을 얻을 수 있는지 생각해 보는 시간을 가져야 한다.
* 이러한 수 분 동안의 휴식은 편집과 조정과정을 보다 신속하게 진행시킴으로써 더욱 초점이 맞추어진 보고서를 생산할 수 있도록 할 것이다.
* 바쁜 고객들은 분석 보고서를 읽을 시간이 충분하지 않기 때문에 중요한 것에 관심을 집중하기 위해 분석 보고서에 의존하며, 사실과 출처가 명확하기를 기대한다.
* 분석관은 고객의 역할, 이해관계, 전문지식, 정보의 처리, 조치의 신속성 등을 이해함으로써 고객들과 공감할 수 있다.
* 분석의 목표는 문제를 적절히 규명하고 복수의 결과가 발생할 수 있다는 것을 받아들이면서, 정책결정자들이 배경에 존재하는 역학관계, 요소, 최종 결과에 결정적인 영향력을 미치는 핵심 추동요인 등을 보다 잘 이해하

도록 돕는 것이다.

* 분석관들은 중요하지 않은 것과 걱정할 필요가 없는 것을 고객들에게 알려줄 수 있는 방법을 찾아야 한다.

* 특정 프로젝트는 하나의 주요 고객을 대상으로 진행되어야 한다. 만약 동일한 이슈에 대해 다양한 소비자에게 지원할 필요가 있는 경우, 분석관은 각 고객이나 소비자의 유형에 맞추어 조사, 초안 작성 및 보고서 생산이 동시에 이루어질 수 있도록 하여야 한다.

* 바쁜 고객으로부터 피드백을 받으면 분석관은 감사해야 하지만 이것을 기대해서는 안 된다.

사례연구 검토

사례연구 5. "예멘의 안보위협은 확대되고 있는가?"를 검토한다.

* 예멘의 상황은 계속하여 미국의 이익에 심각한 위협을 제기하고 있는가?
* 보고서를 준비할 때 주요 고객 또는 고객들은 누구라고 생각하는가?
    - 백악관과 대통령의 대테러 보좌관에게 가장 중요한 이슈는 무엇인가?
    - 국무장관에게 보고할 때 핵심 이슈는 어떻게 정의할 것인가?
    - 국방장관에게 보고할 때 핵심 이슈는 어떻게 정의할 것인가?
* 이 이슈는 위협, 기회, 중요한 결정시점 또는 이러한 것들의 혼합 중 어떤 것으로 파악해야 하는가?
* 파악되지 않은 중요한 것, 불확실한 것, 또는 밝혀져야 할 모순되는 첩보가 존재하는가?

CHAPTER 2

핵심 질문은 무엇인가?

1. 준비사항 점검

　잘못 작성된 분석 보고서는 대부분 초점이 없다. 독자는 "보고서의 요점은 무엇인가? 이러한 보고서로 할 수 있는 것은 무엇인가? 주제 또는 핵심적인 주장은 무엇인가?"에 대해 궁금증을 갖게 된다. 잘 작성된 분석 보고서는 하나의 기본 메시지에 집중되어 있다. 잇따라 발생하는 사건에 관한 기사들은 하나의 핵심적인 정보적 질문사항 또는 정책적 질문사항에 관한 것으로 정리되어야 한다. 보다 광범위하고 시간에 덜 민감한 기사는 핵심질문 및 핵심질문과 밀접하게 관련된 부차적인 질문에 관한 것으로 설계되어야 한다. 미국 정부는 "핵심적 정보 질문 항목"(Key Intelligence Questions: KIQs)을 통해 분석관의 분석분야, 모니터링, 보고서 작성에 지침을 제시하고 있다. 이러한 질문 항목들은 자원 할당 및 수집 우선순위 등을 포함하여 보다 광범위한 목적으로 사용되기 때문에 보고서 작성에 초점을 맞추기 위한 분석관이 작성하는 질문보다 보다 일반적이고 대단히 중요하다. 그럼에도 불구하고 이것은 당신의 보고서에서 다룰 문제와 이슈들을 개발하기 위한 좋은 출발점을 제공한다. 비즈니스에서 정보분석은 명확하고, 분명하게 정의된 문제에 초점을 맞추어야 한다.

2. 심화검토

   핵심 정보적 질문 또는 정책적 질문은 고객 또는 당신의 상사가 제공하는
경우가 많다. 이러한 경우 당신은 필요한 것이 무엇인지 정확하게 이해해야
한다. 만일 질문이 지나치게 광범위하거나 제대로 작성되지 않은 경우, 이에
대한 해명을 추구하는 것에 대해 민망해 할 필요가 없다. 예를 들어, 특정 주
제에 대해 "당신이 알고 있는 모든 것"을 묻는 질문은 분석관과 고객 모두에
게 해로운 것이 된다. 이러한 질문에 있어 구체적인 요구사항이 드러나지 않
는 것은 고객에게 시간이 없거나 요구사항에 대해 생각하지 못했거나 명확하
게 알지 못하기 때문이다.

   요구사항이 무엇인지 정확하게 파악하기 위해 뒤돌아가는 것은 장기적인
관점에서 당신 자신과 고객 그리고 모든 편집자들이 상당한 시간을 절약할 수
있게 해 준다. 당신이 고객에게 제기할 수 있는 질문들은 그들의 생각을 자극
시킬 수 있다. 고객이 문제를 직접 해결하도록 시간을 주는 것보다 '예 또는
아니오'라는 대답을 이끌어 내는 것이 훨씬 쉽다. 고객으로부터 직접적인 해명
이 불가능하다면, 분석관은 더 의미 있는 방식으로 질문을 수정하여 다시 질
문해야 한다. 고객의 요구사항을 파악하는 것과 마찬가지로(제1장 참조), 레드
햇 분석(Red Hat Analysis)[1]을 통해 고객이 생각하고 있는 틀에 "정확히 무엇을
찾고 싶은가? 주된 관심사가 무엇인가?"라고 묻는 것이 가장 좋다.

   상황에 따라 질문은 구체적일 수 있지만 가정을 하고 질문을 하는 것은
적절하지 않다. 이는 분석관을 더욱 곤란한 입장에 처하게 한다. 예를 들어,
2003년 미국의 이라크 침공 이전에 정보 분석관들은 "이라크의 대량살상무기(WMD)는 어디에 있는가?"라는 질문을 자주 받았다. 이 질문은

> 명확한 답변을 구하기 위해서는, 질문이 명확해야 한다.
> -Abdokarim Soroush 이슬람 철학자[2]

---

1 레드햇 분석 기법과 관련된 더 많은 정보는 다음을 참조.
  Heuer and Pherson, *Structured Analytic Techniques*, 223-227.
2 Ali Asghar Seyyedabadi, "The Muddled Dream of Returning to Tradition: An Interview,
  With Abdulkarim Soroush," E'temad-e Mellli, November 19, 2006, translated from
  Persian by Nilou Mobasser, www.drsoroush.com.

무기가 존재한다는 것을 전제로 하는 질문이었는데 결국 나중에 거짓으로 판명되었다. 만일 이 경우에 분석관이 무기의 존재에 대해 확신하지 않았다면, 당초의 질문을 보다 폭넓은 맥락에서 "이라크의 대량살상무기 프로그램 현황"이라고 재해석하는 것이 최선의 전략이었을 것이다. 이러한 방식으로 분석관은 의뢰인이 제기한 질문에 대응하면서 그 문제에 대한 추가적인 관점을 제공하는 것이 바람직하다.

2.1   좋은 질문의 다섯 가지 특징

좋은 정보적 또는 정책적 질문은 5가지 특징을 갖는다.[3]

1) 관련성(Relevant)

질문은 고객이 가장 커다란 관심을 가질 수 있는 새로운 이슈, 문제 또는 당면한 과제에 초점을 맞추어야 한다. 최근의 보고서들은 새로운 도전 또는 기회 창출의 가능성을 시사하고 있는가? 예를 들면, 최근의 기술개발로 인해 제품시장을 대대적으로 변화시킬 가능성이 있는가? 소셜미디어는 고객의 주요 정책목표를 약화시킬 수 있는 정치적 불안정과 사회적 불안의 징후를 포함하고 있는가?

2) 적시성(Timely)

이 시기에 이 이슈에 대해 특별한 조치를 하도록 고객에게 경고할 필요가 있는가? 예를 들면, 고객이 누군가와 만나기 며칠 전에 무언가를 알 필요가 있는가? 아니면 회의에 참석하기 전에 이슈에 대한 정책을 수립할 필요가 있는가? 우리 측에서 경쟁자 또는 경쟁사가 협상에 임하는 입장에 대해 중요한 새로운 통찰력을 얻었는가? 새로운 상황전개로 바람직하지 못한 조건이 조성되는 것을 피하기 위해 신속한 조치가 요구되는가? 당해 이슈가 적절성을 잃지 않도록 하기 위해 중요한 시간대가 존재하는가?

---

3 체크리스트는 다음의 자료로부터 확립되었다. Pherson Associates training materials (www.pherson.org).

3) 실행 가능성(Actionable)

이슈가 고객에게 주는 함의는 무엇인가? 그래서 무엇을 해야 하는가? 이러한 이슈가 고객의 조치를 요구하는가? 고객이 행동하지 않을 경우 명백한 영향이 있는가? 고객이나 조직이 피해를 입는가? 위험을 예방하거나 완화하기 위해 취해야 할 조치에 초점을 맞추어야 하는가? 고객이 결과에 큰 영향을 줄 수 있는가? 몇 가지 가능한 행동방안을 제시하고 기회요인을 설명하고 있으나 어떤 방안을 선택하는 것이 바람직한지에 대해서는 설명하지 않고 있는가?

4) 한 가지 이상의 방법으로 대답할 수 있을 것

질문은 하나 이상의 신뢰할 수 있는 대안 또는 행동방침으로 대답할 수 있는 방식으로 제기되었는가? 질문은 단순히 '예 또는 아니오'가 아니라 일정 범위의 가설들로 대답할 수 있는 것인가? 질문 가운데 고객이 사실에 의해 뒷받침되지 않는 잘못된 행동을 할 수 있는 숨겨진 가정은 없는가? 결과에 큰 영향을 미칠 수 있는 불확실성이 있는가?

5) 정확한 단어로 표현할 것

이슈는 고객이 이해할 수 있는 문맥과 내용으로 정확하게 작성되었는가? 질문은 고객이 행동을 취할 수 있도록 초점이 분명하게 작성되어 있는가?

2.2 질문의 재정의

고객의 정책결정에 영향을 미치는 질문사항을 분명하게 정의하는 일은 중요한 분석적 임무에 속한다.[4] 만일 분석관이 고객이 찾는 정보가 무엇인지 정확하게 이해하지 못하고 너무 광범위하게 해석한다면, 상당한 출처들이 낭비될 것이고 고객은 실망하게 될 것이다. 분석관은 보고서를 작성하기 전에 다음과 같은 질문을 고려해야 한다.

---

4 더 많은 정보를 얻고자 한다면 다음 참조. "Selecting an Analytic Technique or Approach, Step One: Refining the Question," distributed by the UK Professional Head of Defence Intelligence Analysis, UK Ministry of Defence. It is used with their permission.

* 질문에 대한 답변이 무엇으로 구성되어야 하는지 분명한가?

* 질문에 답하기 위해 어떤 첩보가 필요한가? 만일 필요하지 않다면, 고객이 찾는 정보나 분석적 판단이 무엇인지 정확하게 파악하도록 노력한다.

* 고객이 실제로는 다른 것에 관심이 있지만 분석관이 자신이 찾고 있는 것을 이미 알고 있다고 가정하고 질문을 너무 광범위하거나 너무 협소하게 한 것은 아닌가?

* 질문에 내재된 숨겨진 가정이 있는가?

* 고객의 의사결정이 정확한 대답에 의해 결정되는 것이 아니라 어떤 한계점이나 일정 범위의 한계치에 도달하는지 여부에 따라 결정되는가? 만일 그렇다면 당신의 대응은 적절하게 조정되어야 한다.

개방형 질문의 경우 대답을 준비하는데 사용할 수 있는 최상의 기법은 복수가설 수립, 사분면 분할, 발생가정 분석, 복수 시나리오 수립 등이다. '예 또는 아니오' 질문의 경우 고려해야 할 기법에는 핵심가정 점검, 구조화 유추 및 경쟁가설 분석이 포함된다.

2.3 육하원칙

핵심 정보적 또는 정책적 질문을 확인할 수 있는 또 하나의 전략은 기자들이 자주 사용하는 누가, 무엇을, 언제, 어디서, 왜, 어떻게 라는 6개의 질문을 하는 것이다. 이 전략을 사용해 본 경험에 의하면 질문은 누가, 무엇을, 어떻게, 언제, 어디서, 왜의 순서로 하는 것이 좋다. 질문의 순서를 이렇게 하는 이유에는 두 가지가 있다. (1) 이러한 순서는 표준적인 영어 문장의 구조와 일치한다. (2) "무엇을"과 "어떻게"는 중복되거나 이슈의 유사한 측면을 설명하는데 사용된다.

소위 육하원칙의 전략을 사용하는 기법에는 스타버스팅과 마인드 맵이 포함된다.[5] 어느 기법이든 문제나 이슈의 모든 측면을 탐구할 수 있다. 육하원

---

5 스타버스팅 기법은 다음을 참조. Heuer and Pherson, *Structured Analytic Techniques*,

칙에 따른 각 질문에 대해 2~3개의 대답을 제시한 다음, 어떤 대답들의 집합이 가장 주목 받을 것인지 평가한다. 대답들에 대한 6개의 집합들에 우선순위를 부여한 후 가장 높은 우선순위가 부여된 대답들의 집합을 다룰 수 있도록 원래의 질문들을 재구성한다. 이러한 과정은 고객이 요청한 질문이 너무 광범위하거나 너무 포괄적일 때 유용하다. 이처럼 간단한 연습을 진행하면서 각 질문에 답변할 수 있는 정보 유형을 확인한다. 또한 추가 조사가 필요하거나 추가 정보의 수집을 요구할 필요가 있는 중요한 정보의 갭(information gap)이 존재하는지 여부를 검토한다.

2.4   질문기법

질문기법(그림 2.1 참조)은 분석관이 장기적인 연구 프로젝트나 짧고 복잡한 메모를 정리하는데 사용할 수 있는 간단한 기법이다.[6] 이 기법은 고객이나 조직이 가장 큰 관심을 갖는 질문에 우선 초점을 맞춘 다음 부수적인 질문에 대해 내림차순으로 정리를 하여 보고서의 구조를 만들 수 있도록 도움을 준다.

질문기법의 가장 큰 장점 중 하나는 고객이 직접 관심을 보이지 않는 정보는 포함시키지 않는다는 것이다. 적은 수의 핵심 질문들을 중심으로 보고서를 작성함으로써 보고서를 편집하고 검토하는데 필요한 시간이 상당히 줄어든다. 우리는 제4장에서 논의된 보고서의 개념화를 위한 AIMS(독자, 정보적 질문 또는 이슈, 메시지, 줄거리) 기법의 구성요소로서 질문기법을 구성할 것이다.

113.
마인드 맵은 86페이지를 참조.
6 이 기법은 데이비드 테리(David Terry)가 처음으로 개발하였고, 2010년에 랜돌프 퍼슨이 개선하였으며, 미국과 해외에서 분석관 교육에 사용되는 Pherson Associates와 Globalytica의 과정교육 교재에 포함되게 되었다.

그림 2.1 보고서 구성을 위한 핵심 질문의 활용

1. 핵심 고객 또는 조직이 현재 고민 중이거나 가까운 장래에 직면하게 될 주요 이슈 또는 문제점을 확인한다.

   * 그 이슈에 대해 각기 다른 수준의 고객들이 다양한 유형의 결정을 하게 될 가능성이 있다는 것을 기억한다.

2. 고객이 질문하거나 질문할 것으로 생각되는 주제와 관련된 초점이 분명한 핵심 질문 목록을 브레인스토밍을 통해 작성한다.

   * 고객이 현재 요구하고 있는 초점이 분명한 질문에 대답하면 당신의 보고서는 유용하게 사용될 확률이 높아진다. 즉시 반응이 있을 것이다.

   * 초점이 분명한 일련의 질문들에 대답하는 것은 어떤 주제에 대해 사전준비 없이 전반적인 평가를 도출하는 것보다 용이하다.

3. 고객이 묻지는 않았지만 필요할 것 같은 질문을 목록에 추가해야 한다.

   * 고객이 시간과 지식의 한계로 미처 생각하지 못한 질문이 있을 수 있으므로 전문지식과 분석도구를 활용하여 질문을 추가해야 한다.

4. 목록에서 당신이 대답할 수 있거나 유용한 관점을 제공할 수 있는 질문을 선택한다.

   * 핵심적인 질문에 답할 수 없다면, 답을 얻기 위한 작업을 시작하여야 한다.

   * 고객으로부터 직접 질문을 받은 경우에는 그 질문을 목록 상단에 포함시켜야 한다.

5. 수집, 협조, 분석 그리고 최종 보고서의 개요에 영향을 미치는 질문목록의 우선순위를 정하고 정리한다.

   * 고객이 가장 큰 관심을 보이거나 이해관계가 있는 이슈에서 시작하여 가장 효과적으로 정보와 분석 결과가 나타나도록 질문들을 스토리 형식으로 구성한다.

   * 당신이 정리한 일련의 질문들은 분석을 진행하고 완성된 보고서 초안을 작성하는 개요가 된다.

   * 분석과 보고서 작성이 진행되는 과정에서 질문들이 변할 수 있다는 점을 기억해야 한다.

주요 시사점

* 잘 작성된 분석 보고서는 핵심 정보적 또는 정책적 질문에 대답하는 단일 또는 주된 메시지가 포함되어 있다.
* 좋은 정보적 또는 정책적 질문에는 적절하고, 적시성이 있고, 행동이 가능하고, 하나 이상의 답변이 가능한 질문사항이 정확하게 표현되어 있다.
* 누가, 무엇을, 어떻게, 언제, 어디서, 왜라는 목록은 분석 보고서의 초점과 관련된 핵심 정보적 또는 정책적 질문을 탐구할 수 있는 효율적인 개요를 제공한다.
* 질문기법은 우선순위에 따라 고객의 주요 관심사를 포함하는 문서를 구성하는 빠르고 효과적인 기법이다.

사례연구 검토

사례연구 1. "이란의 핵위협 대처: 스턱스넷(Stuxnet)과 그 함의"를 검토한다.

* 고위 정책결정자들이 스턱스넷 공격에 대해 질문할 것으로 생각되는 핵심 질문은 무엇인가? 좋은 질문의 5가지 특징이 충족되도록 답변한다.
* 산업보안 시스템을 담당하는 사람들이 스턱스넷 공격에 대해 질문할 것으로 생각되는 핵심 질문은 무엇인가? 좋은 질문의 5가지 특징이 충족되도록 답변한다.
* 당신은 고위 정책결정자의 핵심 질문을 확인하기 위해 육하원칙 기법을 어떻게 사용하겠는가?
* 당신은 질문기법을 사용하여 스턱스넷 공격의 함의에 대해 어떻게 보고서를 구성할 것인가?

CHAPTER 3

분석에 필요한 보다 넓은 맥락은 무엇인가?

1. 준비사항 점검

맥락이란 당신이 파악한 작업환경을 속기하듯이 간단하게 표현한 것이다. 예를 들면, 만약 당신이 철도 선로의 열쇠 절도사건에 대해 국토안보의 취약성이 드러난 잠재적 테러행위로만 기록하고, 이러한 열쇠가 수십 년 동안 철도 기념품 수집가들에게 인기가 있다는 것을 언급하지 않았다면, 당신은 자료의 맥락을 잘못 파악한 것이다. 당신은 잘 해야 독자의 오해를 유발하거나, 독자가 잘못된 주제에 관심을 갖도록 할 수 있을 뿐이다. 최악의 경우에는 부정확하거나 잘못된 것으로 판명될 결론을 도출하게 되는 자의적인 자료선택이 될 것이다.

국가정보의 분석은 실제로 모든 분야를 분석하는 서비스이다. 당신의 업무는 고객이 사용할 수 있는 자료를 검토하는 것부터 시작하여, 업무영역의 맥락에서 그것이 의미하는 바를 이해할 수 있도록 돕는 것이다. 그러면 고객은 문제를 예측하거나 해결하는 최선의 방법을 결정할 수 있다. 분석은 고객이 문제를 해결하거나, 문제를 해결하는데 소요되는 시간과 자원을 사용하는 방법의 우선순위를 정하는데 도움을 준다. 고객들이 이미 알고 있는 것을 언급하거나 그들이 듣고 싶어 하는 것만을 제공하여 시간을 낭비하게 해서는 안 된다. 만약 당신이 보다 광범위한 맥락에서 분석을 진행한다면, 다양한 고객의 다양한 관심사에 부합하는 보고서를 작성할 수 있을 것이다.

2. 심화검토

리차즈 휴어(Richards J. Heuer Jr.)는 『정보분석 심리학』(*Psychology of Intelligence Analysis*)[1]에서 분석관이 작업 기억력의 한계로 인해 당면하게 되는 제약사항에 대해 기술하고, 복잡성을 극복하고 오류를 줄일 수 있는 가장 좋은 방법은 문제를 명확하게 정의하여 묘사하는 것이라고 하였다. 이러한 구조적 접근은 분석관이 명확하게 사고하는 데 도움이 되고, 일정한 틀을 형성하여 관찰력, 통찰력, 판단력을 획득하는데 일관성과 향상성을 부여한다. 또한 이러한 구조는 다른 사람들이 이것을 검토하고 평가할 수 있도록 가시성과 투명성을 제공한다. 이러한 작업을 하기 위한 가장 일반적인 방법 두 가지는 (1) 이슈를 개별적으로 검토할 수 있는 구성요소로 분해하는 것과 (2)구성요소를 종이 또는 컴퓨터 화면에서 볼 수 있도록 시각화하는 것이다.

가장 기본이 되는 비판적 사고 방법은 곧 바로 프로젝트에 뛰어들지 않고 당신이 가지고 있거나 앞으로 습득하게 될 지식의 구조를 사전에 검토해 본 다음에 본격적으로 프로젝트에 착수하는 것이다(그림 3.1 참조). 1930년대의 프레데릭 바틀렛(Frederic Bartlett)으로부터 오늘날의 그레이 클라인(Grey Klein)과 다니엘 카네만(Daniel Kahneman)에 이르기까지 인지 심리학자들은 일상생활의 자료, 신념, 기타 "환경적 개념"을 표현하기 위해 설명의 구조에 대해 광범위한 저술을 남겼다. 우리는 색다른 감각의 이야기, 대본, 지도 또는 기타 메커니즘을 찾거나 만들어내려고 하고, 때로는 서로 모순되는 자료를 찾으려고 한다. 많은 사람들은 "최적시간에 맞추어"(just-in-time)" 업무를 추진하는 관념적 모형(mental models)을 가지고 있는데, 이는 책임성, 일관성, 정확성이라는 기준을 충족시켜야 하는 직업 분석관에게는 위험한 일이다.

클라인(Klein)은 "자료와 틀의 개념은 효율적이고 효과적으로 자료를 이해하기 위해 틀이 필요하고, 틀을 도입하지 않고 자료를 검토하려고 하는 것은 비현실적이고 비생산적이다."라고 설명하였다.[2]

---

[1] Richards J.Heuer Jr., *Psychology of Intelligence Analysis* (Reston, VA: Pherson Associates, 2006), 85-94.

[2] Gary Klein et al., 'A Data/Frame Model of Sensemaking,' in *Expertise Out of Context: Proceedings of the 6th International Conference on Naturalistic Decision Making*, ed. R.

이해형성(Sensemaking)이란 우리의 두뇌가 자료를 어떤 틀이나 관념적 모형(Mental Model)에 맞추려고 하는 작용과 자료에 틀을 맞추려고 하는 작용을 자동적으로 동시에 수행하는 과정이다.4 결과가 일치하면 상황을 이해하고 다음 단

> "틀의 목적은 상황요소를 정의하고, 이러한 요소의 중요성과 서로의 관계를 설명하며, 부적절한 메시지를 걸러내고, 관련 메시지를 강조하는 것이다."
>
> -Gary Klein et al.
> "A Data/Frame Theory of Sensemaking" 3

계로 넘어가서, 이것과 불일치하는 자료가 나타날 때까지 그 틀과 유형을 사용하여 해석하고 행동을 취하게 된다. 분석을 하는 데 있어 틀과 이해형성의 이점을 활용할 수 있는 몇 가지 중요한 행동수칙은 다음과 같다.5

* 무의식적 사고: 깊이 생각하는 경우에도 무의식적인 과정의 영향을 받는다. 클라인은 의식적 사고와 무의식적 사고의 관계를 의식의 끝에서 나타나는 패턴 매칭과 무의식의 끝에서 나타나는 틀 비교가 서로 연결되어 있는 연속체라고 기술하였다.

* 초기의 틀 형성: 새롭거나 돌발적인 상황에서 우리는 몇 가지 핵심적인 자료를 토대로 초기 틀을 구성한다. 만약 초기의 틀이 외부에서 만들어진 것이 아니라면, 연구자들은 대부분의 사람들이 기껏해야 3~4개의 요소에 의존하여 틀을 만들 것이라고 생각한다. 초기에 고려한 요소 중에 정확하지 않은 것이 있다면 분석의 결과가 잘못될 것이다.

R. Hoffman (New York: Taylor & Francis, 2007), 130.

3 Ibid., 119.

4 The authors' sensitivity to the concept of sensemaking was formed when one was employed as Director of International Programs for Evidence Based Research, Inc.
during its groundbreaking work with the Command and Control Research Program of the Office of the Assistant Secretary of Defense for Command, Control, Communications, and Intelligence in 2001. See Dennis K. Leedom, "Final Report of the Sensemaking Symposium, 23-25 October 2001," www.au.af.mil/au/awc/awcgate/ccrp/sensemaking_final_report.pdf, for one of the earliest applications of developing cognitive theories to intelligence and intelligence analysis. A growing body of research and application literature covers these topics, particularly since the increased focus on improving analytic shortfalls in the wake of 9/11. Our intent is not to review the literature but to highlight some of the salient observations that analysts may not think of as they go about their daily work.

5 Klein et al., "A Data/Frame Model of Sensemaking," 113-155.

그림 3.1 주의사항: 틀, 행위자, 추동력

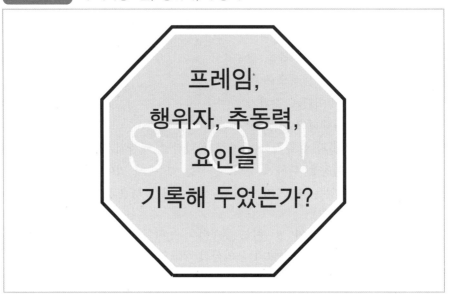

* 조기의 표현: 일찍부터 어떤 가설에 입각하여 분석을 진행하거나, 어떤 틀을 인식하는 것은 불가피한 일인 동시에 유익한 일인데, 그 이유는 그렇게 함으로써 초점을 맞추어 첩보를 수집할 수 있고, 특이한 자료가 나타날 경우 검증받을 수 있는 대상을 설정할 수 있기 때문이다. 해결해야 할 과제는 새로운 데이터가 더 이상 가설이나 틀을 지지하지 않을 때 초기에 수립한 틀을 신속하게 조정할 수 있는 관념적 민첩성이 필요하다는 것이다.

* 틀의 재조정: 사람들은 틀에 고정되어 있을 수도 있고, 반대 방향으로 갈 수 있으며, 의식적인 틀 없이 수동적으로 자료를 받을 수도 있다. 후자의 경우, 연구자들은 특히 개방적인 자세로 접근하는 사람들이 중요한 문제를 놓치는 경향이 있다는 것을 발견했다.

* 자료의 역할: 자료의 양이 많다고 항상 좋은 분석으로 이어지는 것은 아니다. 사실 그 반대일 수도 있다. 연구자들은 분석관에게 필요한 것은 자료를 더 많이 수집하는 것보다 자료를 평가하고 해석하는데 도움을 주는 것이라는 리차즈 휴어(Richards Heuer)의 주장을 지지하면서, 자료가 너무 적을 때보다 너무 많을 때 문제가 발생한다고 하였다.[6]

* 개인적인 관점: 모든 사람들의
  틀은 이용 가능한 정보, 전형
  적으로 선택되는 틀의 품질과
  다양성 그리고 동기와 건강을
  포함하는 각 개인의 조건에
  따라 달라진다.

> 모델(Model)은 분석관이 이것을 사용하는 데도 불구하고
> 별로 많이 생각하지 않을 정도로 정보분석에서 광범위하
> 게 활용한다.
>
> Robert Clark
> Intelligence Analysis:
> A Target—Centric Approach[7]

* 전문지식: 전문가와 초보자는
  동일한 추론 프로세스를 사용
  하지만 전문가들은 경험이 풍부하고 다양한 방법으로 작업을 수행할 수 있
  기 때문에 선택할 수 있는 틀이 보다 풍부하다. 전문가는 또한 그 동안 첩
  보를 통해 충분히 점검을 하여 자신의 틀이 일반적으로 더 정교하다는 것
  을 검증하였지만, 그의 관념적 모형이 전적으로 정확하거나 완전하지 않기
  때문에 여전히 오류가 발생할 가능성이 있다.

간단히 말해서, 이해형성(sensemaking)은 분석이 기초하고 있는 개인의 관
념적 모형에 대해 대부분 무의식적인 한계를 설정한다. 규칙을 이해하는 것은
틀의 윤곽을 분명히 하고, 환경의 변화로 틀이 잠재적으로 조정될 수 있다는
것을 알려줄 수 있다는 점에서 엄밀성을 증가시켜 우리의 틀을 강화하는 데
도움이 될 것이다. 이러한 구조화된 민첩성은 우리가 의식적 또는 무의식적으
로 사고를 하는 데 도움이 된다. 이것은 우리가 자신을 엄격한 모델 속에 스스
로를 가두거나, 더욱 심도 있는 관념적 틀을 만들어내지 않고, 모든 구조적 의
사결정과 문제해결 기법을 충분히 사용할 수 있도록 해 준다. 확실한 모델은
특히 위기 상황에서 전술적이고 단기적인 틀을 잡을 때에는 중요한 역할을 하
지만, 장기간에 걸쳐 애매모호하고 빠르게 변화하는 상황에서는 분석관에게
도움이 되지 않을 수도 있다.
분석관의 제한된 관점을 넓히기 위해 틀은 실제적인 환경을 구성하는 다음
과 같은 세 가지의 핵심 요소에 초점이 맞추어져 있어야 한다(그림 3.2 참조).[8]

---

6 Heuer, *Psychology of Intelligence Analysis*, 51.
7 Robert M. Clark, *Intelligence Analysis: A Target—Centric Approach*, 4th ed. (Washington, DC: CQ Press, 2012), 31.

그림 3.2 운영체제에서 분석관의 역할

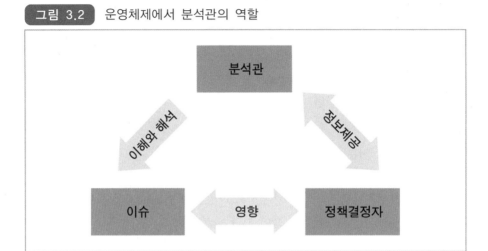

1. 무엇이 이슈인가?

2. 분석관의 역할은 무엇인가?

3. 의사결정자 또는 독자는 누구인가?

2.1 이슈의 범위

집중력을 가지고 주제를 읽는 것은 분석적인 연구, 사고 및 생산을 구조화하기 위한 명확한 틀 작업을 할 수 있는 최적의 기회이다. 우리는 많은 검색을 통해 사례를 모으고 생각을 하게 되면 분석적 전문지식이 쌓이게 된다. 실제로, 우리는 찾아내어 매듭을 지어야 하는 것이 무엇인지에 대한 통찰력을 얻기도 전에 무의식적으로 어려운 일이라고 생각하여 노력을 중단함으로써 시간을 낭비하는 경우가 많다. 자주 빠지게 되는 함정은 정확하지 않을 수도 있는 몇 가지 닻내림(anchors)에 집중하게 된다는 것이다.

당신의 목표는 알려진 것, 알려지지 않은 것, 불확실한 것이 무엇인지 파

---

8 제리 래트클리프(Jerry Ratcliffe)는 국가정보 중심의 정책결정을 위한 법 집행 모델의 특정 구성요소를 보다 잘 설명하는 유사한 모델을 제작하였다. 용어와 초점이 약간 다르지만, 결정과 행동을 돕기 위해 자료를 해석하는 분석관의 개념은 동일하다.

악할 수 있는 능력을 기르고, 상황을 주도하는 요소와 사람들을 파악하거나 익숙해지는 것이다. 이렇게 하면 당신은 쉽게 수집하여 답변하게 되는 부수적인 문제를 다루지 않고 고객이 원하는 분명한 사고에 도달할 수 있는 자료나 통찰력을 얻을 수 있을 것이다.

다음과 같은 질문을 통해 당신의 노력을 구조화한다. 당신의 지식이 보다 구체화되고 복잡하게 될 때 분석의 틀을 확장하거나, 조정하거나, 재정의 할 수 있도록 전체적인 구조를 종이 또는 컴퓨터를 이용하여 기록해 두어야 한다. 구조를 시각화하여 두는 것은 고정관념에서 벗어나고, 사고의 질에 대해 의식적으로 생각하고, 다이어그램을 통해 창의력을 발휘하는데 도움을 준다. 마인드맵과 개념도9는 다양한 소프트웨어 패키지를 이용하여 쉽고 빠르게 만들 수 있고, 분석을 진행하는 과정에서 유용하게 활용할 수 있는데 일부는 무료로 이용할 수도 있다.10

1) 핵심 구성요소는 무엇이고 주체는 누구인가?

쉽게 시작할 수 있는 방법은 분석의 사전 정의를 통해 복잡한 주제를 구성 요소로 분해하는 것이다. 주요 부문 또는 범주의 목록을 브레인스토밍 한 다음 하위 범주로 분류할 수 있다. 이슈가 국방, 외교, 법 집행 또는 기술이던 간에 대부분의 의사 결정자들은 핵심 행위자들 즉, 상황을 실행하거나 영향을 미치는 조직, 단체, 개인에 초점을 맞춘다. 그들의 목표, 능력, 필수 관심사 및 정체성은 무엇인가? 범주 안에서 그룹 또는 그룹의 개인 사이의 갈등이 존재하는가? 구성요소는 도표화하고 이해해야 하는 과정 및 기능이 될 수 있다.

---

9 이러한 가시화 기법은 다음에서 논의되었다. Heuer and Pherson, *Structured Analytic Techniques*, 86-92. 같은 장에서 논의된 다른 기법에는 매트릭스를 활용한 구조화 기법(68-71), 벤 다이어그램(72-77), 시나리오 분석(133-148), 그리고 아이디어 창출(102-129)등이 있다.

10 인간과 기계 인식 연구소(The Institute for Human and Machine Cognition)는 미국 정부와 교육기관에 무료로 제공하는 개념도를 구축하고 민간단체를 대상으로 베타 테스트를 수행하는 소프트웨어를 제공한다. (http://cmap.ihmc.us/). 다음의 두 웹사이트에서는 마인드 맵 소프트웨어를 무료로 제공한다. http://www.mindgenius.com, http://www.smartdraw.com/downloads/. 또한 SmartDraw는 플로우 차트(flow charts)를 비롯한 다양한 시각화 도구가 되는 무료 소프트웨어(freeware)를 제공한다.

만들어 놓은 틀이 중요한 구성요소나 행위자를 간과하는 것을 방지하고, 전체 이슈를 해결할 수 있도록 해야 한다. 매트릭스 또는 스프레드시트는 주요 구성요소와 행위자에 대한 중요한 정보를 분석하고 기록하는데 효과적이다. 이것은 다양한 자료를 정리, 조합 및 비교하는 메커니즘을 제공하고 강점, 약점, 관계 및 영향력의 특징을 파악하고 이해하는데 필요한 자료를 제공한다.

2) 작동하고 있는 요소들은 무엇인가?

가장 중요한 요소는 이슈의 정치적, 경제적, 군사적, 안보적, 문화적, 인구통계학적, 이데올로기적 측면의 주변에서 발견될 가능성이 높다. 다양한 분야의 분석관들은 다양한 환경들에 관한 분석에 도움이 되는 기억술(mnemonics)을 개발해왔다. 그러나 초기의 PEST(정치, 경제, 사회, 기술) 방법을 사용하든, 나중에 법률, 군사, 환경, 심리 또는 인구통계(STEEP, STEEP+2, STEEPLE, STEEPLED, PESTLE, 또는 STEMPLE)[11] 등이 추가된 방법을 사용하든, 아니면 스스로 만들어 사용하든, 그 방법을 일관되게 적용해야 한다.

당신은 가장 익숙한 요소들에 끌리지만, 이것은 함정일 수 있다. 예를 들어, 경제학자들은 기술의 영향을 이해하는데 시간을 할애해야 한다. 형사 사법 전공자는 인구 통계와 정치적 변화에 익숙해질 필요가 있다. 인터넷 검색, 외부자료 독서, 혹은 동료와 전문가들에게 활발하게 질문을 하여 학문적 또는 실무적인 전문 지식을 갖추어 분석관으로서 지속적으로 발전할 수 있도록 해야 한다.

이러한 요소 또는 원동력은 파격적인 변화를 촉진하고, 복수 시나리오 수립(Multiple Scenarios Generation)과 같은 구조적 분석기법의 기초를 이루는 역학관계를 이해하는데 매우 중요하다.[12] 협력과 경쟁이 발생되는 상황이 전개됨에 따라 요소들은 다르게 작용하기 때문에 분석관은 어떤 순간에 어떤 요소

---

11 STEEP은 사회, 기술, 경제, 환경 그리고 정치와 관련된 측면을 나타낸다. STEEP+2는 심리 및 군사력을 추가한다. STEEPLE은 원래의 STEEP 목록에 법률과 윤리를 추가한다. STEEPLED은 인구 통계를 추가한다. PESTLE은 정치, 경제, 사회, 기술, 법률 그리고 환경이다. 그리고 STEMPLE은 사회, 기술, 경제, 군사, 정치, 법률, 환경이다.
12 복수 시나리오 수립(Multiple Scenarios Generation)에 대한 더 많은 정보는 다음 참조. see Heuer and Pherson, *Structured Analytic Techniques*, 144-148.

가 가장 영향력이 있는지를 파악해야 한다.

행위자와 마찬가지로 핵심 구성요소들을 분해하면 기본적이고 밀접한 관련이 있는 자료(낮은 곳에 위치하는 결과)를 체계적으로 파악할 수 있을 것이고, 추가적인 작업을 하는 데 유용하게 이용할 수 있을 것이다. 이것을 통하여 자료들이 잠재적으로 관련되어 있어서 결합하거나 비교하였을 때 비로소 명확해지는 패턴, 관계 및 기타 새로운 통찰력을 파악할 수 있게 된다. 분석(개체를 구성 요소들로 분해하는 것)과 종합(분리된 개체들을 결합하여 새로운 것을 만드는 것)은 분석적 사고 과정의 음과 양이며, 성공적인 결과를 도출하는데 상호보완적이고 필요한 것이다.

3) 행위자와 요소들 사이에 어떤 관계와 패턴이 존재하는가?
   가장 역동적이고 변화가 많은 것은 무엇인가?

자료가 의미하는 것을 파악하기 위해 자료를 분류하거나 그래프로 작성하거나 도표화하면 패턴과 관계를 설명하거나 발견할 수 있다(제7장과 제18장 참조). 많은 도서들은 자료 관계와 패턴을 정렬하고, 시각화하며 이를 이해하기 위한 수많은 기법들을 다룬다.[13] 다음의 분류는 가장 일반적으로 사용되는 기법의 범위에 대해 설명하는 것이다.

* 범주와 관점(dimensions)

   − 관련성 도표는 자료를 논리적인 그룹으로 구성한다.
   − 벤 다이어그램은 차별성과 유사성을 보여준다.

* 시간과 공간에 따른 유형

   − 연대기와 시간표는 사건의 순서와 격차를 보여준다.
   − 마인드맵은 위치를 보여주며 존재, 빈도, 강도 등을 보여주기 위해 중복될 수 있다.

---

13 저자들이 좋아하는 기법 중에는 매트릭스, 마인드맵과 링크 차트가 있다.

* 연결되거나 영향을 미치는 관계

  - 네트워크 분석 또는 링크 차트(Link Charts) 도표는 사람, 그룹 또는 첩보가 진행되는 주체 사이의 관계를 보여준다.
  - 영향력 다이어그램은 개인 또는 조직 사이에 존재하는 계층적이거나 권력적인 관계를 표시한다.

* 프로세스 흐름

  - 프로세스 맵은 복잡한 상황이 전개될 때 사건, 활동, 물품의 흐름을 단계적으로 도표화한다.
  - 간트 도표(Gantt Charts)는 매트릭스를 사용하여 일정기간 동안 구성 요소의 진행상황을 추적한다.

* 요소 상호비교

  - 그래프는 일반적으로 상대적 중요성을 보여주는 시간과 빈도 또는 시간과 강도와 같은 두 가지 요소를 함수로 표현한다.
  - 교차 영향력 매트릭스와 복잡성 매트릭스는 핵심 변수들 상호간의 관계의 방향과 강도를 보여준다.

분석하고자 하는 이슈와 자료에 가장 적합하다고 선택한 분류와 시각화 기법이 무엇이든 간에 상황이 진행되는 시간대가 현재인가 과거인가 또는 진행되고 있는가 아직 진행되지 않고 있는가 하는 것을 기억하는 것이 중요하다.

4) 역사적으로 유사한 사건이 있는가? 유사점과 차이점은 무엇인가?

동일한 상황이 발생하는 경우는 거의 없지만, 유사한 상황은 분석관이 고객의 관심사에 부응하는데 도움이 될 수 있다. 당신이 유사한 작업을 한 경우가 있다면 어떤 이슈를 처음부터 파악하는 것보다 많은 노력을 들이지 않더라도 작업을 빨리 완료할 수 있다. 그러나 이것은 당신이 파악한 것이고, 오늘의 상황은 어제와 다르고, 내일의 상황에는 또 다른 영향을 미칠 수 있다는 점을 유의해야 한다.

이전의 작업 결과에서 "복사하여 붙여넣기"를 하거나 과거에 발생했던 일이 다시 동일한 방식으로 일어날 것이라고 생각해서는 안 된다. 다양한 요소와 변수들이 잘 반영되어 있는 보고서는 고객이 오류를 피하거나 기습적 상황에 대처할 수 있도록 도와준다.

이전 상황에서 유사점 및 차이점을 인식하고 특성화하면 고객의 관심에 부응하여 이슈를 구체화하고 분석라인을 명확하게 하는 데 도움이 된다. 예를 들어, 분석관은 카스트로(Castro) 형제가 떠난 이후 쿠바의 미래를 검토할 때, 동유럽의 공산주의국가들이 민주주의로 이행했던 경험이나 기타 경찰국가들의 민주주의 이행과정에서 다른 나라들이 제제를 가하거나 인센티브를 제공하려고 한 정도를 고려할 수 있을 것이다. 고객에게 상황이 전개될 수 있는 다양한 가능성을 설명할 때 특히 확률은 낮지만 발생하면 큰 영향을 미치게 되는 시나리오와 같은 대안적 상황에 대해 비교를 통해 차이점을 설명하는 것이 매우 중요할 것이다.

5) 이슈를 어떻게 재정의 할 수 있는가?

이슈 재정의(Issue Redefinition)와 같은 다양한 방법과 기법을 활용하여 이슈를 재구성하고 초점을 맞추는 것은 조사 및 분석의 일관성을 유지하는 최선의 방법 중 하나이다.(그림 3.3 참조)[14] 새로운 첩보가 등장했거나, 핵심 질문이 너무 어려워 좀 더 쉬운 질문 쪽을 선택하려고 하거나, 생각이 미궁에 빠져 진전이 없을 때, 당신은 주제를 다른 각도에서 생각해 보기 위해 다음과 같은 방법을 사용할 수 있다.

* 당신이 알고 있는 것과 모르는 것을 기록한다.
* 이슈를 다른 말로 설명하거나 표현한다.
* 근본 원인을 찾기 위해 "왜" 또는 "어떻게" 라는 질문을 되풀이 한다.
* 아래와 같은 방법을 포함하여 다른 관점에서 이슈를 바라본다.

---

14 이슈 재정의(Issue Redefinition)라는 주요 문제를 재정의 하는 비슷한 접근법은 다음 참조. Heuer and Pherson, *Structured Analytic Techniques*, 53-55.

- 몇 개의 구성요소를 묶어서 거시적 관점 또는 중요한 관점에서 바라본다.
- 구성요소를 더욱 세분하거나 미시적 관점에서 바라본다.
- 외부의 시각에서 보거나 외부적 요소의 영향력을 검토한다.
- 당신이 생각하거나 알고 있는 것과 완전히 반대되는 입장에서 바라본다.

그림 3.3   문맥을 파악하기 위한 구조화 분석기법

어떤 구조화 분석기법을 적용할 것인가?

보고서 또는 프로젝트의 시작단계에서 분석의 정확성을 향상시키는 기법은 다음과 같다.

* 분해 및 시각화
  - 이슈 재정의
  - 연대표와 타임라인
  - 분류
  - 랭킹, 정렬 및 우선순위 결정
  - 벤 분석
  - 매트릭스
  - 네트워크 분석
  - 마인드 맵과 개념도
  - 프로세스 맵과 간트 차트

* 아이디어 창출기법
  - 브레인스토밍
  - 스타버스팅
  - 교차영향 매트릭스
  - 형태적 분석

* 논점 도표화
* 레드햇 분석
* 시나리오 분석
* 복수가설 수립
* 경쟁가설 분석

2.2 당신의 역할 이해하기

분석은 개념을 잡고, 현실을 반영하는, 지적인 작업이라고 설명되지만, 분석의 성공 여부는 판단의 결과가 얼마나 잘 전달되고, 결과적으로 조치가 취해져서 얼마나 성과가 있었느냐에 따라 측정된다. 분석관은 개인 또는 팀 구성원으로서 비판적인 사고 능력을 수행할 책임이 있다. 전문가로서의 역량을 갖춘 정도에 따라 분석관의 경력 및 개인적 이해관계와 목표를 달성하는 능력을 결정한다.

국가기관이나 회사는 모두 문서화되었거나 문서화되지 않은 규칙과 조직문화를 가지고 있다. 이는 자신이 일하는 체제를 이해하기 위해 인류학자적 시각을 가지려고 항상 노력해야 한다는 것을 말해주는 것이다. 다음 질문을 통해 조직의 맥락을 이해하고, 그 속에서 자신의 역할을 최적화 하는 방법을 파악할 수 있다.

1) 당신의 경력과 재능은 당신의 기관 또는 회사의 광범위한 조직에서 어떻게 활용될 수 있는가? 이것은 당신의 분석과 보고서 생산에 어떠한 영향을 미치는가?

당신이 근무하기 전에 당신의 이슈는 어떻게 다루어졌는가? 이전에 당신의 조직은 무엇을 보고하였나? 당신은 이슈에 대해 상이한 지식, 기술 및 경험을 도입할 수 있지만 당신 조직의 분석적 흐름의 일관성을 유지해야 한다.

* 비판적인 시각으로 이전의 보고서를 검토하고 이전의 틀과 요소들이 현재 당신이 진행하고 있는 것과 일치하는지 평가한다.
* 선임자와 관리자에게 자신의 작업이 이전의 보고서 작성방법과 부합하는지에 대한 견해와 피드백을 요청한다.
* 당신의 인지적 틀을 확장하고 발전시키기 위한 교육 및 기타 학습의 기회를 모색한다.
* 동료, 관리자, 멘토, 보고서 편집자, 수집업무 관리자 및 관련 부서, 기관, 회사의 파트너들과 친밀한 관계를 형성한다.

2) 당신이 업무에서 보여줄 것으로 기대되는 분석적 역량은 무엇인가?

역량에는 정보분석을 직업으로 하는 사람이 현재와 미래의 과제를 해결하는데 필요한 기술, 능력, 행동 및 기타 특성이 포함된다. 분석환경과 실적을 평가하는 데 활용할 수 있도록 이러한 역량들은 모든 종류의 지표들과 마찬가지로 관찰 및 측정이 가능해야 한다. 미국 정보분석 공동체의 내부에서 인정된 역량 중에서 적어도 두 개의 역량은 국토안보부와 관련이 있는 것이다. 이러한 두 개의 행동역량은 비판적 사고에 있어서 필요한 역량을 보여주는 전형적인 것이다.

* 정보공동체 행정명령(ICD) 제610호는 정보공동체의 모든 직원들에게 적용되는 핵심 역량을 정의하고 있다(그림 3.4 참조). 정보공동체 행정명령의 부록 "G"는 정보분석과 보고서 생산에 필요한 역량을 명시적으로 규정하고 있다.[15]

* 국가정보장실(Office of the Director of National Intelligence: ODNI)이 설립한 작업반(working group)은 국토안보 분야 분석관들에게 필요한 능력을 파악하기 위해 기존의 훈련과 분석기법 문서로부터 일반적인 분석역량을 도출하였다.[16]

3) 업무의 질을 판단할 기준과 기타 지침은 무엇인가?

학계, 민간기업 또는 정부기관을 불문하고 분석보고서의 품질과 일관성에 기준을 제시하기 위해 내용, 신뢰성, 책임성, 형식에 관한 기준을 확립하였다. 이것은 분석관의 역량을 평가하는 중요한 기준을 제공한다. 이것은 조직 그 자체, 보고서 그리고 직원들을 평가하는 데 있어 매우 중요하다.

---

15 Office of the Director of National Intelligence, "Intelligence Community Directive 610: Competency Directories for the Intelligence Community Workforce," October 4, 2010, http://www.dni.gov/files/documents/ICD/ICD_610.pdf.

16 United States Department of Justice, "Common Competencies for State, Local, and Tribal Analysts," June 2010, https://it.ojp.gov/documents/d/common%20competencies%20state%20local%20and%20Tribal%20intelligence%20analysts.pdf. 기술 기반 역량 차트(The skills—based competency charts)는 작업 그룹을 지원하는 저자 중 한 사람이 개발했다.

 **그림 3.4** 분석 역량

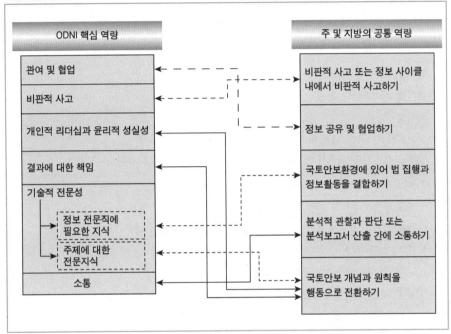

출처: 2016 Globalytica, LLC. 무단 전재 및 무단 복제를 금함

예를 들면 미국 정보공동체에 있어서는 잘된 분석의 구성요소를 정의하는 기준이 있다.(그림 3.5 참조) 이외에 지침 및 규제 문서들은 정보의 우선순위를 설정하고, 실질적이고 기능적인 권한과 보고서 작성절차를 규정하며, 시민의 권리를 보호하기 위한 내용을 포함하고 있다.[17]

---

17 Office of the Director of National Intelligence, "Intelligence Community Directive203: Analytic Standards," January 2, 2015, http://www.dni.gov/Jiles/documents/ICD/ICD%20203%20Analytic%20Standards.pdf.

그림 3.5 | 미국 정보공동체의 분석 표준

미국 정보공동체의 분석 표준

[정보공동체 행정명령 제203호]

1. 객관성

2. 정치적 고려로부터 독립

3. 적시성

4. 사용 가능한 모든 첩보에 기초

5. 전문 분석기법의 표준에 입각하여 실행하되 특히 다음 사항을 유의

    * 기초를 이루는 출처, 자료, 방법론의 질과 신뢰성에 대해 기술

    * 주요 분석적 판단과 관련이 있는 불확실성에 대해 적절하게 설명

    * 전제가 되는 정보와 분석관 자신의 가정 및 판단을 구분하여 제시

    * 대안분석의 통합

    * 고객과의 관련성을 설명하고 시사점을 제시

    * 명확하고 논리적인 논증을 사용

    * 분석적 판단의 변화 또는 일관성에 대해 설명

    * 정확한 판단과 평가를 실시

    * 적절한 곳에 효과적인 시각적 자료를 포함

출처: Office of the Director of National Intelligence, "Intelligence Community Directive203: Analytic Standards," January 2, 2015, https://www.dni.gov/files/documents/ICD/ICD%20203%20Analytic%205Standards.pdf.

2.3 독자 이해하기

당신이 작성한 보고서의 독자는 단순한 의사결정자일 뿐만 아니라, 동시에 동일한 고객이나 그의 동료 또는 경쟁자에게 분석적 지원을 제공하는 상이한 임무, 기능, 견해를 가진 다른 조직의 분석관이 될 수도 있다. 우리는 이미 당신의 주요 고객을 파악하는 것의 중요성(제1장 참조)에 대해 논의했지만, 당신은 광범위한 독자들이 당신의 보고 주제에 관해 어떻게 생각하고 행동하고 있는지를 알아야 한다.

1) 당신의 보고 주제에 대해 당신 외에 어떤 사람들이 보고서를 작성하고
   있고, 그 이유는 무엇인가? 당신의 고객들은 그들의 보고서를 받아
   보는가?

고객들은 일반적으로 하나 이상의 출처에서 분석적 평가를 받는다. 왜냐
하면 분석관의 관념적 모형(mental models)은 조직의 역할, 이용 가능한 첩보,
개인적 요소 등에 의해 영향을 받기 때문에 요소를 다르게 평가하고 첩보의
갭이나 불확실성에 대해 다른 정보판단을 내릴 수 있기 때문이다.

다른 분석관들의 시각이 당신과 다르다면, 사건이 전체 상황에서 어떻게
전개되고 있고 요소들이 어떻게 작용하고 있는지를 파악하는 관념적 모형이
어떻게 다른가 하는 데서 이유를 찾아야 한다. 미국 예산국(Bureau of the
Budget)의 전 국장이었던 루퍼스 마일스 (Rufus E. Miles Jr.)가 "당신이 앉은 자
리에 따라 당신의 입장이 결정된다."는 문구를 사용하여 마일스의 법칙(Miles'
Law)으로 널리 알려진 것처럼 종종 조직의 역할로 인해 차이점이 나타나기도
한다.[18] 어떤 정보기관의 분석관들은 최근 부서의 기능에 따라 테러집단의 활
동 상황에 대한 분석적 관점이 다르게 나타나는 것을 파악하였다. 외부 위협
을 담당하고 있는 부서는 테러집단을 조직적이고 심각한 위협으로 보는 반면,
내부 위협을 추적하는 부서는 테러집단의 조직은 조직적이지 못하고 위협도
작다고 판단하였다. 이러한 관점의 차이가 있다는 것은 가정으로부터 사실을
분리하는 데 있어서 실제 상황의 긴박성과 대응조치의 우선순위를 판단할 수
있는 첩보가 부족하기 때문에 발생하는 것이다.

항상 당신의 주제에 대한 미디어, 소셜 미디어 및 다른 공개출처의 평가
를 주목해야 한다. 이러한 것들은 대부분 공식발표, 재해, 급격한 변화 등에
대해 제일 먼저 보고할 가능성은 높지만, 비판적으로 분석된 평가보다는 신속
한 뉴스를 제공하는 데 우선순위를 두고 있다. 그러나 정교한 관념적 틀을 가
지고 업무를 하는 분석관이나 보고자는 단시간 내에 사려 깊고 설득력이 있으
며 통찰력 있는 분석을 할 수 있다.

---

18 Rufus E. Miles Jr., "The Origin and Meaning of Miles Law," *Public Administration
   Review* 38, no.5 (1978): 399－403.

2) 분석에 영향을 미치는 다른 이해관계자가 있는가? 다른 이해관계자들이 당신의 분석에 접근할 수 있는가? 아니면 정보 및 통찰력을 바탕으로 조치를 취할 수 있는가?

이해관계자는 분석에 영향을 미치거나 영향을 받을 수 있는 개인 또는 조직이다. 그들은 직접적으로 영향을 받는 주요 이해관계자, 영향을 덜 받거나 간접적으로 영향을 받는 2차 이해관계자 또는 영향을 미치는 핵심 이해관계자들이 될 수 있다. 분석의 영향을 받는 사람이나 영향을 주는 사람을 파악하는 것은 논란의 여지가 있는 주제를 제시하는 방법이나 민감한 분석 보고서가 허가 없이 유출되거나 누설되는 경우에 대비하여 조직을 준비하는 방법에 도움을 준다.

예를 들어, 국가안보를 위한 정보(National Security intelligence)는 보통 연방 집행부 소비자를 위해 작성되었지만 연방 예산과 임명을 승인하는 입법부 이해관계자들과 공유된다. 국토안보를 위한 정보분석(Homeland security intelligence analysis)은 국가정보 분석관과 최초 응답자들 간의 연결고리 역할을 하는 주, 지방 및 부족 조직과 연계되어 공동으로 제작 및 공유되고 있다.

이해관계자는 영향력, 요구 사항, 지원 또는 역할을 반영하여 다양한 방식으로 분류하고 순위를 매길 수 있다. 중요한 점은 이해관계자를 보고서 계획의 일부로 만드는 것이다.

3) 이전에 이러한 질문이나 유사한 질문이 있었는가? 그 질문은 어떻게 다른가?

다른 조직의 과거 보고서들은 분석관이 자신의 분석에 대한 강점과 약점을 판단하는데 도움을 줄 수 있다.(그림 3.6 참조)

그들은 파일에 없는 유용한 정보를 찾거나 과거의 판단 또는 소비자 결정에 중요한 정보가 무엇인지에 관한 통찰력을 얻을 수 있다. 보고서를 비교하면 수집 요구 사항으로 변환 할 수 있는 정보의 격차가 존재하는지를 확인할 수 있다. 더욱 중요한 것은 역사적 맥락에 대한 인식이 과거의 무지로 인하여 단순한 분석적 결론을 내리는 경향을 피할 수 있다는 것이다.

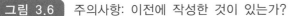

그림 3.6 주의사항: 이전에 작성한 것이 있는가?

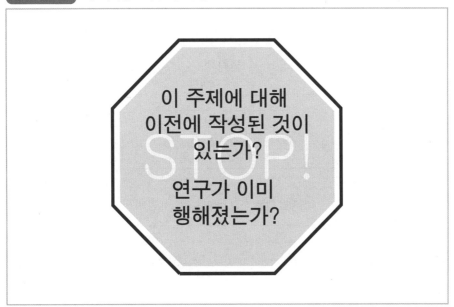

　　만약 잘못된 비유나 부정확한 역사적 비유가 대중 매체에서 잘못 인용된다면, 분석관은 이점을 활용하여 고객의 주의를 끌고 그것이 왜 문제가 되는지에 대해 자세하게 설명을 해야 한다. 예를 들어, 몇몇 행정 평론가들은 미국이 사담 후세인을 제거한 후에 이라크 재건을 위한 모델로서 제2차 세계대전 이후 서유럽 재건을 위한 마샬 플랜을 인용했다.[19] 지각 분석관(Perceptive analysts)들은 상황이 상당히 다르다고 지적하면서 1920년대 이라크에서 영국의 경험이 훨씬 더 긍정적이었음을 시사했다.

　　비록 이슈가 유사하지 않더라도, 이전에 출판된 문서들을 통해 교훈을 얻을 수 있다. 분석관들은 프로젝트를 구성하고 배경 자료를 사용하며 지도 또는 그래픽을 디자인 하는 방법에 대한 아이디어를 얻기 위해 과거의 문서들을 사용할 수 있다.

---

19 Ian Vasquez, "A Marshall Plan for Iraq?" Investor's Business Daily, May 9, 2003, www.cato.org/pub_display.php? pub_id=6568.

그림 3.7 전략적, 공작적, 전략적 분석

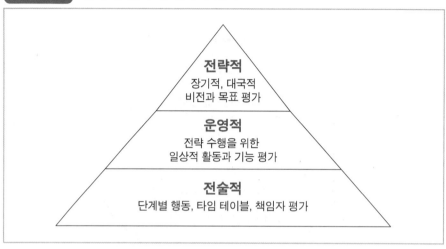

전략적
장기적, 대국적
비전과 목표 평가

운영적
전략 수행을 위한
일상적 활동과 기능 평가

전술적
단계별 행동, 타임 테이블, 책임자 평가

출처: 2016 Pherson Associates, LLC. 무단 전재 및 무단 복제를 금함

4) 당신의 이슈가 더 큰 문제인 것인가 아니면 다른 수준인가? :

당신의 분석은 기법과 목적에 따라 달라진다. 만일 당신의 전문 분야가 인도 경제 분석일 경우, 보고서에서 보조적인 역할을 할지라도, 그들의 영향력을 측정하기 위해 정치적 및 군사적 사건의 영향을 파악하는 것이 좋다. 주 및 지방차원에서 수행된 국토안보 분석(homeland security analysis)의 대부분은 답변이나 기소를 위한 전술적이고 발전적인 사례이다. 전략적 분석을 시도하는 초기의 시도들은 지리적 영역이나 극단주의 집단에 대한 위협에 대처했지만 높은 수준의 평가라기보다는 연구 논문과 유사하다.

분석이 어떤 범주에 전술적, 운영적 또는 전략적으로 적합하지 알

> 새로운 아이디어는 갑자기 생각나고 다소 직관적인 방법으로 나타난다. 그러나 직관은 단지 지적인 경험의 결과일 뿐이다.
>
> – Albert Einstein[20]

---

20 Walter Isaacson, *Einstein: His Life and Universe* (New York: Simon & Schuster, 2007), 113. Einstein was addressing Dr. H. L. Gordon.

고 있어야 하며 해당 수준에 가장 적합한 툴과 기법을 사용해야 한다.(그림 3.7 참조) 전술적 및 운영적 분석은 중요한 자료를 조직하고 공유하는데 크게 의존한다. 전략적 분석은 복수 시나리오 수립(Multiple Scenarios Generation) 및 고 충격·저확률 분석(High Impact−Low Probability Analysis)과 같은 기법을 사용하여 미래를 예측해야 한다.

주요 시사점

* 분석관은 자신, 자신의 쟁점과 독자에 영향을 미칠 수 있는 광범위한 맥락에 경각심을 가지면 분석의 관련성을 높이고 오류를 덜 범할 수 있다.

* 이슈에 대한 인지적 틀을 미리 파악하여 자료를 효과적으로 수집할 수 있고 변화하는 상황에 대한 틀을 용이하게 조정할 수 있다.

* 핵심 구성요소와 변화에 영향을 미치는 요소를 포함하여 분석 틀을 시각화하는 것은 분석을 보다 일관적이고 쉽게 공유 할 수 있도록 한다.

* 역사적 유추는 분석관이 이슈의 배경을 이해하는데 도움을 준다.

* 틀 작업은 사건들이 유사한 방식으로 발생하기 때문에 분석관들이 유사점과 차이점에 초점을 맞출 수 있도록 한다.

* 분석관들은 자신의 조직 및 다른 사람들이 이슈에 대해 무엇을 기록했는지 확인해야 한다.

사례연구 검토

사례 연구 4. "2008년 미국 금융위기는 예방할 수 있었는가?"를 검토한다. 이 사례 연구가 2008년에 발생된 미국 금융위기에 대해 자세히 알고자 하는 일반인들을 위해 2015년에 작성되었다고 가정해 보자.

* 이 기사가 작성되었을 때의 정치적, 경제적 맥락을 광범위하게 설명하시오. 이러한 역사적, 이론적 배경은 2008년의 금융위기에 어떻게 적용되는가?

* 2008년 금융위기를 둘러싼 정치 토론에서 그 맥락은 어떠했는가? 그리고 어떻게 묘사되었는가?

* 이 이야기의 핵심 구성요소는 무엇인가? 핵심 구성 요소의 매트릭스와 구성요소의 상호작용을 구축한다.

* 고객(잘 알려진 일반적인 독자)이 문서에서 다루고자 하는 핵심 이슈들을 나열한다.

* 저자는 기사의 "그래서 무엇을 해야 하는가(So What?)"라는 질문에 얼마나 잘 대답했는가?

CHAPTER 4

분석을 어떻게 개념화 하는가?

1. 준비사항 점검

우리는 앞 장에서 고객에게 초점을 맞추고 핵심 질문을 파악하며, 우리의 이슈와 분석적 생산을 위한 운영 환경을 이해하는 것이 중요하다고 논의했다. 이제 우리는 보고서 계획을 추진할 준비가 되어 있다. 분석관의 로드맵(내부 표지 참조)은 가장 효율적이고 효과적인 진행 분석을 반영하도록 상기시킨다. 대부분의 분석관들은 고도의 업무 중심적이며 즉시 문제를 해결하기를 원하기 때문에 분석관의 로드맵을 반영하는 습관을 일반적으로 배워야 하고 의식적으로 강화되어야 한다.

분석관들은 혼자 또는 작은 그룹에서 업무를 하는 것과는 관계없이 보고서를 개념화하는데 시간이 소요될 수 있다.[1] 분석 프로젝트를 시작하기 전에 개념화 또는 화이트보드 작업을 활용하면 추후 생산 프로세스에 상당한 시간을 절약할 수 있으며 설득력 있는 주장을 제시할 수 있다.

---

[1] 이 장에서 사용된 정보는 퍼슨 어소시에이츠(Pherson Associates) 교육 자료를 참조한 것이다 (www.pherson.org).

2. 심화검토

개념화 또는 화이트보드 작업에는 분석관 또는 분석관들, 보고서의 1차 수요자 또는 수요자들, 분석관의 선임 감독자들을 포함해야 한다. 이러한 핵심 그룹 외에도 본질적이고 비(非)실질적인 이해관계자를 포함하여 보고서를 조정하는데 중요한 역할을 담당하는 사람들에게 항상 배당금을 지급한다. 강력한 개념화 분석을 보유하고 있거나 주제에 대한 신선한 시각을 가지고 있는 한 명 이상의 외부인을 초대하면 보고서의 가치가 높아진다.2

개념화 작업은 장문의 보고서나 평가를 위한 초안 작성을 시작하고자 할 때 가장 자주 사용되긴 하지만, 이 작업은 매우 제한된 시간 안에 작성해야 하는 짧은 보고서의 경우에도 똑같이 유용하다. 이 경우의 작업에는 아마 더 적은 수의 인원들이 모여 30분미만의 시간이 소요되겠지만, 작업을 개시하기 앞서 들인 이 시간은 필시 편집 및 조정 과정에서 수차례에 걸쳐 보상받게 될 것이다.3

가능한 화이트보드 작업을 사용할 수 있는 소그룹으로 회의를 소집해야 한다. 만약에 화이트보드 작업 사용할 수 없다면, 대화를 시각적으로 구축할 수 있고 주요 결정사항을 기록할 수 있는 칠판을 찾아야 한다. 경험에 비추어 볼 때, 중요한 차이는 발견되지 않을 것이나 참가자들의 대화 내용을 기록하지 않으면 추후 다르게 이야기 될 것이다.

2.1 분석보고서 목표 확정

개념화 작업을 구성하는 쉬운 방법은 문서의 AIMS, 구체적으로 독자(Audience), 국가정보 질문(Intelligence Question) 또는 이슈(Issue), 메시지(Message) 및 줄거리(Storyline) 등을 통해 작업을 시작하는 것이다.4 고객 또는

---

2 다른 이해관계자 참여를 위한 공식적인 절차는 프로젝트 개요서(Terms of Reference: TOR) (장의 뒷부분에서 설명)를 포함한다.
3 5장에서 논의된 개념 보고서(Concept papers)는 보고서를 개념화하고 분석방법과 자원을 배치하기 위한 보다 정교한 과정의 산물이다.
4 AIMS 과정은 데이비드 테리(David Terry)가 처음으로 생각하였으며 후에 퍼슨 어소시

조직을 구분하고 대답해야 하는 주요 질문을 파악하는 것이 좋다. 그러나 당신이 일하기 시작한 특정 문서의 맥락에서 주요 질문을 파악하지 않았다면 개념화 작업은 당신의 관점을 요구하고 다른 사람들과 함께 당신의 의도를 파악할 수 있는 기회를 제공한다.

* 독자 보고서의 주된 독자는 누구인가? 고위층 고객을 위한 짧고 집중적인 보고서인가? 아니면 보다 낮은 계급의 전략적이고 전술적인 고객들한테 제공하기 위해 세부사항을 기재하여 길게 쓴 보고서인가? 최종보고서의 수요자가 한 명 이상인가? 만일 그렇다면, 두 개의 다른 보고서를 개념화하고 초안을 작성하는 것이 좋다.

* 국가정보 질문 또는 이슈 핵심 고객이 현재 어려움을 겪고 있거나 미래에 대처해야 할 국가정보 또는 정책적 이슈는 무엇인가? 현재 고객의 가장 큰 관심사 또는 필요한 것은 무엇인가? 핵심 질문이 한 가지 이상의 방식으로 집중적이고, 실행 가능하며 답할 수 있는가?

* 메시지 고객에게 전달하고자 하는 최종 결론은 무엇인가? 만약에 당신이 고객과 함께 엘리베이터를 타고 갈 기회가 주어진다면 1분이라는 짧은 시간에 고객에게 전하고 싶은 소위 "엘리베이터 스피치(elevator speech)"와 같은 핵심 요점은 무엇인가? 보고서의 초안을 작성하기 전에 메시지는 제목이 간결하고 명확하며 직접적인 내용으로 작성되어야 한다. 제목과 대답은 독특하고 중요한 통찰력을 제공하며 고객이 주제에 대해 준비한 마지막 항목에서 언급한 내용을 포함하는가?

* 줄거리 명확한 메시지를 염두에 두고 고객에게 간단하고 직접적인 방식으로 메시지를 전달 할 수 있는가? 보고서에서 분명하고 논리적인 동시에 줄거리가 담긴 논증을 간결하게 보여줄 수 있는가? 분석줄거리가 변경되었거나 변경된 경우에, 달라진 점과 그 이유에 대해 명확하게 설명해야 한다. 이러한 줄거리를 사진, 비디오 또는 기타 그래픽 등을 이용하여 설득력 있게 보여줄 수 있는가?

에이츠(Pherson Associates)교육 자료로 수정 및 통합되었다.

보고서나 평가의 초안을 작성하기 전에 AIMS를 고려하지 않으면 그 보고서는 고객의 요구를 충족시키는데 효과적이지 못할 수 있다. 실제로, 출판에 도달하기까지 더 많은 시간이 소요되고 편집 및 조정 과정에서 어려움을 겪을 수 있다. 이는 고객의 시간과 관련성에 영향을 미치며 최종적으로 고객의 책상에 도달하더라도 보고서를 읽지 않을 수 있다.

2.2   중요 사항에 초점 맞추기(Focusing on what is important)

임계점(Threshold)은 이슈 또는 사건의 새로움, 다양성, 중요성, 유용성 또는 고객이 원하거나 알아야할 개인적인 관심사인지를 판단하는데 필요하다. 분석관이 시간과 자원을 효율적으로 활용하기 위해 프로젝트가 "임계점을 충족"하는지 여부를 판단 할 수 있는 몇 가지 질문이 있다.

* 귀하의 이슈나 사건에 대해 새로운 점이나 다른 점은 무엇인가?
* 그것이 중요한 변화의 지표인가?
* 임박하거나 잠재적인 위협에 대해 경고를 해야 하는가?
* 이슈 또는 사건이 고객의 관심사나 일정과 관련이 있는가?
* 회의 또는 정책 토론에서 고객을 지원할 수 있는 항목을 추가할 수 있는가?
* 사건 또는 이슈가 고객의 프로그램, 행동 또는 정책에 대한 기회 또는 함정을 제시 하는가?
* 이슈 또는 사건이 귀하의 조직 또는 더 많은 잠재 고객에게 중요한가?

2.3   보고서 점검

요청자 또는 감독자가 보고서 유형을 미리 결정하지 않는다면, 개념화 작업으로 보고서를 작성하는 것이 가장 좋다. 모든 분석관들은 보다 정교하고 수용 가능한 보고서를 작성하였지만, 보고서는 일반적으로 세 가지 범주로 나뉜다. 이러한 범주는 주로 다음 장에서 설명하는 분석 스펙트럼에서 묘사한 진행 과정(평가에서 추정 분석에 대한 설명)을 반영한다.

1. 단기적인 분석(Short, current pieces)은 최신 정보 또는 발전하고 있는 주제들을 소개한다. 이들은 일반적으로 사건에 대한 정보를 고유한 출처로부터 보고한다. 이슈 또는 사건이 발생하지 않더라도 문제를 해결하기 위하여 고객에게 문제를 알리는 것이 좋다.

2. 중기적 분석(medium–term analyses)은 문제 또는 변경 사항을 처리하는데 도움이 된다. 이들은 장기적인 연구와 분석 기법 및 방법론을 적용하여 줄거리를 구성하고 미래를 평가하는데 토대가 될 수 있다.

3. 장기적 평가(Longer–term assessments)는 이슈나 문제에서 일정기간 동안 뒤를 돌아보는 경향이 있는 장기간의 평가 또는 추세, 변화에 대한 예측 가능한 추정치, 변경 사항, 그리고 향후 발생할 수 있는 미래를 예측할 수 있다.

분석관들은 종종 여러 프로젝트를 동시에 수행하면서 현재와 장기적인 책임감을 균형 있게 조율한다. 분석관들은 초안 및 최종 보고서의 개인 파일을 유지해야만 최종 보고서에서도 똑같은 줄거리를 수록할 수 있다. 분석 접근법에 관해서는 제5장에서 더 논의한다.

2.4 프로젝트 개요서(Terms of Reference)

개념화 작업의 보고서는 화이트보드 작업에 기록된 주요 결정사항의 비공식적인 목록에서부터 분석관과 감독자 사이의 작업 계획과 기대치를 정하는 개념 보고서(Concept paper), 프로젝트 개요서(Terms of Reference: TOR)까지 포함한다. 프로젝트 개요서(TOR)는 설정된 템플릿을 기반으로 하며 범위, 책임 및 핵심 일정 등을 규정하는 것으로서 미국의 정보공동체(US Intelligence Community) 보고서에 자주 사용된다. 프로젝트 개요서는 종종 분석관, 감독자, 그리고 핵심 이해관계자(key stakeholders)들에 의해 서명된다.

보고서의 AIMS를 구성하는 것 외에도, 위임사항은 다음과 같아야 한다.[5]

* 적절한 경우 추정기간 또는 미래 전망을 포함한 분석을 위한 기간을 설정한다.
* 연구의 다양한 단계를 완료하기 위한 마감일을 제시한 연구계획서를 제공한다.
* 기존 정보 또는 분석의 갭(gap)을 나타내고 그 갭을 줄이기 위한 대응전략을 마련한다.
* 모든 기고자(contributors)의 역할을 확인하고 초안 작성 임무를 부과한다.
* 고유한 의견을 제공하거나 초안을 검토할 외부 전문가의 견해를 포함시킨다.
* 분석 구조를 구조화하는데 어떤 분석 기법을 사용해야 하는지 파악한다. (그림 4.1 참조)
* 초안 작성자에게 보고서 작성을 전달하고 편집자에게 초고를 전달하기 위한 마감일을 설정해야 한다.
* 최종 보고를 고객에게 전달할 목표 날짜를 설정해야 한다.

위임사항 작성의 주요 장점 중 하나는 다른 분석기관 출신의 분석관, 관리자 및 이해관계자들 사이에 보고서가 다룰 내용, 자원의 투입, 제출 기일에 관한 계약을 맺는다는 것이다. 이 과정은 추후 편집, 조정 및 보고서 작성 과정에서 발생할 수 있는 뜻밖의 일을 방지하는 데 도움이 된다.

또한 위임사항 작성은 최종 보고서가 협업 과정을 통해 작성된 공동 보고서임을 강조하는 수단으로도 유용하다. 위임사항은 주요 이해관계자의 핵심적 관심이 초안 작성 과정에서 일찌감치 반영되었고 분석관의 분석 속에 감안되어졌기 때문에 조정 과정을 순조롭게 할 것이다. 또한 선임 관리자와 분석관은 하급 직원들을 위임사항 작성 과정에 초청하여 조직의 중요성을 알리고 핵심적인 전문 분석 기술을 교육시키는 데 이 과정을 이용할 수 있다.

---

5 위임사항과정은 미국 국가정보위원회(National Intelligence Estimates)에서 수십년 동안 미국 국가 정보 견적을 산출하기 위해 권장되었고 때로는 필수 과정이었다.

| 그림 4.1 | 시작 체크리스트 설정하기 |

구조화된 분석기법에는 어떠한 것이 있는가?

프로젝트 또는 보고서 시작 시 분석의 정확성을 향상시키는데 사용할 수 있는 기법은 다음과 같다.

* 시작 체크리스트(Getting Started Checklist)

* 고객 체크리스트(Client Checklist)

* 이슈 재정의(Issue Redefinition)

* 연대표와 타임라인(Chronologies and Timelines)

* 분류(Sorting)

* 순위부여, 점수부여 및 우선수위 결정(Ranking, Scoring, & Prioritizing)

* 매트릭스(Matrices)

* 벤 분석(Venn Analysis)

* 마인드 맵 및 개념도(Mind Maps and Concept Maps)

* 인수 맵(Argument Mapping)

* 경쟁 가설 분석(Analysis of Competing Hypotheses)

2.5 시작 체크리스트

시작 체크리스트는(그림 4.2 참조) 분석관이 새로운 보고서 또는 프로젝트를 시작하는데 사용할 수 있는 분석기법이다.[6] 분석관들은 근본적으로 기초를 다짐으로써 분석관들은 핵심 고객 또는 조직에게 가장 중요한 사항에 대한 분석을 집중적으로 수행 할 수 있다. 더 나아가 보고서가 그 주제에 대해 이미 작성되었는지의 여부를 묻는 질문에 몇 분이 소요되므로, 분석관은 연구 및 초안을 작성하는데 몇 시간 또는 며칠을 절약 할 수 있다. 체크리스트는 분석관이 최상의 정보를 얻고, 최고의 전문 기술을 활용하며, 가장 효율적인 방법

---

6 이 체크리스트는 Heuer and Pherson, *Structural Analytic Techniques for Intelligence Analysis*, 47−48에서 처음 제시되었고 여기에서는 약간 수정되었다. 분석관들이 분석을 보다 엄격하게 하기 위해 사용할 수 있는 다른 분해와 시각화 기법들에 대해서는 Heuer and Pherson, *Structural Analytic Techniques*, 43−96을 참조한다.

으로 올바른 기술을 통합하는 방법을 포함하여 자신의 보고서를 작성하는 전략을 개발하도록 장려한다.

그림 4.2 시작 체크리스트

1. 무엇이 분석관들에게 분석의 필요성을 유발시켰는가? 예를 들면, 그것은 뉴스 보도 인가, 새로운 정보보고서인가, 새로운 상황 전개인가, 변화의 인지인가, 또는 수요자의 요구인가?

2. 핵심 정보, 정책 또는 사업 등 다루고 있는 분석 영역에서 대답할 필요가 있는 핵심질문은 무엇인가?

3. 이 이슈는 왜 중요하며 분석은 어떻게 특별하고 의미 있는 기여를 할 수 있는가?

4. 당해 질문 또는 그와 유사한 질문에 대해 이미 분석과 자신이나 다른 사람이 답하였거나 무엇이라고 말한 것은 없는가? 그러한 이전의 분석 결과는 누구에게 전달되었으며 그 이후 변화한 것은 무엇인가?

5. 누가 주요 정보수요자인가? 그들의 요구를 잘 이해하고 있는가?

6. 당해 질문에 대한 답변에 관심을 가질만한 다른 이해 관계자가 있는가? 그들 중 누구라도 원래의 질문과 다른 질문에 답변하는 것을 더 선호할 것인가?

7. 당해 질문에 얼마나 빨리 답변을 해야 하는가? 연구를 수행하고, 논문 기안, 검토, 답변을 전달하는데 얼마나 많은 시간을 할애해야 하는가?

8. 당해 질문에 대한 가능한 답변들은 무엇인가? 그 이슈에 대한 분석적 판단이 이루어지기 전에 어떤 대안적 설명이나 결과들을 고려해야만 하는가?

9. 당해 문제에 관한 분석을 위해 구조화 분석기법을 사용하는 것이 유용할 것인가?

10. 다루고 있는 주제나 당해 질문에 대해 보다 많은 것을 알기 위하여 활용할 수 있는 가장 유용하고 효율적인 잠재적 첩보들 또는 첩보 출처들은 무엇인가?

11. 조직 내부 또는 외부의 전문지식과 첩보의 획득, 또는 지원을 받기 위해 어디에 연락을 취해야 하는가?

12. 핵심 가정들을 찾아내고 논의하기 위해, 핵심 첩보를 검토하기 위해, 핵심 추동요인과 중요 행위자들을 파악하기 위해, 대안적 설명들을 탐구하기 위해, 그리고 대안적 가설을 구축하기 위해 초기에 브레인스토밍 시간을 가져야 할 것인가?

출처: 저작권 2016 Pherson Associates, LLC. 무단 전재 및 무단 복제를 금함

주요 시사점

* 보고서 또는 프로젝트를 시작할 때 약간의 계획을 세우면 분석관이 조정, 편집 및 검토 과정을 진행하는데 상당한 시간을 절약할 수 있다.
* 개념화 작업은 분석관이 고객, 질문 및 보고서에 대한 감독자, 동료 및 검토자와 함께 수사 할 수 있는 기회를 제공하면서 조직적이고 집중적이며 엄격한 분석을 작성하는데 필수적인 첫 번째 단계이다.
* 보고서의 AIMS는 독자, 국가정보 질문 또는 이슈, 메시지 및 줄거리를 파악하는 것이다.
* 임계점(Threshold)은 어떤 사건이나 이슈가 새로운 것인지, 다른 것인지, 유용한 것인지, 또는 고객이 좋아하거나 알 필요가 있을만한 충분한 개인적 관심이 있는 것인지에 대한 판단 요청이다.
* 분석관들은 동시에 2~3개의 프로젝트를 진행하면서 자신의 주제나 영역에 대한 단기, 중기 및 장기 전망에 대한 이해를 넓히기 위해 항상 노력해야 한다.
* 긴 보고서의 경우, 위임사항 작업은 추후 이 과정에서 놀라운 일을 피하고 분석관과 관리자들에게 확실한 마감 기한을 제공하는데 매우 중요하다.

사례연구 검토

사례연구 5장. "예멘의 안보위협은 확대되고 있는가?"를 검토한다.

* "예멘의 안보위협은 확대되고 있는가?"라는 주제에 관한 정보 평가를 준비하는 미국 국무부 정보 분석관이라고 가정해 보자. 사례 연구를 통해 다음 작업을 수행한다.
* 보고서의 AIMS를 설명하는 하나 또는 두 개의 문장을 작성한다.
* 프로젝트 개요서(TOR)의 샘플을 작성한다.
* 시작 체크리스트(그림 4.2)를 검토하고 평가 초안을 작성하기 전에 초점을 맞춰야 하는 5가지 사항을 확인한다.

CHAPTER 5

나의 분석 접근법은 무엇인가?

1. 준비사항 점검

　개념적 틀을 분석보고서로 만들기 위해서는 다양한 분석 접근법들과 전략들을 고려하여 선택할 필요가 있을 것이다. 이 모든 것들은 근본적으로 논리적 훈련을 토대로 이루어지는 것이며, 바로 이것이 분석적 논증의 핵심이다. 능숙하게 비판적 사고를 하는 사람들은 일관성 있는 기준을 설정하고 그 기준에 맞추어 자신의 업무에 대한 진행 상황을 추적하고 진전 상황을 상관이나 동료에게 보여준다. 어떤 수립된 계획을 가지고 있다면 보고서의 범위를 조정하거나 변화하는 요구들과 데드라인에 맞추어 타임라인을 재설정하는 일이 더 쉬울 것이다. 만약 분석관이 자신의 분석이 어디까지 진행되었는지 알고 자신의 향후 할 일에 대한 계획을 말할 수 있다면, 그 분석관은 상관에게 뿐만 아니라 동료들에게도 신뢰와 신임을 받을 것이다. 계획이나 문서화된 전략은 분석관이 새로운 출처의 자료나 그것의 의미와 가능성 등을 분석할 때에도 초점과 속도를 유지하게 해주는 일종의 억제장치로서 작용한다.

　　비판적 사고 과정들과 모델들에 관한 많은 문헌들은 주장의 정당함을 보여주기 위해 논리와 논증에 초점을 맞춘다. 그러나 성공적인 분석은 우리가 이 책에서 다루고 있는 조사, 연구, 추론, 의사소통이라는 더 큰 과정의 부분에 해당할 뿐이다. 사람들은 그들이 들어 온 모든 조언들 중 공통 요소들을 찾아서 그것들을 특정한 프레임에 적용하고, 또 보고서 작성자, 고객, 문제의 맥락에 적합한 전략에 잘 맞추어 집어넣는다.

　　분석관이 어떤 전략을 택하고 각 단계에 얼마나 많은 시간을 할애할 것인가는 분석관이 수행하고 있는 분석의 유형에 따라 다르다. 사람들은 많은 분석관들에게 단기적, 전술적(tactical), 또는 현용정보 보고서를 정기적으로 생산하기 기대한다. 그러나 이러한 보고서들은 관심과 참신함이 요구되는 임계점과 만날 필요가 있다. 분석관들은 주기적으로 추론의 근거와 의미를 분석한 운영적(operational) 또는 전략적 견해나 미래 예측에 관한 견해를 요구받는다. 장기 프로젝트의 경우, 개념 보고서들은 최종 결과물이 모든 사람의 기대를 충족하기 위해 분석관들과 그들 상관 사이에서 일종의 연결점 노릇을 한다.

2. 심화검토

> "어디로 가는지 모른다면 거기에 못 갈수도 있다."
> – Yogi Berra
> 길 가다 갈림길(포크)에 이르면 그것(포크)을 주어라!
> 가장 위대한 야구 영웅 중 한 사람이 보내는 영감과 지혜[1]

전체 분석과정을 진행함에 있어, 좋은 계획은 고객, 목적, 질문을 정의하는 데에서부터 시작하여, 그에 따라 정의된 질문에 대한 답을 구하기 위해 정보를 수집, 정리, 평가하는 것이다. CIA에서 일했던 한 분석관은 이러한 과정을 인류학적 용어들을 이용하여 비유한다.[2] 원시인은 우선 그가 알고 있는 이미 존재하는 식량과 재료들을 수집한 뒤, 필요한 다른 것들을 사냥하고, 마지막으로 다른 방법으로는 구할 수 없는 먹거리를 재배하거나 키운다. 분석에 적용해보면 다음과 같이 말할 수 있다:

* 수집: 질문과 관련하여 현재 취할 수 있는 지식을 조사하는 것
* 사냥: 질문에 대답하기 위해 필요한 것을 알아내는 것
* 농사: 질문에 대한 대답에 합당한 지식을 창출하는 것

---

1 Yogi Berra, *When You Come to a Fork in the Road, Take It! Inspiration and Wisdom From One of Baseball's Greatest Heroes* (New York: Hyperion, 2002), 53.
2 적절한 비유를 교육자료로 활용할 수 있도록 허락해 준 신시아 스토러(Cynthia Storer)에게 감사를 표한다.

분석관이 범죄조직, 국제 자금세탁, 의료, 핵무기 테러 등 어떤 주제로 보고서를 쓰든 간에, 분석 보고서 작성 전략을 성공적으로 세우기 위해서는 주제와 관련된 맥락을 알아야 한다(제3장 참조). 맥락이나 토대(baseline)를 안다는 것은 "처음부터 다시 시작할 필요"가 없도록 이미 문서화되었거나 수집된 주제에 관한 지식, 그리고 분석관이 일관성 있고 체계적으로 분석하기 위한 행동 계획 모두를 포함하는 것이다. 행동 계획이란 다음과 같은 것이다:

* 정보 요구를 판단하고, 차이점을 파악하고, 부적절하거나 부정확한 정보 또는 허위 정보를 걸러냄으로써 유용한 것과 그렇지 못한 것을 가려내는 것
* 좋은 가설을 수립하고 판단을 내리기 위해 앞으로 수집이 필요한 지식의 범위를 정하는 것

질문 확정부터 결론 제시까지의 지적 여행은 다음과 같은 경우에 시간이 보다 많이 걸릴 수 있다.

* 대답될 질문이나 작성될 보고서가 불분명한 경우
* 문제나 이슈가 복잡한 경우
* 필요한 정보가 모호하거나 이용 가능하지 못한 경우
* 분석관에게 주어진 시간이 많은 경우

분석관들이 별개의 단편적인 정보들을 판단과 이해의 기초가 될 수 있는 지식으로 통합하는 데 필요한 인지 단계들을 파악하고 있다면 도움이 될 것이다. 그런데 인간의 뇌는 이러한 업무를 처리할 때 자주 과학적이고 일련의 단계를 순서대로 거치기보다는 직관적이고 여러 단계를 한꺼번에 뭉뚱그려 생각하는 경향이 있다.

지속적으로 분석과정에 비판적 사고 전략을 통합시키는 것은 통찰력 있는 분석을 위해 기본적인 것이다. 바로 이러한 이유 때문에 비판적 사고 전략은 이 책에서 반복적으로 나타나고 설명되는 핵심 주제이다(그림 5.1 참조).

그림 5.1   비판적 사고 전략: 8단계

비판적 사고 단계	이 책의 관련 장(chapters)
1. 올바른 질문 설정	2
2. 자신의 가정 파악	11
3. 다른 출처들에 접근	8
4. 자료의 정확성, 타당성, 완전성 평가(evaluation)	9, 10
5. 자료 판단(assessment)과 가설 수립	12, 13
6. 가설의 평가와 모순적 자료 점검	15
7. 결론 도출	16
8. 결과 제시	19

2.1   주제의 변형들

기획, 정보 수집, 평가, 의사소통, 재검토는 모든 업무를 완성하는 데 있어 핵심적인 과정들이다. 분석조직들과 분석관들은 여러 가지 방법으로 정보 사이클을 묘사한다(그림 5.2 참조). 6단계 또는 7단계로 표시하든, 사이클 또는 과정으로 표현하든, 대부분의 문제해결 방법들에 있어 구성요소들은 유사하다. 어떤 사람들은 보다 날카로운 시각에서 각 단계들이 순차적으로, 또는 반드시 그 순서에 따라서 진행된다는 의미를 최소화하기 위해 국가정보 사이클 대신에 국가정보 과정이란 말을 사용한다.

특정한 상황이나 환경에 맞게 다른 용어들이 사용되기도 하는데 예로써, 미 공군 전직 대령 찰스 보이드(Charles G. Boyd)가 고안하고 안보위협관리(security risk management) 모델로서 자주 인용되는 OODA(observe, orient, decide, act: 적이나 목표를 관찰하여, 대응전략을 정하고, 최선의 대응책을 결정하여, 행동에 나선다는 전략) 의사결정과정을 들 수 있다.[3] 과학적 문제해결, 비즈니스 문제해결, 수학적 문제해결 방법들은 비판적 사고방식과 유사하지만 자료 및 시간은 다

---

3 Robert Coram Boyd, *The Fighter Pilot Who Changed the Art of War*
  (New York: Back Bay books, 2002).

르게 사용된다. 이 단계는 약간 다른 이름이거나 다른 방식으로 결합될 수 있다. 그림 5.2는 유사한 행동들에 대해 같은 정도의 음영을 줌으로써 각 방법들 간의 유사한 단계들을 보여주고 있다.

그림 5.2 문제해결 방법 비교

비판적 사고 전략	정보 사이클	과학적 문제해결	비즈니스 문제해결	수학적 문제해결
질문하기	기획, 목표	문제 정의	계획	문제의 이해
가정 확인	필요, 요구사항	가설 구축		
출처 수집	수집	가설 검증	실행	계획 세우기
자료 평가	정보처리, 활용	자료 수집		
가설 구축		자료 분석	점검	계획의 실행
가설 평가	분석			
결론 도출		결론 도출	개선	풀이의 반성/확장
결과 제시	배포	결론 제시		

　　물론 분석 과정을 이끄는 지적인 능력의 세세한 것들에서 문제가 도사리고 있는 법이다. 분석은 "방법"만의 문제를 넘어서는 그 이상의 것이어야 한다. 분석 전략은 그 조직이나 분야에 적합한 과정을 반영해야 하지만 분석관은 차별성 있고 또 독자가 행동을 취할 수 있도록 하는 보고서를 작성하기 위해 사고 기술(thinking skill)을 가장 잘 활용하는 방법에 초점을 맞추어야 한다.
　　예를 들어, 우리 동료 중의 한 명은 질문들을 제기함으로써 문제를 깊이 이해할 수 있는 방법을 강조하는 분석적 문제해결 방법을 권장한다.(그림 5.3 참조)4 분석관이 질문기법을 사용하여 문제의 모든 측면을 생각할 수 있게 된

---

4 이 책의 개요에 대해 우리와 함께 분석적 문제해결 방법을 공유한 프랭크 마쉬(Frank Marsh)에게 감사함을 표합니다.

다면, 이는 분석관에게 보고서의 기본 구조를 구축하고 분석하는 데 있어 강력한 도구로 작용할 것 있다. 이 방법은 분석관으로 하여금 분석(문제의 분리), 종합(문제의 분류), 정보 선별(무엇을 할 것인가 파악) 및 논증(분석 노선 구축)을 포함한 여러 단계를 거쳐 분석관을 안내한다.

그림 5.3   문제해결과 질문기법

문제해결 방법

* 문제 확인하기
  – 질문하기

* 문제를 분리하기
  – 질문하기

* 문제를 질문하고 정의하기
  – 질문하기

* 문제를 분류하기(grouping)
  – 질문하기

* 당연한 것은 제거하고 관련 있는 것에 초점을 맞추기
  – 질문하기

* 체계적인 방법으로 질문들에 대답하기
  – 진술하고, 정의하고, 주장을 뒷받침하고, 명확히 하기
  – 전환이나 언어 연상 작용(linguistic chain links)을 통해 아이디어, 단어 및 주제 연결

2.2   분석적 논거의 범주

구체적인 분석 전략과 각각의 단계에 할당되는 시간은 보고서 분석의 유형 및 질문에 답하기 위해 필요한 정교함의 수준에 따라 다르다. 수년 동안 저자들이 분석관을 가르치고, 멘토링하고, 관리해오는 동안, 우리는 이것이 소통하기 가장 어려운 것 중 하나라고 생각했다. 분석적 논거들의 유형에 관한 그림 5.4는 지식 관리, 정보, 인지 심리학, 수사학, 논증의 계층 구조들과 개념적

---

5 Stephen R. Covey, *Seven Habits of Highly Effective People* (New York: Simon & Shuster, 2013), 102.

범주들을 융합하여 그려진 것이다.6 분석관들은 초보자에서 비전문가로, 그리고 전문가로 전환하는 과정에서 각 분석 보고서의 유형이 스펙트럼에 적합한지를 이해해야 한다.

> "습관 2: 목표를 마음에 새기고 시작하라"
> ─Stephen R. Covey
> *Seven habits of Highly Effective people*5

그림 5.4 분석적 스펙트럼

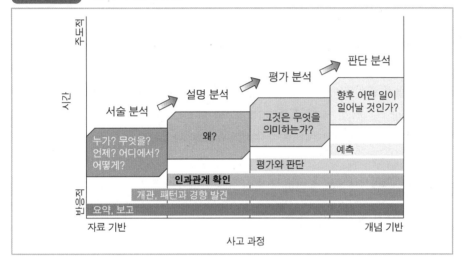

출처: 저작권 2016 Pherson Associates, LLC. 무단 전재 및 무단 복제를 금함

법 집행기관 및 국토안보부의 분석 팀들은 전통적인 자료, 사실 및 사례에 기반 한 조사 및 표현에서 벗어나 전략적이고 미래 지향적인 프레임을 추구한다. 이러한 분석적 노력을 그래픽으로 표현하는 한 가지 방법은 가치(사건에 반응하는 것으로부터 상황을 앞서 주도하고 사전 대책을 강구하는 데까지)와 복잡성(자료 기반 또는 단순한 것으로부터 개념 중심 또는 보다 복잡한 것에까지)을 척도

---

6 이러한 분석적 논증 유형의 범주화는 광범위한 학업 및 경력 경험을 기반으로 한다. 구체적인 정보는 다음 참조. Aristotle's Rhetoric; contributions of Sherman Kent as cited in Rob Johnston, "Foundations for Meta Analysis: Developing a Taxonomy of Intelligence Analysis Variables," Studies in Intelligence 47, no 3(2003); Russell Ackoff as cited in Bellenger et al., "Data, Information, Knowledge, Wisdom,"2004, www.systems─thinking. org/dikw/dikw.htm;and David T. Moore, *Species of Competencies for Intelligence Analysis* (Washington,DC:Advanced Analysis Lab, National Security Agency,2003).

로 범주들을 나누고 그에 따른 필요한 사고 기법들을 배열하는 것이다.7 이 기법들은 분석적 논증과 직접적으로 관련이 있다.(제12장 참조)

* 서술적 분석 보고(Descriptive analysis report)는 상황, 사람, 장소 또는 대상에 대해 잘 알려진 내용을 보고하거나 요약한다. (그림 5.5 참조) 이것은 "누가, 무엇을, 어떻게, 언제, 어디에서" 관련하여 타당하거나 주목할 만한 것들을 확인하여, 이해하고 기억하기 쉬운 방식으로 자료들을 구성하는 것이다. 1950년대 정보 분석의 기초를 닦음으로서 "정보 분석의 아버지"라고 불리는 예일대학교 교수인 셔먼 켄트(Sherman Kent)는 기본 정보(국가 및 이슈에 대한 배경 정보)와 현용 정보(사건 및 즉각 관심을 가져야할 사항 보고)를 서술적 분석의 예로 들고 있다. 법 집행기관에서, 회보(bulletins), 수시 보고(spot reports), 경계 정보(BOLOs: Be on the lookout) 및 분석관의 사건 지원(case support)은 서술적 분석의 예들이다.

그림 5.5   서술과 관련한 구조화 분석기법

어떤 구조화 분석 기법이 적용되는가?

* 요약하는 기법들은 다음과 같다.
  - 연대표와 시간표
  - 매트릭스
  - 분류
  - 스타버스팅
  - 벤 분석
* 일반화 기법들은 다음과 같다.
  - 재분류, 점수부여, 우선순위
  - 마인드 맵
  - 연관성 도표(link charts)

---

7 1970년대 후반, 미 육군에서 신호 정보 및 이미지 정보 업무 과정을 연구하기 위해 수행된 연구는 "정보 분석은 자료 기반과 달리 개념적으로 추진된다는 결론을 내렸다. 중요한 것은 수집된 자료 뿐 아니라 분석관의 지식 축적에 있어 개념 모델을 통해 자료를 해석하는 것이다." Robert V. Katter, Christine A. Montgomery, and john R. Thompson, "Human Processes in Intelligence Analysis: Phase I Overview," *Research Report 1237* (Woodland Hills, CA: Operating Systems, Inc., December 1979).

유용한 판단이나 "그래서 무엇을 해야 하는가(So What)"의 질문이 없고 고객에게 분석의 논거를 제시하지 않은 채, 자료와 보고서들을 취합한 형태의 조사 보고서나 평가들은 고차원적 보고서를 가장한 서술적인 분석일 뿐이다. 만약 연례 평가(annual assessment)가 총기류를 사용한 범죄나 외국정보기관의 활동과 관련된 보고서 또는 사건들 통합한 것이라면, 그것은 기본 정보이다. 시간이 지남에 따라 차이를 설명하고, 변화를 강조하거나, 더 넓은 문맥에서 사건의 중요성을 다룬다면 설명 또는 평가가 된다. 대부분의 분석관들은 실질적이고 전문적인 운영환경을 배우는 동안 자신의 이슈와 자료 출처에 익숙해 질 수 있는 서술적 분석 보고서를 작성함으로써 분석 프레젠테이션 기법을 습득한다. 모든 수준의 분석에는 선입관을 극복하고, 사고에 도전하며, 협업을 위해 동료를 잘 활용하는 세심한 주의가 필요하다. 이 수준에서 사용되는 분석 기법에는 주로 분해 및 시각화와 관련된 출처 선정 및 평가, 그리고 최저 수준의 정리를 포함한다.[8] 현용 정보는 적시성, 정확성 및 관련성 등이 생명이라는 점에서 저널리즘과 공통점이 많다고 하겠다.[9]

  * 설명적 분석은 어떤 상황의 이유와 원인을 조사하는 것으로 그 상황이 여러 타당한 출처들에 의해 묘사된 방식으로 전개되었거나 발생된 이유를 알고자 하는 것이다(그림 5.6 참조). 이 수준에서는 분석관은 흥미로운 정보를 정리하고 보고서를 작성하는 것을 넘어서서 사실과 판단, 그리고 행동 패턴이나 변화에 관한 관찰 등을 꿰맞출 수 있는 맥락을 제시하기 위해 논증을 사용해야만 한다. 핵심 국가정보 목표의 정체성과 취약성을 규명하는데 중점을 둔 국가정보 분석의 하위 집합인 표적 분석(target analysis)은 대개 이 범주에 속한다.

---

8 See Heuer and Pherson, *Structured Analytic Techniques*, 제4장 분해 및 시각화, 47-96.
9 Office of the Director of National Intelligence, "Intelligence Community Directive 203: Analytic Standards."

그림 5.6	설명과 관련한 구조화 분석기법

어떤 구조화 분석 기법이 적용되는가?

* 설명적 기법은 다음과 같다.
  - 가설 수립
  - 경쟁 가설 분석
  - 구조화 유추
  - 델파이 방법
  - 논점 도표화

　　복잡한 사건에 대한 설명적 분석은 경제적 혼란이나 범죄 패턴의 변화와
같이 복잡하지만 모호한 정보와 상황을 이해하는 것을 목표로 하는 국가정보
평가의 기초가 될 수 있다. 또한 어떤 지역에서의 폭력 증가 또는 미사일 기지
주변에서의 잠재적인 발사 시험 준비와 같은 최근 동향에 대한 근거를 제공하
기 위해 현용 정보보고서에 때때로 설명적 분석이 포함되는 경우가 있다.

　　설명적 분석은 정보를 조작하고 표시하는 기법에 의해 뒷받침되고, 새로
운 설명의 도출을 통해 증거에 가치를 더하고 지식을 창출하는 논리적 결론을
도출한다. 설명 분석에 사용되는 분석 기법은 주로 분해, 시각화 및 가설 수립
및 검증과 관련된 것들이다.[10] 결론의 품질과 정확성은 분석관이 자료에 전문
지식을 활용하고, 다양한 가설을 생성 및 검증하며 가장 가능성 있는 설명을
결정하기 위한 진단적 자료(diagnostic data)를 파악하는 능력에 달려 있다.

　　* 평가적 분석은 자료의 다양한 가치나 의미를 해석하고 판단하는 논리를 사
　　용하여 고객의 이익과 관련된 문제 또는 주제의 중요성을 검토한다(그림
　　5.7 참조). 앞서 언급한 모든 분석 기술과 기법들이 평가 분석에도 사용되지
　　만, 일차적으로 그 차이는 주로 보고서의 구조, 선택된 자료 및 논증에 있
　　다. 이것은 상황의 본질(군대 훈련인가 공격인가?), 행동의 질(이민 정책은 국
　　경에 긍정적 또는 부정적 영향을 미칠 것인가?), 문제의 범위(추락하는 경제 지

---

10 See Heuer and Pherson, *Structured Analytic Techniques*, 제4장 분해 및 시각화, 47－
　96, 제7장 가설 수립 및 검증, 165－201.

표가 위기를 촉발시킬 것인가?) 또는 상황의 중요성(의사 결정자는 내년보다
지금 당장 주의를 기울일 필요가 있는가?)을 평가할 수 있다.

그림 5.7 평가와 관련한 구조화 분석기법

어떤 구조화 분석 기법이 적용되는가?

* 평가적 기법은 다음과 같다.
  - 교차 영향력 매트릭스
  - 핵심가정 점검
  - 지표
  - 지표 타탕성 검증도구
  - 사전 실패가정 분석
  - 구조화 자기비판
  - 기만 탐지

　　대부분의 평가 분석은 평가의 형태로 작성될 것이다. 보고서의 성공 여부
는 분석관의 논증과 판단의 질뿐만 아니라 질문을 얼마나 잘 정의했는지, 현
재 고객의 관심을 끌고 있는지 여부에 따라 달라진다. 평가 분석에서 가장 많
이 사용되는 구조화 분석 기법은 아이디어 창출, 가설 수립 및 검증, 인과관계
평가 및 도전 분석들이다.[11]

　* 판단 분석(Estimative analysis)은 미래에 발생할 수 있는 일에 대해 질문하고
　　의사 결정자가 잠재적인 자극에 대응할 수 있는 행동방침을 사전에 예측한
　　다(그림 5.8 참조). 정의에 따르면 판단 분석은 추동력, 영향력, 구체적인
　　자료(hard data)의 부재 속에서의 가정 등에 대한 기본적 틀(framework)에
　　의해 수행된다. 예측은 분석관의 경험, 지식 및 시나리오를 포함한 증거를
　　모델링하는 전략과 엄격하고, 상상력을 자극하며 사고방식에 도전할 수 있

---

11 See Heuer and Pherson, *Structured Analytic Techniques*, 제5장 아이디어 생성, 99–
　　129; 제7장 가정 수립 및 검증, 165–201; 제8장 인과관계 평가, 205–230; 제9장 도전
　　분석, 233–270.

는 모든 구조화 분석기법을 기반으로 한다.

그림 5.8 판단과 관련한 구조화 분석기법

어떤 구조화 분석 기법이 적용되는가?

* 판단적 기법은 다음과 같다.
  - 시나리오 분석
  - 사분면 분할
  - 발생가정 분석
  - 고충격 · 저확률 분석
  - 레드 햇 분석

저자는 예측(predict)을 사용하는 것보다 판단(estimative)과 예상(forecast) 또는 예상 분석(forecast analysis)이란 용어를 훨씬 선호한다. '예측'이란 과학적 실험에는 적합할 수 있지만 많은 요인들이 복잡하게 영향을 미치는 현실세계의 일들을 평가하기에는 많은 위험성이 내포된 포인트 솔루션(point solutions)을 의미하는 단어이기 때문이다. 분석관들은 분석 업무를 시작할 때 수정 구슬을 건네받지 않으므로 현실적으로 일관되고 신뢰할만하게 전달할 수 없는 것을 그렇게 제공하도록 강요되어서는 안 된다. 분석관의 임무는 잠재적 사건의 범위를 정확하게 묘사하여 어떤 일이 발생되더라도 고객이 놀라지 않도록 하는 것이다. 판단 또는 전략적 예상 분석관의 성공의 열쇠는 현실적 시나리오의 범위, 향후 미래가 도래함에 따라 의사 결정자들이 직접 관찰할 수도 있는 것, 그리고 그러한 미래를 다루는 데 유용한 대안과 선택들의 의미를 상상하고 묘사하는 것이다. 판단 분석에 사용되는 구조화 분석 기법에는 아이디어 생성, 시나리오 분석, 인과관계 평가 및 도전 분석이 포함된다.[12]

경고 분석(warning analysis)은 판단 분석의 중요한 하위 집합이다. 분석관

---

12 See Heuer and Pherson, *Structured Analytic Techniques*, 제5장 아이디어 생성, 99−129; 제6장 시나리오 분석, 133− 161; 제8장 인과관계 평가, 205−230; 제9장 도전 분석, 233−270.

의 일차적 과제는 기존의 분석적 사고방식에서 벗어나 타당성이 없는 것으로 판단되어 그동안 중단되었던 핵심 가정을 파악하는 것이다. 분석관은 이슈를 재구성하거나 보다 구체적으로 생각할 수 있도록 해주는 사분면 분할(Quadrant Crunching) 또는 구조화 브레인스토밍과 같은 구조화 기법을 사용하지 않는다면 이 작업을 거의 성공적으로 수행하지 못할 것이다.

사후판단 편향(Hindsight bias)은 분석관이 정확도를 과대평가하는 경향이 있으며 미래에 대한 보고서의 중요성과 고객이 자신의 관점과 의사 결정에서 보고서의 가치를 과소평가하는 경향이 있다. 분석관은 강력한 분석 전략과 적극적인 고객 서비스를 통해 이를 완화할 수 있다. 이는 지속적인 의사 결정 과정을 지원하는 풍부하고 일관된 분석 보고서 노선을 제공한다.

2.3 분석의 인지적 편향과 직관적 함정

인지적 편향(Cognitive Bias)은 뇌의 단순화된 정보 처리 전략으로 야기된 정신적 오류이다. 신속한 해결안을 제시해 줄 수 있는 체험적 또는 경험적인 방법을 사용하면 분석관은 시간을 절약할 수는 있지만 분석에 편견이 들어갈 수 있다. 이러한 편견의 잠재적인 원인들에는 전문가의 경험을 포함하는데, 이는 그의 뿌리 깊이 박혀있는 사고방식, 훈련이나 교육, 성장기 훈육의 유형, 개인의 성격 유형, 과거의 경험, 또는 주어진 상황에서의 개인적 자산(personal equity) 등과 관련이 있다. 수백 가지의 편견들이 다양한 용어를 사용하여 학술 문헌에 설명되어져 있다. 저자들은 정보 분석관들이 경험할 가능성이 가장 높은 13개의 휴리스틱스(heuristics)와 인지적 편향을 파악하였다.(그림 5.9 참조).

그림 5.9 휴리스틱스와 인지적 편향 관련 용어

분석적 사고를 방해 할 수 있는 휴리스틱스의 예

* 닻내림 효과(Anchoring effect): 평가를 위한 적절한 출발점인지 알 수 없는 어떤 것을 주어진 것으로 받아들이는 것.

* 연상 기억(Associative memory): 약한 증거 또는 쉽게 떠오르는 증거를 바탕으로 희귀한 사건들을 예측하는 것.
* 가용성 추단법(Availability heuristic): 쉽게 생각나는 예들에 의해 사건 또는 범주의 빈도를 판단하는 것.
* 일관성과 불확실성 감소에 대한 열망: 임의적인 사건들을 체계적이고 일관된 세계의 일부로 보고 패턴을 찾는 것.
* 집단 사고(Groupthink): 집단 내 다수가 동의하는 옵션을 선택하거나 의견일치에 대한 욕구로 인해 집단 내 갈등을 무시하는 것.
* 정신적 산탄총(Mental shotgun): 계속 평가를 하지만 정확성과 조절력이 부족함; 어려운 질문에 빠르고 쉬운 답변을 제공함.
* 조기 폐쇄(Premature closure): 충분한 정보가 수집되고 적절한 분석이 수행되기 전에 만족스러워 보이는 답이 발견되었을 때 원인 탐구를 중지하는 것.
* 만족(Satisficing): "충분해 보이는" 첫 번째 대답을 선택하는 것.

분석적 사고를 방해할 수 있는 인지적 편향의 예

* 확증 편향(Confirmation bias): 선행 가설(lead hypothesis), 판단 또는 결론과 일치하는 정보만을 추구함.
* 증거수용 편향(Evidence acceptance bias): 처음 검토할 때 즉시 거부되지 않는 한 자료를 사실로 받아들임. 기본적 자료를 신뢰하기보다는 줄거리의 일관성에 보다 초점을 맞춤.
* 사후 확신 편향(Hindsight bias): 실제로 미래를 만든 정보, 사건, 추동력, 힘 또는 요인들의 핵심 항목들을 쉽게 파악할 수 있었을 것이라고 주장하는 것.
* 거울 이미지(Mirror imaging): 유사한 상황에서 다른 사람들도 우리와 똑같이 행동할 것이라고 가정하는 것.
* 선명성 편향(Vividness bias): 단 하나의 선명한 시나리오에 정신이 팔려 다른 가능성이나 잠재적인 대안 가설은 무시함.

이러한 인지적 편향들은 전문 서적들에서 잘 나와 있지만, 분석관들이 저지르는 정신적 실수들을 모두 다루지는 않고 있다. 저자들은 이 주제에 대한 추가적인 연구를 통해 분석관들이 증거를 평가하고 인과관계를 설명하고 확률을 추정하고, 정보 보고를 평가할 때 매일 흔하게 저지를 수 있는 18개의 직관의 함정에 대한 두 번째 목록을 작성하였다. (그림 5.10 참조) 분석관이 직면하는 몇몇 고전적인 직관의 함정들은 다음과 같이 행동하려는 경향들이다.

* 소량의 정보를 위한 범주가 없다면 그 정보를 무시한다.

* 분석을 지지하지 않는 사실들을 평가 절하한다.

* 소수의 자료점들(data points)이 일치할 때 결론을 과장한다.

* 상충되는 모순에 직면하였을 때 분석을 수정하지 않는다.

* 현재(또는 미래)가 과거와 같다고 가정한다.

구조화 분석기법의 역할은 분석관이 이러한 인지적 편향과 직관적 함정의 충격을 극복, 회피 또는 완화하는데 도움을 주는 것이다. 구조화 기법들은 분석관들이 그들의 직관적 판단에 의문을 제기하고 어려운 문

> 미래는 복수로 존재한다.
>
> Peter Schwartz
> The Art of the Long View 작가

제에 대해 좀 더 엄격하게 생각하도록 유도한다. 분석의 결론이 도출되는 과정은 더욱 투명하고 따라서 고객들이 오로지 전통적인 직관적 분석에 의존한 것보다 더 쉽게 수용할 수 있다. 또한 구조화 분석 기법 및 기타 비판적 사고 기법을 사용하면 검토를 신속하게 할 수 있어 보고서 생산 과정을 압축시킴으로써 시간을 절약할 수 있다.

그림 5.10 직관적 함정 관련 용어

* 필연성 가정(assuming inevitability): 어떤 사건이 실제보다 더 확실하게 일어날 것이라고 가정하는 것. 필연성 착각이라고 함.
* 단일 해법 가정: "미래는 복수로 존재"하므로 예닐곱 개의 가능성 있는 결과들을 고려해야 한다는 점을 인정하는 대신 하나의 가능성 있는(예측 가능한) 결과와 관련하여서만 생각하는 것.
* 인과관계와 상관관계의 혼동: 인과관계를 부적절하게 추론하는 것; 상관관계를 인과관계로 가정하는 것. 인과 인지(perceiving cause and effect)라고도 함.

* 미미한 변화(marginal change) 기대: 급격하지 않은 미미한 변화만을 보여주는 좁은 범위의 대안들에만 초점을 맞춤.
* 직접 얻은 정보 선호: 배웠거나 간접적으로 얻은 정보보다 직접 얻은 정보를 더 신뢰하는 것.
* 정보의 부재 무시: 분석적 결론 도출 시 정보 부재로 인해 발생할 수 있는 영향을 무시하는 것.
* 기저율 확률(base rate probability) 무시: 통계적 사실에 직면하여 어떤 사건의 가능성을 정확하게 평가하지 않고 사전 확률 또는 기저율을 무시하는 것.
* 불일치 증거 무시: 분석관이 기대하는 것과 불일치하는 정보를 버리거나 무시하는 것.
* 감정적 판단: 분석관이 어떤 사람에 관해 모든 것을 좋아하거나 싫어함으로 인해 다른 집단구성원이 말하는 것을 받아들이거나 거부하는 것. 후광 효과라고도 함.
* 충분한 저장장치(sufficient bins)의 부족: 분석관은 정보 항목을 위한 적합한 범주나 "저장장치"의 부족으로 인해 분석 시 어떤 것을 기억 못하거나 고려하지 않는 것.
* 개연성 진술 오류(probability misstating): 주관적인 개연성 평가를 잘못 전달하거나 오인하는 것 ("필시," "가능성 있음," "사실일 것 같은" 등의 표현)
* 개연성 과대평가: 어떤 사건이나 공격이 일어나기 위해 다수의 독립적인 사건들이 발생할 개연성을 과대평가하는 것.
* 작은 사례(samples) 과대해석: 일관성 있는 자료의 작은 사례에서 과대한 결론을 도출함.
* 과도한 행동 요인들: 행동의 내적 결정(성격, 태도, 신념)의 역할을 과대평가하고, 외부 또는 상황적 요인(제약, 힘, 인센티브)의 중요성을 과소평가하는 것. 흔히 기본 속성 오류라함.
* 패턴 추정: 행동들은 중앙집권적 기획이나 지침의 결과라 믿고 존재하지도 않는 패턴들을 찾고자 하는 것.
* 과거 경험에 근거한 추정: 분석관의 과거 경험과 일치하는 무언가가 있을 때 그때와 똑같은 동력이 작용한다고 추정하는 것.
* 증거 거부: 초기 결론과 모순되는 증거 목록들이 갈수록 많아지고 있음에도 분석적 판단을 계속 고수하는 것.
* 첫인상에 의존: 특히 첫인상이나 초기 자료가 주의를 끌었고 또 그 당시 중요해 보인 경우 그러한 첫인상이나 초기자료에 너무 많은 비중을 부여하는 것.

2.4 시스템 1 사고와 시스템 2 사고

정보 분석관은 문제에 대해 생각하는 다양한 방법들을 묘사하기 위해 광범위한 접근법들을 사용한다. 정보 분석을 연구하는 연구자들과 다른 사람들은 질적 기법 대 양적 기법의 상대적 이점 또는 직관적 기법 대 과학적, 경험적 기법의 사용에 관해 기술한다.

그들은 정보 분석이 예술인지 과학인지에 대해 주기적으로 열정적인 논쟁을 벌인다. 국립과학 아카데미(The National Academics of Science)/국가 연구위원회(National Research Council Committee)와 사회과학 연구소(Social Science Research)는 정보 분석을 향상시키기 위해 국토안보부에 더욱 과학적인 방법으로 분석기법을 검증할 것을 권했다.[13]

우리는 분석방법을 개선하기 위한 테스트 및 연구를 지지해 온 최초의 사람들로서, 정보 분석이 과학적 연구와 결코 동일하지 않다는 것을 이해시키기 위해 시간과 자원의 제약 속에서 그리고 위기의 순간들을 지나오면서 충분히 오랜 시간을 작업해왔다. 어려운 이슈를 조명하기 위해 인간의 인지 능력의 전체 범위를 활용한 훌륭한 분석을 함에 있어서 과학 뿐 아니라 기술(art)도 받아들일 필요가 있다. 미국 평화연구소(US Institute of Peace)가 역사적 자료를 바탕으로 개발된 알고리즘에 기초한 양적 모델이 분석관의 지식과 경험을 바탕으로 한 질적 모델을 대체해야하는지 여부에 관해 질문했을 때, 이에 대한 보고서는 "조기 경보에 대한 최상의 결과는 예상 모델에 근거한 양적 분석과 명확한 인과관계 및 자체적인 정확한 예상에 의존한 질적 분석의 신중한 결합"에 의해 얻어질 수 있으며, 의사 결정자는 다양한 방법을 통해 결과를 얻어야 한다고 경고하는 결론을 내렸다.[14]

---

13 Committee on Behavioral and Social Science Research to Improve Intelligence Analysis for National Security; National Research Council, Intelligence Analysis for Tomorrow: Advances From the Behavioral and Social Sciences (Washington, DC: The National Academies Press, 2011), 84

14 Jack A. Goldstone, "Using Quantitative and Qualitative Models to Forecast Instability," US Institute of Peace Special Report, no. 204 (March 2008): 1.

지난 20년 동안 인간의 판단과 관련된 인지과정에 대한 실질적인 연구가 이루어졌다. 하나의 결과는 이중과정이론(Dual Process theory)의 부상이었다. 이 이론은 다음의 두 가지 사고 시스템을 주장한다. 시스템 1은 직관적이고 빠르며 효율적이고 때로는 무의식적이고, 시스템 2는 분석적이고 느리며 의도적이고 의식적이다.[15] 두 시스템의 차이는 다니엘 카너먼(Daniel Kahneman)의 책 "생각에 관한 생각"에 잘 설명되어 있다.[16] 분석관은 전통적으로 시스템 1의 직관적인 판단, 증거에 기초한 추론, 역사적 사례 등에 의존하였다.

시스템 2의 사고는 다음의 범주에 따라 4개 구별되는 방법론적 분석 접근법들을 제시한다.[17]

* 처리되는 자료는 분석에 사용하거나 부분적 또는 전적으로 알려지지 않은 상태이다.
* 사용되는 분석기법은 질적 또는 양적 분석이다.

각 접근법은 전문 지식을 필요로 하며, 분석관들은 그러한 전문 지식의 일부를 학부 과정에서 배웠을 것이지만, 전문지식의 또 다른 일부는 보다 전문적인 상급 프로그램에서 다루어진다.(그림 5.11 참조) 분석관은 모든 유형의 분석 방법에 익숙해지고 예닐곱 가지 방법에는 숙달되도록 노력해야 한다.[18]

---

15 이중과정이론(Dual Process theory)에 대한 자세한 내용은 다음 참조. Jonathan Evans and Keith Frankish in *Two Minds: Dual Processes and Beyond* (Oxford, UK: Oxford University Press, 2009) and Pat Croskerry in "*A Universal Model of Diagnostic Reasoning,*" Academic Medicine 84, no. 8(2009).
16 Daniel Kahneman, *Thinking Fast and Slow* (New York: Farrar, Straus and Giroux,2011).
17 시스템 1, 시스템 2 사고와 시스템 2 사고의 네 가지 유형에 대한 자세한 설명은 다음 참조. Heuer and Pherson, *Structured Analytic Techniques*, 19－24.
18 경험적 분석, 준계량 분석 및 구조화 분석을 지원하기 위해 미국정보기관에서 사용된 모델의 예는 제7장, 제18장 참조.

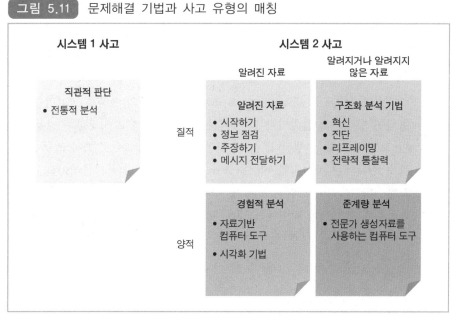

그림 5.11   문제해결 기법과 사고 유형의 매칭

시스템 1 사고

직관적 판단
● 전통적 분석

시스템 2 사고

알려진 자료

알려지거나 알려지지 않은 자료

질적

알려진 자료
● 시작하기
● 정보 점검
● 주장하기
● 메시지 전달하기

구조화 분석 기법
● 혁신
● 진단
● 리프레이밍
● 전략적 통찰력

양적

경험적 분석
● 자료기반 컴퓨터 도구
● 시각화 기법

준계량 분석
● 전문가 생성자료를 사용하는 컴퓨터 도구

출처: 저작권 2016 Globalytica, LLC. 무단 전재 및 무단 복제를 금함

* 전문적인 판단은 분석관들이 질적 평가를 할 수 있도록 대부분 알고 있는 자료를 구조화하도록 돕는다. 분석관들은 인문학 및 사회과학 교육 프로그램에서 이러한 기법들의 많은 것들을 배워야 하며, 때로는 종종 지리학적 영역이나 언어 전문 지식과 결합하여 배워야 한다.

* 경험적 분석, 통계 및 자료 기반 컴퓨터 모델은 알려진 자료에 양적 기법을 적용한다. 분석관은 양적 자료를 정리하고 집계하기 위해 수학 및 기초 통계에 충분한 기초교육을 받아야 한다.

* 구조화 분석 기법은 모든 사실이 알려지지 않았거나 결코 알려질 수 없는 그러한 모호한 상황과 같은 질적 분석 과정에 과학적 탐구의 엄격함을 보다 많이 주입할 수 있는 수단을 제공한다. 고정된 사고방식을 극복하고, 파괴적인 변화의 잠재력을 창의적으로 예측하며, 한 가지 가설이나 구축 중인 시나리오를 다른 가설이나 시나리오와 구별하는데 도움이 되는 정보에 초점을 맞추는 과정들은 분석관의 사고를 단계별로 나타내는 방법을 통해

검토되고, 이의가 제기되며, 동료들과의 협업 속에서 비교될 수 있을 것이다. 지난 15년 동안 이 기법들은 전 세계의 정보기관에 의해 광범위하게 교육되었고 학계, 비즈니스 컨설팅 및 민간 산업계에서 점차 널리 사용되고 있다.

* 준계량 분석(Quasi-quantitative analysis)은 전문가의 예측을 알고리즘에 통합하여 알려지지 않았거나 알 수 없는 것을 다루려고 시도하는 컴퓨터 기반 모델에 의해 수행된다. 이를 일관되고 논리적으로 수행하도록 설계된 특수 절차에는 베이지안 네트워크(Bayesian network)와 시뮬레이션 기법이 포함된다. 이러한 모델의 설계 및 구축은 전문적인 분야이다. 이러한 모델들로부터 통찰력을 찾아내는 것은 때대로 질적 방법과 결합하여 수행함으로써 가장 잘 달성되어진다.

2.5 분석 프로젝트 계획하기

현재 사건에 대한 보고서를 쓰든, 새로 수집한 자료를 해석하든, 새로운 경향을 탐색하든, 미래를 예측하든, 그 어떤 것을 준비하고 있다면, 그것을 위한 조사 및 보고서 작성 계획은 자신이 알고 있는 것과 분석 기법 및 기술의 질을 보여준다고 하겠다. 다음은 유의해야 할 몇 가지 중요한 사항이다.

* 전략, 계획 또는 구조 없이 연구하기 보다는 계획을 작성하고 필요에 따라 변경한다. 당신의 계획과 보고서는 당신의 분석을 측정하는 척도이다. 명확한 전략은 오래 걸리거나(lengthy), 세간의 이목을 끌거나(high profile) 또는 여러 조직이 참여하는(multi-organization) 프로젝트에 관여하게 될 때 특히 중요하다.

* 다양한 보고서를 계획하여 진행 상황을 강조한다. 연구 기자재들은 보다 장기적인 분석 보고서를 작성하는 과정에서 가치 있는 중간 기착지 역할을 할 수 있다. 새로운 전개상황에 대한 짧은 글들은 어렵거나, 계속 진화하거나 더 복잡한 이슈들에 관한 긴 보고서를 작성하는데 필요한 전문지식을 발전시키는 데 도움이 된다.

* 핵심 가정, 정보 질문 및 탐구할 복수 가설의 목록을 작성한다. 가설을 반 증하거나 제거할 증거를 찾고 있음을 명심한다. 보고서 또는 프레젠테이션 의 최종 초안을 작성할 때 이 목록을 검토한다.

* 이용 가능한 시간에 최상의 정보를 검색한다. 조사와 보고서 작성에 소요 되는 시간의 비율을 균형 있게 유지한다. 이는 받은 자료에 매몰되어 있기 보다는 정부나 학계 또는 민간산업의 전문가와 접촉할 수 있거나, 현장 수 집자나 외부 파트너에게 요구할 수 있다면 특히 유용할 것이다.

* 가장 일반적인 분석적 함정에 주의한다.
  - 문제나 이슈를 정확하게 정의하지 않는다.
  - 문제를 분석하기도 전에 해결책을 고민한다.
  - 문제에 대해 잘 알고 있는 사람들을 포함하지 않는다.
  - 열린 마음을 가지고 있지 않다.
  - 잘못된 기준을 사용한다.
  - 다른 사람도 자신과 똑같이 생각하거나 행동할 것이라는 거울 이미지 (Mirror imaging)를 가거나 가정한다.
  - 행위자들이 실제로 가진 통제력이나 힘보다 더 많이 가진 것으로 가정 한다.

2.6 개념 보고서 작성하기

개념 보고서(concept paper)는 분석관, 분석관의 상사, 그리고 협업 대상자 들 사이에 향후 분석 보고서가 어떻게 작성될 것인가에 관한 일종의 리서치 디자인 계약과 같은 역할을 함으로써, 연구와 보고서 작성을 시작하기 전에 초점을 강화시키는 데 도움이 된다. 개념 보고서는 보고서의 개요가 아니며 따라서 분석관의 판단을 포함하지 않는다.(그림 5.12 참조) 이와는 대조적으로 프로젝트 개요서(Terms of Reference: TOR)(제4장 참조)는 초안의 실질적인 범위 및 보고서 전달 시점에 대해 분석보고서 검토자(reviewers), 조정자(coordinators), 그리고 고객(clients)의 기대치를 설정한다.

| 그림 5.12 | 개념 보고서 개요 |

1. 제목 작성하기

2. 저자(들)

3. 보고서 유형

4. 범위: 보고서 요지에 대한 간략한 설명, 보고서를 작성하기 시작한 이유, 성취하고자 하는 것, 대답할 핵심 질문.

5. 독자: 주요 고객(들)과 그들이 다루기 원하는 핵심 이슈들.

6. 자료 수집: 최고의 정보 출처, 잠재적 갭(potential gaps), 수집 요구사항, 자료 분석 방법.

7. 개요: 다뤄야 할 주제의 예비 순서.

8. 마감일: 초안 및 보고서 제출 일정.

9. 의견 제시(contributions): 다른 사무실 또는 전문가들로부터의 조언 필요와 그들이 수행할 업무.

10. 자원 소요(resource requirements): 주요 초안 작성자 및 기여자들의 전반적인 노력 수준 추정.

11. 방법론적 지원: 분석을 향상시킬 수 있는 분석 기법 목록과 이를 활용할 작업계획

12. 그래픽: 줄거리 진행을 돕는 텍스트 상자를 포함한 예비 그림 목록

13. 협업: 조직 내·외부의 전문지식의 잠재적 출처

14. 조정: 누가 출판하기 전에 초안을 조정해야 하는가?

훌륭한 개념 보고서는 최소한 다음의 모든 업무들이 수행되어야 한다.

* 핵심 질문 파악하기
* 고객 또는 조직의 요구사항 파악하기
* 연구 계획 세우기
* 주요 출처 및 방법론 파악하기
* 논증의 개요 작성하기
* 필요한 자원 명시하기
* 완료 일정 제안하기

보고서를 작성하기 전에 프로젝트에 관여하는 모든 사람들이 개념 보고서를 승인하는지 확인해야 한다. 이제 분석관은 다른 사람들이 이 주제에 대해 다른 견해를 갖고 있거나, 분석을 변경하거나, 자원 문제가 발생하거나, 관리자 또는 고객이 원하는 것 또는 원하는 때에 관해 마음이 바뀌거나, 다른 이슈가 우선순위를 차지할 때 다시 돌아갈 중요한 것을 갖게 되었다고 하겠다.

2.7   연구방법 고려하기

1) 연구목적

연구 단계는 정보를 검색하는 것과 답변하고자 하는 질문과 관련하여 그 정보가 갖는 의미를 알기 위해 정보를 처리하는 것 모두를 포함한다. 연구 방법은 분석관이 자료를 수집하기 위해 사용하는 도구, 기법, 정보처리 등과 같은 방법들을 말한다. 몇몇 방법들은 방법(method)과 방법론(methodology)이란 용어를 상호 교환적으로(interchangeably) 사용하지만 이들은 서로 다른 수준의 개념이다. 분석관은 통찰력과 지식을 얻기 위해 일련의 방법론들(어떤 방법을 선택하는 이유) 중에서 적절한 방법(일을 처리하는 요령)을 선택한다. 예를 들어, 양적 연구 방법론에는 통계적 방법을 포함한다. 질적 방법론에는 인터뷰 및 표적 집단(focus group)과 같은 방법이 포함된다.

물론 방법론은 분석을 하는 이유와 분석 보고서에서 이루어질 것으로 기대되는 논증의 유형에 근거하여 선택된다(그림 5.4 참조). 분석관이 받은 훈련과 이슈에 따라 분석과의 연구는 이들 목적의 하나 또는 그 이상을 가질 수 있다.

* 탐구적 연구는 핵심 구성요소 또는 변수를 정의하고 이해하며 이들이 서로 어떻게 관련되는지를 탐색한다. 이 연구는 이슈에 대한 분석관의 작업이 근거할 개념적 틀을 구축하기 위해 진 문헌 검색, 인터넷 검색 또는 전문가 인터뷰 등을 포함할 수 있다. 이는 경영, 과학, 또는 사회 분야에서 새로운 이슈나 프로젝트를 수행하는 데 있어 첫 번째 단계이지만 분석관은 검색에 숙련될 필요가 있으며 탐구적 연구로 인해 분석 과정의 나머지

부분에서 사용할 귀중한 시간을 낭비하여서는 안 된다.

탐구적 연구는 자료가 쉽게 존재하지 않는 개념적 유형의 분석을 위해 질문을 세밀하게 조정하고, 이 연구의 일부로 조사할 방법 또는 영역을 제안하거나, 다음 또는 장기적인 보고서를 제안하거나, 기준을 정확하게 수립하는데 도움이 되는 지적 토대를 구축하는 것이다(그림 5.2 참조).

* 서술적 연구(Descriptive Research)는 이슈와 핵심 구성요소에 대한 정확한 설명을 제공하는 것을 목표로 한다. 이는 분석 스펙트럼(Analytic Spectrum)의 서술적 분석(Descriptive Analysis)에 해당하는 것으로 누가, 무엇을, 어떻게, 언제, 어디서와 같은 특징들을 기술하는 것이다. 인구학적 자료나 경제적 자료가 도시지역의 인구 이동을 이해하는 데 도움이 될 것인가? 누가 정치 후보자들에게 전문적인 조언을 제공하고, 후보자 플랫폼 및 소통 전략을 어떻게 수행하는가?

* 설명적 연구(Explanatory Research)는 변수들이 산호 간에 얼마나 강한 연관성이 있는지, 그리고 몇몇 변수들은 다른 변수들의 원인이 되는지를 이해하기 위해 가설을 검증할 수 있는 자료를 찾으려 함으로써 구성요소들의 인과관계를 조사하는 것이다. 경험적 연구는 신체의 감각이나 다른 감지 장치를 사용하는 관찰에 의거하여 가설을 검증하기 위해 수행하는 실험들을 말한다.

* 평가적 연구(Evaluative Research)는 빠르게 변화하는 사건이나 정책 변화에 대한 판단과 평가, 또는 정책 변화 권고를 뒷받침하는 증거를 제공함으로써 분석적 논거들을 구축할 수 있다. 미국 여행자들에게 프랑스 여행에 대한 위험이 증가하고 있는데 어떻게 이러한 위험들이 완화될 수 있는가? 조직에서 분석의 품질을 개선하기 위한 최상의 전략은 무엇인가? 한 세트의 변수들을 탐구하고, 최상의 설명적 자료를 찾고, 어떤 논거에 유리한 이유들에 근거한 해결책이 아닌 견고한 논리를 구축하기 위해 변수들 사이의 관계를 검토하는 데 있어서 연구자는 세심한 주의를 기울여야만 한다.

2.8   양적(Quantitative) 방법과 질적(Qualitative) 방법

연구자들은 일반적으로 양적 방법과 질적 방법을 구별하지만, 많은 사람들은 그들의 연구에 있어서 두 방법을 혼합하여 사용한다. 이 둘을 구별하는 가장 쉬운 방법은 양적 방법은 수치 자료를 다루고 질적 방법은 단어나 이미지를 다룬다는 것이다. 많은 프로젝트들은 두 가지 방법을 사용한다. 예를 들어 이민 자료와 인터뷰 또는 사례연구를 함께 사용하면 미국 남서부 국경에서 발생하는 문제의 범위와 세부사항을 더욱 자세하게 파악할 수 있다.

* 양적: 수집하는 자료가 전체(사람, 장소, 사물, 사건)를 포함하는 경우 통계 방법을 사용하여 수를 계산하고 측정하여 숫자를 대조, 해석, 비교 및 확인할 수 있다. 양적 자료를 수집하는 메커니즘에는 수치 정보, 조사, 구조화된 인터뷰 및 관찰, 통계 응용 프로그램에 대한 문서 검토가 포함된다.

  - 장점: 그룹 전체에 비해 많은 수의 참여자로부터 자료를 수집할 수 있으며 보다 광범위한 집단으로 일반화 할 수 있다. 수치 정보는 간결하고, 통계 기법을 사용하여 변수간의 관계를 결정하는 것이 쉽다.

  - 주의사항: 양적 방법은 객관적이고 사실적인 증거 기반의 관점을 제공하지만 통계 및 그래픽으로 나타내는 것은 오해를 불러일으킬 수 있거나 잘못 이해 될 수 있으며 새로운 현상을 인식하고 설명하기 어려울 수 있다. 의견, 신념 또는 선호도를 측정하기 위한 양적 자료는 확립된 모범 사례를 수집해야 하지만 사람이 제기한 질문에 대한 답은 사람에 의해 제공되는 것이기에 숫자는 표면에 나타날 수 있는 것보다 더 주관적이다.

* 질적: 질적 방법은 주제에 대한 경험, 관점, 태도, 신념 및 가치에 초점을 맞춰 설명하고 의미를 얻으려고 노력하며 숫자로 전달할 수 없는 것들을 설명한다. 질적 자료를 수집하는 메커니즘에는 주제에 대한 문서 활용이 포함된다. 즉, 참여자 활동 관찰, 개방형 질문을 사용하여 구조화 되지 않거나 반 구조화된 인터뷰, 설문조사 도는 설문지, 핵심 그룹 및 사례 연구 등이 포함된다.

- 장점: 질적 방법은 응답 한계가 없기에, 보다 풍부한 정보를 제공하고 새로운 현상을 포착하고 심층적으로 이해할 수 있다. 언어 정보(Verbal Information)는 디지털 형식으로 반영하여 활용할 수 있다.

- 주의사항: 언어 입력은 일반화하고 변수 간의 관계를 평가하는데 사용하기 어려울 수 있다. 통계적 방법으로는 직접 평가할 수 없다.

윌리엄 뉴먼(W.L. Neuman)은 연구방법에 관한 가장 높은 평가를 받은 교과서에 특수 방법론을 수행하는 방법에 대한 자세한 설명을 제공하고 질적 및 양적 연구방법 간의 차이점에 관한 유용한 표를 제공한다.(그림 5.13 참조)[19]

그림 5.13 양적 연구방법과 질적 연구방법의 비교

양적	질적
목표는 연구자가 수립하는 가설을 테스트하는 것이다.	목표는 연구자가 자료에 몰입하게 되면 의미를 발견하고 요약하는 것이다.
개념은 명확한 변수의 형태이다.	개념은 주제, 모티브, 일반화, 분류 체계의 형태로 되어 있으나 목표는 여전히 개념을 생성하는 것이다.
측정은 자료 수집 전에 체계적으로 생성되며, 가능한 한 표준화된다. 예) 직무 만족도 측정	측정은 보다 구체적이며 개인의 환경이나 연구원에 따라 다를 수 있다. 예) 특정 값의 체계
자료는 정확한 측정을 통한 숫자 형식이다.	자료는 문서, 관찰 및 성서의 단어 형식이다. 그러나 정량화는 여전히 질적 연구에 사용된다.
이론은 대체로 인과적이고 연역적이다.	이론은 인과관계 또는 비(非)윤리적 일 수 있으며 종종 귀납적이다.
절차는 표준이고, 복제는 가정된다.	연구 절차가 특수하며 복제가 어렵다.
분석은 통계 표 또는 차트를 사용하고 가설과의 관계를 논의함으로써 진행된다.	분석은 증거에서 주제 또는 일반화를 추출하고 일관된 그림을 제공하기 위해 자료를 구성한다. 이러한 일반화는 가설 수립에 사용될 수 있다.

출처: W.L.Neuman, *Social Research Methods: Qualitative and Quantitative Approaches*, 7th ed. (Boston；Allyn and Baon, 2014).

---

19 W. L. Neuman, *Social Research Methods: Qualitative and Quantitative Approaches*, 7th ed. (Boston: Allyn and Bacon, 2014).

2.9   방법론 선택하기

스스로 제기한 질문에 답하는데 도움이 될 수 있는 정보를 얻기 위해 가장 좋은 방법은 무엇인가? 각 질문에 대해서 그러한 정보를 얻기 위해 정보 출처와 수집 수단에 대한 브레인스토밍을 할 수 있다(그림 5.14 참조). 정보에 접근하는 다양한 방법이 있다는 가정 하에 작업을 한다. 그 중 일부는 시간과 자원의 제한 내에서 더 실현 가능할 것이며, 일부는 연구의 질을 높이는 데 더 필수적일 것이다. 궁극적인 계획은 사용 가능한 시간과 역량을 극대화하기 위한 그러한 다양한 방법들 간에 일련의 균형들(tradeoffs)이 이루어질 것이다.

그림 5.14   연구 방법론 계획 매트릭스

연구 방법론 계획 매트릭스					
연구 질문	질문에 답하기 위해 필요한 증거		증거 수집 방법	어려움	우선순위
	양적	질적			

출처: 저작권 2016 Globalytica, LLC. 무단 전재 및 무단 복제를 금함

수집 활동에 대한 상반 관계를 만들 때 다음과 같은 순서를 이해해야 한다.

* 가정을 파악하고 확인한다.
* 수집 방법에서 누가, 어디서, 무엇을, 언제 등의 개요를 설명한다.
* 특정 수집 절차 또는 통계 테스트를 확인한다.
* 자재, 기타 물류 및 인사 지원에 대한 요구사항을 정리한다.

2.10 연구 방법의 질을 위한 표준

연구 표준(Research Standard)은 일부 분야나 연구 분야에 권장되거나 정의되었지만 일반화되지는 않았다. 가장 중요한 것은 연구를 지원하거나 비판할 동료, 감독자, 검토자의 조사를 견딜 수 있도록 연구 방법을 설계하는 것이다.

* 분석관은 연구방법이 자신이 답변하고자 하는 질문을 명확하게 처리할 수 있는지 확인한다.

* 맥락과 기존 문헌 또는 자료에 대한 견고한 탐색 연구를 바탕으로 범위와 방법을 정의한다.

* 외부 검토를 용이하게 만들기 위해 방법과 과정을 투명하게 만든다.

* 대표 표본(샘플)을 어떻게 개념화하고 양적 측정을 구현했는지 명확하게 파악한다.

* 모든 출처의 품질과 모든 자료의 정확성을 평가한다.

* 설문조사, 인터뷰 또는 핵심 그룹에 주요 질문을 하지 않는다.

* 실제연구 환경에서 사용하기 전에 모든 연구 장비를 시험해 본다.

* 모든 연구 대상자 또는 면접 대상자의 개인 정보를 보호하고 연구 목적 및 정보 입력방법에 대한 충분한 정보를 제공하도록 적절한 권한을 취득한다.

* 주요 가정과 편견의 잠재적인 영향을 검토한다.

* 다양한 정보의 출처를 통해 가능한 많은 정보를 얻거나 결론을 도출할 수 있다.

* 연구 결과 또는 결론에 대한 대안적인 설명을 고려한다.

* 연구 보고서의 보고서 표준을 준수하면서 신중하고 정확한 메모를 작성한다.

2.11   연구의 한계 이해하기

다음 장에서는 정보 출처의 유형과 평가에 대해 보다 자세히 설명할 것이다. 하지만 저자들은 이 세상에서의 출처, 연구, 가설 검증 모두가 오늘날 매우 어렵지만 관련 있는 질문들에 대해 답을 줄 수 없을 것이라는 점을 자주 충분히 언급할 수 없었다. 좋은 연구와 좋은 자료는 필수적이지만 변화하는 세계에서 가장 긴급한 이슈들의 정점에 있거나 가장 심각한 문제들에 대한 해결책을 찾기에는 충분하지 않다. 분석관은 확실한 해결책을 찾아내기 위해 필요한 모든 자료들을 갖지 않았거나 − 앞으로도 영원히 갖지 못할 − 문제들을 추론하기 위해 비판적 사고, 모델링 및 구조화 분석 기법을 학습하여야 한다.

주요 시사점

* 명시적으로 정의된 전략은 분석관이 진행 상황을 전달하고 변경되는 요구사항과 마감일을 조정하기 위해 사용할 수 있는 기준선을 제공함으로써 보고서에 대한 신뢰성을 구축한다.

* 비판적 사고는 올바른 질문을 하고, 분석관의 가정을 파악하고, 출처를 파악하고, 자료의 품질을 평가하고, 관련 질문에 대한 적합성, 가설 수립 및 평가, 결론 도출 등을 포함한다. 계획, 수집 평가 및 결론의 과정은 대부분의 문제 해결 과정과 유사하다.

* 분석관의 분석적 논증이 서술적, 설명적, 평가적 또는 판단적인지, 그리고 자료 탐구를 위해 질적 또는 양적 방법 중 어느 방법을 사용할 것인지에 따라 전략은 달라진다.

* 분석관들은 계획을 세워야한다; 그들의 계획, 가정, 질문, 가설을 작성하고 초안 작성 도중에도 이러한 것들에 어떤 변경사항이 있는지 여부를 추적 관찰해야 한다.

* 개념 보고서는 저자, 감독관 그리고 다른 분석관들 사이에서 보고서의 범위와 일정을 확립하는 일종의 리서치 디자인 계약이다. 개념 보고서는 사전 정의된 단계에 집중하고 분석관이 비생산적이거나 시간이 많이 소요되는 연구 분야로 방향을 전환하지 않도록 한다.

* 분석을 시작하기 전에 분석관은 보고서가 새로운 것인지 또는 특수하거나 긴급한 관심사를 고객에게 제공하는지를 항상 확인해야 한다.

* 연구 방법은 이슈를 탐구하고, 구성 요소를 설명하고, 관계를 설명하며, 분석적 논증을 뒷받침하는 증거를 평가하기 위한 것일 수 있다.

* 양적 방법은 수치 조작을 가능하게 하고, 질적 방법은 언어적인 것에 더 초점을 맞춘다.

* 연구 계획은 투명해야하며, 문제를 해결하고, 최선의 방법론적 관행을 따르고, 편견의 영향을 확인하고, 다양한 정보 출처와 대안적인 결론들을 고려하고, 잘 문서화 되어야 한다.

* 비판적 사고 기술과 구조화 분석 기법은 분석관이 연역적 결론에 필요한 모든 자료를 갖지 못했거나 앞으로도 가질 수 없는 문제들을 추론할 수 있도록 도와준다.

사례연구 검토

사례연구 3. "항공모함 시대의 종식"을 검토하고 다음 질문에 간단히 답한다.

* 당신은 세계적 전략가, 해군 사령관, 무기 디자이너, 또는 고위 정책관료 앞에서 이 이슈를 어떻게 정의할 것인가?

* 각 고객들은 어떤 정보를 요구할 가능성이 클 것인가?

* 신기술과 진화하는 해군전략들에 관한 정보를 어디에서 구할 것이며, 또 연구계획을 어떻게 구축할 것인가?

* 이 이슈를 연구하는 분석관이 빠질 수 있는 인지적 편향과 직관적 함정 3 개를 말해보시오.

* 당신의 분석적 논거는 서술적인가, 설명적인가, 평가적인가, 판단적인가? 이 문제를 다루기에 충분한 자료가 존재하는가?

* 전문가 회의는 핵심 질문들에 답하는 데 있어 어떻게 도움이 될 것인가?

CHAPTER 6

협업을 통해 더 좋은 대답을 얻을 수 있는가?

1. 준비사항 점검

우리가 사는 세상이 갈수록 복잡해지고 상호 연결되어짐에 따라 분석관 혼자 분석보고서를 생산하는 것은 부가적인 위험이 따른다. 분석관, 운영자 (operators), 정책결정자 사이의 경계가 불분명해진다는 것은 전문지식이 점점 더 확장되어지고 있다는 것을 의미한다. 그러한 결과로서 정보, 통찰력, 지원 등을 위해 우리 조직 외부와 매일 소통하는 것이 더욱 필요해졌다. 캐나다 정부는 모든 분석관들이 모방해야 할 최고의 관행 8개 중 하나로서 협업 네트워크 구축을 부각시킴으로써 분석협업의 가치를 강조하고 있다(그림 6.1 참조).[1] 캐나다 정부의 리스트는 비판적 사고 능력 및 좋은 분석과 협업 팀워크 간의 기본적 관계에 대한 간단한 안내지침을 제공한다.

우리 모두는 협업을 하라고 권유받지만 실제에 있어 그것은 달성하기가 쉽지 않은 것이다. 왜 그러한가? 협업은 원칙적으로 타당한 것으로서 하나의 유행어가 되었지만 실제로 협업을 하는 것은 쉬운 일이 아니다. 2008년과 2009년에 본 저서의 저자 중 한 사람이 미국 국가정보국을 위해 정보공동체 내 활기찬 협업 환경을 구축하는 최선의 방법에 초점을 맞춘 기관 간 연구를

---

1 이 목록은 캐나다 정부의 사법위원회 사무실(Office of the Privy Council)에 의해 작성되었으며 캐나다의 모든 정보 분석관들에게 배포된다. 이는 캐나다 정부의 허락에 의해 게재되었다.

수행한 적이 있다. 이 연구의 첫 번째 중요한 발견은 미 정보공동체의 경우 협업의 성공 사례보다 실패 사례가 훨씬 많다는 것이었다. 이에 이 연구는 협업이 가능한 환경을 발견하는 데 초점을 맞추었다. 연구팀은 예닐곱 개의 협업 네트워크를 만들어 이들이 어떻게 작동하는지 검토한 결과, 협업이 성공하기 위한 6개의 필수요인(imperatives), 몇 개의 관련 교리(doctrines), 4개의 중요한 지원요소들(enablers)을 제시하였다.[2]

그림 6.1 캐나다 분석관들을 위한 최고의 분석 관행들

1. 문제를 심사숙고하여 가능한 접근법을 결정한다.
2. 정보를 수집하고, 출처를 문서화하고, 주의할 점을 기록함에 있어 전략과 체계성을 갖추도록 한다.
3. 모든 정보의 질을 비판적으로 평가한다.
4. 다수의 가설을 발굴하여 설명하고, 불확실성을 용인한다.
5. 기존의 사고방식, 가정, 편견에 도전한다.
6. 협업 네트워크를 구축한다.
7. 구조화 분석기법(SATs)을 사용한다.
8. 명료하고, 간결하며, 관련증거가 분명하고, 고객 중심적인 보고서를 작성한다.

출처: 캐나다 정부의 허락 하에 게재

---

2 Randolph H. Pherson and Joan Mcintyre, "The Essence of Collaboration: The IC Experience," in Collaboration in the National Security Arena: Myths and Reality — What Science and Experience Can Contribute to its Success, June 2009, http://www.usna. edu/ Users/math/wdj/files/documents/teach/Collaboration White Paper June2009.pdf. 이 글은 다음 책의 출판된 부분의 일부이다. The Topical Strategic Multilayer Assessment (SMA), MuJti—Agency/Multi—Disciplinary White Papers in Support of Counter— Terrorism and Counter—WMD in the Office of Secretary of Defense/DDR&E/RITO. 정보 분야에서 협력과 직접적으로 관련이 있는 다른 기사는 다음과 같다. "Analytic Teams, Social Networks, and Collaborative Behavior"; "Small Groups, Collaborative Pitfalls, and Remedies"; "Blueprints for Designing Effective Collaborative Workspace"; "Breaking the Mold in Developing Training Courses on Collaboration"; and "Transfor— mation Cells: An Innovative Way to Institutionalize Collaboration."

2. 심화검토

협업은 상호 관심사인 긴급한 문제를 다루기 위해 특별히 조직된 태스크 포스 또는 타 기관 간이나 부서 간 구성된 합동 팀에 모든 참여자가 소속되어 효과적으로 업무를 수행하는 것이다. 가상업무환경(virtual work environment)에서 활기찬 협업 네트워크를 구축하는 일은 훨씬 더 어렵다.

저자는 타 기관 간의 협업 과정에 관여하면서 참여자들이 활기찬 협업 환경 구축의 핵심을 먼저 인간 요소들에 관심을 집중하는 데 있다는 결론을 깨닫게 하려고 하였다. 협업은 기본적으로 공동의 목표를 위해 일하는 개인들의 행태와 상호작용에 관한 것으로서, 이는 정보 기술, 조직 정책, 저변에 깔려 있는 문화적 규범 등에 근거하여 가능해진다.

* 가상공간을 이용한 협업의 정확한 형태는 인간과 인간 간의 접점을 구축하는 것이지 인간과 정보시스템 간의 접점을 구축하는 것이 아니다.
* 활력이 있는 사회 네트워크는 협업의 매우 중요한 토대로 작용한다; 이 네트워크는 해당 공동체가 주제에 영향을 미칠 전문지식을 모으고, 분석적 우수성을 촉진하며, 정보에 근거한 의사결정을 원활하게하기 위해 함께 모이게 하는 접착제 역할을 한다.
* 활기찬 협업 환경을 달성하기 위해서는 협업에 참여하는 모든 기관의 지도층이 협업에 대한 확고한 의지를 갖는 것이 중요하다.

핵심가정 점검이나 브레인스토밍에 참여하는 유관 부서나 타 기관의 동료들을 초대하는 것은 협업 네트워크 구축을 원활하게 하는 좋은 방법이다(그림 6.2 참조).[3]

---

3 See Heuer and Pherson, *Structured Analytic Techniques*, 제5장 아이디어 생성, 99−129; 제8장 인과관계 평가, 205−230; 제11장 영향 매트릭스, 311−313. 이러한 기법에 대한 설명은 더 협력적인 행동을 촉진하게 할 수 있는 몇몇 다른 기법을 설명할 수 있다.

| 그림 6.2 | 협업 촉진을 위한 구조화 분석기법 |

어떤 구조화 분석기법을 적용할 것인가?

다음은 협업 촉진을 위한 기법들이다:

* 구조화 브레인스토밍
* 핵심가정 점검
* 교차 영향력 분석
* 델파이 기법
* 외생변수 통합사고
* 영향력 매트릭스

또한 외부 전문가의 초빙은 더 풍부하고 생산적인 토론을 보장한다. 유사하게 델파이 기법이나 외생변수 통합사고 기법에 참여하거나 또는 교차 영향력 매트릭스를 위한 비공식 워크숍을 개최하는 것은 모두 협업 과정의 초기 국면에서 정보를 도출해내기 위한 유용한 방법이다. 사실 우리는 학생들에게 기법 선택은 부차적인 것이고, 일차적 목표는 사람들이 어떤 프로젝트에서 함께 일하기 위한 구조화 환경을 만드는 것이라고 자주 이야기 해왔다. 메시지는 간단하다: 우리는 주어진 이슈에 적합한 기법을 성공적으로 적용하기 위하여 당신의 도움과 전문지식이 필요하니 우리가 진행하는 작업에 동참을 부탁한다고 하는 것이다. 일단 처음의 접촉이 이루어지면, 참여자들이 보다 효과적인 협업을 시작할 기회는 크게 증진된다.

검증되어야 할 가설은 협업에는 8인 또는 그보다 작은 수의 사람이 참여하는 비교적 작은 집단이 가장 효과적이다. 협업 집단이 커질수록 모든 참여자 간의 신뢰 유지가 어렵게 된다. 또 다른 가설은 협업 집단 구성원들이 서로 직접 만나지 않은 상태에서 협업은 쉽지 않다는 것이다. 몇몇 사람들은 가상공간에서의 사회적 네트워킹 경험이 많은 젊은 분석관들에게는 직접 만남의 여부는 그다지 중요하지 않다고 한다. 또한 국가정보국의 연구는 가상 환경에서의 협업의 어려움이 과소평가되는 경향이 있다고 단정한다. 가상의 세계에서는 우리는 다른 사람의 보디랭귀지를 읽을 수 없기 때문에 어떤 참여자가 우리와 다른 가정을 하거나 정의를 사용하는 경우 이것에 대해 알기가 더 어렵다는 것이다.

2.1 6개의 필수요인

국가정보국 연구는 협업 구성원들이 긍정적인 태도로 하거나, 한 걸음 더 나아가 의욕적으로 참여하는 협업 환경을 조성할 때 성공적인 협업이 지속될 가능성이 크다는 것을 밝혀냈다. 우리가 6개의 필수요소(imperatives)라고 명명한 아래의 조건들은 그러한 환경을 조성하고 유지하는 데 핵심적인 것들이다. 이들 요소들은 참여자들이 상호작용을 유지하게 위해 가상공간에서의 협업에 의존하려고 할 때 특히 중요하다(그림 6.3 참조).

1. 임무의 중요성(criticality). 협업 공동체의 구성원들은 협업에의 참여를 자신들의 핵심적 활동에 필수적인 것이라고 생각해야 하며, 참여를 "비실용적이지만 이상적인"(nice-to-meet) 활동이라고 하거나 시간적 여유가 있을 때 활용할 수 있는 방책이라고 생각해서는 안 된다. 가상공간에서의 협업의 경우, 사용자들은 그들의 일상적 업무의 한 부분으로서 네트워크를 이용하고, 참여자들과 관계를 맺고, 공유된 환경 하에서 업무를 수행할 필요성을 느껴야만 한다. 몇몇 조직들이 공동 데이터베이스 구축을 위한 협업을 하기로 결정했다면 자료들은 공유된 공간에만 존재해야 한다. 어느 누구도 자신의 집에 있는 컴퓨터 시스템에 자료를 옮겼다가 공동 데이터베이스로 가져오는 일이 있어서는 안 된다.

2. 상호 이익. 참여자들은 서로 임무 수행을 돕는 방식으로 다른 모든 참여자들의 지식과 전문성으로부터 이익을 얻어낼 수 있어야 한다. 참여자들은 혼자 일하는 경우 임무 수행에 실패하거나, 결과물이 협업 시의 산물보다 미흡할 것이라는 것을 인지해야 한다. 참여자들은 임무에 대한 일체감을 갖고 공동이익의 달성을 위한 일련의 공통된 목적과 목표를 명시하도록 한다.

3. 상호 신뢰. 진정한 협업은 여러 옵션들과 통찰력들을 기꺼이 공유할 의지를 필요로 하며, 틀릴 수 있는 위험을 함께 무릅쓰고, 자신의 취약성을 나타내면서, 새로운 업무관행을 받아들이는 일종의 개인적 과정이다. 이러한 이유 때문에 사람들은 협업하는 대상자들과 신뢰감을 쌓을 필요성을 느낀다. 그러한 신뢰를 발전시키는 좋은 방법은 직접 만나는 기회를 갖는 것이다. 이러한 만남의 시간을 갖는 것은 추후 가상 환경에서의 상호작용을 위한 기초 작업이라 하겠다. 신뢰가 쌓이면 참여자들은 보다 협업에 참여할 의지를 갖게 된다.

4. 동기들. 협업의 계속된 실행이 장기적으로 참여자들의 시간을 절약해주는 것이 되어야 하고 그들 자신의 분석에 미치는 영향력을 증대시켜 주어야 한다. 가장 중요함에도 불구하고 때때로 간과되는 협업에 대한 동기는 어려운 문제를 풀거나, 특별한 기여를 하거나, 깊은 통찰력을 제공했을 때 그에 따르는 물리적 보상이 제공되는 것이다. 프로젝트 시작 시 효과적이었던 협업은 항상 결과적으로 더 빠른 조정으로 이끌어진다. 관리자는 스스로 본보기를 보이고, 협업의 이익을 공인해주며, 인사근무평정 시 협업과 팀워크에 대해 점수를 부과하는 식으로 협업을 장려하는 메시지를 줄 필요가 있다.

5. 접근성과 신속한 대응(agility). 협업은 사용자들이 서로 신속하게 접촉할 수 있어야 하고, 세계에서 벌어지는 사건들의 속도에 맞추어 필요 시 가상공간에서의 합동 업무집단을 만들거나 수 시간 내에 협업집단에 새 구성원들을 보강할 수 있어야 한다. 정책 및 협업 도구들은 혁신, "공적" 사고, 광범위한 보급, 정보 출처의 추적이 가능해야 하지만 또한 은밀하게 차단된 소규모 협업도 허용되어야 한다.

　필요한 만큼 신속하게 대처하기 위해서는 협업 공동체의 유기적인 구성을 원활하게 해주는 업무절차가 필요하다. 하나의 혁신적인 접근법은 6인에서 8인 정도의 서로 연동되어 있는 단위조직들(cells)로 구성된 "신뢰풍선들"(trust bubbles)을 구축하는 것이다. 신뢰가 깊다면 그러한 단위조직들을 유지하는 일이 더 쉬울 것이다. 둘 또는 세 개의 단위조직들에 속해 있는 사람들은 정보를 훨씬 더 효율적으로 공유하는 자들이다. 이들은 하나의 신뢰 풍선에서 다른 신뢰 풍선으로 자료나 통찰력을 전했을 때 자신들의 동료들이 얼마나 많이 정보를 흡수할 수 있는지 정확히 안다. 또한 이들은 집단의 문화와 업무 스타일을 감안하여 무엇이 공유하기에 가장 적합한지를 안다.

그림 6.3 활기찬 협업 환경 만들기

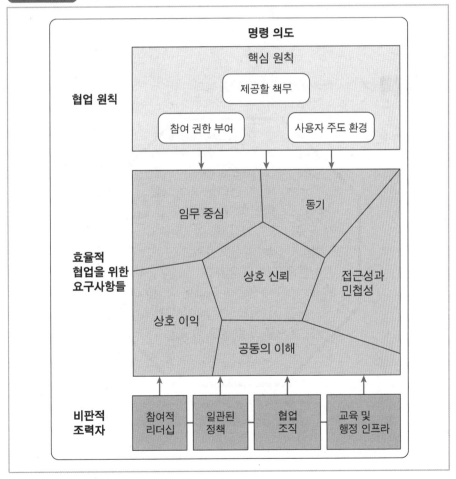

출처: 저작권 2016 Pherson Associates, LLC. 무단 전재 및 무단 복제를 금함

6. **공통의 이해.** 다수의 조직 간 문화적 차이를 이해하고 공동으로 사용할 어휘와 투명한 참여 규칙을 발전시키려고 함께 노력한다면 오해로 인한 부작용을 줄일 수 있을 것이다(그림 6.4 참조). 매우 다양한 조직 문화 속에서 의사소통이 제대로 되지 않을 소지가 다분하다. 필자들은 수십 년간 타 기관들과 공동으로 구성된 팀과 T/F에서 일한 경험을 토대로 그러한 협업체제에서 자주 일어나는 의사소통의 부재가 계속 과소평가되어 왔다는 증거를 찾았다. 유사한 것으로서, 공통으로 사용할 용어, 두문자어(acronyms), 정의 등에 대한 목록 작성의 필요성 역시 과소평가되어서는 안 된다. 협업 계획과 환경을 위한 합의된 참여 규칙을 개발한다면 공통의 이해를 촉진하고 상호 신뢰를 구축하는 데 도움이 될 것이다.

그림 6.4 주의사항: 당신의 규칙들을 정의한다.

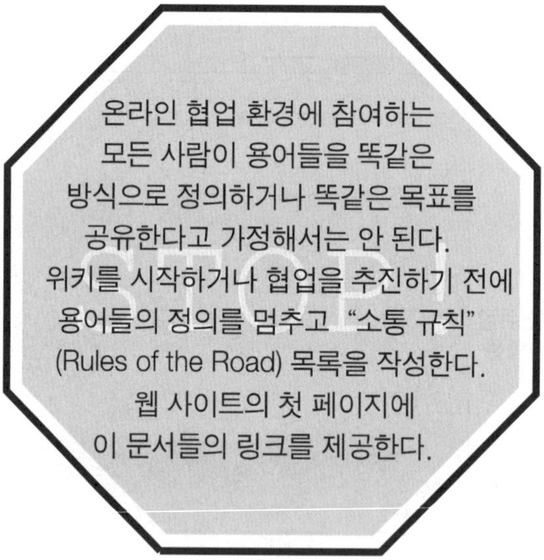

온라인 협업 환경에 참여하는
모든 사람이 용어들을 똑같은
방식으로 정의하거나 똑같은 목표를
공유한다고 가정해서는 안 된다.
위키를 시작하거나 협업을 추진하기 전에
용어들의 정의를 멈추고 "소통 규칙"
(Rules of the Road) 목록을 작성한다.
웹 사이트의 첫 페이지에
이 문서들의 링크를 제공한다.

2.2 핵심 원칙

협업이 부닥치는 장애물을 극복하기 위해서는 지휘부와 전 직원이 3개의 핵심원칙으로 구성된 새로운 정책교리(doctrine)를 이해하고 수용할 필요가 있다.

1. 제공할 책무. 분석관들이 업무 수행에 정보가 필요한 타인들과 정보를 공유하기 전에, 그들이 그러한 공유를 승인받아야 할 정보 "책임자"(owner)의 처분에만 공유 여부를 맡겨서는 안 된다. 미국 정보공동체에서 이것은 "필수 고지사항"(need to know)인 기존의 문화와 사고방식이 모든 사람이 임무 수행을 위해 어떤 정보가 필요한 타인들과 그 정보를 공유하는 것을 책무로 수용하는 문화로 대체되어야 함을 의미한다. 출처와 수집 방법 또는 독점적 정보(proprietary information)를 보호할 책임 문제가 남아 있기는 하지만, 분석관들에게 바라는 것은 적합한 사람이 시의적절 하게 적합한 정보를 얻을 수 있도록 확실하게 해야 한다는 것이다. 모든 직원이 지식 공유에 따른 큰 책임을 져야하기 때문에 관리자 역시 민감한 정보를 보호하면서 임무를 수행할 수 있는 올바른 공유 환경의 조건 (characteristics)에 대한 지침을 마련하고 훈련시킬 책임이 있다.

2. 자율권(empowerment). 사람들은 감독관이 아직 승인하지 않은 상태에서도 (기존의, 그리고 명확하게 제시된 지침에 따라) 다른 사람들과 함께 자신들의 통찰력, 정보, 그리고 진행 중인 작업에 대해 공유할 수 있는 권한을 부여받아야 한다. 자율성에는 책임이 따른다. 지침에는 무엇이, 어떻게, 누구와 공유될 수 있는지가 반드시 제시되어야 한다. 사람들이 자신의 조직 내부 및 외부 인사들과 어떻게 관계를 가질 수 있는지는 명확한 "소통 규칙"(rules of the road)을 통해 규제한다. 관리 기능은 이러한 교류들을 제한하는 것이 아니라 감사(audit)하는 것이다. 위험기피적 관리자는 모든 상호작용 이전에 사전 승인을 완료하는 대안을 더 선호할 수 있겠으나 그러한 경우 거의 아무런 협업도 일어나지 않을 것이 확실하다.
요점은 개방적인 공유 환경을 조성하고 경우에 따라 누군가 도를 지나칠 위험도 감수하라는 것이다. 정보 공유에 대한 긍정적인 시각에서 볼 때,

도를 넘어서기 시작한 사람을 유도하는 것이 융통성 없는 경계를 설정하고 그 경계를 넘을 때마다 벌칙을 부과하는 것보다 훨씬 더 좋은 방법이다. 위험을 줄이거나 없애기 위해 공유를 막는 위험회피라는 관료적 규범은 다른 방식의 위험 관리 철학으로 바뀌어야 한다. 약간의 실수들도 있을 수 있지만 중요한 것은 진정한 협업이 일어날 수 있는 문화를 조성해야 한다는 것이다.

3. 사용자 주도적 환경. 협업 공동체는 스스로 공동체를 정의하고, 스스로 민첩하게 대응하며, 적응력이 탁월해야 한다. 사용자들이 그들의 작업 환경을 실질적으로 지배해야 한다. 이 원칙은 우리가 직무를 수행해야만 하는 세계의 복잡성과 유동성을 인정하는 것이다. 국가정보와 법 집행 공동체에서 작은 국가는 명확한 위계적인 조직이 아니라 네트워크 형태를 띨 가능성이 있다. 보통 네트워크에 맞서기 위해서는 네트워크가 효과적이며, 이러한 대항 네트워크가 성공하려면 고도의 민첩성을 갖고 대응할 수 있는 협업 환경이 조성되어야 한다는 것을 명심해야 한다.

2.3 중요한 지원요소(Critical Enablers)

건전한 협업 문화를 성공적으로 구축하려면 지도부의 지원 약속 및 기술적·인적 인프라 지원, 그리고 동일한 조직 정책들을 확보하기 위해 모든 참여자들이 미리 적극적으로 관여해야 한다. 이를 위한 네 가지 실천전략은 다음과 같다.

1. 참여형 리더십(engaged leadership). 기업문화의 성공적 변화에 대한 거의 모든 연구의 핵심결론은 변화는 위로부터 주도되어야 한다는 것이다. 만약 최고경영자들이 자신들이 강조한 것을 실행에 옮기지 않는다면, 직원들은 협업 필요성에 대한 발표를 공허한 미사여구나 일시적으로 유행을 따르는 것에 불과하다고 생각할 것이다. 보다 중요하게 지적하고자 하는 것은 참여형 지도자가 협업 관행을 자신 및 직원들의 일상적 업무 관행

에 통합시킨다면 그는 전 직원에게 협업에 관한 강력한 메시지를 보낼 수 있을 것이다.

2. 협업 단위조직들(collaboration cells). 협업 체계들은 만약에 참여자들이 최선의 협업 방법을 조언하고 협업 도구들을 특정 목표에 맞게 적용하도록 지원해 줄 유력한 "조력자"(human enablers)나 협조자(facilitators)를 찾지 못한다면 실패할 것이 거의 틀림없다.[4] 협업 단위조직들 또는 분석 지원 부서들은 중요하지만 간과되어 왔던 협업 과정의 필수적 구성요소인 조력자 또는 진행자라는 인적 요소를 제공해야 한다.

3. 일관된 정책들. 협업은 정책에 의해 뒷받침되어야 하며 참가 조직의 정책들 또한 모두 일관적이어야 하고 그렇지 않은 경우에는 조정되어야만 한다. 관리자들은 특히 구속적인 "정책들"이 아주 오래된 전통으로서 좋은 것으로 묘사되는 상황에 대해 경계해야한다. 협업이 관료주의에 막혀 있는 경우, 대부분 자세히 들여다보면 오랜 신조처럼 강조되어 왔던 것이 협업을 중요하게 생각하는 관리자들을 쉽게 변화시키는 일반적인 관행에 지나지 않았다는 것을 알 수 있다.

4. 기술·행정 인프라. 협업에 대한 분석관의 의욕을 좌절시키는 가장 효과적인 방법은 협업 소프트웨어를 구입하거나 사용하는 것을 매우 어렵게 하거나 또는 어려움이 생겼을 때 필요한 기술지원을 받기가 어렵게 하는 것이다. 분석관들은 소프트웨어가 사용하기 쉽고, 접근이 용이하며, 쉽사리 기술 지원을 받을 수 있을 경우에만 협업 소프트웨어를 보다 더 사용하고 싶어 하는 것이다.

---

4 이 개념에 대한 더 많은 정보는 다음 참조. see Randolph H. Pherson, "Transformation Cells: An Innovative Way to Institutionalize Collaboration," Collaboration in the National Security Arena: Myths and Reality (June 2009): 207. See note 2.

3. 조정: 분쟁 방지와 대화 촉진

의견 충돌은 일반적으로 세 개의 근본적인 원인들 중 하나로부터 일어난다.[5] 사무실이나 가정에서 발생하는 의견 충돌을 생각해보면 그것들은 대체로 아래 세 개의 범주 안에 들어갈 것이다.

1. 다른 사실들이나 인식들을 갖고 있는 경우
2. 그러한 사실들을 다르게 해석하는 경우
3. 바람직한 결과와 관련하여 다른 목적 또는 목표를 가지고 있는 경우

위의 세 가지 근본 원인들 중 어느 것이 조정 문제를 불러일으키는지 알 수 있다면 우리는 그러한 차이를 극복할 방법을 잘 찾을 수 있을 것이다.

3.1 상이한 사실들

다른 자료나 사건에 대한 다른 관점, 또는 당면 주제에 대한 전혀 다른 정보의 취득이 의견 충돌의 가장 명백하고 기본적인 원인이 된다. 연구 결과들은 대부분의 사람들이 새로운 문제를 대할 때 주변 사람들도 자기와 같은 정보를 가지고 업무를 수행하고 있다는 가정 하에서 일한다는 것을 알려준다. 분명히 그렇지 않은 경우들이 자주 발생하는데, 이는 기본적으로 우리 각자가 다른 역사적 지식 및 관찰 능력에 의존하기 때문이다. 자신의 정보와 다른 사람들의 정보가 다르다는 것을 알았을 때 그러한 의견 불일치를 밝히고 "누락" 사실들에 대해 의견을 나누는 일은 사실 말하기는 쉽지만 실제 행하기는 어렵다.

분석관이 생각하기에 불일치하는 사실들 때문에 자신과 자신의 부하직원 또는 동료들과 의견이 교착상태에 빠졌다면, 아래 제시하는 정보 공유의 ABC를 고려해보는 것이 좋다.

---

5 이 절에서 사용된 정보는 다음 참조. Pherson Associates training materials(www.pherson.org).

* 상대방에게 더 많은 정보에 대해 물어본다. 정보 요청과 그에 따른 후속절
차가 진행되도록 하기 위해서는 적극적인 태도가 중요하다. 토론이 진전이
없다면, 우선 상대방에게 그러한 견해를 갖거나 평가를 내리게 된 사실이
나 자료가 무엇인지 묻는 것부터 시작한다. 상대에게 묻기 전에 그들에게
자신이 가지고 있는 사실을 이야기 하는 것은 상대방을 가르치려 들거나
그가 가진 사실들이 틀렸다고 말하려는 것으로 비쳐질 수 있다. 다른 사람
의 사실이 자신의 것보다 완전한 것이라면 자신 역시 잘못된 정보를 받았
을 수 있거나 명백히 틀렸을 수 있다.

　　항상 상대방이 그들의 정보를 공유하고 싶은 마음이 들도록 "당신은
어디에서　그러한　자료를　입수했는가?"와　같이　제한을　두지　않은
(open-ended) 질문을 한다. 다른 사람이 제시하는 사실 하나하나에 반박
하려는 것은 바람직 하지 못하다. 상대방이 자신들의 주장을 완전히 펼치
기 위해 이용하는 여러 개의 근거 자료들(data points)이 있을 수 있다. 그러
한 근거자료 하나하나에 초점을 맞추어 반응하게 되면 그들이 제시하는 보
다 광범위한 관점(point)을 놓치게 될 것이고 쓸데없이 대립적으로 행동하
는 것으로 비춰질 수 있다. 의심이 들면 명확하게 하기 위해 다시 묻는 방
식을 택한다.

* 상대방에게 자신이 가진 사실들을 간략하게 설명한다. 추가적 사실을 제공
하고 부정확하다고 생각되는 상대방의 정보를 부드러운 태도로 교정함으로
써 의견 차이를 해소하기 위해 노력한다. 상대방으로 하여금 자신이 가진
사실이 일리가 있다고 생각하여 그것들을 수용하도록 하기 위해 유사 사례
(similarities)나 역사적 유사성을 가진 다른 방법을 제시하는 방식으로 자신
이 가진 사실에 대해 많은 맥락에서 설명하려고 시도한다. 상대방이 처음에
자신이 제시한 사실 모두를 받아들이지 않을 수 있는데, 견해를 바꾸려면
시간이 걸리는 것처럼 사람들은 때때로 받아들이는 데 시간이 필요하다.

* 친화적 의사소통(cooperative communication)을 계속한다. 상대방이 당신이
제시한 사실을 받아들이기 꺼린다고 느끼더라도 신뢰 유지를 위해 계속 의
사소통하는 것이 반드시 필요하다. 상대방의 사실이 맞고 자신이 틀린 경
우에 계속 참여하는 것은 상대방에게 자신은 패배를 인정할 줄 모르는 사
람이 아니라는 것을 보여주는 것이다. 자신이 맞는 경우에도 상대방이나

그들의 의견을 무시하는 태도를 보이는 것은 바람직하지 못하다.

* 사실을 문서로 기록한다. 자신의 사실이 맞는 것을 확신하고 있는데 ABC 방법이 성공적이지 않다면, 자신이 가진 사실들을 상대방에게 보여줄 다른 방법들을 고려한다. 자료를 매트릭스, 차트, 그래프, 또는 다른 시각적 방법을 동원한 도표로 제시하는 것은 상대방이 다른 관점에서 사실들 볼 수 있게 유도하는 효과가 있고 또 자신과 상대방 모두 정확한 정보를 시각화해보는데 도움이 된다(그림 6.5, 참조, 그래프에 대해서는 16장과 18장 참조).

그림 6.5 갈등관리를 위한 구조화 기법

어떤 구조화 기법을 적용할 것인가?

* 조정 과정에서 갈등 관리 기법들:
  - 핵심가정 점검
  - 경쟁가설 분석
  - 논점 도표화
  - 상호 이해
  - 합동 확대보고(Joint Escalation)
  - 노센코 접근법(Nosenko Approach)

* 차이점을 발견하고 해결하기 위한 기법들
  - 의사결정 매트릭스
  - 찬성 · 반대 · 결점 · 보완
  - 추동력 영역 분석
  - 영향력 매트릭스

3.2 상이한 해석들

분석관과 자신의 동료들은 다음과 같은 이유 때문에 같은 정보라도 다르게 해석할 수 있다.

* 사실들에 대해 다르게 추정하는 경우
* 똑같은 자료에 대해 비중이나 가치를 다르게 두는 경우
* 유사한 사실을 가지고 또는 비슷한 상황 하에서 다른 업무를 한 경험이 있는 경우
* 정보 처리와 해석에 다양한 기술이 있는 경우

차이를 해소하는 길은 분석관들 사이에 정보를 다르게 생각하거나 가치를 두는 이유를 밝히는 데 있다. 다양한 의견들이 있다는 것은 부자연스럽거나 나쁜 것이 아니며, 오히려 자신의 보고서와 팀 내 관계를 강화할 수 있는 기회이다. 다양한 견해들은 다른 사람들의 경험이 그들의 분석에 어떻게 영향을 미쳤는가에 대한 통찰력을 제공해주며, 또 자신의 세계관에도 도움이 되는 다른 세계관을 접할 기회를 제공한다. 구조화 분석기법들은 어떤 자료를 통해 분석의 결론이 내려지고 있는지, 또는 자료나 자료의 부족에 관하여 어떤 가정을 하고 있는지를 확인하는데 사용될 수 있다.[6] 일단 "참여자 모두가 서로 어떤 이슈에 대해 알거나 느낀 것을 모두 털어놓고 나면"(all the cards are laid on the table), 논쟁을 벌이던 사람들은 중요한 차이점이 무엇이고 이들 차이점을 어떻게 해소할 수 있는지, 그리고 어떤 전략이 논쟁을 끝내는데 가장 효과적인지에 대해 보다 효율적으로 찾아낼 수 있다.

동료 분석관이 차이점에 대해 토론하는데 개방적인 태도를 보이지 않는다면 객관적인 제3자(보통 상급 분석관이나 관리자)에 의한 구조화 토론(structured debate)이나 중재가 생산적인 옵션일 수 있다. 『정보분석을 위한 구조화 분석

---

6 See Heuer and Pherson, *Structured Analytic Techniques*, 제11장, 289-320, 은 의사 결정 매트릭스, Pro-Cons Faults-and Fixes, Force Field Analysis, 영향 매트릭스를 포함하여 분석관이 차이점을 평가하고 이를 해결할 수 있는 실천 계획을 개발하는데 사용할 수 있는 위의 네 가지 기법에 대해 설명한다.

기법』에 보면 적대적 협업에 대한 6개의 접근방법이 기술되어 있다.7 이 접근
방법들은 분석적 의견이 불일치하는 집단 구성원들이 모두 마음을 열고 토론
에 응하는 것을 전제로 그러한 의견 불일치를 해소하는 데 효과적이라는 것이
입증된 것들이다. 조정 상황에서 갈등을 줄이는 데 특히 잘 작동하는 두 개의
기법은 상호 이해와 합동 확대보고 기법(Joint Escalation)이다:

* 상호 이해. 논쟁 당사자들(편의상 1번과 2번) 및 진행자가 참여하는 모임에
  서 1번 측은 2번 측에게 자신이 이해한 2번 측의 입장을 설명한다. 1번 측
  은 2번 측이 2번 측의 입장을 완전히 이해했다고 만족할 수 있도록 설명해
  야 한다. 다음에는 역할을 바꾸어 2번 측이 1번 측의 입장에 대해 자신이
  이해한 것을 1번 측이 만족할 수 있도록 설명한다. 이러한 상호교환 방식은
  상대방의 의견과 근거에 대해 주의 깊게 듣고 잘 이해하지 않으면 수행하
  기 어렵다. 일단 모든 분석관들이 상대방의 입장을 정확하게 이해하게 되
  면, 그들은 의견 차이를 보다 더 효과적으로 해결할 수 있고 불일치에 대한
  최선의 방법에 동의할 수 있다.

* 합동 확대보고. 상관에게 분쟁을 보고하는 가장 바람직한 방법은 양측이
  협력하여 양측의 입장을 하나의 문서에 담아서 보고하는 것이다. 이를 위
  해서는 각 분석관이 상대 분석관의 입장을 이해할 - 더 나가 고심해 볼 -
  필요가 있다. 또한 관리자가 당해 이슈에 끼어들기 전에 그 문제의 모든 측
  면을 살펴볼 수 있도록 보고가 이루어져야 한다.

3.3   상이한 목적이나 목표

가장 어려운 상황은 논쟁 당사자들이 똑같은 사실을 가지고 똑같은 방법으
로 그것을 평가했으나 개인적 가치나 신념, 태도, 또는 관료주의적 방어태도
때문에 당사자들이 서로 다른 결과를 원할 때 일어난다. 심리 작용으로 인한

---

7 See Heuer and Pherson, *Structured Analytic Techniques*, 제10장, 273-285은 6개 기술
(핵심 가정 점검, 경쟁 가설 분석, 논점 도표화, 상호 이해, 합동 확대보고, 노센코 접
근법)을 논의한다.

차이를 밝혀내는 것은 쉽지 않으며, 설령 그것들이 확인된다 해도 당사자들은 그러한 차이들을 극복하거나 피해갈 수 없다. 이러한 현상은 정치적 담화에서는 일반적인 일이지만, 전문 분석조직들에서는 이러한 상황을 피하기 위해 모든 노력을 기울여야만 한다.

주요 시사점

* 성공적인 협업의 핵심은 신뢰이다. 이것은 일반적으로 협업에 참여하는 참가자 수가 적게 유지되어야 한다는 것을 의미한다.

* 효과적인 협업을 위한 6개의 필수조건이 - (1) 임무의 중요성을 인식 (2) 상호 이익이라는 인식 (3) 상호 신뢰 구축 (4) 협업하려는 동기들의 존재 (5) 접근 용이성과 신속한 대응 (6) 의사소통 원활화를 위한 공통의 이해 촉진 - 갖추어지지 않는다면, 협업 시도는 거의 항상 실패할 것이다.

* 협업하려는 가장 큰 동기는 장기적으로 분석관의 시간을 절약해주고 보다 설득력 있는 분석이 가능할 수 있다는 전제이다.

* 논쟁을 조정할 수 있는 가장 좋은 방법은 상대와 공감하는 것이다. 이를 위해 상대의 주장을 경청하고 다른 사람들이 자신의 분석에 도전하려고 한 것들(사실들, 사실들에 대한 다양한 해석, 또는 상이한 가치체계)을 이해하려고 열심히 노력해야 한다.

사례연구 검토

사례연구 3. "항공모함 시대의 종식"을 검토한다.

* 이 글은 군사적, 정치적, 경제적, 기술적 주제들에 대한 분석을 포함하고 있다. 필자는 이들 영역 중에 단지 한 분야의 전문가이다. 이 글을 작성함에 있어 다른 전문 영역의 지식을 가진 필자의 동료들과 협업하기 위한 좋은 전략은 무엇인가?

* 자신이 생각하기에 6개의 필수조건 중에서 어느 것이 가장 실현하기 쉬운 조건들이며 어느 것이 가장 실행하기 어려운 조건인가?

* 분석관이 한 협업 단위조직에 가입되어 있다면 그 단위조직은 이 사건을 어떻게 지원할 수 있을까?

* 필자의 조직 내에서 이 글의 내용을 조정하는 데 있어 갈등이 발생했다면, 또 다른 사실들, 다른 해석들, 또는 다른 목표나 목적에 초점을 맞추어야 한다는 주장들을 기대할 수 있을 것인가?

PART
2
필요한 정보는
어디에서 구할 수
있는가?

질문과 맥락 그리고 추진계획이 마련되면 우리는 우리가 알고 있는 정보를 토대로 해답이나 견해, 선택 사항 등을 제공하기 위해 우리가 필요로 하는 것—또는 우리가 생각하기에 얻을 수 있는 최선의 것—을 의식적으로 찾아볼 수 있다. 이와 같은 것이 직접 관찰을 통해 얻는 것인가? 아니면 우리는 이차 출처(소스)에 기초해서 나온 보고서에 만족할 것인가? 누군가의 사고방식이나 편견이 그들이 기억하는 것이나 정보전달 방식에 영향을 줄지도 모르는 데, 우리는 정보 출처의 타당성을 어떻게 평가할 것인가? 우리는 인터넷이 신빙성 있는 정보를 제공한다고 신뢰할 수 있는가?

제2부에서는 관련성이 있고 신빙성이 있는 정보를 찾아내는 팁뿐만 아니라 자료 검색을 체계적으로 구성하게 해주는 모델을 만드는 세부사항에 대해 알려준다. 인터넷에는 많은 웹사이트들과 간행물, 그리고 언론이나 블로그와 같은 곳에서 나오는 전문가들의 의견, 법의학적 데이터, 영상물, 위성 영상 정보 등등 다양한 형태의 데이터 자원들이 무궁무진하게 존재한다. 본 섹션의 목적은 찾고자 하는 정보가 무엇인지, 그리고 정보의 적용성과 타당성을 평가하는 방법은 무엇인지 등에 관한 전체적인 맥락을 제공하는 데에 있다.

필자는 간혹 필자의 학생들에게 주로 어떤 유형의 정보를 이용하는지 그리고 그 정보의 출처가 어디인지 묻곤 한다. 이에 대한 답변은 학생들의 체계성과 업무역할에 따라 다르지만, 대체로 학생들은 내부 데이터 베이스나 오픈 소스 식의 데이터, 국가정보 보도자료나 경찰 측의 수사자료, 민감한 출처나 고발자로부터 얻은 첩보 등으로부터 정보를 얻는다고 한다. 학생들이 위와 같은 방식대로 정보를 검색하다 원하는 만큼 정보를 얻지 못 했을 경우, 추가 정보는 어디서 찾을 지 물어보면 대개 학생들은 다른 분석관이나 외부 전문가, 소셜 미디어 등을 얘기한다.

추가적으로 획득한 지식을 어떻게 '창의적으로' 할 수 있을지 그리고 여러 정보조각을 조합하여 어떻게 문제해결에 도움이 되도록 만들 수 있는지 브레인스토밍을 해보면 학생들의 경우에는 설문 조사자료, 지도, 여론조사 자료, 매트릭스, 연결도표, 인터넷 상에서는 구할 수 없는 회색문헌 등을 언급한다. 정보 검색의 핵심은 구축된 데이터 위에 이용 가능한 데이터를 손쉽게 모아 들여 연구를 실행하거나 또는 정보 격차를 메우기 위하여 조직내 다른 사람들에게 정보수집 요구사항을 전달하는 데에 있다. 보다 많은 데이터를 여기저기 찾다 보면, 그 전에는 이용 가능할 것이라고 전혀 생각하지 못했던 곳에서 활용도가 높은 새로운 자료를 발견할 수도 있는 것이다.

디지털 정보, 컴퓨팅 파워, 프로세스 메서드 등의 쇄도로 인해 우리가 기존에 알고 있던 데이터의 개념이 달라지고 있다. 빅 데이터는 우리 주변 어디에나 존재하여 실시간 기반으로 꾸준히 우리의 환경을 파악하는 데에 있어 전혀 새로운 가능성을 열어 주고 있다. 하지만 분석관들에게 빅 데이터란 더 많은 양의 데이터에 지나지 않는다. 이는 다른 유형의 데이터로서 사용되지만 사실은 실질적으로 유사한 범주에 맞추어 해석과 활용에 있어서도 똑같이 강점과 약점의 대상이 된다. 따라서 대규모 데이터 세트로부터 통찰력을 도출해내는 데이터 과학자들이나 자신의 업무추진에 데이터로 활용하여 통찰력을 얻어내려는 각계의 분석팀에게 비판적 사고기술이 근본적으로 필요한 이유이다.

CHAPTER 7

모델수립이 어떻게 분석을 향상시키는가?

1. 준비사항 점검

　모델은 우리가 어떤 이슈를 바라볼 때 그 문제를 전체 집합된 형태로 보거나 또는 다각적인 차원에서 보게 하면서 비판적인 요소에 집중해서 보도록 도와준다. 수학적 모델은 핵심적이지 않은 사소한 요소는 걸로 내어 분석관들로 하여금 상황의 가장 핵심적인 작동요소를 바라보게 하거나 어떤 주장의 가장 구조적인 요소를 찾아 볼 수 있게 해준다. 시각모델은 어떤 문제나 과정을 핵심적인 기본 요소로만 단순화시키고 이들 요소들이 상호 어떻게 연결되어 있는지를 시각적으로 묘사해준다.

　분석관들은 어떤 이슈를 분석하고 시각적으로 표현하기 위하여 오랫동안 다이어그램이나 차트, 비데오 등과 같은 모델을 사용해왔다. 정치분석관들은 선거결과를 예측하기 위하여 예측분석모델을 만들었으며 경제학자들은 경제동향이나 교역활동을 예측하기 위하여복잡한 수리모델을 개발하였다. 사법집행 기구들은 실제의 도시 주거환경에서 수사관들을 훈련시키려고 많은 도시 블록들로 구성된 모조 시가지를 만들기도 한다. 군 특수작전부대는 부대 병사들에게 인질구조와 같은 작전시 실제상황처럼 연습할 수 있게 실물 크기의 공격목표와 시설들을 만들어 놓고 한다.

　모델구성은 분석관들에게 여러 가지 방식으로 정보검색을 할 수 있게 정보검색을 체계화하는데 도와준다. 잘 만들어진 모델은 어떤 상황의 중요한 내부 구성요소 뿐만 아니라 전체적으로 하나로 연결되는 역학을 포착하도록 도와준다. 즉 이런 모델들은 다음과 같은 방식으로 도와준다.

* 어떤 문제의 알려진 부분을 모두 찾아서 그 것들을 포괄적이지만 상호 배타적인 방식으로 의미가 통하게 제시하는 것
* 어떤 중요한 정보격차가 존재하는지 확정하여 그런 차이를 메꾸는 전략을 구성하는 것
* 저변의 가장 근본적인 것에 초점을 맞추어 수행될 정보수집 요구 및 조사 필요사항을 도출하는 것

2. 심층 검토

제5장에 소개된 4가지 형태의 질적/계량적 분석기법의 각자 하나씩을 지원하기 위하여 모델이 사용된다.

2.1 비판적 사고법

정보 분석에 관련된 문헌에서 대개 흔히 알려진 간단한 모델은 정보의 순환 과정에 관한 묘사이다.(그림 7.1 참조)1 정보기관들은 대개 각자만의 정보 순환 버전을 갖고 있겠지만, 정보 순환의 모든 버전은 정보요구사항 생성, 정보수집 임무부여, 첩보 수집 및 처리와 분석, 정책 입안자 및 고객에게 분석정보의 전파 등의 과정으로 묘사된다. 캐나다의 정보 순환 과정(그림 7.2 참조)은 정보주도의 치안활동을 돕기 위해 정보의 순환이 어떻게 법 집행 기관과 서로 교류하는지를 보여주는 모델이다.

---

1 In Figure 7.1, the model on the left was taken from the "Report of the Commission on the Intelligence Capabilities of the United States Regarding Weapons of Mass Destruction," March 31, 2005,https://fas.org/irp/offdocs/wmd_report.pdf. The model on Gudmund Thompson, "Aide Memoire on Intelligence Analysis Tradecraft," Chief of Defence Intelligence, Director General Intelligence Production, Version 4.02,8.

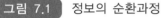 정보의 순환과정

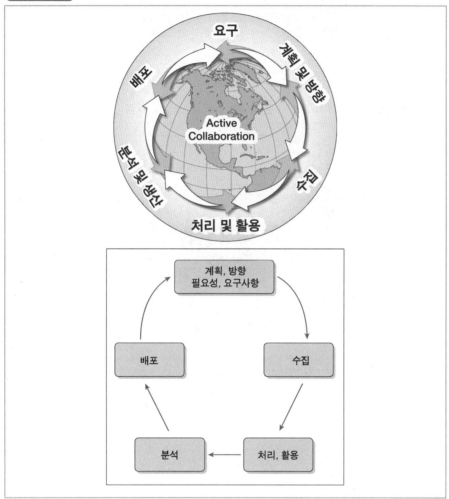

출처: Reproduced with permission of the US and Canadian governments.

그림 7.1과 7.2에 나타난 모델들은 정보 분석의 핵심 기능들을 담고 있다. 하지만 정보 전문가들은 그것이 그처럼 단순하지 않다고 말할 것이다. 이와 같은 모든 과정들이 존재하긴 하나, 그렇게 순서적으로 되지는 않기 때문이다.

경험 많은 분석관들은 화살표가 아니라 둥근 원의 형태여야 하며, 모든 요소들이 각자만의 피드백으로 회귀하는 형태를 갖고 있어야 한다고 설명할 것이다. 모든 요소가 복잡하게 표시될 경우, 실제 정보 순환의 형태는 스파게티 그릇처럼 보이게 된다. 순환의 과정이 적절하고 정밀하게 묘사된다면, 아마 정보공동체가 실질적으로 작용하는 방식의 효과적인-매우 복잡한-시각 표시가 될 것이다.

그림 7.2 캐나다의 정보순환과 법 집행순환의 교차점

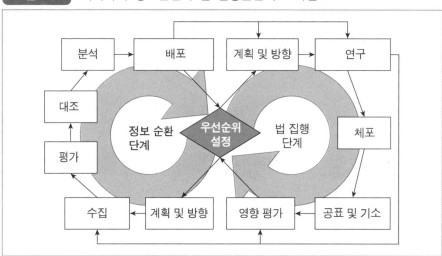

출처: 미국과 캐나다 정부의 승인을 얻어 출간

2.2 구조화 분석

교차 영향력 매트릭스, 네트워크 분석, 사분면 분할, 복수가설 수립도구, 복잡성 관리자 등 여러 구조화 분석 기법은 분석 전문가들에게 유용한 모델을 제시할 수 있다.(그림 7.3 참조)2 복수가설 수립과 사분면 분할기법의 장점 중 하나는 바로 미래에 일어날 일에 대한 다수의 모델을 제공할 수 있다는 것이다. 다수의 모델을 고려하게 되면 창피한 기습사건의 발생 가능성을 줄일 수 있다. 많은 모델을 고려하면 할수록, 우리의 경고 메시지는 더 신빙성이 있게

---

2 See Heuer and Pherson, *Structured Analytic Techniques*, for a description of the Cross -Impact Matrix, 115-118; Network Analysis,78-85; Multiple Scenarios Generation, 144 -148; Quadrant Crunching™,122-129; and the complexity Manager, 314-320.

되고 분석 또한 더 탁월하게 될 것이다.

그림 7.3   모델 수립을 위한 구조화 분석기법

어떤 구조화 분석기법이 적용되는가

유용한 모델을 수립하는 분석기법들:
* 교차 영향 매트릭스
* 네트워크 분석
* 복수 시나리오 수립
* 정치적 결과 예측모델
* 사분면 분할
* 복잡성 관리자

본 개념은 그림 7.4에 나타나있다. 이 그림은 분석관들이 2008년 11월 인도 뭄바이에서 일어난 테러 와 같은 공격사건을 예측하기 위해 고안된 사분면 분할 작업이다.3 이 분석실습에서 분석관들은 폭도들이 뭄바이 관광 지역에 수류탄과 AK−47 소총을 이용하여 동시다발적인 공격을 개시할 것이라는 선행가설에 대하여 반박 대안을 찾아내게 요청받았다. 분석관들은 향후 공격이 사전에 설치된 폭탄이거나, 휴대용 폭탄, 자살 폭탄 ('무엇을') 등을 이용할 것인가와 강력한 단 한 차례의 공격이냐 인질극을 포함한 장기간 공격일 것인가 ("어떻게")를 미리 상정해보고, 이런 '어떻게'와 '무엇을' 에 관한 전혀 다른 대안을 생각해 보는 것이다. 사분면 분할 모델은 분석관에게 2×2 매트릭스에 적이 어떤 방법으로 공격해 올지에 관한 서로 다른 4가지 스토리를 구성하도록 한다. 그리고 이 2×2 매트릭스는 분석관 또는 분석팀으로 하여금 그 문제에 대해 상이한 4가지 방법으로 재구성하도록 해준다. 결과적으로 서로 다른 4가지의 스토리가 생성되는데 이 스토리들은 각기 법 집행관에게 전혀 다른 결과와 의미를 주게 되는 것이다.

3 A detailed description of the Mumbai attack and the Quadrant Crunching™ technique is provided in Sarah Miller Beebe and Randolph H. Pherson, *Cases in Intelligence Analysis: Structured Analytic Techniques in Action.* 2nd ed.(Washington, DC:CQ Press,2015).259.

> ### 그림 7.4 뭄바이 사분면 분할 분석 : 2×2 매트릭스 샘플

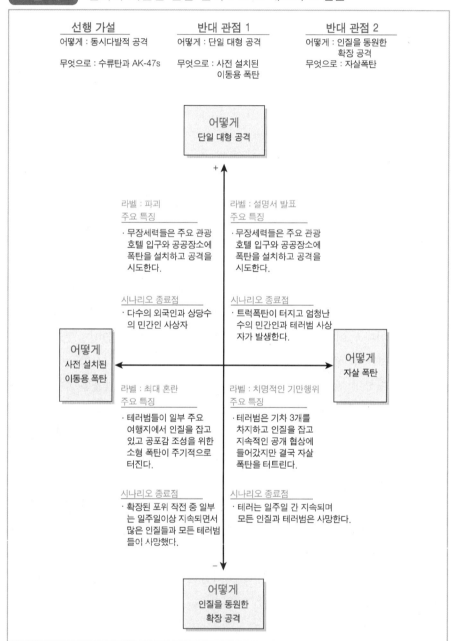

선행 가설	반대 관점 1	반대 관점 2
어떻게 : 동시다발적 공격	어떻게 : 단일 대형 공격	어떻게 : 인질을 동원한 확장 공격
무엇으로 : 수류탄과 AK-47s	무엇으로 : 사전 설치된 이동용 폭탄	무엇으로 : 자살폭탄

어떻게 단일 대형 공격

+

라벨 : 파괴
주요 특징
· 무장세력들은 주요 관광 호텔 입구와 공공장소에 폭탄을 설치하고 공격을 시도한다.

시나리오 종료점
· 다수의 외국인과 상당수 의 민간인 사상자

라벨 : 설명서 발표
주요 특징
· 무장세력들은 주요 관광 호텔 입구와 공공장소에 폭탄을 설치하고 공격을 시도한다.

시나리오 종료점
· 트럭폭탄이 터지고 엄청난 수의 민간인과 테러범 사상 자가 발생한다.

어떻게 사전 설치된 이동용 폭탄

어떻게 자살 폭탄

라벨 : 최대 혼란
주요 특징
· 테러범들이 일부 주요 여행지에서 인질을 잡고 있고 공포감 조성을 위한 소형 폭탄이 주기적으로 터진다.

시나리오 종료점
· 확장된 포위 작전 중 일부 는 일주일이상 지속되면서 많은 인질들과 모든 테러범 들이 사망했다.

라벨 : 치명적인 기만행위
주요 특징
· 테러범은 기차 3개를 차지하고 인질을 잡고 지속적인 공개 협상에 들어갔지만 결국 자살 폭탄을 터트린다.

시나리오 종료점
· 테러는 일주일 간 지속되며 모든 인질과 테러범은 사망한다.

−

어떻게 인질을 동원한 확장 공격

그림 7.4의 사례는 이 기법에 의해 만들어지는 몇 가지 매트릭스 중 하나를 보여주는 예시이다. 예를 들어, 선행가설이 '누가,' '무엇이,' '어떻게,' '왜,' '어디에서'에 대한 상반된 두 가지 차원을 반영시켜 다섯 개 단계의 정보순환 과정을 배열시키면 최소 10개의 매트릭스가 만들어지게 되고 최소한 40개의 서로 전혀 다른 스토리가 구성되게 된다. 재구성 기법으로 다수의 모델과 스토리가 만들어지게 되면 분석관들은 어떤 상황이 발전되는 방향에 대해서 거의 모든 가능성을 타진했다는 신뢰감을 갖게 되는 것이다.

2.3 실증적 분석

대부분의 모델수립은 이용 가능한 정보를 요약하는 것이상으로 정보의 각 부분이 서로 어떻게 연관되며, 각 부분이 합쳐져서 최종적으로 어떤 결과가 나오게 되는지를 설명해준다. 이에 대한 훌륭한 사례가 정치적 불안정성 위험평가 모델인데 이것의 대표적인 예시가 그림7.5에 설명되어있다.[4] 해당 모델은 시민소요, 음모, 반란, 사회혼란, 평화적인 정치 변화 등에 대한 정부의 취약성 평가 시 이에 필요한 정치적 불안정성 평가의 모든 핵심적인 임계 지수를 포함하고 있다. 이 모델은 압박에 대처하는 정부의 대응능력과 이와 비교하여 야당의 다양한 출처의 불만족을 세력화하고 동원할 수 있는 능력을 대조시켜 보여 주면서 다섯 개의 불안정성의 형태를 도출한다.

사회 과학자는 모델에 대한 핵심 임계 수치를 대표하는 실증적 데이터를 찾은 후 다양한 알고리즘을 적용시켜 각각의 불안정성의 형태에 대한 정부의 취약성 평가를 구성한다. 예를 들어, 고위 공직자의 부패 정도, 의료 서비스의 부족, 피난민의 존재 등이 불안정성을 촉진시키는 구체적인 동인인 것이다. 반면에 해외 직접 투자의 증대, 지역 통합, 디플레이션 성향의 경제정책 등은 불안정성을 제어하는 억제요인이 되겠다.

---

4 The Political Instability Risk Assessment Model was developed by Richard E.Hayes, President of Evidence Based Research, Inc. (www.ebrinc.com), and further refined by Randolph Pherson. It is one of the premier models for assessing political instability in the US Intelligence Community—and the political science community *writlarge*—and has often been applied successfully by US government analysts.

그림 7.5 정치적 불안정성 위험평가 모델

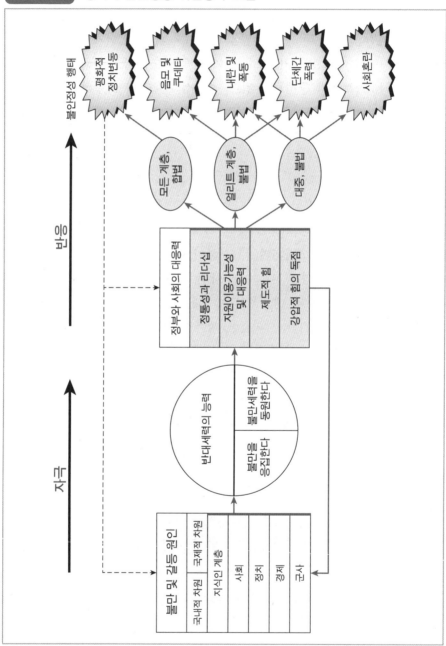

출처: Reproduced with the permission of Evidence Based Research, Inc.

이 모델의 탁월성은 전통적 방식을 고수하던 분석관들이 모델수립을 통하여 불안정성 평가 과정을 더 깊이 이해하게 된다거나, 저명한 사회 과학자들이 모델수립을 통해 정치적 불안정성에 대한 정부의 취약성 평가와 관련하여 고도로 정교한 실증적 예측모델을 확립하는데 도움을 준다는 것이다.

모델의 가치는 기본적인 역학관계를 체계적으로 드러나게 함으로써 매우 복잡한 시스템이지만 이것을 단순화시키는 데 있다. 그러나 자칫 핵심적인 구성요소가 빠지게 되면, 연계가 잘못되거나, 모델 구성에 기반으로 사용했던 근거축에 오류가 발생하여 전혀 잘못된 상황으로 이끌 수 있다는 것을 명심해야한다. 이런 경계에 대한 것은 알란 그린스팬 의장이 2008년 10월 23일 미 의회 정부감독·혁신위원회 청문회에서 한 증언에 의해 생생하게 설명될 수 있다. 당시 그는 2007년 후반과 2008년에 미국 금융 위기를 촉발한 원인에 대해 진술했다.[5]

최근 수십 년에 걸친 컴퓨터·통신 기술의 눈부신 발전과 수학자 및 재무 분석관들의 최고 수준의 통찰력이 결부되어 거대한 위기 관리 및 가격 시스템이 발달해왔다. 파생상품시장의 큰 발전을 이뤄낸 가격결정 모델의 발견을 치하하여 노벨상이 수여되기도 하였다. 이러한 현대식 위기관리 패러다임은 수십 년 간 지배적이었다. 그러나 위기 관리 모델에 입력된 데이터가 대부분 지난 20년 간 평안한 시기에 대해서만 다룬 것들이었기 때문에 2007년 작년 여름, 모든 지적 분석의 기반이 붕괴되었다. 개인적인 판단이지만 과거 위험했던 시기의 데이터를 입력하여 모델을 수립했다면 자금수요가 훨씬 더 높은 것으로 나타났을 것이고 우리 금융계도 훨씬 더 안정된 상태가 되었을 것으로 생각된다.

---

5 "Testimony of Dr. Alan Greenspan before the Committee on Oversight and Government Reform," October 23,2008, https://www.gpo.gov/fdsys/pkg/CHRG－110hhrg55764/html/CHRG－110hhrg55764.htm.

2.4 준계량 분석

쿠데타 취약성 방법론(그림 7.6 참조)은 민군간의 긴장상태 수준을 파악하고 추적하는 데 있어 대단히 성공적이었다.6 특정 국가가 민군 긴장고조에 대한 상당히 높은 개연성이 나타날 때 군사 쿠데타가 일어날 확률이 크다. 해당 모델은 과거에 민간인과 쿠데타 세력 사이의 긴장을 유발하는 것으로 알려진 54개의 요소들을 4단계 과정으로 구분하여 만들었는데 이 과정을 살펴보고 분석관들은 해당 국가의 긴장 정도를 모니터할 수 있는 것이다. 또한 이 모델은 분석관이 쿠데타의 가능성에 대한 보고서를 받아볼 때 가장 효과적인 것으로 증명되었으나 위협의 심각성을 평가하기 위한 전문적 지식이나 충분한 자료가 부족하였다. 다수의 이해당사국에 대해 일정 기간마다 해당 모델을 적용해서 실행할 경우 잠재적으로 골치 아픈 사태의 발전을 예측하는 데 매우 유용한 수단이 된다.

분석관들은 특정 국가에 대해 각 요소별로 상중하의 척도를 매겨야 한다. 만약 거시 지표(쿠데타 예측에 가장 중요한 요소)의 등급이 사전에 지정된 척도수준과 일치하면, 분석관은 향후 6개월 간 국가의 취약성을 나타내는 단기 지표들을 측정하는 단계로 나간다. 만약 단기적 동기가 충분히 존재하면 분석관은 쿠데타를 유발하는데 필요한 촉발 메카니즘과 쿠데타를 억제하는 억제 요인들을 조사한다. 그 이후에 모델은 쿠데타를 종종 발생시키는 민군 간의 심각한 긴장상태에 대하여 그 국가의 전반적인 취약성 평가를 완성한다. 본 모델은 학계 전문가와 정부의 분석관이 참여한 3일간의 컨퍼런스 기간 동안에 개

---

6 The Coup Vulnerability Methodology was first developed in the late 1980s by Randolph Pherson when he was managing analysis of political instability. It is based on an exhaustive literature review that identified key indicators and vulnerabilities based on a survey of 120 military coups between 1950 and 1985. Weights were developed for each indicator to reflect the relative historical impact of the factor on a country's level of vulnerability. US government analysts conducted the initial research and created a preliminary coup vulnerability model, adding additional indicators to reduce false positives. Grace I. Scarborough and Richard E. Hayes of Evidence Based Research, Inc.(www.ebrinc.com) validated the methodology, extended the historical research to 1989, researched and added 120 attempted−but failed−coups to the database,recalibrated the weights, and created a computer−based model that was used with notable predictive success by US government analysts for several years.

그림 7.6   쿠데타 취약성의 연구방법론

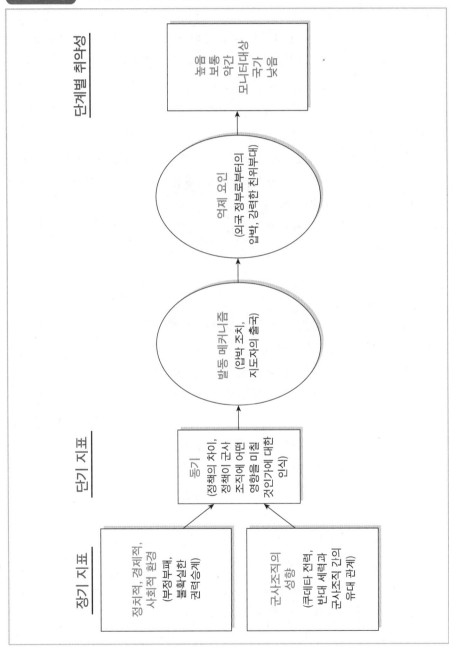

발되었다. 후에 해당 모델은 쿠데타 시도 성공자료와 실패자료를 추가하여 한층 더 정교하게 만들어 졌다. 이모델은 분석관이 쿠데타 시도를 촉발하거나 억제하는 모든 요인들을 평가하도록 해주며 국가들의 취약성을 평가하는데 있어서 어떤 요소가 모니터링 시 가장 중요한 지 결정하는 것을 도와준다.

취약성 평가방식과 대부분의 모델이 갖는 가장 중요한 이점은 분석관이 만약 다른 등급을 했더라면 전체적인 예측에 주요한 영향을 미쳤을 것으로 생각되는 논란의 여지가 있는 척도평가 ─ 이 경우에 취약성 평가 ─ 를 이전 단계로 돌아가 다시 바꿀 수 있다는 것이다. 이는 또한 분석관으로 하여금 미래 연구조사 및 정보 수집에 대한 새로운 연구지평을 발견하도록 해준다. 이 프로세스를 통해 정책결정자나 정책 입안자들은 쿠데타의 가능성을 줄이거나 쿠데타에 대한 영향력을 약화시킬 수 있는 핵심 변수들을 파악할 수 있게 된다.

2.5 모델의 전반적인 가치

모델 사용으로 분석관은 자신의 생각을 체계화할 수 있다. 모델을 이용해 고객의 의도에 접근하여 단계별로 분석하는 과정에서 분석관은 문제를 이해하고 퍼즐이나 수수께끼를 푸는 방법에 대한 체계적이고 일관된 견해를 제공할 수 있다. 모델은 분석관들이 가중치가 재조정된 주요 변수들에 대해 민감도 분석을 통해 기존의 분석을 다시 재고할 수 있게 해준다. 계량 또는 준계량 모델이 개발될 경우, 분석관들은 분석의 가중치나 주요 영향요인에 변화를 줌으로써 다양한 결과물을 탐색해 볼 수 있게 된다. 이 덕분에 분석관들은 정말로 중요한 것 ─ 즉 최종 결과에 가장 큰 영향을 미치는 요인을 식별하고 분리해낼 수 있는 것이다. 일단 파악만 되면, 이와 같은 정보는 국가이익이나 기업의 이윤을 최고로 극대화할 수 있는 방식으로 변수를 다루는 정책 입안자와 정책결정자에게 극도로 귀중한 자산이 되는 것이다.

특정 현상을 설명하기 위해 모델을 수립하는 것은 분석의 전체흐름을 나타내는 이상적인 출발점을 제공한다. 만약 모델이 문건의 개요를 작성하는 데에 쓰일 경우, 분석관은 문건이 모든 핵심 요소를 담고 있고, 핵심적인 관계와 연결고리를 밝히고 있는지, 그리고 연구 중인 현상을 전체적으로 일관성 있도록 묘사하고 있는지 등 이와 관련된 사항들을 확실히 해야 한다. 또한 모델은 문서 내 논점의 주요 라인을 보여주는 도표의 틀을 바탕에 놓아 줄 수 있다. 천마디 말보다 한 번 보는 것이 낫다라는 말이 있듯이 단순하면서도 멋진 모델을 수립해서 사용한다면 본인의 분석이 보다 명쾌해질 수 있는 것이다.

2.6   빅 데이터란 무엇인가?

빅 데이터란 분석 딜레마를 해결해주는 거대한 해법인양 불린다. 빅 데이터는 오늘날의 방대한 디지털 정보를 제어하고 활용하기 위해 최신식 연산 기술을 사용하고 있기 때문이다. 이는 데이터 세트를 확장하고 향상시키는 데에 무궁무진한 잠재력을 가진 기술이며, 우리의 분석결과를 실증하고 뒷받침 해 줄 수 있는 새로운 의미를 제시하기도 한다. 하지만 분석관의 입장에서는 빅 데이터란 그저 자신들의 분석결론을 더 크게 확충하는데 사용되는 굉장히 많은 데이터에 지나지 않는다. 실재하거나 실재하지 않는 출처와 신빙성 있거나 의문이 제기되는 출처, 올바르게 기입되거나 그렇지 않은 출처 등이 이 빅데이터에 포함되는 것이다 (출처의 평가 방법과 데이터 범주에 관련된 이야기는 8장과 9장을 참조할 것). 데이터 세트가 거대하고 겉보기에 포괄적인 것처럼 보인다고 해서, 반드시 그것이 정확한 것이라고 볼 수는 없다. 자료의 가치를 평가하는 데에 있어서는 다른 종류의 데이터 세트에 대한 적용기준처럼 똑같은 기준과 평가가 동일하게 적용되는 것이다.

IBM의 Watson에 대해 생각하건 최신식 시각화 기술이나 검색 툴을 접하건 간에, 분석관은 데이터를 적절히 활용하여 의사 결정자가 사용하는 평가 시스템을 고안하기 위해서 비판적 사고와 분석틀에 담긴 기본적인 기술을 사용해야 한다.

가능성이 많으면 많을수록 해결해야 할 도전과제도 많은 법이다. 빅 데이터는 전례 없는 규모와 범위 및 속도로 데이터를 융합하고 처리하여 현재와 다가올 미래에 대한 새로운 통찰력을 제공한다. 2011년 맥킨지 글로벌 연구소는 빅 데이터가 아래 다섯 가지 방법으로 효용가치를 창출을 할 것이라 예상한 바 있다.[7] (1) 투명성 생성, (2) 실험을 통한 필요성 발견, 가변성 노출과 성과 향상, (3) 사람들의 성향을 맞춤화 시켜주는 집단 세분화, (4) 자동화 된 알고리즘으로 인간의 의사결정을 대체하고 지원하는 것, (5) 새 사업 모델이나 제품 및 서비스에 대한 혁신 등이 그 내용이다. 하지만 2015년 현황 보고서에 따르면, 자원의 가용성문제와 기존 시스템의 유산, 생소한 개념과 툴, 아직 미숙한 경영기획 등 때문에 빅 데이터는 아직 그 잠재성을 실현하기에 어려운 부분이 많다고 한다.8

　　2013년, 가트너 그룹(Gartner Group)은 많은 기업들이 빅데이터의 장점에 이끌리고 있지만 여전히 고심하고 있는 이유는 빅 데이터가 부가가치를 어떻게 생성할 수 있는지에 관한 것보다 데이터 수집에 있어 기술적인 측면만을 생각하고 있기 때문이라는 사실을 밝혀냈다.9 어떤 논평가들은 능숙한 데이터 작업자들이 없다는 사실을 안타까워하면서도 앞으로 미래에 대한 정부차원의 분석관들, 기업의 분석관들이 나타날 것인데 그들이 미래의 데이터 과학자 역할을 할 것이라고 상정하고 이는 낟알처럼 된 거대한 그래뉼러(Granular) 데이터를 잘게 쪼개어 처리함으로써 미래 문제가 해결될 것이라고 예측한다.

　　우리는 미래에 요구되는 사항들을 더 폭넓은 관점에서 바라보고 복합적 기술을 갖춘 사람들이 필요함을 예측해야 한다――이를 테면 데이터 분야를 명확하게 식별해내고, 수집하며 되도록이면 깨끗하게 잘 정리하고, 훌륭한 알고리즘으로 비교·처리해낼 수 있는 사람들을 말한다. 이러한 사람들 외에도 또 데이터의 약점을 찾아서 그 데이터의 새로운 사용분야를 밝혀내고 여기서 얻은 통찰력이 논리적이고 효과적인 행동으로 옮겨질 수 있도록 할 수 있는 사람들이 있어야 한다.

　　요약하자면 훌륭한 분석은 빅데이터를 나쁜 데이터가 되게 하거나 쓸모없는 데이터가 되지 않게 해주는 것이다. 캘리포니아 대학교 데이비스 캠퍼스

7　McKinsey Global Institute, "Big Data: The Next Frontier for Innovation, Competition, and Productivity," June 2011,
　　http://www.mckinsey.com/insights/business_technology/big_data_the_next_frontier_for_innovation.
8　McKinsey and Company, "Getting Big Impact From Big Data" January 2015,
　　http://www.mckinsey.com/insights/business_technology/getting_big_impact_from_big_data.
9　Gartner Group, "Survey Analysis: Big Data Adoption in 2013 Shows Substance Behind the Hype," https://www.gartner.com/doc/2589121/survey－analysis－big－data－adoption.

교수인 템플 랭은 빅데이터로부터 가치창출을 하기위해 학생을 교육시키는 내용의 국립과학원 보고서에서 "대용량 데이터로는 정밀성이 떨어지기 쉽기 때문에 문제 해결 방법을 통해 논리적으로 생각하는 것이 더욱 중요하게 되고 있다."라고 말하고 있다.[10]

빅데이터는 해답 그 자체가 아니라 이슈를 이해하기위해 활용하는 도구다. 연구 중인 문제 범위 내에서 무슨 일이 발생하는지에 대한 직관이나 가설을 검증하기 위해 빅데이터를 사용한다. 탐 데이븐포트 밥슨대학교 교수는 "빅데이터에 대해 얘기하든 전통적 분석방식에 대해 얘기하든 직관이 중요한 역할을 한다. 직관적 방식과 데이터 기반 분석방식을 적절히 섞는 것이 성공의 중요한 성공 비결이다. 모두 다 직관적으로 하거나 또는 단지 분석적인 접근법만으로 하는 것은 성공을 보장하는 약속의 땅에 갈 수 없다."고 했다.[11]

아래 내용은 빅데이터의 장점과 단점에 따른 주의사항을 나열한 것이다.

상관관계/인과관계. 빅데이터는 사람들이 놓칠 수 있는 상관관계들을 빠른 속도로 찾으려고 할 때 큰 도움이 된다. 특히 소규모 데이터를 다루지만 인과관계를 추론하할 필요가 없을 때 도움이 된다. 하버드 법학생인 타일러 비젠은 허구적 상관관계라는 저서에서 밝히기를 인과관계는 상관관계와 동등한 것이 아니라고 말하며 이를 1인당 치즈 소비량과 이불이 엉켜 질식사한 사망자 수가 거의 동일한 곡선형을 나타내는 선형 그래프를 제시하였다.[12] 그가 운영하는 웹 페이지(www. Tylervigen.com)를 방문하면 여러분은 우쓰꽝스럽지만 잘못된 결론을 내릴 수 있는 각종 데이터들을 비교할 수 있을 것이다.

고의성/예측 정확성. 빅데이터의 연결과 상관관계는 그 자체만으로 고의성이나 예측 정확도를 도출하지 않는다. 이것이 바로 사생활보호 옹호자들과 다른 이들이 빅데이터를 잠재적인 보안문제나 내부위협을 알아내는 것에 있어

10 National Research Council, *Training Students to Extract Value From Big Data: Summary of a Workshop* (Washington, DC: The National Academies Press,2014).
11 Thomas H. Davenport, "Big Data and the Role of Intuition," *Harvard Business Review*, December 24, 2013, https://hbr.org/2013/12/ big—data— and—the—role—of—intuition.
12 Tyler Vigen, *Spurious Correlations* (new York: Hachette Books,2015)

사용해도 될 것인가 걱정하는 이유 중의 하나이다.

그림 7.7 데이터의 추출 및 분석과 제출에 있어서 구조화 분석기법의 효용

구조화 분석기법	용도별 분석기법의 사용 가치		
	필요한 데이터 찾아내기	데이터 분석하기	데이터를 시각적으로 표현하기
핵심가정 점검	H	L	L
마인드 맵	H	L	L
서클보딩™ 13	H	L	L
구조화브레인스토밍	H	M	L
연대표	H	M	L
시간표	H	M	M
매트릭스	H	M	M
논점지도	H	H	M
스타버스팅	M	H	L
ACH	M	H	L
불일치점 발견자™	L	H	M
링크 차트	M	M	H
간트 차트	M	M	H
업무흐름도	L	M	H

출처: 저작권 2016 Globalytica, LLC. 판권소유

---

13 Circleborading™ is a form of Starbusting that was developed in 2016 for commercial clients by Globalytica, LLC. It uses a six-pointed star to ask the Who, What, How, When, Where, and Why questions of the journalist but adds a seventh question in the center of the graphic: So What?

알고리즘이 90%이상 정확하다고 할지라도 이 데이터에 입각하여 행동을 취하는 사람은 그 특정한 사례에서 그 결론이 틀릴 수 있다는 가능성을 염두 해 두어야 한다.

데이터의 오류가능성. 데이터는 데이터의 크기가 크거나 중간 정도거나 작은 것에 상관없이 모두다 취약점을 가진다 – 잘못 유형화되어 표현될 수 있거나, 잘못 복사되거나 또는 빼먹거나 의도적으로 변조될 수 있다. 새로운 기술이 등장하면서 의도치 않은 오류들을 줄이게 하거나 잘못된 데이터가 추가되면서 미치게 되는 영향을 어느 정도 줄일 수는 있겠지만 중요한 결정이나 행동을 그저 데이터 고속처리에만 근거해서 할 수는 없다. 2015년 인사관리국에서 비밀 정보 사용 허가 데이터 베이스가 해킹되었던 사건과 그 이상의 것이 부정부패로 조작될 수 있는 잠재적 가능성은 모두가 당연히 의심 없이 믿는 정보가 얼마나 쉽게 조작될 수 있는지를 보여준 예시이다. 저자는 한때 어떤 고위 공직자가 "데이터는 거짓말을 하지 않는다"라고 말한 것이 기억나지만 사실 데이터는 얼마든지 우리의 올바른 분석을 방해하며 잘못된 방향으로 이끌 수 있다.

데이터의 품질. 2015년 익스페리안이 빅데이터의 이용을 저해하는 데이터 품질 에러들을 밝혔는데 먼저 불완전하거나 빠진 자료, 너무 오래된 정보, 부정확한 정보이다. 대부분의 기관들은 사람이 범하는 실수가 데이터 왜곡의 가장 큰 이유임에도 불구하고 데이터 복제가 전반적인 정보 부정확성의 주된 요인이라고 말한다.[14] 자동화의 부족과 수동 데이터 입력에 대한 전적인 의존이 이 문제에 기여하였다. 적절한 견제장치없이 단 한 사람이 데이터를 입력하는 방식에 의존하는 것이야말로 재앙을 불러오는 일이다. 이 연구에 따르면 데이터 조사 및 정화 소프트웨어를 사용할 경우 시간이 지나면서 상황을 더 개선시킬 수 있을 것이라고 한다.

---

14 Experian, "Data Quality Benchmark Report," January 25, 2015,
   http://www.experian.com/blogs/news/2015/01/29/data-quality-research-study/.

웹기반 데이터. 처음에는 유용하게 보이는 웹기반 데이터에 근거한 빅 데이터 분석은 시간이 가면서 소스 메커니즘들이 변형되기 때문에 효용가치가 떨어질 수 있다. 그리고 스스로에 대한 인용을 더 강화함으로써 이들은 순환적이 되어 설득력이 떨어질 수 있다. 개리 마커스와 얼네스트 다비즈는[15] 주장하기를 구글 플루 트렌드 분석이 한때 빅데이터의 대표적인 상징물이긴 했지만 구글의 검색 엔진 자체가 변화하면서 일정기간 동안 수집한 데이터가 또 다른 시기에 수집된 데이터에 적용될 수 없게 되면서 예측 성공율이 급감하게 되었다는 것이다. 그들은 또한 각자 다른 목적을 가지고 다른 방식으로 수집된 웹 기반 데이터에 접속하여 결론을 도출하거나 계속 되풀이 되어 사용되는 똑같은 데이터에 접속하여 결론을 도출하는 것은 매우 위험하다고 주장한다.

기술향상. 빅데이터를 처리하기 위한 다양한 범주의 기술이 계속해서 발전하고 있다. 대부분이 연산적이거나 수학적이고 이를 위해서는 전문화된 기술이나 컴퓨터 사용능력이 요구된다. 데이터 마이닝, 데이터 융합 및 통합, 자연언어 처리 및 이미지와 음성인식, 소셜 미디어 분석, 베이지안 분석, 기계어 학습 같은 분석기법들이 모바일 이나 클라우드를 기반으로 한 어플리케이션과 결합되고 있다.

2.7 좋은 분석을 위해 빅데이터 제대로 활용하기

1) 빅데이터로부터 가치창출 준비

* 시작 체크리스트를 활용하기.
  - 좋은 질문을 하는 것에 집중
  - 구체적으로 필요한 데이터 찾아내기
  - 빅데이터 세트 안에 포함되어 있는 데이터 자료의 장단점 알아보기

---

15 Gary Marcus and Ernest Davis, "Eight (No, Nine!) Problems With Big Data," *The New York Times*, April 7, 2014, www.nytimes.com/2014/04/07/opinion/eight-no-nine-problems-with-big-data.html? emc-edit.

* 빅데이터 패턴 인식과 시각화의 장점을 이용하여 자신의 분석틀을
  체계화하기
  - 서클보딩™
  - 스타버스팅
  - 시간표 및 연대표 작성
  - 매트릭스
  - 링크차트
* 전체적인 그림이나 정보격차를 확인해 볼 수 있도록 구조화 브레인
  스토밍을 시도하기.
* 이슈에 대한 핵심가정 점검하기

2) 분석에서 데이터세트 사용 시작하기.

  * 복수가설 제시하기
  * 불일치 데이터 알아내기
  * 잘못된 정보나 기만정보 탐지하기
  * 명확한 맥락의 정립

3) 설득력 있는 사례 만들기

  * 핵심동인과 지표들 찾아내기
  * 출처의 타당성 입증하기
  * 자신의 주장을 도표화하기
  * 실패가정분석 실시하기
  * 구조화 자기비평 실시하기

4) 결론 제시하기

  * 시각적인 도구와 역량 최대로 활용하기.

주요 시사점

* 모델들이 비판적으로 생각하는 기술을 길러주는 이유
  - 분석결과를 조직화하고 주장의 논지를 다듬는데 있어 강력한 수단이 므로
  - 분석관들이 주요 정보 격차를 파악하고 리서치 전략을 세우는 것에 도움을 주기 때문에
  - 분석관의 사고방식을 조직화하는데 도움을 주면서 또한 주요 연결고리, 연결관계를 시각적으로 표현하는데 도와주므로
  - 분석의 흐름을 효과적으로 드러날 수 있도록 시각적으로 명확하게 표현하거나 또는 복잡한 관계를 매우 이해하기 쉽게 표현해주기 때문에
* 빅데이터는 훌륭한 사고를 할 수 있도록 해주는 만병통치약이나 대안적인 방안이 아니다. 이것은 사람들이나, 기록, 소셜 미디어, 기계, 다양한 센서장치 등으로 받은 데이터 출처들과 전통적인 데이터 출처들의 거대한 집합으로서 우리가 살아가는 환경의 틀을 구성 하는 데에 도움을 주는 하나의 수단일 뿐이다. 빅데이터가 가능케 해주는 것들.
  - 명확하지 않은 패턴을 탐지하여 우리가 더 빠르고 정확하게 문제에 대처할 수 있도록 해준다.
  - 대안적인 설명이나 잠재적인 해결방안을 제시한다.
  - 미래를 위해 더 효과적으로 계획하고, 현재까지 확인된 사실을 정확히 말해줌으로써 아직 알려지지 않은 사안에 대하여 대응할 수 있도록 해준다.

사례연구 검토

사례연구 4. "2008년 미국 금융위기는 예방할 수 있었는가?"를 검토한다. 즉 2008년 시작된 미국의 재정위기에 대해서 이 사례연구가 2015년 이 위기에 대해 보다 많은 것을 배우려는 일반론자들을 위해

작성된 것으로 간주하는 것이다.

* 이 연구에서 저자가 언급한 모델은 무엇이었는가? 이것이 어떻게 정치인
  들과 문제의 정치화에 영향을 끼칠 수 있었는가?
* 이 모델이 전통적 분석방법(비판적 사고 기술), 구조화 분석기법, 실증적 분
  석방법 또는 준계량 분석방법으로부터 도출되었다고 볼 수 있는가?
* 문제를 이해하는데 있어서 모델의 활용이 어떤 도움을 주었는가?
* 모델의 사용이 어떤 핵심적인 정보격차를 찾는데 도움을 주었는가?

8

어떤 유형의 정보가 이용 가능한가?

1. 준비사항 점검

올바른 정보를 찾기 위해 확실한 방법을 구축하면 시간이 절약되고 논문이나 보고서에서 말하는 중요한 메시지에 집중할 수 있다. 분석관들은 질문에 대답하고 논점을 뒷받침하는데 있어 어떤 유형의 정보가 필요한지 결정해야 한다. 다음 단계는 무엇이 알려진 것인지에 초점을 맞추고 이어서 가장 최신의 세부적이며 포괄적인 정보 그리고 편견이 들어가 있지 않는 필요한 정보를 얻을 수 있는 방법에 대해 집중하는 것이다. 이미 정보가 있는 것으로 알고 있어도 그것이 사적인 정보이거나 또는 소유권이 있는 정보이거나 접근이 쉽지 않는 정보일 수도 있다. 만약에 알 수 없는 정보라면 분석관들은 다른 기법을 사용하여 어떤 결정이 내려질지, 미래에 사건이 어떤 식으로 전개될 지에 대해 예측할 필요가 있다.

정보가 알만한 것이고 쉽게 얻을 수 있는 것이라면 다음 문제는 신뢰할 만한 정보출처를 알아내는 것이다. 특히 새롭거나 논란이 있는 문제를 확증하기 위해서는 다수의 독자적인 출처를 찾는 것이다. 질문에 대한 해답을 알아내기 위해 가장 좋은 전략은 직접 관찰 가능한 증거를 찾아보거나 또는 저명한 전문가의 지식기반에 접근하거나 아니면 믿을만한 적절한 출처를 찾아보는 것이다.

2. 심층 검토

목적은 편견이나 특정한 의사가 들어가 있지 않은 포괄적이고 세부적인 최신 정보를 찾는 것이다. 특히 정보 관련해서 분석관들은 자주 데이터 격차, 부적절한 출처, 단편적인 정보, 모호성을 다루어야 한다. 어떤 저자들은 특정 정보 출처 및 정보 수집기법과 전략을 설명하는데 있어 아주 탁월하게 잘 해 왔지만 그 부분은 이 책의 범위가 아니어서 여기에서 다루진 않을 것이다.[1] 우 리 관심사는 좀 더 전반적인 것이다. 모든 분석관은 정보구축 메카니즘의 기 능을 이해할 필요가 있다 왜냐하면 바로 그러한 과정에 기초하여 그들의 분석 적 판단이 만들어지고 그들의 판단을 뒷받침해주는 정보가 충분한 근거가 있 는지 아닌지를 판단하는 방법을 알게 되기 때문이다.

정보 수집에 대한 전략을 미리 수립해 보는 것은 기초계획서의 초안 작성 이나 연구설계 계약서의 초안을 작성하는데 있어서 가장 중요한 일이다. 기초 계획서에서 분석관은 어떤 데이터가 필요한지를 열거하고 그런 데이터를 찾 는데 있어 예상된 장애물이나, 자원, 시간범위, 메카니즘 등을 확인해야 하기 때문이다. 그러나 정보 수집 과정이 항상 간단한 것은 아니다. 문제에 대한 전 문 지식이 쌓일수록 분석틀도 더욱 정교해지게 되고 이용 가능한 출처에 대한 새로운 자각도 들게 되며 정보출처의 추가적인 확보필요성도 커지게 마련이 다. 예상 출처의 라이브러리 구성:

* 분석 결과를 뒷받침해줄 1차 자료 또는 직접 얻은 원자료와 직접 얻은 자 료 및 데이터(예시: 원고, 연설, 인터뷰, 설문 조사, 센서 데이터, 기타 실증적 자료)

* 2차 자료 또는 1차 데이터와 출처의 해석 및 활용을 통해 얻은 자료(예시: 분석, 평론, 리뷰, 비평)

---

1 Two books that provide general overviews of sources are Robert Clark, *Intelligence Analysis: A Target-Centric Approach*, 5th ed. (Washington, DC: CQ press, 2016) and Mark Lowenthal and Robert Clark, *The Five Disciplines of Intelligence Collection* (Washington, DC: CQ press, 2015).

* 문제의 범위를 설정하는 데 유용한 3차 자료, 개요, 합성자료(예시: 참고문헌, 위키피디아, 백과사전, 연감)

2.1 데이터 추적의 기쁨

많은 분석관들에게 있어서 정보 출처를 찾고 관련 정보를 검색하는 것이 연구프로젝트를 수행하는 과정에 있어서 가장 즐거운 부분이다. 그러나 이는 프로젝트의 목적 자체가 될 수 있으므로 분석관들은 분석 결과물을 도출할 때 그들이 제대로 일을 할 수 있게 하는 가이드 라인과 지침을 만들어 이를 잘 이용해야 한다.

* 알고 있는 것과 알고 있지 않은 것을 구분하기 위한 프레임워크를 만들어 검토하자.

분석관들은 먼저 정보 격차를 줄이기 위한 추가 데이터를 검색하기 전에 미리 무슨 정보를 가지고 있는지 확정할 필요가 있다. 어떤 정보를 찾는 것인가? 사실 또는 의견, 합당한 논거, 통계, 설명, 해설 중에 찾는 것이 무엇인가? 만약에 보충정보를 위해 전수자료나 기타 권한 있는 기록물이 필요하다면 분석관은 정부 웹사이트 또는 정부 정기 간행물에 있는 정보 검색을 충분히 이용할 수 있다. 그러나 만약에 문제들이 지진, 대홍수, 갑작스러운 폭력사태와 같은 위기 상황과 관련된다면 휴대폰이나 트위터와 같은 마이크로 블로깅 사이트가 실시간 업데이트에 대한 현장 자료를 제공받기에 가장 적절하다.

분석관이 아는 것과 모르는 것을 연관시켜 보려고 할 때 가장 손쉬운 방법중의 하나는 매트릭스라는 행렬을 이용하는 것이다. 모든 항목이 처음에 바로 생각나지 않기 때문에 이것을 하나의 진행하면서 하는 일로 생각한다. 추후에라도 중요하다고 생각난 정보를 기록하기 위해 칼럼(열)을 추가할 수 있는데 이를 도널드 럼스펠드 전 국방부 장관은 "우리가 모르는 것을 모르고 있기 때문이다"라고 불렀다.[2] 이것은 전혀 예상치 못한 정보나 그 당시에는 말이

---

2 United States Department of Defense, Office of the Secretary of Defense, "News Transcript: DoD Briefing—Secretary Rumsfeld and Gen. Myers," February 12, 2002,

안 되는 정보 들에 대하여 빈 공간이나 범주를 제공해주는 것이다.

> "그 메시지는
>
> * 우리가 알고 있는 것을 아는 것
>
> * 모르고 있음을 아는 것. 즉, 우리가 모르는 것을 아는 것들이 있다.
>
> * 모르고 있음을 모르는 것. 즉, 우리가 모르는 것을 모르는 것이 있다.
>
> 보통 우리는 알고 있음을 아는 것과 모르고 있지만 알려진 것을 모두 취합하는데 매년 모르고 있음을 모르는 것들을 조금씩 더 발견하게 된다."
>
> – 도널드 럼스펠드
> 국방부 언론 브리핑,
> 2002년 2월 12일.3

간혹 알고 있음을 모르는 것 혹은 모르는 것은 아는 것이라는 네 번째 범주를 고려하는 것도 유용하다. 이 범주는 주로 다른 영역에서 얻은 정보로 구성돼 있고 신선한 관점, 새로운 통찰력, 논점에 대한 확증적인 선례를 제공해준다. 예를 들어, 테러리스트 단체의 행동을 연구할 때 개인의 바이러스 감염 경로를 다룬 의학 저널 관련 토론을 보고 감염 과정이 테러리스트 단체가 사회의 조직을 파괴시키는 경로와 비슷하다는 결론을 내리게 될지 모른다. 모르지만 알려진 정보는 일반적으로 사실이라고 알려졌지만 문서화되지 못한 정보를 말한다. 예를 들어, 비록 혐의를 입증할 수 있는 어떠한 문서도 없지만 부정부패 행위로 부를 축적했다고 알려져 있는 정치지도자의 경우가 그렇다.

* 목적이 있는 출처를 스캔하자.

출처의 선택은 신중해야 한다. 분석관들은 누가 어떤 정보를 직접적으로 접했는지, 간접적인 출처의 보도가 신빙성이 있는지를 파악할 필요가 있다. 부스, 콜롬브와 윌리엄스(Booth, Colomb & Williams, 1995) 3명의 저자는 읽을거

---

http://archive.defense.gov/Transcripts/Transcript.aspx? TranscriptID=2636.
3 Ibid.

리와 출처선정에 도움이 되는 2차 자료 출처를 위해 우리가 사용할 수 있는
세 가지 방법을 제시한다.[4]

1. 문제와 질문파악을 위한 읽기. 이를 통해 질문을 만들고 다듬을 수 있으며
   고객들이 분명히 표현할 시간이 없거나 명확한 이해가 없을 수 있는 질문
   들을 생각해낼 수 있다.

2. 논점파악을 위한 읽기. 해답을 구하려는 질문과 관련하여 논리적인 논점
   을 이해할 필요가 있을 때, 즉 이런 과정을 통해 각종 데이터를 비교할 수
   있고 동의 및 반대하는 부분을 찾아 낼 수 있으며, 더 나은 해답을 얻기
   위한 새로운 의문점을 알아내어 자신의 논지를 확고하게 구성할 수 있는
   것이다.

3. 증거를 위해 읽기. 정보 출처를 개발하려는 핵심 이유 중 하나는 믿을 만
   한 증거를 모으기 위해서다. 그러나 증거를 검색할 때 분석관들은 논점을
   뒷받침하는 증거와 논점이 전혀 일치되지 않고 모순되는 증거도 모두 찾
   아야 한다.

  * 브라우징 경계를 설정해라.

   도서관에 있건, 데이터베이스 또는 인터넷에 접속 중이건 브라우징은 항
상 궁금증이 많은 분석관들에게 재미있으며 어려운 문제를 다루는 방법을 생
각하는데 명확하게 해주기 때문에 매우 중요한 과정이다.

   많은 분석물, 특히 정보 분석과 관련된 분석 작업은 짧은 마감 시간에 신속
한 대응이 관건이다. 이제 집에서 편안하게 도서관의 컨텐츠를 접할 수 있기
때문에 잠재 가치가 있는 정보를 목적 없이 검색하는 것은 귀중한 시간의 낭
비가 될 수 있다.

   작업 일정에서 검색 범위와 한계를 정하고 검색 주제와 수행방법에 대해 적
는다. 이렇게 하는 것이 찾고 있는 정보의 기능과 유형을 분류화하는데 도움
이 될 수 있다. 정보분석을 위한 질문들의 해답을 구하기 위해 사실이나 증거,

4 Wayne C. Booth, Gregory G. Colomb, and Joseph M. Williams, *The Craft of Research*, 3rd
  ed. (Chicago: University of Chicago Press, 2008) 86−94.

지표, 논점, 견해, 논평을 찾고 있는가? 또는 미래에 발생할 수 있는 일에 대한 가설을 수립·입증하기위해서 또는 기타 관련정보를 얻기 위해서 사실, 증거, 지표, 논점, 견해, 논평을 찾고 있는가? 이런 정보를 얻기 위해서는 현재 일어난 일에 대한 자신의 견해를 뒷받침하거나 확실히 입증 또는 반박할 수 있는 신빙성 있는 출처를 찾아 본다.(그림 8.1 참조)

그림 8.1 **잠재적 소스 선별을 위한 팁**

시간의 소중함: 잠재적 소스를 신속히 처리하는 팁.

1. 아래 사항을 참조하여 소스 구조를 재빨리 훑어 본다.
    * 제목, 목차나 섹션 별 주제
    * 개요, 요약보고서, 또는 서문
    * 주제문
    * 참고문헌들
2. 주요 주장과 지원 데이터들을 요약 정리한다.
3. 핵심 주제, 개념, 두드러지는 증거 항목을 훑어본다.
4. 본인의 질문과 그것들을 서로 연관 지어본다.

---

　* 1차 성과에 만족하지 말 것.

　　정보 검색이 쉽다고 해서 처음으로 발견한 데이터를 토대로 결론을 도출하는 것은 쉽게 만족하는 것으로서 이는 확고한 출처선정의 기준이 되지 못한다. 특히 마감일이 짧은 경우에는 분석관들은 '그럭저럭 충분한' 기준이 되면 이를 사용, 손쉬운 방법을 택하여 데이터의 가치를 판단하게 된다. 따라서고 분석관들은 이전에 좋은 결과를 낸 친숙하고 접근성이 좋은 데이터베이스를 찾아낼 것이다. 이와 같은 유혹을 배제하기 위해서는, 정보 검색과 선정기준에 대해 곰곰이 생각해보고 지금 본인이 가장 손쉬운 경로를 이용하려고 하고 있는 것은 아닌지 확인해 본다.

* 수신함 박스의 정보는 피한다.

일반적으로 수신함 박스와 메일박스에서 얻는 것 외의 데이터 소스를 찾아보거나 다른 유형의 정보공급처를 찾아 보아야 한다. 그림 8.2는 접근이 용이한 정보 소스의 리스트를 나타내는데, 이는 독자들에게 상당히 고무적인 내용이다. 단순히 수신함 박스에가득찬 정보출처만 활용한다면 분석내용이 상당히 편견에 사로잡힐 수 있는 것이다.

그림 8.2 **접근이 용이한 정보 소스**

인터넷
* 구글이나 야후 같은 검색엔진
* 정부부처, 비정부단체(NGO), 회사, 교육기관 등의 사이트와 최종 자료 및 보고서 등을 올리는 사적 기관들의 사이트들
* 뉴스 공개자료나 위키피디아, 블로그 같이 수시로 업데이트 되는 자료들
* 독점적인 암호로 보호 된 구독 기반 데이터 베이스를 포함하는 딥 웹 이나 다크 웹
* 사용자들이 아이디어나 정보, 매핑 사이트를 공유하기 위해 만든 온라인 커뮤니티와 같은 소셜 미디어 사이트들

공개출처 미디어 자료
* TV와 라디오 방송
* 신문
* 회색 문헌 (회의 진행자료, 백서 및 인쇄물로만 얻을 수 있는 다른 서류들)

공개출처 간행물 자료
* 책, 핸드북, 참고 자료들
* 학술지 및 논문들
* 비 정부기구 발행 자료

정부 발행 자료
* 정부 정기 발행자료, 설문 자료, 인구 조사 자료 등
* 정부 각 기관들과 지역 및 관공서들의 개별 보도자료들.

인적 자원 정보 전달

* 정보기관 (기밀 소스)
* 법 집행 기관 (정보제공자)
* 학술 및 기타 주제 전문가
* 인터뷰 및 설문조사

외교 및 해외 연락 담당자 보고 자료

* 해외 정부 모든 부처의 보고 자료
* 국제기구의 보고 자료

인터셉트된 정보 통신

* 분류되거나 분류되지 않은 시스템

영상자료

* 기밀 또는 기밀해제된 시스템

* 정보격차 해소를 위해 정보를 더 찾거나 새로운 정보요구를 제시한다.

정보업계에서 분석관들은 누락된 정보를 얻기 위해 인간정보 수집이나 기술정보수집을 요구하게 되어 있다. 그런데 학술 및 기타 분석분야에서는 자신의 업무 진척에 도움이 되는 기술이나 방법, 의견을 가진 사람들이나 전문가를 찾아 나서게 된다.

2.2　출처의 강점을 이해하기

1차 자료는 분석하는 주제나 현상과 직접적인 관련성을 많이 띠는 반면에 2차 자료는 1차 자료보다 한 두단계 건너 띄어져서 간접적인 연관성을 띠는 것을 말한다. 2차 자료는 1차 자료를 기반으로 하거나 인용한 정보들을 말한다. 사람들은 1차 자료가 2차 자료보다 더 신뢰성이 있다고 하지만 항상 그런 것은 아니다. 군사적 사건이나 기술 시연을 직접 목격한다 할지라도 직접 관찰하는 사람도 자신이 목격하고 있는 것을 잘 모르는 경우가 있으며 때로는 사고방식이나 다른 사람의 제안 심지어는 스트레스 정도에 따라 잘못된 것을 받아들일 수 있기 때문이다.

제9장에서 더 자세히 다루겠지만 데이비드 슘(David Schum)은 분석 논점을 뒷받침하기 위해 사용되는 다양한 출처에 대하여 유용한 도표를 제공한다.5

* 명백한 물적 증거. 명백한 물적 증거는 직접적인 관찰이 담긴 것으로 원본 문서, 사진, 물체와 같은 것들로 구성된 것을 말한다. 이런 물품들은 전문 가나 기술센서, 다른 데이터로부터 취득한 설명과 함께 부가적으로 보충 될 수 있다. 그 예로, 2010년 3월 한국의 천안함 공격사건이 있고 난후에 사용된 어뢰 조각들이 발견되었는데 어뢰의 표식이 북한어뢰라고 알려진 어뢰의 표식과 동일한 것이었다.

표 8.1 명백한 물적 증거

장점	단점
1차 자료	항상 구할 수 있지 않음
검증될 수 있다	취득하기 전에 조작될 수 있다
조작으로부터 안전하다	센서 오작동이나 오류에 취약하다
다른 출처로부터 나온 자료와 자료들을 모두 합칠 수 있다	데이터 왜곡에 쉽게 노출될 수 있다
저널일 경우 동료들의 검토가 되면 더 좋게 될 수 있다.	품질 통제가 안 될 수 있다.

* 권위 있는 기록들. 대체로 권위 있는 기록들은 신뢰할 수 있는 것으로 간주 된다. 주기율표와 조위도 같은 과학적 데이터부터 출생 사망 신고서, 재산 기록 및 자동차 소유기록과 같은 정부 기록들이 이 범주에 해당된다.

5 David A. Schum, *The Evidential Foundations of Probabilistic Reasoning* (Evanston, IL: Northwestern University Press, 2011), 114－120.

표 8.2 권위 있는 자료

장점	단점
1차 자료	항상 구할 수 있지 않다
검증 받을 수 있다.	획득하기 전에 조작될 수 있다.
조작으로부터 안전하다	잘못 하면, 조작될 수 있다.

* 진술 증거. 진술증거는 사건의 참관인이나 관련자에 의해 사건의 경과보고, 대담내용, 사건설명이 기록으로 구성된 것을 말한다. 이러한 증거는 직접 또는 간접(타자에 의한)의 형태를 띤다. 법적으로 2차적인 간접증언은 전문 (傳聞) 증거라고 한다.

표 8.3 정황 증거

장점	단점
1차 소스, 또는 2차 소스	관찰자의 신뢰도, 접근방법, 전문 지식, 객관성, 세심한 관찰성, 문화적 관점에 따라 영향을 받기 쉽다
종종 기술정보나 데이터를 기반으로 한 정보보다 수집하기 쉽다	의도적으로 속이거나 의도치 않게 실수하거나, 잘못된 정보를 줄 수 있다

* 정황 증거. 정황 증거는 직접적인 증거는 아니지만 일부 관찰과 분석관들이 만든 가정에 근거해 도출한 결론을 말한다. 예를 들어 천안함 폭침지역에서 발견된 북한의 어뢰조각은 이 군함의 공격에 사용된 것으로 추측될 수 있다. 이 어뢰조각들은 배가 침몰 된 후 수주일 후에 발견되었다.

표 8.4 정황 증거

장점	단점
관찰에 기초한 것이다	간접적인 증거이다
조사에 기초하였을 때 유효하다	부정확한 추측에 근거한 것일 수 있다

* 반박증거. 반박증거는 어떠한 가정을 부인하기 위해서 사용된다. 남한 전함에 대한 폭침 상황을 한번 생각해보면 북한이 추가 공격을 준비하고 있었느냐는 것이 주된 관건이 된다. 당시 북한군의 추가공격에 대한 반박증거를 보면 남한과 북한을 경계짓는 휴전선을 따라 북한군의 경계태세가 상향조정이 없었다는 것이다.

표 8.5 반박증거

장점	단점
가능성의 범위를 좁힐 수 있다	간접적인 증거이다
물증의 반대 개념이다	가설이나 인과 관계의 연관성에 대해 입증할 필요가 있다.

* 빠진 증거. 빠진 증거란 현재 가정이 증명될 수 있을 것으로 예상되지만 아직까지 찾지못하였다는 것을 뜻한다. 사담 후세인이 보유한 대량 살상무기 프로그램을 수색하였지만 이를 입증하는 증거를 찾지 못했다. 만약 그 프로그램에 대한 증거가 발견된다면 그 것의 존재를 입증하는 명백한 증거로 간주될 수 있다. 다만 철저한 수색에도 그런 정보가 아직까지 없다는 것은 이라크에 대량 살상 무기가 애당초 2003년 미국이 침공한 시기부터 존재하지 않았다는 증거로 볼 수 있다.

표 8.5 빠진 증거

장점	단점
명확하게 확인이 된다면 오류에 빠지는 것을 방지할 수 있다	분석을 방해한다.
	보통 증거를 수집하기가 쉽지 않다. (증거수집이 쉽다면 아마 이미 수집되었을 것이다)

2.3 자료출처의 선정

분석적인 주장이나 판단을 뒷받침하기 위해 자료출처를 선정하려고 할 때 보통 다음과 같은 것들이 가장 효용가치가 있다.

* 분석의 범위와 목적에 가장 직접적으로 관련이 있는 것

* 시기적으로 충분히 적절하고 특색 있는 것

* 공언된 견해가 잘 반영되어 있는 것

* 적절하게 전문적이거나 수준이 높은 것

* 주 자료와 2차 자료로 부터 크게 동떨어져 있지 않은 것

충분한 자료를 보유하고 있는지 어떻게 확인할 수 있는가? 대부분의 분석관들은 초안 작성단계에서는 실제 사용하게 되는 것보다 훨씬 더 많은 양의 자료를 가지고 작업을 시작한다. 글을 써나가면서 새롭게 필요한 자료나 정보는 더하고 덜 중요하거나 흥미롭지 않은 정보들은 빼 버린다. 이렇게 하는 목적은 자신이 주장하고자 하는 바를 펼치는데 있어서 최고의 정보가 있는 출처를 가능한 최소한의 범위내에서 찾고자함이다.

2.4 자료출처의 적절한 활용

출처 및 참고자료는 분석관이 주제를 잘 인지하고 있다는 증명이기도 하며 본인이 내린 평가를 뒷받침하기 위해 특정 사실이나 권위있는 인용을 제공하는데 있어서 매우 결정적이기도 하다.(12과 참조). 다른 이의 결과물에 대한 인용을 함으로써 분석관은 어려운 사안을 이해하는데 있어서 그들의 도움을 감사하고 인정해주는 것이다.

* 출처를 정확하게 표기하기.

직접 인용 및 요약을 사용하거나 또는 원문의 의도와 범위 그리고 정보의

신빙성을 포함하여 원문의 문맥을 정확하게 반영시켜 다른 말로 바꾸어 표현하는 패러프레이스(Paraphrase)를 사용한다. 출처의 내용이나 관점을 나만의 언어로 다르게 표현 할 수 있다는 것은 자신의 결과물이 제대로 진행되고 있음을 의미한다. 직접인용은 특정 상황에 반전을 일으키거나 관심을 끌기 위한 효과적인 방법이며 또한 출처에 대한 어떤 근거의 논지를 전개함에 있어 출처에서 나온 보고자료를 그 근거제시의 증거로 간주되게 하는 효과적인 방법이다.

어떤 점이 동의하거나 동의하지 않는지 내용을 명시하도록 한다. 그래야만 자신의 주장을 뒷받침 할 수 있는 데이터만을 선별해 사용하려는 소위 "체리 고르기"를 피할 수 있으며, 본인에게 필요한 내용만을 임의로 사용하지 않게 된다.

* 복사 및 붙여 넣기를 피하고 다른 종류의 표절을 피하기.

표절은 타자의 글을 인용없이 본인의 것처럼 쓰는 것으로 분석을 함에 있어 절대 해서는 안 되는 행동이다. 이것을 예방하는 가장 좋은 방법은—그것이 기사이든 출처 보고서이든 상관없이— 처음부터 미리 기본 틀과 기획안을 확인하는 것으로서 이를 통해 원문 개념(original concept)과 구조, 평가를 의식하면서 써나가는 것이다. 그 단계 이후에 영감을 주었거나, 증거 자료로 사용한 자료들의 출처를 밝혀나가면서 자신의 일을 진행해나가도록 한다. 통상적인 지식인지 아니면 창의적인 원문인지를 구분하는 기준이 주관적이긴 하지만 이는 분석관들 사이에서 조심스럽게 사용하는 방법이다.

* 컴퓨터나 소프트 카피에 너무 의존하는 것은 의도치 않게 표절행위를 하게 만들기도 한다.

"복사" "붙여 넣기" 기능은 자료를 빠르게 전송하고 저장하는 것을 가능케 하기 때문에 때때로 사용하는 자료를 충분히 검토해보지 않고 그대로 사용하는 경우가 있다.

개인의 불성실한 학업태도나 시간에 쫓겨 해야 하는 상황이 있었다 할지라도 어떤 경우에서든 분석결과를 제시 할 때 이러한 것들이 표절 행위를 합당화 시키는 이유로 작용할 수 없다. 편집을 하는 에디터가 모든 자료의 출처를 알 수 없다 할지라도 여러분의 동료나 코디네이터 때로는 지적 수준이 높은 소비자가 모방한 문구나 주장을 발견할 수 있다. 독자들은 당연히 여러분들이자료 출처를 정확하게 밝힐 것을 기대하므로 실질적인 내용과 특징을 정확하게 이해하는데 필요한 원전출처를 밝혀주는 것이다.

* 저작권 규제 이해하기.

자신의 일을 위해 다른 사람의 자료를 활용하는 것—기사,사진, 지도, 음악, 영상기록, 웹 페이지 등등—은 거의 대부분이 사용권리에 대한 저작권 보호문제와 관련된 것이며 사용하기 전에 저자에게 허락을 받는 것을 필요로 한다. 이러한 자료들의 사용허락을 얻기 위해서 여러분의 기관이 채택하고 있는 절차나 규정에 대해 미리 확실하게 숙지하도록 한다.

* 출처의 재검토 및 추적하기.

분석관들은 각 이슈를 다룰 때마다 유형, 날짜, 장점, 단점에 따라 출처를 추적할 수 있도록 스프레드시트나 데이터베이스를 만들어 사용하게 된다. 이 스프레드시트를 주기적으로 검토해본다. 리서치 자료기록은 초안작성을 다 마칠 때 까지 기다리지 말고 리서치를 하면서 동시에 기록해야 한다. 이 방법대로 하면 참고문헌을 표기하는데 소요되는 시간을 효과적으로 줄일 수 있다.

2.5 정보 공동체의 출처인용 규범

모든 논쟁거리는 결국 인용된 소스의 진실성에 따라 존재하거나 사라지게 된다. 정보공동체의 대부분 정보 기관은 출처소스의 사용 및 평가를 위해 특정 지침을 배포해왔다. 이와 관련 미국 정보 공동체의 주요 문서는 아래 내용을 포함하고 있다.

* "정보 공동체 지침사항 203: 첩보분석의 규범"은 정보출처의 신빙성과 질

을 평가하는데 있어서 기대치를 설정하기 위함이다.6

* "정보 공동체 지침사항 206: 분석보고서 배포를 위한 출처 요구사항"은 미국 국가정보장이 정보공동체 분석보고서 배포에 대한 요구사항을 확립하기 위한 것으로서 이는 일관적이고 구조적인 형태의 출처정보를 보급하기 위함이다.7

위 지침사항들은 원 출처이자 가장 기본적인 출처가 권위 있는 분석보고서의 배포 시에 활용될 것을 요구하는 것으로서, 이는 민감한 출처와 방법을 보호하기 위함이다. 이 지침은 다음과 같은 출처 규범을 지시한다.

* 미주에 포함시킬 것

* 적합한 설명자를 모두 포함시킬 것

* 분석에 사용된 핵심 정보의 장점과 한계점을 간결하게 서술하는 출처요약 설명문을 눈에 띠게 표시할 것

* 완전한 사본의 기록을 항시 보유할 것

* 분류 수준에 적합하게 할 것

2.6 출처 요약문 쓰기

현재 미국 정보공동체에서 사용하고 있는 출처 요약문은 분석보고서에 사용된 핵심 출처정보의 간결한 요약을 제공한다.

* 정보 수집분야 및 사용한 정보의 다양성을 서술한 구체적 정보를 강조할 것

* 기본 출처에 대해 상세하게 설명한다. 정보출처에 대한 추측들에 대해 설명하고 해당 정보가 분석에 어떤 식으로 적합한지에 대해 설명한다.

---

6 Office of the Director of National Intelligence, "Intelligence Community Directive 203."

7 Office of the Director of National Intelligence, "Intelligence Community Directive 206: Sourcing Requirements for Disseminated Analytic Products," January 22, 2015, http://www.dni.gov/files/documents/ICD/ICD%20206.pdf

* 정보 불일치 및 정보격차문제를 포함하여 장점과 한계를 스스로 제기한다. 특히 편견과 기만에 빠질 위험성 그리고 정보에 대한 신뢰도의 정도에 대해 언급한다.

출처요약문은 보고서안의 텍스트로 편술되며, 주 제목 내용의 일부가 되기도 하고 독립된 텍스트 상자로 나타나기도 한다. 훌륭한 출처요약문을 기술하는 방법은 먼저 분석보고서의 판단을 뒷받침하는 정보출처의 질과 유형을 요약하는 문장을 첫 문장으로 시작하는 데에 있다. 두 번째 문장은 분석보고서의 핵심적인 평가를 뒷받침하는 정보출처의 질과 특징을 요약해서 설명하는 것이다. 이후 문장은 중요도가 떨어지는 출처에 대해 서술하거나 특정 정보출처에 관해 분석관이 갖는 우려사항을 강조해주며, 마지막 문장은 정보 격차에 대한 문제를 지적하면서 끝을 맺는다.

주요 시사점

* 올바른 정보를 찾는 습관을 기르면 시간 절약은 물론이고 문서 또는 브리핑에서 주요 메시지를 정확하게 전달할 수 있게 된다.

* 분석관은 먼저 누군가의 의견이나 질문에 도움을 주기 위해서 어떤 유형의 정보를 활용할 지 결정해야 한다. 그 다음에 알 수 있는 정보에 집중하여 편견이 없는 최신의 상세한 정보를 취득하는 방법에 집중한다.

* 누군가의 질문에 답해줄 수 있는 정보에 중점을 두고 있을 경우, 분석관은 먼저 무엇이 알려져 있고 무엇이 알 수 있는 정보인지 식별하고 알려지지 않은 정보 탐색을 위해 그 방법을 결정해야 한다.

* 분석관은 막연한 정보 검색을 방지하고 작업이 순조롭게 진행 될 수 있도록 가이드라인을 수립함으로써 도움을 받는다. 알고 있는 것과 모르는 것을 검토하며 목적을 가진 출처가 있을 경우가 있는지 조심스럽게 살펴보고 어느정도 대략적으로 훑어볼 것인지 그 범위에 대하여 한계를 정해 놓는다.

* 쉽게 접근이 가능한 출처를 신속하고 효율적으로 조사함으로써 분석관은

전문 지식과 정보가 담긴 받은 수신함 박스를 확인하는 수준을 넘어 적당한 출처에서 안주하는 것을 피할 수 있다.

* 1차 출처는 이슈나 현상에 관해 직접적인 연결성을 갖고 있지만, 정확하거나 신빙성 있는 정보가 아닐 수 있다. 왜냐하면 이는 누군가의 사고방식과 의견, 스트레스 등에 의해 영향을 받기때문이다. 2차 출처 소스는 1차 출처를 근거로 관찰되었거나 논평이 된 것이다.

* 출처는 물적 증거, 권위 있는 기록, 진술 증거, 정황 증거, 반박 증거, 빠진 증거 등으로 분류될 수 있다.

* 출처는 표절의심을 피하기 위하여 적절하게 인용되거나 다른 말로 표현이 되어져야 한다.

* 출처 보고와 출처요약문은 미국 정보공동체가 정보보고서나 분석판단의 제출 시에 출처사용방식을 책임지도록 만든 수단이다.

사례연구 검토

사례연구 2. "독일의 식중독 사건의 수수께끼"를 검토한다.

* 독일에서 보도된 식중독 발생과 관련하여 권위 있는 정보를 어디서 찾을 것인가?

* 조사를 시작할 때, 무엇이 알려진 정보이고 무엇이 필요한 추가 정보인가?

* 이 사례에서 사용된 1차 출처와 2차 출처의 예시는 무엇인가?

* 본 사례에 사용된 명백한 물적 증거는 무엇인가? 이 사례는 대개 물적 증거를 토대로 하고 있는가? 아니면 진술증거에 기반하고 있나? 어떤 것이 더욱 신빙성이 있는가?

CHAPTER 9

출처를 신뢰할 수 있는가?

1. 준비사항 점검

　오래 전부터 군사 및 민간 정보 기구에서는 접근성과 신뢰도를 정보출처를 평가하는 데 있어 가장 중요한 덕목으로 간주해왔다. 접근성이란 정보의 출처가 사건이나 대상에 대해 직접적으로 관찰했는지 여부를 말한다. 신뢰도라란 정보출처가 앞서서 보고했던 내용이 추후에 사실로 판명되었는지의 여부를 말한다. 대부분의 정보 보고서에서 나온 정보출처에 대한 언급은 계량적이거나 서술적인 형식으로 두 요소 모두에 대한 평가를 포함한다. 만약 정보가 알려지지 않은 경우, 출처는 검증되지 않은 것으로 간주되거나 신뢰성을 모르는 것으로 간주된다.

　영국은 해군성 평가 시스템(Admiralty Grading System)을 활용하여 그들이 받은 정보의 신뢰성과 사실성을 판단한다(그림 9.1 참고).[1] 이 평가 시스템은 미 육군(U.S Army)를 포함해 나토(NATO)에서도 수년간 광범위하게 사용되어 왔다.[2] 각 정보 생산물(Intelligence product)은 실제 경험이나 같은 출저의 다른 첩

---

[1] Ministry of Defence, "Understanding and Intelligence Support to Joint Operations," Joint Doctrine Publication 2−00 (Third Edition), August 2010, p.3−23.

[2] NATO Standardization Agency, "Allied Joint Publication2, Allied Joint Intelligence, Counter Intelligence, and Security Doctrine," December 2003, p.1−3−7/1−3−8; Joint Intelligence Doctrine, Joint Intelligence Manual, Chief of Defence Staff, May 2005, p.2−1; and US Army TC 2−91.8 "Document and Media Exploitation," Tables 4.1 and 4.2

보에 근거하여 정보출처의 신뢰수준에 대한 기관의 수준에 따라 문자와 숫자
가 혼용된 평가순위를 부여받게 된다. 예를 들어, '대체적으로 신뢰할만한' 정
보로부터 '사실일 가능성이 큼'이라는 보고를 받은 자료의 경우 B2라는 등급
을 받게 된다. 2개의 척도는 1개의 척도를 사용하는 것보다 단독 출처가 나쁜
정보를 생산할 수 있는 상황의 가능성을 줄여준다.

　　2011년 합동 정보 매뉴얼(Joint Intelligence Manual)를 새롭게 정비하면서
캐나다는 해군성 평가 시스템을 지속적으로 사용하되 출처의 신뢰성과 첩보
의 신빙성을 정의하는 용어와 관련 2가지 유용한 차트를 포함시켰다(그림 9.2
참고).[3] 또한 각각의 용어가 의미하는 내용은 미 육군 매뉴얼을 기준으로 작성
되었다. 캐나다 매뉴얼에서는 다음의 3가지 기준을 바탕으로 순위를 평가할
것을 권장한다.

1. 평가자의 주관적인 판단

2. 동일한 출처에서 제공한 이전의 정보와 실제적 경험 여부

3. 정보가 센서에 의해 받았을 때 특정 센서시스템의 역량에 대한 사전지식
   여부

그림 9.1　영국 정보평가 기준

	출처의 신뢰성		정보의 신빙성
A	전적으로 신뢰할만한	1	다른 출처에 의해 확인됨
B	대체적으로 신뢰할만한	2	대체적으로 사실임
C	꽤 신뢰할만한	3	사실일 가능성이 높음
D	대체적으로 신뢰할 수 없는	4	의심스러운
E	신뢰할 수 없는	5	사실일 것 같지 않음
F	신뢰 여부를 판명할 수 없는	6	사실일지 여부를 판명할 수 없음

출처: 영국 정부의 허가 아래 재출간.

---

3 Chief of Defence Staff, "Canadian Joint Forces Publication 2.0: Intelligence," August 2011,
　p.3－7/3－8

| 그림 9.2 | 캐나다의 정보출처와 첩보신뢰도 평가 척도 시스템 |

출처의 신뢰성에 대한 순위	내용
A 전적으로 신뢰할만한	진정성,사실성,적격성 등에 있어 의심의 여지가 전혀 없으며, 전적으로 신뢰할 만한 완벽한 역사적 근거가 있음
B 대체적으로 신뢰할만한	진정성,사실성,적격성 등에 있어 약간 의심의 여지가 있으나, 대체로 오랫동안 타당한 역사적 근거가 있음
C 꽤 신뢰할만한	진정성,사실성,적격성 등에 있어 의심의 소지가 있으나 과거에 신뢰할 만한 정보를 제공한 적이 있음
D 대체적으로 신뢰할 수 없는	진정성,사실성,적격성 등에 있어 상당한 의심의 소지가 있으나 과거에 신뢰할 만한 정보를 제공한 적이 있음
E 신뢰할 수 없는	진정성,사실성,적격성 등의 요건을 전혀 충족하지 못하며, 과거에 신뢰하지 못할 정보를 제공한 사례가 있음
F 신뢰 여부를 판명할 수 없음	정보의 신뢰성을 판단할 만한 그 어떤 근거도 부족함
정보의 신빙성에 대한 순위	내용
1 다른 출처에 의해 확인됨	다른 독립적인 출처에 의해 확인됨; 그 자체로 논리성을 가짐; 그 문제에 대해 다른 정보와 일치함
2 대체적으로 사실임	확인되지 않음; 그 자체로 논리성을 가짐; 그 문제에 대해 다른 정보와 일치함
3 사실일 가능성이 높음	확인되지 않음; 논리적으로 상당히 그럴 듯함; 그 주제에 대한 다른 정보와 일정 부분 일치함
4 의심해 볼만함	확인되지 않음; 가능할 법하나 논리적이지 못함; 그 문제에 대한 다른 정보와 일치하지 않음
5 사실 같지 않음	확인되지 않음; 그 자체로 논리성을 가지지 못함; 그문제에 대한 다른 정보와 전혀 상반됨
6 사실 여부를 판명할 수 없음	첩보의 타당성을 판단할 근거가 전혀 부족함

출처: 캐나다 정부의 허가 아래 재출간.

2012년, 캐나다 합참은 출처신뢰도와 첩보정확성 평가 매트릭스를 캐나다 군사 정보 학교에서 사용하던 소셜 네트워크 분석(SNA)와 통합하여 새로운 출처 신뢰성과 정보 정확성 순위 매트릭스(Information Accuracy Rating Matrix)를 개발했다. 이 매트릭스는 분석관들이 출처의 신뢰성을 결정하고 구체적인 신빙성 평가를 담보하기 위해 필요한 다수의 충족 기준 요건과 관련하여 5개의 기준을 확립하였다(그림 9.3 참고). 매트릭스에서는 정보의 정확성을 판단하기

그림 9.3　캐나다 출처신뢰도 및 첩보정확성의 평가 매트릭스

출처 평가 척도	출처 신뢰성 척도	신뢰성의 역사적 근거	출처 진실성 / 사실성	출처 객관성	첩보에 대한 출처 접근성	출처의 조작에 대한 취약성 여부	기준 요건 충족의 개수
A	신뢰할만한	○	○	○	○	○	5 모두
B	대체적으로 신뢰할만한	○	○/⊗	○/⊗	○/⊗	○/⊗	역사적 근거 + 3
C	꽤 신뢰할만한	○	○/⊗	○/⊗	○/⊗	○/⊗	역사적 근거 + 2
D	보통 신뢰할 수 없는	○/⊗	○/⊗	○/⊗	○/⊗	○/⊗	5개 중 2개
E	신뢰하기 어려운	○	○/⊗	○/⊗	○/⊗	○/⊗	적용불가(NA)
F	신뢰 여부를 판명할 수 없음	출처의 신뢰성을 판단할 만한 근거 부족					

Notes:

"A" 등급을 획득하기 위해, 출처의 진실성/신뢰는 반드시 입증 가능해야 하며, 출처가 가지는 신뢰성의 역사적 근거 또한 사후 보고(post-factum) 또는 독립적 수단에 의해 입증 가능해야 한다.

"A" 또는 "B" 등급을 획득하기 위해, 출처의 보고는 반드시 항상 신뢰할만하며, 중요한 오류가 없어야 한다.

"C" 등급을 획득하기 위해, 출처 보고의 대부분은 반드시 정확해야 하며 실질적 개연성이 있어야 한다.

"D" 등급을 획득하기 위해, 출처 보고의 일부분이라도 정확해야 하며 실질적 개연성이 있어야 한다.

첩보 평가 척도	정보 정확성 척도	독립적으로 얻음 가능한 수단	출처 대상의 적격성	논리성	실질적 그리고 개연성	일치성	기준 요건 충족의 개수
1	검증됨	○	○	○	○	○	5 모두
2	대체적으로 사실임	⊗	○	○/⊗	○/⊗	○	4
3	사실일 가능성이 높음	⊗	○/⊗	○/⊗	○/⊗	○/⊗	3
4	의심해 볼만함	⊗	○/⊗	○/⊗	○/⊗	○/⊗	2
5	사실 갖지 않음	⊗	○/⊗	○/⊗	○/⊗	⊗	0 또는 1
6	사실 여부를 판명할 수 없음	첩보의 타당성을 판단할 만한 근거의 부족					

위한 또 다른 5개의 기준 그리고 정보의 정확성이 특정 수준으로 충족되기 위해 몇 개의 기준 요건을 충족해야 하는지에 대한 지침도 포함하고 있다. 뿐만 아니라 이어서 캐나다에서는 정보 분석 실무자들이 해군성 평가 시스템(Admiralty Grading System)을 개선시키려고 한 이 확장방식의 유효성을 과학적으로 판명하기 위한 연구를 진행하였다.

2. 심층 검토

경험이나 학계연구를 보면 출처의 신빙성을 평가하는 프로세스가 단순히 출처의 신빙성과 첩보의 신빙성을 판단하는 것보다 훨씬 어려운 것으로 나타난다. 조지 메이슨 대학에서 이와 관련한 주제를 집중 연구한 David Schum은 신빙성이란 것이 물적 증거를 평가하느냐와 진술증거(testimonial evidence)를 평가하느냐에 따라 천차만별로 달라질 수 있다고 단정한다.

2.1 물적증거 평가하기

명백한 물적 증거는 문서와 물체, 도표, 이미지 등 분명하게 드러나 누구나가 직접적으로 확인할 수 있는 것을 말한다. Schum은 실체가 있는 사물인 실질적 물적 증거(real tangible evidence)와 다이어그램이나 지도, 시장 보고 등 물적 증거를 묘사하거나 표현하는 입증적 물적 증거(demonstrative tangible evidence)를 구분한다.(그림 9.4 참고).

실질적 물적 증거의 신빙성은 하나의 기준 즉 진실성(authenticity)에 의해 결정된다. 핵심이슈는 문서의 진실성이 검증될 수 있는지 여부이며 관리 연속성(chain of custody)이 제대로 구축되어 있는지 여부에 있다. 이러한 기준들은 특히 법 집행 사례에서 최고 중요한 것으로 나타난다.

그림 9.4   출처 신빙성 평가기준과 관련 질문

물적 증거의 보고 기준		관련 질문들
실질적 물적 증거	진실성	− 대상이나 사건이 실제적으로 나타난 것과 같은 것인가? − 대상이 조작되거나 이미지가 왜곡되었을 수 있는가?
입증적 물적 증거	진실성	− 영상이나 묘사가 실제로 일어난 일인가? − 영상이나 묘사가 어떤 다른 방식으로 변경되거나 변형될 수 있는가?
	감지 메커니즘의 신뢰성	− 감지 메커니즘이 동일한 조건에서 다시 활용되어도 동일한 정보를 생산할 것인가? − 감지 기구가 신뢰할 만한가? 감지기에 의해 나온 결과물이 입력물과 항상 일치하는가?
	정확성	− 영상이나 묘사가 사건이나 대상을 정확하게 포착하는가? − 영상이나 묘사가 또 다른 사실과 배치되거나 일치하는가?
인적 출처 보고 기준		관련 질문들
적격성	접근성	− 출처가 실제적으로 보고된 사건을 보거나 들었는가? − 출처가 그 첩보에 직접적인 접근성을 가지고 있는가?
	전문성	− 출처가 실무와 관련이 있거나 훈련을 받은 관찰자인가? − 출처가 사건을 충분히 이해하고 정보적 설명을 제공하였는가? − 출처가 사전에 이 문제에 대해 잘 알고 있었는가?
신빙성	객관성	− 출처가 관찰한 것 대신 관찰할 것으로 기대되는 보고사항이 있는가? − 출처가 관찰한 것 대신 관찰하기를 원할 것으로 생각되는 보고사항이 있는가? − 관찰은 얼마나 오래 전에 이루어진 것인가?
	정확성	− 출처의 성격이나 정직성에 관해 얼마나 알고 있는가? − 출처가 보고하는 내용이 과거에 보고한 내용과 지속적으로 부합하는가? − 출처가 조작이나 외부 영향에 독립적인가? − 출처가 보고한 내용에 독립적 확인 수단이 있는가? 그와 상반되는 어떤 다른 사실이 있는가?
	관찰 민감성	− 출처가 좋은 관찰자로서 평판이 좋은가? − 출처의 과거기록은 정확하게 관찰했다고 평가하고 있는가? − 관찰이 이루어진 조건이 보고된 내용에 영향을 미쳤을 가능성이 있는가?
	문화적 관점	− 출처의 문화적 유산이 출처가 사건을 인지하는 방식에 영향을 미칠 수 있는가? − 출처의 문화적 유산이 출처가 보고 내용의 적절성을 판별하는 데에 영향을 미칠 가능성이 있는가?

입증적 물적 증거의 신빙성을 결정하는 데에는 세 가지 기준이 요구된다: (1) 진실성, (2) 감지 메커니즘의 신뢰성 그리고 (3) 묘사된 것의 정확성이다. 신뢰할만한 감지기(sensor)는 동일한 현상을 일정 시간을 두고 관찰했을 때 동일한 결과를 보고한다. 예를 들어, 혈액 테스트기는 동일한 혈액에 대해서는 매번 동일한 결과물을 보고하는 방식과 같다. 보고서의 정확성을 확인하는 것은 매우 중요하지만 데드라인이 가까워지면 간과하기 쉽게 된다 ―이것은 나중에 실수가 발견되면서 매우 부끄러운 것으로 되어버리는 일이다. 이러한 일을 방지하기 위해 간호사들은 예를 들어, 의사에게 환자의 테스트 결과를 보고하기 전에 출생날짜를 여러 번 확인하고 수술 집도의 또한 환자에게 마취를 시행하기 전에 확인을 거친다.

2.2 진술증거에 대한 평가

정보 분석의 세계에서는 인적 출처 즉 정보원이나 첩보자원으로부터 획득한 진술증거의 신빙성을 평가하는 데 훨씬 더 많은 노력을 기울인. 슘(Schum)도 주목하였지만, 인적 출처의 보고수준을 확립하는데 중요한 두가지 기준―접근성과 신뢰성―을 사용하는 것은 너무나 단순하며 오해를 살 소지가 높다.

미국 법정 시스템에서, 진술 증거는 관찰자나 보고자의 적격성과 출처의 신빙성이라는 두가지 기준의 관점에서 가장 우선적으로 평가된다. 우리는 모든 분석업무 영역에서 그리고 특히 정보분석의 경우에는 더 더구나 위와 같은 동일기준이 출처의 신뢰성을 평가하는데 적용되어야 한다고 생각한다.

적격성과 신빙성은 서로 독립적인 요인들이다. 예를 들어, 적격성이 있는 관찰자라도 오해의 소지가 있는 정보를 제공할 수 있는 여지가 있으며, 적격성이 미흡한 관찰자라도 질문자를 기쁘게 하기 위해 정확하거나 부정확한 정보를 쉽게 제공하기 쉽다. 슘(Schum)과 모리스(Morris)가 말했듯이, "적격성이 반드시 신빙성을 보장해 주지 않으며, 신빙성 또한 반드시 적격성을 보장해주지 않는다."8 출처가 좋은 접근성을 가지고 있기 때문에 출처를 믿을 수 있다고 결정하는 것은 불합리한 결론이다; 우수한 접근성을 가진 출처일지라도 관

찰자의 행동에 고의로 잘못된 영향을 미치려 하거나 또는 개인적인 안건을 청
탁할 수 있는 것이다.

출처가 정보를 제공하는 데 있어서 충분한 역량이 있거나 자격이 있는지
는 관찰대상의 사건을 이해하고 접근성이 있는지에 달려있다. 정보의 세계에
서 접근성은 매우 높은 가치를 지니는 상품과도 같다. 그러한 이해 및 지식은
보통 전문성(*expertise*)이라는 용어로 대개 정의된다. 출처가 사건에 대해 직접
적인 접근성을 가지고 있다고 하더라도, ―예를 들어 고위 정책관료들의 회합
이나 이사회 회의에 참석을 했다던가 ― 출처가 논의된 내용이나 결정된 사항
의 함축적인 의미를 이해하지 못할 경우 그 출처의 효용가치는 거의 없는 것
이다.

슘(Schum)은 출처의 신빙성을 평가하는 데 있어 세 가지 요소를 기준으로
꼽았다: (1) 보고자의 객관성 (2) 출처의 사실성, 정직성 또는 출처의 진실성
(3) 관찰 상황 하에서 출처의 관찰적 민감성. 이 세가지 기준에 따라 출처나
정보원을 평가하기 위해서는 출처는 보고체계에 따라 지속적으로 확립된 보
고기록를 갖고 있어야 한다. 이러한 평가 과정은 그러나 출처와 접촉한 사람
이 기준에 대해 잘 인지하고 출처에게 "상황을 관찰했을 때 무슨 일이 일어나
고 있었는가?", 혹은 "그녀가 말한 내용에 당신도 동의하는가?"와 같은 좋은 질
문을 통해 확인이 된다면 훨씬 수월하게 마칠 수도 있다.

그래서 저자는 한 가지 기준(문화적 관점)을 더 추가하였다. 출처의 문화적
유산과 세상에 대한 경험 또한 출처가 그/그녀가 관찰한 내용을 보고하는 데
에 주요한 영향을 미칠 수 있다. 많은 미국인들이 역사에 대한 감이 별로 없
다. 그러나 100년 전에 일어난 일이라고 하더라도 그것이 유럽인이 최근사건
을 해석하는 방식에 자주 영향을 미치는 경우가 있다. 게다가 문화적 유산은
출처가 정보의 수용자에게 보고하는 데 있어서 무엇을 보고하는 것이 편안한
지를 판별하는 데에도 영향을 미칠 수 있다. 몇몇 문화권에서 특정 주제는 금
기시되며 따라서 가족이나 친한 동료들 사이에서도 쉽게 얘기되지 않는다.

---

8 David A. Schum and Jon R. Morris, "Assessing the Competence and Credibility of Human
  Sources of Intelligence Evidence: Contributions From Law and Probability," Law, Probability,
  Risk 6, no.1−4 (2007): 247−274.

동양권 문화는 서양권 문화보다 사태의 진전을 좀 더 광범위한 맥락에서 보려고 하는 경향이 있다. 몇몇 실증적 연구에서 동양권 문화는 전체적인 환경에 더 집중하는 반면 서양권 문화는 어떤 상황에서 발생하는 특정 행위에 더 집중하는 경향이 있음을 밝혀낸 바가 있다.[9] 예를 들어, 싸움이 발생했을 때 미국인들은 사건의 구체적인 순서를 상세하게 잘 보고하는 반면에 일본인 관찰자의 경우 전체 배경의 정확한 설명과 또 다른 사건의 목격자가 누구이며, 가담자의 대략적인 나이 등을 더 상세하게 보고하는 경향이 있다는 것이다.

특정 출처의 가치를 평가하기 위해 분석관은 수집가의 신빙성과 출처의 신빙성을 혼동하지 않도록 유의해야 한다. 예를 들어, 방송을 통해 대화 기록이 송출되어 대체적으로 특정 대화에 관해 비교적 정확하게 표현한다고 할지라도 번역이 틀렸거나 부정확하게 되었다면 그 역시 사실이 아닐 가능성이 있는 것이다. 마찬가지로, 신뢰할만한 신문 매체가 공적인 장소에서 공적 인물에 의해 제기된 일방적 주장을 공표했다고 할지라도 그런 주장이 반드시 사실임을 의미하는 것은 아니라는 것이다.

2.3 보조출처의 식별(Distinguishing Subsources)

흔히들 하는 또 다른 실수는 원(原)출처와 보조출처(subsource)와를 구분하질 못하는 것이다. 원출처가 무엇을 말했는지 출처가 신뢰할만하게 묘사한다고 해서 반드시 출처가 인용한 그 사람 역시 신빙성이 있는 정보를 제공한다는 것을 보장하지 않는 것이다. 분석관들은 반드시 그들의 신빙성이 있는 출처가 원래 출처도 신빙성이 높은 지에 대해 어떤 통찰력도 제공하지 않는다는 것을 인지해야 하며 또한 보고서를 읽는 독자들에게도 이것에 대해 경각심을 갖게 해야 한다.

---

9 Carey Goldberg, "Differences Between East and West Discovered in People's Brain Activity," The Tech On-Line Edition 128, no.9, MIT Cambridge, MA, March 4, 2008.

2.4 상대의 속임수에 대응하기

정보 분석업무이든 법 집행 부분이든 또는 군사 작전이나 사업분야에 있어서 경쟁자나 반대 세력은 종종 그들의 의도나 역량, 행위를 의도적으로 속이려고 한다. 정부관료들 또한 자신들의 협상 입장 및 목표 등에 대해 종종 타국 정부가 혼동을 하도록 시도한다. 통상 및 사업 분야에서 기업들은 신제품이나 새로운 프로젝트를 공개하기 전까지 경쟁자에게 구체적인 계획을 알지 못하도록 숨기려고 한다. 기업들은 극히 중요한 재정문제 및 기술 정보가 경쟁기업이 취득하지 못하게 보호하거나 때로는 성과를 과장하는 거짓 정보를 흘리며 심지어는 가짜 계획을 알도록 상대를 속인다.

이러한 일상적 행위들은 기만의 형태로 수행되는 것으로서, 다른 사람들의 인지능력이나 결정, 행동을 기만자의 이익이 되게 영향을 미치고자 하는 것이다. 기만행위는 개인이 특정 행위를 취하거나 취하지 않도록 유도한다. 만약 경쟁자나 반대 세력이 이득이나 손실이 크게 예상되는 그런 상황에 놓이게 된다거나 또는 어떤 기관이 거대한 이익 또는 중대한 손실이 있을 것으로 예상되는 상황에 처하게 된다면, 그런 도전자아 적들은 기만적인 행위에 관여할 가능성이 훨씬 커지는 것이다.

분석관들은 기만 행위와 허위정보의 가능성에 대해 항상 민감해야 하지만 사실 항상 예민하게 준비되어 있어야 한다는 것은 매우 어려운 일이다. 대부분의 분석관들은 거대한 양의 데이터와 보고를 매일 처리하면서 그들의 논점에 논리적 근거를 제공할 수 있는 정보나 통찰력을 발견하려고 한다. 이는 그 자체로 매우 어려운 과제이다. 분석관으로 하여금 정보의 특정 부분이 가지는 가치를 평가하기를 요구하면서 그것이 기만일 수도 있는지를 판단하게 요구하는 것은 인간의 뇌의 인지적 역량을 탈진하게 하는 것이며 분석과정 자체를 마비시킬 수 있는 것이다.

이러한 딜레마를 해결하기 위한 가장 좋은 방법은 어떤 상황에서 기만이나 잘못된 정보가 주로 등장하게 되며 또는 어떤 상황에서 가장 심각한 위협이 드러나게 되는지를 찾도록 해주는 것이다. 그리고 일단 그러한 상황이 파악이 되면 분석관은 잠시 멈추어 서서 비판적으로 정보를 검토하며 그것이 기

만정보인지 혹은 허위정보가 내포되어 있는지를 결정할 수 있게 된다.[10] 분석
관들은 다음과같은 상황에서는 기만정보와 허위정보의 가능성에 대해 빈드시
신경을 써야 한다.[11]

* 분석 내용이 단 하나의 주요 정보에 크게 의존되어 있을 때

* 잠재적 기만자가 과거에도 기만행위를 하거나 허위정보를 유포한 전적이
  있을 때

* 관련자가 큰 이득이나 손실이 있을 수 있는 아주 중대한 시점에서 데이터
  를 얻게 되었을 때

* 새로운 정보를 취함으로써 정책 입안자나 정책 결정자가 중요 자원을 다른
  데로 전향하거나 소진할 여지가 있을 때

* 새로운 정보를 취함으로써 분석관이 주요 전제나 중요한 판단을 변경할 가
  능성이 있을 때

* 경쟁자나 반대 세력이 사전에 구축된 피드백 채널을 통해 적의 행동이나 의
  사 결정 과정을 계속 추적해 나갈 수 있을 때

  비판적 사고자들은 속임수가 있을 법한 상황에서는 언제나 모든 기술역

10 For a detailed checklist analysts can use to detect possible deception, see Heuer and
   Pherson, Structured Analytic Techniques, 198−201. The checklist walks analysts through
   a consideration of motive, opportunities, and means (MOM); past opposition practices
   (POP); manipulability of sources (MOSES); and evaluation of evidence(EVE). The Canadian
   Chief of Defence Intelligence, Director General Intelligence Production, has added a
   fourth category, source naivety (SON), that asks several questions, some of which are
   reflected in Heuer and Pherson's EVE category: (1) Is it just that the well−meaning
   source is naïve? (2) Might the source be attempting to influence operational plans or
   policy to advance a personal agenda? (3) Is the source evangelically fervent about the
   subject under discussion? (4) Does the source subscribe to "nonmainstream" beliefs?
   And (5) Might the source simply be trying to please you or the interlocutor? The
   Canadian model is taken from GudmundThopmson, Aide Memoire on Intelligence
   Production, Version 4.02.
11 The information used in this section was taken from Pherson Associates training materials
   (www.pherson.org).

량을 동원하여 정보의 진실성을 검토하여야 한다. 분석관들은 정보를 평가하고 판단을 내릴 때, 그 정보가 입증될 수 있는 것인지, 다른 독자적인 출처를 통해 확인이 가능한 것인지, 핵심 정보의 일부가 누락되지는 않았는지 고려해야만 한다.

분석관들은 또한 정보가 그럴 듯하고 개연성이 있어 보이면 그들 스스로에게 자문해보는 현실성 확인(a reality check)을 해야 한다. 그 정보가 알려진 사실과 일치하거나 확인이 되는가? 공정하고 객관적인가 아니면 편견이 있는 것으로 보이는가? 정보가 내부적으로 일치적 인가 아니면 서로 자기 모순적인가? 뚜렷한 오류나 불일치가 있는가? 판단을 지지할 충분한 세부사항이 있는가?

분석관들은 기만이나 허위정보를 처리하는데 있어 도움이 될 만한 다음의 7가지 통행규칙(Rule of the Road)을 찾았다.[12]

1. 이라크 WMD 실패 사례에서 "Curveball"로 알려진 독일의 연락담당관 사례에서 보듯이 정보의 단일 출처에 대한 지나친 의존을 피하라.[13]

2. 주제나 사건에 가장 정통한 관련자의 의견을 구하라.

3. 정보를 어떻게 얻었는지에 대해 명확하지 않은 사람이나 또는 직접적으로 목격하지 않은 원출처 및 보조출처에 대해 유의하라.

4. 진술증거 혹은 구두정보(verbal intelligence)라고 묘사되는, 이를 테면 누군가가 말한 것에 대해서 지나치게 의존하지 않는다. 대신 입증될 수 있는 물적 증거, 또는 물질적 증거를 찾으려고 노력하라.

5. 처음에 올바르다고 판단되었던 출처의 보고가 때때로 오류인 것으로 판명된 경우에 그런 상황의 어떤 두드러진 패턴이 있는지 찾아본다. 자세히 검토한다면, 마치 그럴듯한 변명을 짜낸 것처럼 오류에 대한 출처의 설명이 가능성이 있지만 근거가 매우 약하다는 것을 알게 된다.

---

12 These criteria were derived from both Richards J. Heuer Jr., "Cognitive Factors in Deception and Counterdeception," in Strategic Military Deception, ed. Donald Daniel and Katherine Herbig (Oxford, UK: Pergamon Press, 1982) and Michael I. Handel, ed., Strategic and Operational Deception in the Second World War (New York: Routledge, 1987).

13 Bob Drogin, Curveball: Spies, Lies and the Con Man Who Caused a War (New York: Random House, 2007).

6. 잠재적 기만자의 역량과 한계에 대해 정통하게 알고 있어라.

7. 프로젝트의 초기에 기만자의 가설도 포함하여 가능한 모든 가설을 구성한다.

출처를 평가하는 요소로써 위에 거론된 것들은 기만을 극복하기 위해 매우 중요한 것들이다. 인적 출처의 동기는 무엇인가? 과거 신뢰할만하고 타당한 보고를 제공하였는지에 대한 출처의 과거 행적기록은 무엇인가? 출처는 문서화된 자료를 제공할 수 있는가? 통계적 근거는 신뢰할만한 출처로부터 나온 것인가? 만약 정보수집의 기술적 수단이 활용되었다면 센서(탐지기)는 얼마나 예민하며, 지금까지 정확하게 측정해왔는가? 적대세력이 기술적 장비를 찾아내어 기만할만한 역량이 있는가?

2.5 선전선동 알아차리기(Recognizing Propaganda)

선전선동(프로파간다)을 처리할 때에도 마찬가지이다. 분석관들은 프로파간다의 가능성에 대해 인지하고 있어야 하며, 특히 인터넷을 통해 획득된 자료와 핸드아웃, 안내서, 팜플렛 등 정식으로 출간되지 않은 회색문헌들을 다룰 때는 유의해야 한다. 캐나다 분석관들은 문서가 프로파간다인지 아닌지를 판별하는 데 있어 유용한 몇 가지 검토목록을 개발하였다(Figure 9.5 참고).[15]

그림 9.5 이것이 선전인가?

선전선동을 알아차리는 방법: 붉은 깃발(Red Flags) 활용

출판물

* 이것이 극단주의자의 관점으로 유명한가?

---

15 Developed by John Pyrik for use in the Canadian Interdepartmental Intelligence Analysis Learning Program. Published in Thompson, Aide Memoire on Intelligence Analysis Tradecraft.

출처

* 모호한 '기관' 이거나 또는 학계이면서 특정 이해집단의 대변인(mouthpiece)일 가능성이 있는가?
* 자금후원을 어디로부터 받는가?
* 감독관이 누구인가?
* 그들의 배경이 무엇인가?

컨텐츠

* 문서가 강하게 감정적으로 호소하는가?

 a. 불길하거나 자극적이며 혹은 애국적인 음악이나 이미지 요소

 b. 두렵거나 혐오스러운 어떤 것이 연관되는 생각, 사건이나 인물, 예: 나치

 c. 특정 슬로건의 사용

  예: '석유를 위한 혈투(blood for oil)', '뺑소니(cut and run)', '뭉치면 산다(united we stand)'

 d. 도덕적 미사여구 예: '평화', '행복', '안보', '현명한 리더십', '자유', '해방'

* 논리적 근거가 미약하지는 않은가?

 a. 비논리적인(이해하기 어려운)개념 관계

 b. 단순한 우화적 증거로부터 일반적인 포괄적 결론의 도출

 c. 한 가지 관점만 선호적인 주제

 d. 적절하지 않거나 의문스러운 데이터

 e. 모호하고 명확하지 않은 용어 사용

* 거짓 정보 또는 정보가 누락된 증거(이야기의 반절만 담겨있는)를 확인할 수 있는가?

* 지나친 단순화가 보이는가?

 a. 복잡한 사회정치적 질문에 대한 단순한 답변

 b. (희생양처럼 보이는)개인이나 그룹에 비난의 집중

 c. 오해의 소지가 있는 고정관념이나 낙인찍기

 d. 두리뭉술한 진술(blanket statement)

* 글의 목적이 설득을 위한 것인가?

 a. 유명한 인물들을 자신의 입장이나 개념, 논쟁, 행위에 인용하거나 연관시키기

 b. 사실로 받아들일 때까지 생각을 지속적으로 반복 주입시키기

 c. 다수의 관점인 것처럼 생각을 편승하도록 하기(역마차(Bandwagon)에 편승하기 처럼)

 d. 저자의 전제와 반대가 되는 개념은 비애국적이거나 비민주적, 비인간적인 것처럼 호도하기

주요 시사점

* 실질적 물적증거의 신빙성은 진실성에 의해 결정된다. 입증적 물적증거의 신빙성은 신뢰성과 정확성 등 두 가지 척도가 추가되어 결정된다.

* 정보의 가치는 진술 증거와 같은 인적 출처로부터 파생하며, 적격성과 신빙성 두 가지 척도에 의해 결정된다. 적격성은 접근성과 전문성을 기준으로 판별되며, 신빙성은 객관성, 관찰적 민감성, 진실성 그리고 문화적 관점을 바탕으로 결정된다.

* 인적 출처를 평가하는데 있어 활용되는 6가지의 기준은 접근성과 신뢰성 두 가지만을 활용한 기존의 척도보다 훨씬 더 유용하다.

* 수집가의 신빙성과 출처의 신빙성을 혼동해서는 안 된다.

* 출처가 신뢰할만하다고 해서 보조 출처(subsource) 또한 반드시 신뢰할만하다고 단정지을 수 없다.

* 분석관들은 기만과 허위정보에 가장 유의해야 하는데 특히 판단이 단일 출처에 의해 크게 의존되는 경우, 분석 내용이 주요 자원의 결정에 토대가 되는 경우, 연계된 관련자가 잃을 것이 많거나 이득이 많아 상황에 의해 크게 좌우되는 경우 혹은 적대세력이나 또는 경쟁자가 확인채널을 가지고 있을 가능성이 있는 경우에는 더욱 그러하다.

사례연구 검토

사례연구 2. "독일의 식중독 사건의 수수께끼"를 검토하여 출처의 질을 판별해보도록 하자.

* 입증적인 물적 증거가 사례에 묘사되어 있는가? 그것의 신빙성을 어떻게 평가하겠는가?

* 해당 사례연구에는 몇몇 개인 및 기관이 인용되어 있다. 그들의 적격성과

신빙성을 어떻게 평가하겠는가?

* 수집가의 신빙성과 출처의 신빙성이 혼동될 만한 경우가 있었는가?

* 신빙성이 보장되지 않은 보조출처(subsources)가 사용되었는가?

사례연구 1. "이란의 핵위협 대처: 스턱스넷과 그 함의"를 검토하여 기만의
       사례를 탐구해보도록 하자.

* 기만과 관련된 6가지 이유 중에 어떤 것들이 이란의 스턱스넷 공격 사례와
  관련이 있는가?

* 이란은 주변 국가와 과학 커뮤니티에 스턱스넷 바이러스에 의한 시스템 및
  프로그램 피해의 정도를 속일 이유가 있었는가? 있다면 그 이유가 무엇인
  가? 이것이 보고에는 어떻게 반영이 되었는가?

* 이스라엘과 미국은 양국 모두 스턱스넷 바이러스를 심어 놓는데 관련이 있
  다는 것을 속일 이유가 있었는가? 있다면 그 이유가 무엇인가? 이것이 보
  고에는 어떻게 반영이 되었는가?

* 만약에 분석관이 컴퓨터 바이러스에 의해 미국의 프리데이터와 리퍼 드론
  (Predator and Reaper drone)의 조종간이 감염되었다는 보고를 처음 받게 된
  다면 우선적으로 떠올려야 할 질문은 무엇인가? 어떠한 방식으로 이러한
  보고가 기만이 되었는지 논쟁점을 던질 수 있을 것인가?

* 7가지 통행규칙 중에 어느 것이 드론 바이러스 보고가 부정확하거나 기만
  일 것이라고 판단하는 데 있어 가장 유용할 것인가?

CHAPTER 10

인터넷 정보의 신뢰성을 어떻게 평가해야하나?

1. 준비사항 점검

　인터넷은 우리가 연구조사를 하는 방식을 변화시키는데 많은 영향을 미쳤다. 콜롬비아 대학(Columbia University) 교수들에 따르면 인터넷은 심지어 우리가 정보를 저장하고 기억하는 방식도 변화시켜 정보 자체를 기억하게 하기보다는 필요할 때 우리가 활용해야 하는 정보를 어디서 찾아야 하는지에 더 매몰되게 만들고 있다고 한다. 이러한 변화가 가져오는 좋은 점은 정보 과부하를 처리할 수 있게 도움을 준다는 것이다.[1] 그러나 인터넷 출처를 사용하여 인터넷 기반의 미디어나 웹 사이트에 포스팅된 정보를 꼼꼼하게 추적 및 검증하거나 체계적으로 조직화하는 분석관들에게는 큰 부담을 줄 수 있는 것이 불리한 점이다. 인터넷 상에서는 누구나 글을 쓸 수 있는데, 특정 주장을 하기 위해 단순한 무지나 무관심 혹은 악의적인 기만의 의도로 권위있는 출처를 인용하는 경우가 있다(제9장 참고).

　정보 분석관들이 일반인보다 정보에 더 비판적인 시각을 가진 소비자이긴 하지만, 심지어 그들 또한 새로운 통찰력을 제공하려는 동료들 특히 이들조차 Snopes.com이나 다른 미신적인 출처에서 보여주는 거짓 조작이나 사기

---

[1] Betsy Sparrow, Jenny Liu, and Daniel M. Wegner, "Google Effects on Memory: Cognitive Consequences of Having Information at Our Fingertips," Science 333, no. 6043(August 5, 2011): 776－778, doi: 10.1126/science.1207745

또는 왜곡된 정보를 보낼 경우에 이러한 내용의 방송국 이메일을 받는 것으로부터 피해나갈 수가 없다. 이처럼 우리 모두 감정적으로 호소하거나 개인의 사적인 관점에 호소하는 정보를 무시하는 것이 쉽지 않지만, 출처를 평가하는 연습을 통해 잘못된 정보를 양산하거나 활용하는 것을 방지할 수 있어야 한다.

인터넷은 정보력을 배가시키는 곱셈기(멀티플라이어)이다; 인터넷에서 우리는 원하는 정보를 더 많은 전 세계 각국으로부터 더 많은 출처를 얻어 더 많이 접근할 수 있다. 그러나 이는 겨에서 밀을 골라내는 것과도 같은 데, 인터넷에는 보고서의 신빙성을 평가할 수 있는 과정이 대부분 생략되어있기 때문이다. 인터넷은 한마디로 말하자면 에디터가 부재하는 신문이며, 팩트 체크자가 없는 출판사이자 동료검토가 없이 발표된 연구 논문과 같다. 누구나가 자신이 관심있거나 열정이 있는 분야에 대해 자유로운 표현을 할 수 있기 때문에 편견이나 조작, 사기에 노출될 가능성 또한 높다. 그러나 그 대신에 인터넷은 적시에 빠르고 방대한 자료를 배포할 수 있는 이점이 있다. 뉴스 매체의 기자들이나 블로거, 트위터들은 양장본의 저널이나 서적, 도서관보다 더 방대한 정보나 견해를 인터넷을 통해 빠르게 방송할 수 있다.

그림 10.1   인터넷의 가장 훌륭한 사용법

인터넷이 제공하는 가장 도움이 되는 출처라면 다음과 같은 조건을 충족시켜야 한다.

* 분석관들에게 새로운 개발법과 이벤트, 견해 또는 트렌드를 경계하게 해준다.
* 이익집단의 견해나 강령, 우선순위, 계획 등에 대한 훌륭한 정보를 제공한다.
* 구독료나 등록을 요구하는 경우도 있겠지만 신뢰할만한 저명한 저널과 간행물에 빨리 접근하게 해준다.
* 도서관에 등재되기 전에 책이나 자료에 즉각적인 접근성을 가질 수 있도록 한다.
* 인터넷에서만 찾을 수 있는 정부나 학계의 자료에 대하여 구입가능성을 제고한다.

그러나 목표는 언제나 동일하다: 인터넷에서 신빙성이 있는 출처를 찾아 그것의 정당성을 확보하고, 사실에 기반한 정확한 정보를 표현하며 분명한 주장과 단언에 대해 명확하게 뒷받침해주는 것이다. 인터넷 컨텐츠의 무의식적 조작 가능성의 위험은 실질적으로 존재하지만 이는 컨텐츠의 풍부함으로 인하여 상쇄될 수 있는 것이다. 인터넷을 활용할 때에 유의해야 할 점은 컨텐츠를 생산하는 이와 컨텐츠 둘 모두를 입증하고 확증하는 수단으로 사용하는 것이 어렵다는 점이다.

2. 심화검토

인터넷에서 얻은 자료의 타당성을 확인하고 싶을 때 아래와 같은 최고의 실행수칙을 따를 것을 강력히 추천한다.

1) 저자를 평가하는 방법
  * 저명한 저자들이나 기관으로부터 나온 컨텐츠를 사용한다. 자료를 창출하거나 통합한 사람 및 기관을 구체적으로 명시하지 않은 인터넷 자료는 유의해야 한다. 그 정보가 사실일 수도 있으나 당신이 따로 신빙성(credential)을 확인하지 않는 이상 정보의 타당성을 입증하는 데 어려움을 겪을 것이다. 그러므로 분석할 때는 익명의 정보를 사용하지 않는 것이 좋다.
  * 개인 증명서를 조사한다. 저자에 대한 웹사이트를 검색할 때 인터넷의 힘을 빌리는 것도 좋다; 경험이나 경력 관련한 개인 이력에 대한 정보; 출판물에 대한 평가나 참고물; 회사나 대학, 비영리 기관에의 소속 여부 등. 연락처에 대한 정보가 없는 사이트나 사람은 유의해야 한다.
  * 자격 요건과 관점에 대해 평가한다. 작성할 주제에 대한 저자의 자격을 비판적으로 검토하고 그/그녀의 자격과 소속에 근거하여 어떠한 관점을 옹호할 것으로 기대하는지 생각해본다. 투고메시지를 후원하고 있을 가능성이 있는 기관과 저자를 구분할 수 있어야 한다. 저자 혹은 후원자의 관점이 얼마나 반영되어 있을 것인가? 그러한 것들이 그들이 투고한 메시지의 사실이나 논쟁을 여러분이 이해하는 데 영향을 미치는가?

* 저자의 접근성과 신뢰성을 결정한다. 일반 시민들이 뉴스를 접하거나 보고하는 경우가 증가함에 따라 저자가 정보에 대해 가지는 접근성을 고려하는 것은 중요한 일이다. 저자가 주요 출처인가 혹은 2차적 출처인가? 만약 그/그녀가 직접 경험한 사실이라고 주장한다면, 그 주장의 정확성을 철저히 조사해야 한다. 만약 소셜 미디어 사이트일 경우에는 시간/날짜/위치 등을 확인하도록 한다. 동일한 사건을 목격하고 비슷한 주장을 하는 또 다른 누군가가 있지는 않은가? 이야기가 설득력이 있는가? 다른 이들도 동일한 사건에 대해 보고했는가? 저자가 새로운 정보를 포착한 사람이 맞는가 아니면 다른 사람의 이야기를 단순히 재포장한 것인가?

2) 사이트를 평가하는 방법

* 사이트의 후원자를 살펴본다. 그 사이트가 어디에 있으며 어느 나라에서 운영하는 사이트인지, 누가 사이트의 운영자인지를 생각한다. 사이트의 정보가 가지는 정확성에 대하여 누가 책임을 지는가? 얼마나 자주 업데이트 되는가? 웹 사이트의 URL(Uniform Resource Locatoer) 주소가 당신이 기관의 종류를 판별 하는데 도움을 주는가, 어디에 그리고 누구에게 URL이 등록되어 있는가, 그리고 국가의 소속은 어디인가? .gov, .mil, .edu로 끝나는 웹사이트는 정부의 승인을 받았거나 출처와 활용, 사이트 내 정보의 평가와 같은 몇 개 기준을 거쳐 승인을 받은 교육 기관일 가능성이 있다. 그러나 사이트 이름이 (특히 .com 또는 .net으로 끝나는 경우) 사이트에 드러나는 기관 그대로 저명한 소속이 아닐 수도 있음을 기억해야 한다. 정치적 편견에 항상 유의할 것이며 전문적 기준에 충족되지 않은 후원자나 기고자들인 경우에 언제나 유의해야 한다. 사이트 주소가 .org로 끝나는 경우 비영리 기관일 수도 있는데 따라서 아젠다와 편견정도에 따라 그 컨텐츠가 매우 훌륭하거나 허접할 수도 있다.

* 사이트의 의도를 파악한다. 웹사이트가 만들어진 이유를 아는 것은 당신이 컨텐츠를 판단하는 데 도움을 준다. 사이트가 정보 전달, 교육, 설

명, 영향력 행사 혹은 다른 사람을 설득해서 행동을 취하게 하려는 목적으로 개설되었는가? 저자가 일반 대중이 혹은 초보, 전문가가 참여하도록 의도하고 있는가? 사이트의 디자인 수준이나 편성내용 혹은 문법이나 오타 여부, 글씨체 등 사이트의 퀄리티를 위해 쏟은 관심의 정도 등을 통해 볼 때 정보 제공자가 얼마나 전문성을 가지고 있다고 생각되는가?

* 단순한 견해와 입증가능한 정보를 구분해본다. 정보가 사실인지, 견해인지 혹은 선전선동인지 알 수 있어야 한다. 그 자체로 확인이 되는가? 저자가 특정 편견이나 소속에 대하여 공표하면서 감정을 자극하는 언어 사용을 회피하고 있는가? 정보의 출처가 확실하고 출처 또한 입증된 것인가? 다른 명성있는 출처에 의해 승인되거나 타당성이 입증된 적이 있는가? 도서관이나 기관 또는 인터넷이 아닌 출처를 통해서도 그와 유사한 정보의 다른 버전이 구입가능한가? 만약 사이트 내 저자가 여러 명이라면, 각각의 저자는 합법이나 정확성을 위해 조사받을 필요가 있는가?

* 정보와 링크의 흐름을 체크한다. 정보에 날짜가 구체적으로 명시되어 있는가? 사이트 내에서 언제 마지막으로 업데이트 되었는지 혹은 지속적으로 업데이트 되어 왔는지 확인이 가능한가? 어떤 종류의 구체적인 정보나 출처가 링크로 연결되어 있는가? 주제와 관련한 저자들의 견해 혹은 사이트의 목적이 잠재적인 편견의 가능성은 있지 않은가? 연결되지 않는 링크를 달아놓은 것이 있지는 않은가? 사이트 내 파트너쉽을 맺거나 다른 그룹과 관계를 맺거나 외부 관련자에게 연결된 연계고리가 보이지는 않는가? 만약 사이트의 링크를 통해 다른 사이트로 연결이 된다면 다시 확실하게 확인을 해야 한다.

* 시간에 걸쳐 출처를 평가한다. 기관이나 새로운 출판사, URL 등은 팔거나 살 수 있으며 이에 따라 정치적 성향도 바꿀 수 있고 새로운 저널리스트를 고용할 수 있는데 이 모든 것이 사이트에서 찾을 수 있는 정보의 수준이나 품질에 영향을 미친다. 쉽게 참고하기 위해 각각의 사이트로부터 얻어진 정보들인 경우 그 특징이나 배경에 대해 짧은 광고문으로

소개해 놓은 사이트에 대해서는 항상 로그인할 수 있게 해둔다. 소유권과 연락처 정보를 판별하기 위해 Whois.net과 같은 사이트는 주기적으로 확인하도록 한다. Archive.org와 같은 사이트는 각종 사이트의 역사에 관한 정보를 확인하고자 할 때 큰 도움이 된다.

* 인터넷 정보에 항상 비판적 태도를 견지한다. 웹 사이트는 언제나 바뀌거나 공지 없이 폐지되거나 의도 없이 우연히 악의적인 해킹에 노출될 수 있다는 것을 알고 있어야 한다. 분석에 중요하게 참고될 수 있는 정보는 스크린 캡쳐를 다운로드 해두거나 그것을 인쇄하여 출력해 두어야 한다.

<그림 10.2>는 캐나다 정부가 이러한 조사를 시행할 때 참고하려고 개발한 유용한 검토목록이다.[2] 체크리스트를 통해 분석관은 컴퓨터 스크린에 나타난 그 이상의 것을 확인하고 웹 사이트의 저자나 운영자가 갖고 있는 편견이나 안건들에 대하여 판별할 수 있게 된다.

2.1 위키피디아의 사용은 어떤가?

대부분의 학계 기관과 마찬가지로 정보 분석 조직들은 정보출처로서 위키피디아(Wikipedia)와 같은 정보의 인용을 허용하지 않고 있는데, 위키피디아는 그 내용의 기원을 확인할 수 없는 다양한 출처로부터 획득한 제 3의 정보 집합체이기 때문이다. 위키피디아의 글들은 여러 명의 사람들에 의해 집단적으로 생산되어 그 퀄리티가 천차만별이다. 물론 이론적으로는 다양한 교육적 환경과 다방면의 전문 지식을 갖추고 있으면서 특정 주제에 상당히 관심을 갖고 있는 사람들이 공동체를 이루어 어떤 한 주제에 대한 전문적 지식은행을 쌓는데 기여할 것이라는 데에서 시작되었다. 시간이 지나면서, 이러한 글들은 다양한 커뮤니티의 기여자들로 인해 풍부해졌다. 기여자들은 참고 문헌에 대한 출처를 인용하도록 요구되지만 필수적인 사항은 아니다. 이 때문에 컨텐츠

---

2 This checklist was developed by the Canadian government to assist its analysts in evaluating the credibility of Web-based sources. It is published in Gudmund Thompson, *Aide Memoire Intelligence Analysis Tradecraft*, Version 4.02, and used with their permission.

의 일부분은 증명할 수 없는 것들도 많다.

그러나 위키피디아의 좋은 점은 가능한 가장 최근의 정보를 제공하며 또한 기존의 전통적인 수단이나 모국어를 통해서는 알 수 없었던 출처에 대한 하이퍼링크를 제공하고, 현역으로 활동적인 연구자 및 작가 풀이 넓다는 데에 있다. 나쁜점이라면 대부분의 글들이 유명한 전문가들에 의해 권위적으로 평가되거나 팩트가 확인되지 않는다는 것이다. 그러나 자체적으로 구성한 집단이 부적절한 컨텐츠나 반달리즘에 대해 모니터링과 편집을 하는 등 지속적으로 시스템을 감독하고 있다.

위키피디아(Wikipedia)는 연구자로 하여금 사회적 프로세스나 링크, 참고문헌 및 관련 연구를 비롯해 사이트의 강점과 약점에 대해 이해할 수 있게 충분한 시간을 갖으라고 장려한다. 위키피디아(Wikipedia)는 사고촉진자, 개념창조자, 출처 생산자로써 활용하기에 유익하나 단일 출처로 사용하거나 그 자체로 권위있는 출처로 활용하는 것은 바람직하지 않다. 저널리스트 폴라 베린스타인(Paula Berinstein)은 "대박난(스타트업)" 웹 기반의 백과사전 위키피디아(Wikipedia)와 "과거 유물"로 여겨지는 대영백과사전(Encyclopedia Britannica)을 비교하면서 "아주 좋은 출발점이자 연구 방법론의 교훈, 전문지식을 공유하는 재미난 방법, 획기적으로 업무를 시작하는 시작점"이 될 수 있다고 하였다.[3]

그림 10.2 인터넷 출처의 평가를 위해 만든 캐나다 정부의 검토목록

웹사이트의 이름:		신뢰성 평가
URL / 주소:	http://	낮음 1 - 2- 3 - 4 - 5 높음
1. 유형		☐ 지지 ☐ 비즈니스 ☐ 정보/출처 ☐ 뉴스 ☐ 개인 ☐ 엔터테인먼트
Meta-Tag 웹사이트(조회수/출처)가 유인하고자 하는 대상은 누구인가? 키워드는 무엇인가?		

3 Paula Berinstein, "Wikipedia and Britannica: The Kid's All Right(and So's the Old Mand)," *Information Today 14*, no.3 (March 2006), www.infotoday.com/searcher/mar06/berinstein.shtml.

구 버전(Older Versions) 사이트가 어떤 방식으로 발전되어 왔는가? (www.archive.org 점검)	
2. 컨텐츠	정보가 얼마나 신뢰할 만한가? □ 신뢰 □ 불분명 □ 불신
정확성 – 사실이나 논리의 오류 – 맞춤법, 오타 – 부정확한 날짜	
권위도 – 저자 자격 미달, 인용되지 않음 – 낮은 명성 – 출처 불분명	
목적성 – 노골적인 편향성 유무(용어 등)? – 설득적 목적? – 단일적 혹은 복합적 관점? – 광고나 후원자?	
사이트 흐름 – 과거 자료 – 마지막으로 업데이트된 시기? – 만료된 링크? (www.brokenlinkcheck.com 참고)	
취재 범위 – 어떤 중요한 누락?	
3. 운영자/저자	
기업의 법적인 정식 명칭: – 저작권이나 개인정보보호 관련 사항 확인	
도메인 관리자는 누군가?	
기업 합병자? 관리자/디렉터?	
4. 소속 기관 및 제휴사	
링크가 연결된 곳은? 공유된 전제? Tip. 구글 전화번호 및 주소	
사이트에 링크된 기관? – 제휴사의 본질 – 신빙성에 미치는 영향	
다른 사람들의 평가? 구글의 이름. 도시형 루머 (urban legend), 거짓말, 사기 여부 체크	
유사 사이트와 일치하는가?	

출처: 캐나다 정부의 허가를 받았음

2.2 신 사고의 촉진수단으로서 인터넷 사용

제9장에서 언급한 것과 같이, 막연한 검색은 우리의 뇌가 단편적인 정보를 더욱 많이 흡수해서 정신적 프레임을 풍요롭게 확장하고 어떤 이슈에 대해 전혀 새롭고다른 방식으로 사고할 수 있도록 우리를 변화시킨다. 관심 주제에 대해 넓은 범위의 컨텐츠를 검색함으로써 우리는 우리의 관점에서 무엇이 가능한지 판단하기 어려웠던 정보에 대해서 확장적으로 사고할 수 있게 해준다. 이는 사실에 기반한 분석틀의 엄격한 장벽에서 나와 주변 상황과 요인에 대해 더욱 상상력 있는 사고를 유발해 궤도를 변화시키게 할지도 모른다.

"하향식이든 상향식으로 하였든 인간이나 인간이 만든 것들은 다 지저분하다는 것이 불편한 진실이다. 대부분의 모든 출처는 오류를 포함하고 있다. … 대부분의 논픽션 서적들은 놀라울 정도로 엉성한 과정을 거쳐 쓰여진다. … 본 저자의 견해에 따르면, 위키피디아에 대한 소동사건은 현저하게 과장되어 있으나 한줄기 희망적인 것도 보인다: 사람들이 점점 더 정보를 있는 그대로 받아들이는 것의 위험성에 대해 인지하고 있다는 것이다. 그들은 이제 더 이상 한 가지 출처에 의존해서는 안된다는 것을 알기 시작했다. 그들은 저자나 에디터도 편견이 있을 수 있으며 숨겨진 안건을 가지고 있을 수 있다는 사실에 대해 인지하기 시작했다. 그리고 위키피디아의 드러내진 방법론과 취약성 때문에 이는 한편으로 비판적 사고에 대해 배우거나 가르칠 수 있는 기회를 제공한다.

－ 폴라 베린스타인(Paula Berinstein), Journalist, Information Today[4]

대부분의 분석관들은 정보를 추적하고 받아들이며 특정이슈에 대해 작성하면서 많은 시간을 보내지만, 그들은 이를 생각하거나 숙고하는 데에 쏟는 시간을 엄격하게 제한하기도 한다. 검색은 반드시 구체적인 목표를 가지고 있어야 하며, 그 목적 중의 하나는 카테고리나 요인, 동인, 지표 등 연구주제에 영향을 미칠 수 있는 것들을 발전시킬 수 있는 것이어야 한다. 이러한 방법을 통해 인터넷 출처는 그것이 유효하든 유효하지 않든, 우리의 구조적인 사고에 중요한 역할을 한다. 인터넷은 우리가 극단치나 잠재적 파괴자, 티핑 포인트

---

4 Ibid.

를 찾아내는데 도움을 주며 또는 레드 햇 분석과 다른 사람의 관점을 이해하는데 있어 새로운 통찰력을 찾는데 도움을 준다.[5]

2.3 정보의 신뢰성을 검증하기 위해 다양한 매체 이용하기

블로깅(Blogging). 개인 및 전문가가 사용하는 블로그의 등장으로 인하여 공통 관심사에 대해 공유하는 소셜 네트워크가 크게 활성화되었다. 블로거들은 주어진 주제에 관련해 열정을 가진 전문가이거나 일반인들이다. 그들은 그들의 주장을 내세우기 위하여 연구조사겨로가를 인용하곤 하는데, 그 분야의 전문가에게 기대되는 일생의 경험이나 공식적인 교육경력이 부재할 때가 있다. 이 때문에 저자를 평가하는 일은 극도로 중요하다.

때때로 블로그 자체가 아니라 밑에 달린 댓글들이 연구자의 흥미를 불러 일으키기도 한다. 블로그는 개방된 인터넷 상에서 "서로 떠드는" 커뮤니티의 사람들을 활성화시켜 연구자에게 정보에 대한 풍부한 출처를 제공하기도 한다.참여자들은 신분이나 자격에 대한 정보가 조사되는 것을 꺼려 필명을 사용하기도 하지만 그들의 생각이나 아이디어, 논평 등은 꽤 유용한 통찰력을 제공하기도 한다. 텀블러(Tumblr) 하나만 하더라도 2015년 10월 기준으로 약 2억 6000만 블로그 계정이 있는 것으로 추산된다.[6]

마이크로 블로깅(Microblogging). 트위터(Twitter)와 같은 서비스는 기존의 전통적인 출처인용 원칙에 부분적으로 예외가 되는 사례이다. 익명으로 작성되거나 디테일이 부족한 마이크로 블로그의 투고메시지는 갑작스러운 사건이나 위기 상황 예를 들어 자연 재해나 폭력이나 억압 사태, 테러리스트의 공격과 같은 상황에 대한 공지를 전달한다. 이러한 상황에서 현장에서 습득한 즉각적인 지식은 오랫동안 정확한 분석을 해온 전문 관찰자의 지식보다도 귀중

---

5 For more information about Red Hat Analysis, see Heuer and Pherson, *Structured Analytic Techniques*, 223–227.
6 Statista: The Statistics Portal, "Cumulative Total of Tumblr Blogs Between May 2011 and April 2016(in Millions)," 2016, http://www.statista.com/statistics/256235/total–cumulative–number–of–tumblr–blogs/.

할 수 있다. 그것은 나중의 문제일 수 있다. 동일 사건에 대해 보고하는 포스팅의 수와 재생산된 포스팅의 수는 자연 재해나 인위적 사고에 대한 확실한 정보의 제공이다. 예를 들어 트윗은 지진 피해의 범위 또는 응급 서비스의 기능에 대한 신속하고 가치있는 정보를 제공한다.[7]

해시태그(Hashtags). 해시태그는 프로그래머들이 상황 뒤의 메타데이터를 태그하던 것에서 유래하여 유저의 사이트로 컨텐츠를 검색하는 이들을 유인할 때 활용된다. 인터넷의 유저들이 다양한 활동을 하는 것을 비추어 볼 때,해시태그는 블로그나 마이크로블로그, 기타 소셜 미디어의 컨텐츠들이 거의 실시간으로 검색 가능한 컨텐츠가 되도록 활성화시킨다. 해시태그는 대개 하나의 단어로 이루어지거나 합성어 혹은 단어들의 모음으로 이루어진다. 해시태그는 대개 길이는 짧으나 상황에 대한 독특하고 기억에 남는 메시지를 전달한다. 2015년을 예로 들어 볼 때,가장 인기 있었던 해시태그는 #JeSuisCharlie, #BlackLivesMatter, #PrayforParis, #NepalEarthquake, #RefugessWelcome 등이다.

해시태그의 활용이 빈번해지면서 누가 그들(해시태그)를 사용하고, 왜 사용되는지, 해시태그와 더불어 사람들이 어떤 반응을 보이는지를 판단하기 위해 해석하는 분석적인 도구의 사용도 급증하였다. 해시태그만을 사용한다고 유용한 데이터를 생산하는 것은 아니지만 자료가 부족한 것 보다는 도움이 되는 것이 사실이다. 해시태그가 접목된 블로그나 마이크로블로그, 이미지 및 비디오를 활용하여 분석관들은 시간이 지나면서 스토리 라인을 개발할 수도 있으며 실시간 사건에 대한 지형학적 암시, 관련 사건에 대한 반응들의 감정을 이해하는 데에 도움이 될 수 있다.

이미지와 영상(Images and videos). YouTube나 Flickr와 같은 저명한 검색 엔진이나 독립 사이트는 이미지나 영상을 검색하는데 매우 유용하다. 해시태그 덕분에 검색에 있어 시간의 단축이나 더 높은 정확성이 가능해졌지만, 단순히 정보를 수집하는 것만으로는 충분하지 않다. 분석관들은 정보를 어떻게 활용해야 할지를 항상 유념해야 한다. 가장 중요한 정보는 무엇인가? 스토리

7 Evgeny Morozov, "Think Again: The Internet," *Foreign Policy* (May/June 2010): 40–44.

라인은 어떻게 되는가? 그러나 분석관들은 현재 진행중인 정치적 위기에 대한 정보가 구체적인 이슈의 주창자나 반대자 모두에게서 제공되었을 수도 있다는 것 역시 인지하고 있어야 한다. 이미지나 비디오는 자연 재해나 거리 시위와 같은 사건에 대해 빈약하게 서술한 보고나 독립적으로 확인되지 않은 출처를 확인하고자 할 때 가장 좋은 매체가 된다. 물론 이러한 이미지 또한 포토샵이나 기타 소프트웨어 툴을 통해 조작의 가능성을 배제할 수는 없다. 경제 및 정치적 상황의 발전에 있어서 새로운 사태의 발생을 찾는데 익명의 투고(포스팅)들이 얼마나 가치 있는지를 정하는 것이 어려운 과제이다.

지도영상(Mapping imagery). 영상이미지를 도표화하는 것과 같은 수단은 분석관들이 구체적인 장소와 물체 심지어 로드 맵이나 위성 사진, 거리 전경 등 지도가 포함하고 있는 사람의 행방에 관한 위치 정보를 파악할 수 있게 한다. 인터넷에서 가장 자주 활용되는 사이트는 Google Map이다. 분석관들은 출처의 이야기가 가능성이 있는지 판별하는데 맵을 활용할 수도 있다. 위성 사진은 대략적인 위치나 해발, 고도 등을 파악할 수 있게 해준다. 거리 전경은 분석관들이 지역 안전상황이나 지역 간 거리를 파악하는 데 도움을 준다. 그러나 지도 영상을 활용하는 것에도 한계가 있다. 이미지나 영상을 활용할 때 유의해야 할 점에 대해 언급한 것과 같이 분석관들은 동일한 사항을 유의해야 한다. 추가적으로 유저들은 하나의 특정 시간에 지역에 대한 조그마한 스냅사진 하나 정도만 건지는 경향이 있다.

인터넷이 더욱 발전하면서 자료를 수집하고 분류하는 방법이나 태도 또한 지속적으로 발전할 것이다. 분석관들은 적절하게 조사하거나 저자나 정보의 출처를 수집하는데 책임이 있다. 분석관들은 추가적인 출처를 통한 발견이나 조작이 쉬운 시각적 문헌으로부터 수집한 정보는 더욱 구체화해야만 한다.

2.4 주의사항

인터넷 정보의 손쉬운 활용으로 인한 잘못된 습관을 방지하기 위해 분석관들은 스스로 경계할 줄 알아야 한다. 제8장에서 한번 언급했지만 메시지를 분명히 하기 위해 본 단원에서 한번 더 반복해 언급한다.

* "복사 및 붙여넣기"는 표절이자 해서는 절대 안 되는 행위이다.
* 저자의 글귀나 아티스트의 이미지를 저작권 허가 없이 수록한 인터넷 사이트는 인용으로 참고하기에 적절하지 않다. 글귀는 저자의 허가 아래 포스팅 되어야 하며, 만약 저작권이 의심되는 경우, 인터넷 버전 대신에 원본의 출처를 밝히는 것이 옳다.
* 오늘날의 문제에 대한 해답은 Google에 숨겨져 있는 것이 아니므로 반드시 확실한 연구조사와 합리적인 추론을 통해 밝혀져야 한다.

주요 시사점

* 인터넷은 최신의 컨텐츠를 풍부하게 제공하지만 그 가치가 평가되지 않은 경우가 많고 웹 사이트에 따라 전혀 신빙성이 없을 수 있으므로 더욱 신경을 써서 다루어야 한다.
* 분석관들은 훨씬 더 분석적인 시각을 가지고 인터넷 컨텐츠에 대해 접근해야 하며, 이미 조사되거나 후원자가 있거나 저명한 자격증(credentials)인 경우 더욱 출처의 인용을 제한해야 한다.
* 위키피디아는 출처로써 사용해서는 안되나 몇몇 글은 주어진 주제와 관련한 참고 자료나 정보를 검색하는 데에는 도움이 된다.
* 분석관들은 좀 더 창의적인 사고를 위한 검색을 위해, 혹은 뉴스 속보에 대한 개인들의 관점을 보기 위해 블로그와 같은 인터넷을 활용할 수 있다.
* 이미지나 비디오, 지도 등은 사건을 둘러싼 있을 법한 상황을 논박하거나 발전시키는 분석적 과정에 효과적인 도움을 줄 수 있다.

사례연구 검토

사례 연구 1. "이란의 핵위협 대처: 스틱스넷과 그 함의"를 검토한다.

* 본 사례 연구에서 활용된 인터넷 출처 중에 어느 것이 좀 더 면밀히 조사
  되어야 할 것인가?
* 그림 10.2의 인터넷 출처를 평가하기 위한 캐나다 체크리스트를 활용하여
  가장 의심이 가는 인터넷 출처에 대해 평가를 해본다.
* 기존의 출처인용 규칙 중에 본 사례 연구에서 활용된 출처인용에 대해 어
  떤 예외적인 것이 적용되는 것이 있는가?
* 아래 질문에 대한 답변이 인터넷에서는 얼마나 가능성이 있게 나타나는
  가? : "이란이 스틱스넷에 대한 보복으로 미국 드론에 바이러스 침투공격
  을 가하였는가?"

3

나의 논점은
무엇인가?

확실한 증거와 논리에 기초하여 틀림없는 결론을 도출하는 것이 비판적 사고의 목적이다. 관련 증거자료를 모아서 평가한 다음에 해야 할 첫 번째 일은 작용하고 있는 핵심 가정과 정책결정자들이 결정을 내릴 때 근거로 삼는 것이 무엇인지 확인하는 것이다. 분석관들은 분석 프레임을 구성할 때 가급적 빨리 부적절한 가정들을 확인하여 배제할 필요가 있다. 부적절한 가정들은 많은 경우에 추가 조사와 수집을 필요로 하는 불확실성의 원인이 된다.

　　분석관들은 심지어 보고서를 작성하기 직전에도 자신의 주장 내용을 어떻게 구성하는 것이 최선인지에 대해 생각해야 한다. 그들은 조사를 진행할 때 그리고 초안을 작성하기 시작할 때에도 다음과 같은 점을 자신에게 스스로 질문해야 한다.

* 핵심 메시지는 무엇인가?
* 주제와 관련하여 가장 유력한 주장이나 설득력 있는 설명은 무엇인가?
* 이러한 주장을 뒷받침하는 가장 유력한 증거는 무엇인가?

　　보다 현명한 분석관들은 자신의 주장을 스토리로 구성하거나 사례 또는 그래픽으로 설명할 수 있는 방법을 생각할 것이다. 스토리로 구성하거나 사례 또는 그래픽으로 주장하는 내용을 설명하면 설명하고자 하는 논리에 대한 이해를 심화시키거나 강한 설득력을 갖게 한다. 이러한 것들은 시간이 흐를수록 수요자들이 분석에 대해 관심을 갖게 하는 기회를 증가시킬 것이다.

　　분석을 시작할 때 특히 평가적이거나 예측적인 보고서를 생산할 때에는 대안적 설명을 할 수 있어야 하며 그렇지 않더라도 최소한 가치중립적인 가설에 입각하여야 한다. 이러한 것들은 분석관들이 위험한 인지적 편향과 직관적 함정 그리고 최악의 상황에 빠질 위험을 예방하는 데 도움을 준다. 모든 사람들이 과거에 발생한 역사적 사실에 대해서도 논쟁의 여지가 없는 것이 거의 없다고 하는 데 동의하면서 왜 미래에 발생할 일에 대해서는 분석관들이 오직 하나의 관점에 입각하여 예측해야 한다고 생각하는 것일까? 미래의 관찰 가능한 현상이나 복수의 시나리오를 본능적으로 만들어내는 훈련이 되어 있는 분석관들은 일반적으로 견실한 분석 프레임을 구성하고, 분석범위를 파악하며, 논리적 오류를 회피하고, 낡은 관념적 모형(mental models)과 선입관(mindsets)을 회피하는 데 보다 숙달되어 있다.

　　경쟁적 시나리오와 대안적 시각을 하나의 보고서에 담는 것은 정치화의 압력을 회피할 수 있는 최선의 방안 중 하나이다. 구조화 분석기법은 자료를 파악할 수 있는 엄격하고 객관적인 기준을 제공하고, 모순되거나 입증되지 않은 가정들을 검증하며, 분석이 경쟁적으로 이루어질 수 있도록 하는 증거에 입각한 논리적 기초를 제공한다. 만약 분석관들이 정보사용자와 수요자들에게 단순히 있을 수 있는 다양한 결론에 대해 설명하는 것이 아니라 핵심증거를 중점적으로 다루고 기초를 이루고 있는 논리를 구조적으로 설명할 수 있다면 그들의 역할을 훌륭하게 수행한 것이다.

　　그러나 아무리 철저하게 분석을 한다고 해도 오류는 생기게 마련이다. 정보분석에 있어서는 가장 숙달된 분석관이라고 하더라도 분석 당시에는 60% 이상 적중하면 성공이라고 생각하게 된다. 비록 그들이 담당하는 업무가 자료가 부족하고 복잡하다는 것을 감안하더라도 이 것이 적절한 기준이라고 할 수는 없다. 이러한 기준을 달성하거나 초과 달성하기 위해 분석관들은 업무를 시작하기 전에 자신의 업무를 신중하게 점검할 필요가 있다. 그러나 보고서 편집 전에 중요한 오류나 취약점을 발견하는 것이 보고서가 발간된 후 몇 달이 지난 뒤에 동료들이나 감독기관 또는 의회 위원회에서 오류에 대해 해명하는 것보다 훨씬 낫다고 주장하는 사람은 별로 없다. 훌륭한 비판적 사고를 하는 사람들은 사전 실패가정 분석(Premortem Analysis)을 하는 것이 사후에 실패원인을 규명하는 청문회에 대응하는 것보다 시간도 절약되고 스트레스도 적게 받는다는 것을 잘 알고 있다.

CHAPTER 11

핵심 가정들은 잘 수립되었는가?

1. 준비사항 점검

대부분의 분석적 판단은 증거와 증거의 해석에 영향을 미치는 가정의 결합에 기초하여 이루어진다.[1] 가정(assumption)이란 당연하다고 생각하는 것이거나, 사실 또는 발생할 것이 확실하다고 받아들인 것이라고 정의된다.[2] 훌륭한 비판적 사고를 하는 사람은 가정이 언제나 확실한 것은 아니라는 것을 알기 때문에 모든 가정에 대해 비판적으로 검증해야 한다고 생각한다. 사람의 인지적 절차가 가정을 발견하거나 분명하게 설명하는 것을 어렵게 하는 것이 문제이다.

이러한 인지적 장애를 극복하기 위해서는 숨어 있는 가정이 드러나도록 하는 절차를 활용하는 것이 중요하다. 개인 분석관 또는 분석 팀은 추정과 편향에 대해 보다 비판적으로 생각할 수 있도록 해 주는 "서로 다른 모자" (different hat)를 쓸 필요가 있다. 핵심가정 점검(Key Assumptions Check)이라는

---

1 이곳에서 사용된 자료들은 퍼슨 어소시에이츠(Pherson Associates)의 교재(www.pherson. org)에서 가져온 것이다. 핵심가정 점검(Key Assumptions Check)과 이것이 다른 구조화 분석기법과 어떤 관련이 있는지에 대해서는 휴어(Heuer)와 퍼슨(Pherson)이 공저한 『구조화 분석기법』(*Structured Analytic Techniques*)에도 수록되어 있다.
2 가정(assumption)이라는 단어의 첫 번째 정의는 웹스터 사전(www.merriam-webster. com/dictionary/assumpion)의 것이고, 두 번째 정의는 옥스퍼드 영어사전(http://oxforddi ctionaries.com/definition/assumption)의 것이다.

구조화 분석기법이 그 도구가 될 수 있다.

2. 심화검토

유클리드(Euclid)는 나에게 가정이 없으면 증명할 수 없
다고 가르쳤다. 그러므로 어떤 주장에 대해서도 가정은
검증되어야 한다.

　　　　　　　　　　　　　　　- E.T. Bell
　　　　Author and Research Mathematician[3]

핵심가정 점검은 어떤 문제에 대한 분석관의 증거해석과 논리구성의 가이드 역할을 하는 가정에 대해 그 존재를 분명히 하고 이에 대해 의문을 제기하지 않도록 하기 위한 체계적인 노력이다. 이러한 가정은 분석관이 다루는 불완전하고 애매모호하며 때로는 기만적인 첩보 때문에 발생하는 갭을 메우는 수단으로서 반드시 필요하거나 불가피한 경우가 많다. 가정은 분석관의 교육, 훈련 그리고 경험에 의해 형성된다. 또한 가정은 분석관이 일하는 조직 분위기에 강하게 영향을 받을 수 있다.

핵심가정 점검은 분석관이 분석적 함정을 피하고 새로운 통찰력을 얻으며 지식의 갭을 발견하는 데 도움을 준다. 이것은 또한 사용이 용이하다. 대부분의 분석관들은 자신이 가지고 있는 가정의 존재를 파악하기 어려운데 그 이유는 많은 가정들이 무의식중에 형성되거나 의심할 수 없이 확실하다고 생각되는 사회문화적 신념에 기초하고 있기 때문이다. 그럼에도 불구하고 핵심 가정을 파악하고 가정이 분석에 미치는 영향력을 전반적으로 평가하는 것은 견실한 분석절차에 있어 결정적으로 중요한 부분이다. 또한 핵심가정 점검은 드러나지 않은 이면의 관계를 밝히고, 새로운 첩보를 통해 오래된 가정이 타당하지 않다는 것을 밝혀서 경고실패의 위험을 줄여준다.

핵심가정 점검을 수행하는 절차는 개념적으로는 비교적 단순하지만 실제로는 복잡한 경우도 있다. 핵심가정의 목록을 만들 때에는 현재의 주도적 분

---

3 E.T. Bell, "What Mathematics Has Meant to Me," republished in *Harmony of the World 75 Years of Mathematics Magazine*, eds. Gerald L. Alexanderson and Peter Ross (Mathematical Association of America, 2007).

위기나 선행가설부터 이것을 뒷받
침하는 핵심요소까지 파악하여야
한다. 핵심가정 점검은 분석절차의
어떤 시점에서도 수행할 수 있다.
대부분의 분석관들은 분석절차의
후반에서 잘못된 가정을 발견하고
보고서 초안을 다시 작성하거나 개

> 핵심가정과 중요한 자료에 대한 검증을 하지 않는다면 그 결과는 잘해야 어설픈 분석이 될 것이고, 잘못하면 중요한 정보실패의 사례가 될 것이다.[4]
>
> – Randolph H. Pherson
> "Overcoming Analytic Mindsets:
> Five Simple Techniques" [5]

념을 다시 수립해야 하는 것과 같은 일을 피하기 위해 분석절차를 시작할 때
핵심가정 점검을 수행한다. 분석관은 작업을 마치고 가정의 목록을 재검토하
게 되면 가정이 여전히 유효한지 아니면 그 동안 발생한 사건으로 수정되어야
하는지 알 수 있게 될 것이다.(그림 11.1 참조)

핵심가정 점검을 수행할 때 개방적인 마음을 갖는 것이 대단히 중요하다.
작동하고 있는 가정들을 편견 없이 검토하기 위해 주제와 관련이 적은 사람들
이 포함되도록 하는 것이 좋다. 우리들의 경험에 의하면 핵심가정 점검을 주
의 깊게 수행하게 되면 약 4분의 1의 핵심가정이 타당하지 않은 것으로 나타
나게 된다.

핵심가정 점검은 8단계의 절차로 이루어진다. 그림 11.2는 핵심가정 점검
을 수행하는 데 활용할 수 있는 견본이다. 8단계의 절차는 다음과 같다.

1. 일부의 외부사람을 포함하여 이슈와 관련된 업무를 하는 소그룹의 사람들
   을 모은다. 주된 분석부서는 이미 확립된 관념적 모형(mental model)에 따
   라 업무를 하고 있으므로 다른 시각을 가진 외부사람들을 충원하는 것이
   필요하다.

2. 참석자들에게 모임에 출석할 때 가정의 목록을 제출하도록 요구한다. 만
   약 아무도 목록을 제출하지 않았다면 모임을 시작할 때 침묵 브레인스토

---

4 Randolph H. Pherson, "Overcoming Analytic Mindsets: Five Simple Techniques," pre-
  sentation to the National Security and Law Society, Emerging Issues in National and
  International Security, March 21–22, 2005, Washington College of Law, American University,
  Washington D.C.
5 Ibid.

밍(silent brainstorming)을 진행한다. 참석자들에게 종이에 가정을 적어서
제출하도록 요구한다.

3. 종이를 수거하여 가정의 목록을 모두가 볼 수 있도록 화이트보드 같은 곳
에 제시한다.

그림 11.1   주의사항: 가정 재점검

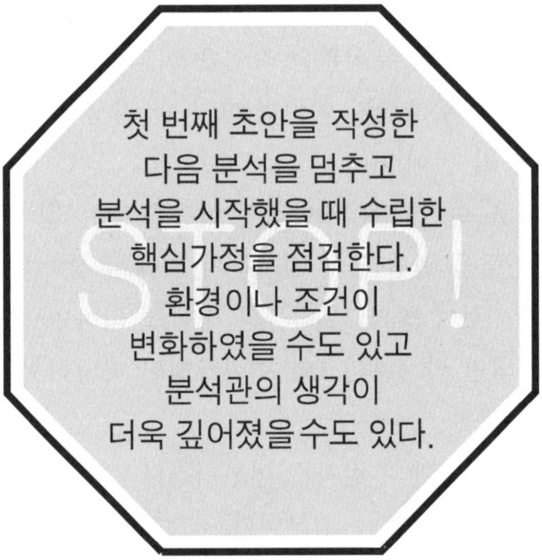

첫 번째 초안을 작성한
다음 분석을 멈추고
분석을 시작했을 때 수립한
핵심가정을 점검한다.
환경이나 조건이
변화하였을 수도 있고
분석관의 생각이
더욱 깊어졌을 수도 있다.

4. 추가적인 가정을 도출한다. 핵심가정이 지지하는 주도적인 분석적 입장에
서 출발한다. 참석자들의 생각을 촉진시킬 수 있는 다양한 방안을 활용한
다. 언론기자들이 일반적으로 사용하는 누가, 언제, 어디서, 무엇을, 어떻
게, 왜와 같은 질문을 사용한다.

   a. '언제나 그럴 것이다', '언제나 그렇지 않을 것이다', '그래야 할 것이다'
   와 같이 표현되는 것들은 점검된 일이 없을 것이므로 점검이 필요할 것이
   이다.

   b. '~에 기초한다면', '일반적인 경우라면'과 같이 표현되는 것들은 점검
   할만한 가정이라고 할 수 있다.

그림 11.2 핵심가정 점검 작업표

핵심가정 이슈:

범 주
A. 지지할 수 있는 것
B. 조건이 부가되는 것
C. 지지할 수 없는 것– 핵심 불확실성

핵 심 가 정	A	B	C
1.			
2.			
3.			
4.			
5.			
6.			
7.			
8.			
9.			
10.			
11.			
12.			

5. 모든 가정을 확인한 다음에 각 가정을 비판적으로 검토한다. 다음과 같은 질문을 제기한다.

 a. 나는 왜 이 가정이 옳다고 확신하고 있는가?

 b. 어떤 환경이 되면 이 가정이 사실이 아닐 수 있을까?

 c. 과거에는 사실이었을 수 있지만 현재에는 더 이상 사실이 아닐 수 있을까?

      d. 이 가정이 타당하다는 데 대해 얼마나 확신을 가질 수 있는가?

      e. 만약 사실이 아니라고 판명된다면 분석에 얼마나 큰 영향을 미칠 것인가?

6. 각 가정을 3개 범주 중 하나로 분류한다.

      a. 기본적으로 확실하고 지지할 수 있는 것

      b. 일정한 조건 하에서 타당한 것

      c. 지지할 수 없는 것 - 핵심 불확실성

7. 토론을 통해 정확하지 않은 가정을 삭제하고 새로 수립된 가정을 첨가하여 가정의 목록을 재정리한다.

8. 지지할 수 없는 가정이나 핵심 불확실성을 나타내는 것을 수집요구 또는 조사항목으로 전환하는 것이 바람직한지 검토한다.

    분석관이 어떤 가정을 어느 범주에 포함시킬 것인지를 결정할 때 사용할 수 있는 하나의 기준은 "정책결정자 또는 정치인이 이 가정에 기초하여 자원이나 인력을 동원할 수 있겠는가"를 판단해 보는 것이다. 만약 긍정적인 대답이 가능하다면 그 가정은 지지되는 것으로 평가할 수 있다. 만약 대답이 조건에 따라 가능할 수도 있다면 일정조건 하에서 타당한 가정이 될 것이다. 만약 부적절하거나, 인력이나 자원을 동원하는 것을 정당화하기 어렵다면 그 가정은 지지를 받지 못하는 것으로 평가되어야 한다.

    일부의 분석관들은 가정(assumptions)과 평가(assessments), 그리고 첩보(information)와 정보(intelligence)를 구분하지 못하는 경우가 있다.(그림 11.3 참조) 가장 중요한 것은 자신의 의식 속에서 무엇을 분석하고 무엇을 보고하는지 확실하게 결정하고, 이것을 분석 또는 보고서 작성과정에서 확실하게 문장으로 표현하는 것이다.

    핵심가정 점검은 보고서 초안을 작성하는 모든 과정에서 중요하다. 대부분의 가정점검이 수행하는 분석의 결론에 초점을 맞추어 이루어지지만, 분석을 뒷받침하는 자료의 신뢰성 및 정확성과 관련이 있는 가정을 점검하는 것도 분석의 중요한 결론에 영향을 미친다.

그림 11.3 첩보, 가정, 판단, 평가의 구별

초급 분석관들은 종종 첩보와 핵심가정, 평가, 판단을 혼동하여 보고서를 작성하는 실수를 한다.

* 첩보(information)는 사건 또는 상황과 관련된 모든 사실로 구성되어 있다.

* 가정(assumptions)은 특정한 문제에 대한 분석관의 증거해석과 추론을 안내하는 역할을 하며 당연한 것으로 받아들여지는 경우가 많다.

* 판단(judgments)은 보고서의 가장 중요한 분석 포인트를 짧은 문장으로 강조하여 표현한 것이다. 판단에는 "무엇"(what)이라는 사실과 "그래서 어떻게 되고 무엇을 할 것인가"(so what)라는 분석이 모두 포함되어 있어야 한다. 훌륭한 핵심판단은 흐름을 파악하고, 새로운 것을 찾아내며, 보고서에 인용된 사실의 의미를 설명한다. 핵심판단은 중요한 순서에 따라 가장 관련성이 많은 것부터 제시되어야 한다. '왜냐하면'이라는 말을 사용하는 것은 그 문장이 판단을 포함하고 있다는 것을 나타내는 중요한 표지가 된다. 요약은 보고서에서 논의한 내용을 간략하게 정리하는 것이고, 판단은 보고서의 목적이나 주요 메시지를 표현하는 것이다. 핵심판단을 잘 표현하는 것은 대단히 중요한 기술인데 왜냐하면 고객들은 이 부분밖에 읽을 수 있는 시간이 없는 경우가 많기 때문이다.

* 평가(assessments)는 다음과 같은 불확실한 것에 대한 판단이다.
  - 누가 관련되어 있는가?
  - 무엇이 일어날 것인가?
  - 언제 발생할 것인가?
  - 어디서 발생할 것인가?
  - 왜 일어날 것인가?
  - 이것은 무엇을 의미하는가?
  - 이것은 어떻게 발전할 것인가?

분석과 첩보를 분리하고, 가정, 판단, 평가로부터 보고를 구분하는 것은 다양한 방법으로 이루어질 수 있다. 가장 쉬운 방법은 첩보나 보고 자료를 먼저 제시하고 그 다음에 분석과 핵심판단이 포함된 문장을 전개하는 것이다. 다른 방법은 보고 사실과 분석을 서로 관련이 있는 하나의 줄거리로 만들어 같은 문장에서 보고하면서 분석에 대해서는 강조체로 굵게 표현할 수도 있다. 중요한 것은 무엇이 보고된 사실이고 무엇이 자신이 진행한 분석인지를 구분하여 분명하게 표현하는 것이다.

이미 알려진 사실이나 이전에 발생하여 보고된 것에 대해서는 평가를 하지 말아야 한다. 예를 들면 해커가 어린이들을 이용하거나 어린이 포르노를 광고하기 위해 인터넷을 이용한다고 평가하지는 않겠지만, 해커가 이러한 목적으로 인터넷을 이용하는 것이 증가하고 있고 더욱 교묘해지고 있다고 평가할 수는 있다.

주요 시사점

* 핵심가정을 확인하고 그 타당성을 평가하는 것은 타당한 분석절차를 진행하는 데 있어 결정적으로 중요한 부분이다.
* 만약 어떤 가정이 확고하고 지지를 받을 수 있는 것이라면 정책결정자 또는 의사결정자는 이 가정에 입각하여 자원배분을 결정할 수 있다.
* 경험에 의하면 핵심가정에 대해 비판적으로 검토하면 약 4분의 1은 확실하지 않은 것으로 판명되었다.
* 확실하지 않은 핵심가정들은 추가 조사나 정보수집을 통해 해결되어야 할 핵심 불확실성이 되는 경우가 많다.
* 판단은 '왜냐하면'이라는 단어를 포함하는 문장에 표현되는 경우가 많다. 분석관은 첩보나 보고자료, 핵심판단과 핵심가정을 혼동하지 말아야 한다.

사례연구 검토

사례연구 2. "독일의 식중독 사건의 수수께끼"를 검토한다.

* 이 사례의 첫 부분에서 보고자 또는 분석관은 독일에서 발생한 대장균 바이러스 사건에 대해 어떤 핵심가정을 수립하였는가? 핵심가정 가운데 지지된 것, 조건이 필요한 것 그리고 지지되지 않은 것은 얼마나 되는가?
* 핵심가정의 4분의 1이 지지되지 않는다고 하는데 이 사례에 있어서도 그런가?
* 핵심가정 점검은 독일 공무원들이 이 사례를 다루는 데 어떤 도움이 되었는가?
* 만약 핵심가정 점검이 수행되었다면, 수사의 우선순위를 제시하여 제거할 수 있었던 핵심 불확실성에는 어떤 것이 있었는가?

CHAPTER 12

나의 사례를 만들 수 있는가?

1. 준비사항 점검

분석절차에 있어 가장 중요한 것은 자료로부터 지식을 추출하고 의미를 파악하는 것이다. 대부분의 사람들은 시간과 노력을 들이면 이러한 일을 자연스럽게 할 수 있지만, 일부의 사람들은 조각들을 모아서 단순한 조각들의 집합 이상의 하나의 의미를 만들어내는 데 어려움을 겪는다. 예를 들면 우리가 가르친 많은 학생들은 마약조직이 국경을 넘나들면서 폭력행위를 하거나 군사작전 수준의 공격계획을 수립했다는 것을 알 수 있는 경우에도 자료의 조각으로부터 "그래서 어떻다는 것인가"(So What)를 이끌어내는 데 어려움이 많았다. 그들은 개별적인 자료의 부분적 의미에 집착하여 사실을 넘어서는 당면한 위험을 파악하고 경고를 발하지 못하였다.

분석관이라는 직업은 고객들에게 다른 곳에서는 얻을 수 없는 통찰력을 제공하는 것이다. 분석관은 복잡한 사건을 명쾌하게 해석할 수 있어야 한다. 분석관의 주된 임무는 사건의 배경이 되는 핵심 추동력과 요소를 파악하여 의사결정자들이 진행 중인 사건을 신속하게 이해하고 필요한 대응조치를 할 수 있도록 하는 것이다. 분석관이 자신의 생각을 전달하는 방법은 사례나 스토리를 구성하는 것이다.

2. 심화 검토

> 팔린: 글쎄, 주장은 반박과 같지 않아.
>
> 클리스: 같을 수도 있어.
>
> 팔린: 아니야, 같을 수가 없어. 주장은 분명한 명제를 수립하기 위한 일련의 진술들로 구성되어 있어.
>
> 클리스: 아니야, 그렇지 않아.
>
> 팔린: 맞다니까. 반박은 그런 것이 아니고.
>
> – Michael Palin and John Cleese
> "The Argument Clinic,"
> *Monty Python's Flying Circus*

분석의 결과물은 철학자나 논리학자가 논리적 주장(logical argument) 또는 추론(reasoning)이라고 부르는 바로 그것이다. 분석의 결과물은 분석관이 무엇이 사실이고 무엇이 사실이 아닌지 판단한 결과를 전달해 주는 수단이다. 분석적 주장에 도달하는 과정은 고객이 제기하는 명시적 또는 묵시적인 의문사항에 대해 최선의 대답에 도달하기 위해 일종의 대화를 통한 변증법과 같은 과정을 거치게 된다.

특히 새로운 분석적 시도를 하고 미래에 대한 전망을 하여야 하는 경우에는 타당성 있는 주장에 도달하는 것이 쉽지 않다. 이 책의 뒷표지 안쪽에 있는 분석관 로드맵(Analyst's Roadmap)을 활용한다면 분석과정을 보다 용이하게 진행할 수 있을 것이다. 분석적 문맥이나 분석적 틀(제3장 참조) 그리고 AIMS절차(제4장 참조)는 분석적 주장의 범위와 한계를 결정하는 데 도움이 될 것이다. 개념도(제8장 참조)는 분석결과 도출 계획, 조사방법 선택, 근거자료 수집 방침을 제공해 줄 것이다.

앞에서 논의한 바와 같이 분석의 목적은 어떤 이슈를 그 구성부분으로 작게 분해하는 것이다. 통합은 분해한 구성부분을 다른 것들과 결합 또는 비교하거나, 전체적인 시스템을 평가하여 새로운 지식을 만들어내는 기능을 한다. 분석적 주장은 고객의 질문에 대답하기 위해 이 모든 것들을 활용하고, 핵심적 부분을 입증하기 위해 최선의 증거를 동원한다.

3. 분석적 주장의 수립

주장은 일련의 진술들로 구성된다. 결론을 구성하는 하나의 진술은 다른 진술들에 의해 논리적으로 뒷받침되어야 한다. 결론은 설득력 있는 증거에 기초하여야 하며, 관찰 가능하고 명백하며 추적 가능한 사실에 입각하여 합리적인 사고로 도출되어야 한다. 단계적으로 접근하는 방법은 다음과 같다.[1]

* 몇 분간의 시간을 활용하여 자기 자신의 생각을 점검한다.
  - 자신의 AIMS를 재검토한다.(제4장 참조)
  - 자신의 의문점을 재정리하고 합리적인 대답의 범위를 검토한다.
  - 이러한 대답과 밀접한 관련이 있는 증거자료의 주된 유형이 어떤 것인가를 생각한다.
  - 독자가 자신이 제시할 대답과 증거에 대해 갖게 될 의문과 반대의견을 예측한다.

* 자신의 사전 작업에 기초하여 잠정적 주장을 상정한다.

* 잠정적 주장을 뒷받침할 관찰 가능한 증거를 생각한다.

* 왜 그 자료가 잠정적 주장과 관련이 있는지 논리를 생각하여 연결한다. 주장과 논리는 보통 '왜냐하면'이라는 말로 연결될 수 있다.(개연성과 신뢰도를 표현하는 데 있어 '왜냐하면'이라는 말의 중요성에 대해서는 제17장을 참조)

* 다른 관점을 파악하여 차이점을 이해하고 자신이 왜 그렇게 생각하는지 증거와 논리를 제시한다.

* 자신의 주장, 논리, 증거에 대해 재검토한다.

---

1 분석적 주장에 대한 논의는 논리전개에 관한 많은 저술을 참고로 하였지만, 주로 퍼슨 어소시에이츠(www.pherson.org)의 교육훈련 교재를 인용하였다. Louis M. Kaiser and Randolph H. Pherson, *Analytic Writing Guide* (Reston, VA: Pherson Associates, 2014), Wayne C. Booth, Gregory G. Colomb, and Joseph M. Williams, *The Craft of Research*, 3rd ed, (Chicago: University of Chicago Press, 2008), Joseph M. Williams and Gregory G. Colomb, *The Craft of Argument*, 3rd ed, (New York: Pearson Education, 2007), Stephen E. Toolmin, *The Uses of Argument*, 2nd ed. (Cambridge, UK: Cambridge University Press, 2003), Frans H. van Eemeren et al., *Fundamentals of Argumentation Theory* (Mahwah, NJ: Lawrence Erlbaum, 1996), Katherine J. Mayberry, *Everyday Arguments* (Boston: Houghton Mifflin, 2009).

> "극단적인 주장은 극단적인 증거가 필요하고, 증거 없이 주장하는 것은 증거 없이 무시해도 된다고 하는 논리의 기본법칙을 잊어서는 안 된다."
>
> – Christopher Hitchens
> Author and Journalist, *Slate*, October 2003

이 절차는 대단히 단순하게 보이지만 만약 질문이나 잠정적 주장이 하나 이상이 되면 갑자기 복잡해 질 수 있다. 최고 우선순위의 주장 또는 대학의 리포트 작성에 있어 명제는 논리에 의해 뒷받침되고, 논리는 다시 작은 주장 또는 소명제가 되어 다른 논리에 의해 뒷받침되게 된다. 서로 연결된 주장과 논리는 최종적으로 증거 또는 가정에 의해 뒷받침되게 된다. 결국 어떤 주장의 타당성은 이를 뒷받침하는 증거의 타당성에 의해 좌우된다.

만약 어떤 주장과 논리를 뒷받침하는 증거가 분명하고 직접적이라면, 이러한 사실을 논리적으로 전개하여 주장을 일반화시킬 수 있을 것이다. 이러한 관계를 보여주는 일반적인 예가 연기가 나면(증거) 화재를 추론(주장)하는 것과 같다. 왜냐하면 연기는 오직 화재가 있을 때에만 나기 때문(논리)이다. 다른 예로는 다음과 같은 것이 있다.

(예시)

주장: 조직폭력단이 공공사회의 안전에 대한 위협을 증가시키고 있다.

근거1: 조직폭력단이 도시지역은 물론이고 교외지역으로도 이주하고 있다.

증거: 영역표시와 조직폭력단 관련 강력사건이 도시지역뿐만 아니라 교외지역에서도 나타나고 있다.

근거2: 그들은 광범위한 활동을 하고 있다.

증거: 거물급 마약밀매상들이 무기거래와 불법이민에도 관여하기 시작하였다.

근거3: 많은 조직폭력단들이 인터넷을 이용하여 국제적으로 활동하고 있다.

증거: 최근에 북부와 남부의 국경지대에서 외국 마약조직과 관련이 있는 범죄에 사용된 이메일 통신이 입수되었다고 보도되었다.

그러나 분석의 결과로서 이러한 관계가 직접적으로 나타나는 경우는 드물다. 증거가 애매모호할 수도 있고, 고객이 선입관(mindsets)과 경험에 따라 다른 방법으로 해석할 수도 있다. 하나 이상의 시나리오에서 나타날 수 있는 지표(indicators)들만 나타나는 경우도 있다. 이러한 경우 분석관은 증거 (evidence)를 주장(claim)으로 연결시키는 논리(reasons)를 확실하게 찾아내야 하는 부담을 갖게 된다. 분석관은 어떻게 하면 분석에 사용한 증거와 논리의 타당성을 발견하고 개념적 갭(conceptual gap)을 메워서 고객들이 분석관의 전문지식에 대해 신뢰를 갖게 하고, 그들의 수요를 이해하고, 그들의 질문에 대답할 수 있을 것인가?

효과적으로 분석적 주장을 도출하는 방법을 배우기 위해서는 실습을 하는 것이 가장 좋은 방법이다. 인류학자인 로브 존스톤(Rob Johnston)은 정보분석관, 우주비행사, 마취전문의와 같은 지적인 활동이 필요한 전문가에 대한 연구에서 전문지식을 발전시키기 위해서는 다음과 같은 6단계가 필요하다고 하였다. (1) 사례연구 (2) 사례 속의 패턴 확인 (3) 여러 사례에 걸쳐 나타난 패턴의 일반화 (4) 가설의 공식화 (5) 분석의 틀 수립 (6) 분석의 틀 검증.[2] 그는 분석을 위한 전문기법(expertise)을 숙달하기 위해서는 약 7년에서 10년에 걸쳐 약 50,000개의 사례를 다루어 보는 것이 필요하다고 결론을 내렸다. 각 단계에 소요되는 시간은 개인의 능력과 이슈의 복잡한 정도에 따라 달라진다. 비슷하게 맬콤 글래드웰(Malcolm Gladwell)도 『국외자』(Outlier)라는 책에서 "1만 시간의 법칙"이라는 개념을 주장하여 유명해졌는데, 성공하기 위해서는 타고난 재능보다는 약 1만 시간의 꾸준한 연습이 필요하다는 것이다.[3]

신임 분석관을 교육하고 지도한 경험에 의하면 분석적 주장을 수립 (argumentation)하는 전문기법을 숙달하기 위해서는 다음과 같은 방법을 활용하는 것이 유용할 것이다.

---

2 Rob Johnston, "Analytic Culture in the US Intelligence Community - an Ethnographic Study," Center for the Study of Intelligence, 2005, https://www.cia.gov/library/center − for−the−study−of−intelligence/csi−publications/books−and−monographs/analytic−culture−in−the−u−s−intelligence−community.

3 Malcolm Gladwell, *Outlier* (New York: Lettle Brown, 2008), 39−42.

* 마음속에 주장(claims), 논리(reasons), 증거(evidence)의 구조를 설정한다. 이러한 말들이 다른 의미로 사용되면 용어의 혼란이 초래된다.(그림 12.1 참조)[4] 어떤 주장을 구성부분으로 나누어 보는 것은 분석의 결과를 구조적으로 단순화시켜 줄뿐만 아니라 자신의 보고서나 다른 사람의 보고서를 재검토하는 데 도움을 줄 것이다.

* 자신의 주장, 논리, 증거가 특별하고 의미심장한 것이라는 것을 강조한다. 시간이 없는 고객들은 자신이 "사용할 수 있는 뉴스"만 찾고 자신에게 도움이 되지 않는 막연하거나 일반적인 것들은 간과하게 된다. 자신의 주장이 반대편의 입장에서도 중요한 것인지 스스로 평가해 보거나 동료들에게 부탁하여 평가한다.

* 적절한 검증을 거쳤다는 내용을 포함시킨다. 자신이 주장하는 것은 모두 신중한 검토의 결과 채택되었거나, 가정(제11장 참조) 또는 확실성(제17장 참조) 검증을 분명하게 통과한 것이라는 점을 밝혀야 한다.

* 단순한 의견이나 증거가 뒷받침되지 않는 논리를 제시하는 것을 피한다. 어떤 관리자는 분석관들이 개인적 의견을 제시하는 것은 분석이 아니라는 점을 이해하지 못한다면서 한탄하였다. 의견은 믿음, 감정, 직감에 기초한 것이다. 분석은 이것들이 일부 포함될 수도 있지만, 의식적으로 증거와 선택대안들과의 연결 여부를 검토한 다음에 주장하여야 한다.

* 자신의 주장을 광범위한 맥락과 다른 사람들의 의견을 반영하여 풍부하게 만들어야 한다. 학술적 연구는 많은 인용과 참고문헌을 통해 다양한 의견을 반영하고 있으나, 대부분의 분석 보고서에서는 간략하거나 간접적으로 반영되어 있다.

---

4 주장(claim)이라는 말은 분석의 결과를 뒷받침하는 주요 주장(main claim) 또는 하위 주장(sub claims)을 지칭할 수 있다. 근거(reason)는 다른 근거(other reasons)들에 의해 뒷받침이 되면 그것 자체가 주장(claim)이 될 수도 있다. 증거(warrants)는 근거를 추가적으로 뒷받침하는 것으로서, 일반적인 환경에서 근거를 일반적인 결과와 연결시키는 것이다. (예를 들면, 담뱃불은 화재의 원인이 된다 또는 동물은 위험을 느끼면 도망친다와 같은 것이다) 주장을 수립하는 방법에 대한 보다 상세한 내용은 다음의 책자를 참고할 수 있다. Booth, Williams, and Colomb, *The Craft of Research*.

그림 12.1 주장의 요소들

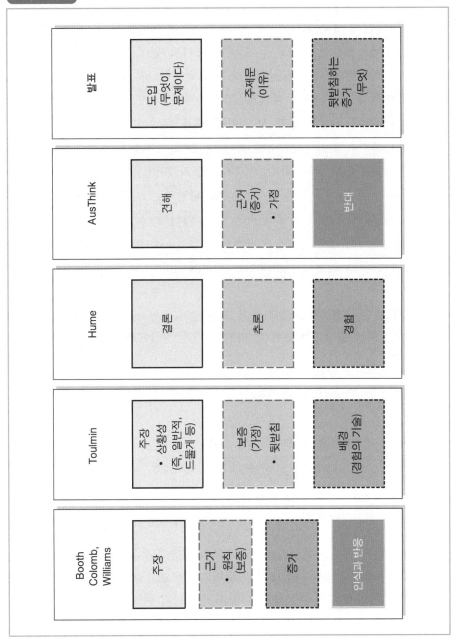

4. 형식 논리(formal logic)의 역할

많은 비판적 사고 훈련과정은 연역적 사고, 귀납적 사고 및 다수의 형식 논리의 기초를 포함하고 있으나, 이러한 개념이 일상의 분석에 있어 어떻게 활용될 수 있는지에 대해서는 분명하게 설명하지 못하는 경우가 많다. 어떤 교육기관에서 분석관들에게 분석의 결과를 재검토하여 연역적 논리와 귀납적 논리를 사용한 보고서의 예를 정리해 줄 것을 요청한 일이 있으나 나중에는 그 작업을 포기하였다. 이것은 약 2,300년 전에 그리스의 철학자 아리스토텔 레스가 정의한 원칙들이 훌륭한 사고의 기초가 되지 않는다는 것을 의미하는 것이 아니고, 또한 성공적인 분석 여부를 판단하는 기준이 사용된 논리보다 고객의 유용성이 우선 되어야 한다는 것도 아니다.

형식 논리의 대표적인 2가지 유형인 귀납법(induction)과 연역법(deduction) 은 주장과 근거를 연결시키는 방법을 제시해 준다.

* 연역법은 특별하고 완벽한 증거 또는 전제(premises)에 기초하여 일반적인 결론 또는 주장을 도출한다. 만약 증거가 진실이라면 주장도 진실이어야 한다.

예

증거: 마약판매는 불법행위이다.

증거: 존이 마약을 팔고 있다.

주장: 존은 불법행위를 하고 있다.

* 귀납법은 관찰한 불완전한 증거로부터 일반화된 결론이나 주장을 도출한 다. 주장은 알려진 사실보다 큰 범위의 것이므로 어느 정도 진실일 가능성 이 있지만 거짓일 가능성도 존재한다. 귀납적 비약(inductive leap)이란 분 석관이 증거로부터 파악한 사실관계를 결론에서 주장하는 진실로 활용하 는 것이다.

예

증거: 비디오 테이프에 의하면 신원미상의 사람이 민감한 시설에 들어가려고 하였다.

증거: 출입문의 시건장치에 손을 댄 흔적이 있다.

주장: 그 시설은 공격의 대상이다.

대부분의 분석관들은 연역적 주장을 거의 하지 않는다. 분석관이 하나의 결론이 나올 수밖에 없는 완전한 첩보자료를 입수할 수 있는 경우는 거의 없다. 또한 분석은 하나 이상의 그럴듯한 대안을 상정하고 어떤 주장을 선택하여야 하는 경우가 많다. 귀납적 추론은 분석관이 관찰한 것들을 경험에 입각하여 사실 여부를 판단하고 패턴화하는 데 도움을 주지만, 중요한 자료를 놓치거나 모든 대안을 검토하지 못하는 경우도 있을 수 있다.

지난 150년 이상에 걸쳐 많은 학자들이 변화하는 세상의 복잡한 현상을 설명하기 위해 형식 논리학의 엄격한 원칙을 넘어서는 논리분야의 발전에 노력하였다. 논리학에 대해 이 책에서 길게 논의하는 것은 적절하지 않지만 분석관 훈련과정 및 참고도서에서 자주 언급된다는 점에서 다음의 2개 개념에 대해 언급하고자 한다.

* 개연적 추론(abduction)은 분석관이 가설을 검증할 때 유용하게 사용할 수 있는 제3의 논리적 추론의 방법이다. 개연적 추론은 분석관이 수립한 가설의 기초가 되는 일련의 사실들로부터 출발한다. 개연적 추론은 논리학자인 찰스 샌더스 피어스(Charles Sanders Peirce)가 19세기에 과학적 방법론의 하나로서 발견하였다. 개연적 추론의 목적은 연역법이나 귀납법에 의해 그 영향력을 평가할 수 있는 추측이나 가설을 수립하기 위한 것이었다. 이것은 결론을 설명하기 위해 확실한 전제조건이 필요한 조사자, 진단전문가, 분석관에게 있어 중요한 개념이다.[5]

---

5 Williams and Colomb, *The Craft of Argument*, 235-242.

예

증거: 잔디는 비가 올 때마다 젖었다.

증거: 잔디는 젖어있다.

주장: 비가 왔을 것이다.

* 툴민 모델(Toulmin model)은 이 장에서 사용된 논리전개 프레임의 기본이
다. 오늘날 대부분의 논리학 교재에서 사용되고 있는 용어들은 20세기 철
학자 스테펀 툴민(Stephen Toulmin)이 전통적 모델을 수정하여 논리적 주장
과 그 근거의 관계에 대해 정리하기 위해 사용한 것이다.(그림 12.2 참조)6
툴민은 근거(warrant)란 증거(evidence)가 주장(claim)을 어떻게 지지하는가
를 설명하는 믿음, 추정, 원칙을 설명하는 말이라고 하였다. 자신이 언급할
필요가 있다고 생각하든 아니든 간에 직감적으로 분명하다고 느끼는 것과
일반적으로 인정되는 논리(reason)에 의해 주장을 하는 것은 정도의 차이가
분명히 존재한다. 분석관은 독자의 관점에서 자신의 보고서를 재점검할 때
이러한 연결관계를 재고할 필요가 있다.(제16장 참조)

그림 12.2   툴민 모델

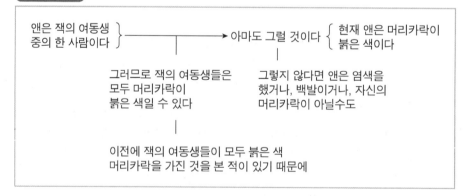

출처: Copyright ⓒ 2003 Stephen E. Toulmin. Reprinted with the permission of Cambridge University Press.

---

6 Stephen E. Toulmin, *The Uses of Argument* (Cambridge, UK: Cambridge University Press, 2003).

5. 주장과 분석의 목적을 연결하기

분석관은 어떻게 문제의 성격과 분석의 목적에 따라 쟁점(issue)의 틀을
만들 것인가. 대부분의 정보보고서에서 사용된 논리전개 방식은 분석 스펙트
럼에 관한 하나 또는 몇 개의 유형을 활용한 것이다.(제5장 및 그림 3.4 참조)

* 서술적 분석(descriptive analysis)은 사건발생 이후 자료 중심적으로 반응하고
  언론취재 기준인 5W 1H에 입각하여 주장을 전개한다. 서술적(descriptive)
  분석 보고서는 사건, 사람, 존재 또는 현상에 대해 요약하고 중요한 첩보내
  용을 보고하지만, 일정한 패턴과 유형을 보이는 관련 자료를 이용하여 일
  반화하기도 한다. 분석관의 주된 임무는 고객으로 하여금 전달된 첩보내용
  이 정확하게 현실을 재현하였다고 믿도록 하는 것이다. 그렇게 하기 위해
  서는 제시되는 자료가 가능한 한 명확하고 정확하며 권위 있는 것이어야
  한다. 분석관이 활용할 수 있는 주된 수단은 다음과 같다.

  – 전문적 지식

  – 보고서 전반에 걸쳐 권위와 정확성을 인정받을 수 있는 신뢰성 있는 다
    양한 출처

  – 적절한 양식과 크기의 표와 그래프 등을 이용한 자료의 전개

  – 결론을 도출할 수 있는 검증된 사실의 예 또는 검증된 사실의 대표적 사례

전통적 논리학에서는 보고서와 요약은 고려할 필요가 없겠지만, 정보분석
에 있어서는 항상 "그래서 어떻다는 것인가"(So What)라는 함의(implications)를
포함한 보고서가 필요하고 고객의 질문과 필요에 부응하기 위해 이러한 함의
를 이끌어낼 수 있는 증거도 포함되어야 한다. 함의는 대개 확실한 증거나 이
것을 지지하는 다른 증거를 포함하는 간접 출처에 입각한 사실적 주장(factual
claims)에 기초하는 경우가 많다. 이것은 제시되는 사실과 함의가 광범위하거
나 추측에 의한 것일수록 이것을 뒷받침하는 증거의 범위가 넓어진다는 것을
의미한다. 예외적이거나 반대되는 증거가 있다는 것을 인정하고 해명하는 것
은 고객이 분석 보고서와 요약을 수용하기 어렵게 만든다.

일반화는 불완전한 첩보에 기초한 관찰이기는 하지만 빈번하거나 항상 발생하였다는 점에서 귀납적 추론의 결과이다. 고객은 일반화 주장을 그럴듯하거나 합리적이라고 생각할 것이다. 일반화 주장은 검증 가능한 다수의 사례를 제시하여 뒷받침한다. 만약 일반화가 서술적이거나 사실관계에 대한 것이라면 사례는 사실에 관한 것이 필요하다. 만약 반대로 설명적이거나 인과관계에 관한 주장이라면 사례는 상호관계에 관한 것이 되어야 한다. 만약 일반화가 더욱 광범위한 영향을 미치는 것이라면 이를 뒷받침하는 사례는 더욱 많이 필요할 것이다.

통계는 소규모의 대표적 사례를 기초로 신중하게 검토하여 결론을 도출한 양적 일반화이다. 통계는 일반화된 주장이 사실일 가능성을 뒷받침하지만, 오직 대표적인 사례만을 자료로 사용하기 때문에 그것을 입증하는 것은 아니다. 통계는 분석에 자료와 진정성을 제공하지만 너무 많은 표와 도표를 사용하면 보고서를 무겁게 만들고 주장하는 내용에 집중하지 못하게 할 수 있다. 이러한 점을 잘 보여주는 사례로서 불필요한 선 그래프가 많이 들어간 보고서가 있었는데 정작 주요 주장을 설명할 수 있는 원 그래프는 없었다.

서술적 분석(Descriptive Analysis)의 예

- 주장: BORDERControL이라는 온라인 필명을 가진 무정부주의자가 4월말 예정된 국민투표에서 개정되는 이민개혁법에 반대하기 위해 4월 15일부터 25일 사이에 사이버공격 계획을 수립하고 있다.

- 논리1: BORDERControL은 다른 사람들이 사이버공격을 한 것처럼 보이게 하려고 사이버공격을 선동하고 있다.

- 증거: 해커들은 이메일 주소를 훔치고, 웹서버를 공격하고, 웹사이트에 침입하고, 통신을 방해하고, 금융시스템을 공격하였다.

- 증거: BORDERControL은 미국 상원의원들과 하원의원들의 웹사이트에서 이들의 이메일을 해킹하겠다고 명시적으로 주장했고, 군사용 및 다른 익명의 정부기관, 이민인력을 사용하는 산업체 그리고 언론기관을 공격하겠다고 하였다.

- 논리2: BORDERControL은 "전자적 시민 불복종 운동과 국경"(Electronic Civil Disobedience and the Border)이라는 제목의 프리젠테이션을 통하여 해커들에게 경쟁적으로 해킹에 나서도록 독려하고 있다.
- 증거: 동조자들에게 4월 10일에 모임을 가질 것을 요청하는 언론성명을 발표하였으나 장소를 명시하지는 않았다.

* 설명적 분석(explanatory analysis)은 서술적 분석과 비교할 때 어떤 현상을 설명하기보다는 개념 중심적인 주장을 하는 것이다. 설명적 주장에는 언론인들이 사용하는 "왜"라는 질문과 사실, 사건, 관찰 가능한 것 그리고 흐름 사이의 관계를 확인하는 것이 포함된다. 설명적 분석은 어떤 사건이 발생한 것은 관찰할 수 있는 하나 이상의 다른 일이 발생하였기 때문이라고 주장한다. 성공적인 인과관계 주장을 위해서는 관계를 수립하기 위한 직접적 또는 간접적인 증거를 사용하는 동시에 하나의 사건이 다른 사건을 일으킨다는 합리적인 주장을 하게 된다. 광범위하고 애매모호한 관계인 경우에는 주장을 입증하기 위해 더욱 강력한 증거가 필요하다. 두 사건 사이의 연결은 완벽하게 검증할 수 없는 경우도 있으나, 성공적인 인과관계 주장이 성립하려면 연결의 타당성에 대해 아무런 의심도 없어야 한다.

타당성을 증명하는 정도는 분석적 의도에 따라 달라진다. 어떤 효과에 대한 모든 인과관계를 설명하려면 분석관은 영향을 미칠 가능성이 있는 수많은 직접적, 간접적 원인들을 확인하고 검토하여야 한다. 예를 들어, 만약 앞으로 3개월 안에 석유가격이 상승할 것이라고 주장하는 경우라면, 증거는 겨울이 다가오고(난방유 수요증가), 중동정세 불안정이 심화하고 있으며(석유공급 감소), 미국의 2개 정유공장이 허리케인의 피해를 입어 수리를 위해 가동이 중지되었다(추가적 석유공급 감소)는 것 등이 될 것이다.

분석관은 인과관계를 파악하기 위해 효과와 관련이 있는 가장 직접적인 원인을 규명하는 것이 필요하다. 분석관은 현재 진행되는 사건의 미래에 대한 함의를 파악하려면 항상 구석진 곳을 살펴보도록 노력해야 한다. 이것은 분석관이 현재 상황과 관련이 없을 것 같은 원인에 대해서도 검토할 필요가 있다는 것을 의미한다.

필요하고 충분한 원인들이 관계를 수립하는 데 인용될 수 있어야 한다.

* 필요한 원인(necessary causes)은 이것이 없었다면 그 결과가 나타나지 않았을 것들을 말한다. 예를 들면, 천둥의 음향효과는 번개의 정전기 축적이 없다면 일어나지 않을 것이다. 인간이 되기 위해서는 포유동물인 것이 필요하지만 포유동물이라는 것이 인간이 되는 충분조건은 아니다.

* 충분한 원인(sufficient causes)은 이것이 사건을 일으키는 원인이 될 수도 있지만, 다른 요인도 사건의 원인이 될 수 있다. 예를 들면, 지그재그로 운전하는 것은 경찰이 차를 정지시킬 수 있는 충분한 이유가 되지만 그러한 운전의 원인은 여러 가지가 있을 수 있다.

* 잠재적 원인(potential causes)은 함께 작용하거나 서로 연결되어서 원인이 될 수 있는 것이다.(그림 12.3 참조) 이것은 지표(indicators)로 규정되어 다양한 시나리오를 검증하는 데 효과적으로 활용될 수 있다.[7]

또한, 원인(causes)의 유형을 정의하기 위해 설명적 주장(explanatory argu- ments)은 다음과 같은 것을 포함할 수 있다.

* 관계 비교를 위한 유추(analogies): 분석관은 두 가지 경우에 나타난 현상이 대등하고 핵심 요인이 같다는 것을 확인하여야 한다. 사람들이 관여되어 있는 경우에는 행동과 관련하여 불충분한 가정을 수립하지 못하도록 동기가 확립되어 있어야 한다.

* 관계의 확실성에 관한 단서(clues): 원인이 되었다(caused), 결과를 초래했다(resulted in), 결과를 낳았다(produced), 책임이 있다(were responsible)와 같은 말들은 확실한 관계를 나타낸다. 관계가 확실하지 않다면 분석관들은 기여했다(contributed to), 촉진했다(facilitated), 영향을 미쳤다(influenced)와 같은 말들을 사용해야 한다.

---

7 Heuer and Pherson, *Structured Analytic Techniques*, 133−161.

그림 12.3 경제성장과 경제쇠퇴의 원인들

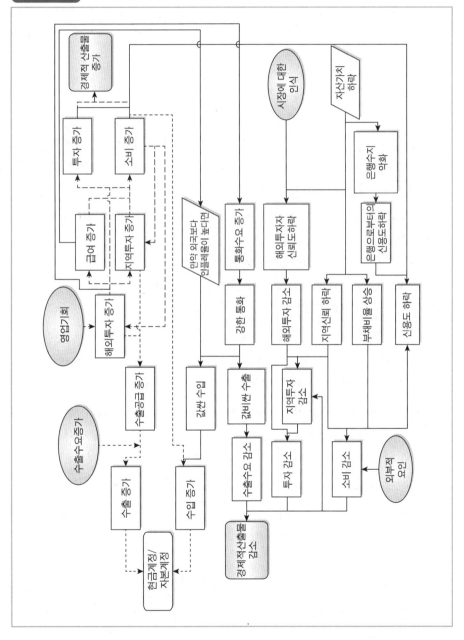

출처: Stock Trend Investing, www.stocktrendinvesting.com.

설명적 분석(Explanatory Analysis)의 예

- 주장: 시날로아(Sinaloa)와 주아레즈(Juarez) 마약 카르텔 사이에 주도권 다툼이 격화되어 미국의 국경지역인 텍사스 엘파소(El Paso)에서 폭력사태가 증가하였다.
- 논리1: 마약 카르텔에 의한 마약을 둘러싼 폭력사태가 엘파소에서 발생하였다.
- 증거: 지방에 있는 한 마약 재활병원에서 5명의 사람이 이번 주에 암살되었다. 주아레즈 카르텔은 다른 국경 도시에서 마약 재활시설을 공격한 일이 있으나 엘파소에서는 처음 발생한 사건이다.
- 증거: 시날로아 카르텔은 낮 동안에 국경을 넘어 마약을 운반하려고 시도하였다.

국경을 넘는 트럭이 속도를 높이고 세관 공무원들을 향해 자동소총을 발사하여 체포를 피했다.

- 논리2: 마약 카르텔들은 지역 내 마약 통제활동을 전개할 때 마약활동을 안전하게 실행하기 위해 엘파소에 "마약 안전가옥"을 준비하고 있다.
- 증거: 법집행기관과 세관공무원들은 엘파소 외곽의 목장에서 3톤의 마리화나와 소형무기 은닉처를 발견하였고 시날로아 카르텔과 관련이 있는 4명의 남자를 체포하였다.
- 증거: 근처의 다른 목장주인은 실종되었다고 보도되었다.
- 증거: 정부공무원들이 대규모 카르텔이 있다는 보도에 따라 엘파소 외곽의 시설들을 방문하기 시작하였다.

* 평가적 분석(evaluative analysis)은 핵심질문에 대한 판단을 하여 쟁점이나 사건에 대한 의미 또는 함의를 평가하거나 수립하기 위한 주장을 포함하고 있다. 위협은 증가할 것인가 아니면 감소할 것인가? 위험은 높은 수준인가 아니면 낮은 수준인가? 무기는 작전을 위한 것인가 아닌가? 정부는 강한가

약한가?

　평가에 있어 중요한 부분은 평가에 사용될 합리적이고 완전한 기준을 명확하고 구체적으로 정의하는 것이다. 이를 위한 가장 좋은 방법은 보편적 가치로 추정되는 기준을 사용하고, 그 효과를 확인하며, 권위 있는 출처를 인용하고, 확인된 사실과 비교하는 것 등이다. 분석관의 평가는 자신의 전문기술과 평가기준 수립에 사용된 요소들의 논리와 영향력에 입각하여 이루어진다. 만약 기준이 일반적으로 잘 알려진 것이거나, 유명한 출처 또는 확실한 전문기술을 활용하고 있다면, 분석적 판단은 잘 수용될 수 있을 것이다.

평가적 분석의 예

- 주장: 콜렉티브(Collective)라고 알려진 느슨하게 조직된 해킹 운동단체는 산업통제시스템을 공격하기 위한 능력을 향상시키고자 노력하고 있다. 아직까지 피해를 입은 대상은 없지만 시스템이 점차 확산되고 있어 공격에 노출될 가능성이 높다.

- 논리1: 콜렉티브의 멤버들은 중서부에 있는 몇 개의 산업시설에 대해 인터넷을 통해 위협하였다.(의도: 위협)

- 증거: 아칸소(Arkansas)주의 상수도 관리소에 대해 인터넷 웹사이트 성명으로 위협하였다. 성명은 사람들에게 에너지 회사에 저항하는 모임을 갖도록 촉구하였다.

- 논리2: 콜렉티브의 멤버들은 산업소프트웨어 시스템에 관한 정보를 찾고 있고 시스템 보안통제에 대한 지식을 보여주고 있다.(의도: 지식 축적)

- 증거: 트위터(Twitter) 계정에서는 접근을 가능하게 하는 특정 소프트웨어와 코드에 관한 정보를 찾는 검색 결과를 공유하고 있다.

- 논리3: 실제로 공격을 한 증거는 없으나 능력이 향상되고 있다는 징후가 있다.

– 증거: 악의적인 활동을 하였다는 게시글이나 공격을 당했다는 보고는 없다. 인터넷에서는 작동이나 설계가 복잡해진 통제시스템의 취약점에 대한 논의가 많다.

* 예측적 분석(estimative analysis)은 "다음에는 어떤 일이 발생할 것인가?"라는 질문에 대답하는 것이다. 이것은 일반적으로 하나 또는 그 이상의 가능성 있는 시나리오를 예상하는 것이다. 이와 같은 미래지향적 예측을 할 때 분석관들은 이용 가능한 자료와 역사적 선례에 기초하여 주장하는 것이 일반적이지만, 분석을 진행하면서 창의적인 브레인스토밍과 논리적 구성에 좀 더 많은 노력을 하여야 한다. 예측적 분석을 확실하게 수행하는 방법은 미래를 결정할 것으로 보이는 핵심 요인(key drivers)들을 확인하는 것이 제일 중요하다. 이들 요인 중에서 인구통계와 같은 일부는 상당히 일정하지만, 군중들의 감정, 시민과 군의 긴장관계, 리더십의 성격과 같은 것은 극단적으로 변화할 수도 있다. 예측적 분석이 성공하기 위해서는 2가지 모두 잘 파악할 필요가 있지만, 분석의 가장 중요한 관건은 핵심적인 불확실성을 잘 풀어내는 것이다.

설명적 분석의 결과 주장하는 인과관계는 행위자들이 전개하는 동일한 관계에서 발생하게 될 기본적인 미래 모습이 될 것이다. 예를 들면, 과거에 선거를 앞두고 나타난 특별한 요소가 선거결과에 영향을 미쳤다면, 정치 분석관들은 다음 선거에서도 같은 요소가 비슷한 결과를 초래할 것이라고 주장한다. 의사의 경우에는 일련의 의학적 검사 결과에 따라 환자에게 질병이 있다고 말한다. 그리고 앞으로는 비슷한 검사 결과가 나오면 같은 질병이라고 진단한다.

비판적 사고에 익숙한 사람이라면 잠재적 가능성이 있는 미래의 모습은 하나 이상이라는 것을 본능적으로 알고 있다. 확실한 예측적 분석은 몇 개의 미래 모습을 제시하고, 어떤 미래의 모습이 실현될 것인지를 고객에게 알려줄 수 있는 징후 또는 지표도 함께 제공할 것이다.

훌륭한 예측적 분석이 갖는 두 가지의 추가적 특징은 미래의 모습을 일정한 범위 내에 한정시킨다는 것과 고객들에게 관심을 갖지 않아도 되는 환경에 대해 알려준다는 것이다. 정책결정자나 의사결정자들은 정보 또는 안보 분석 관들로부터 무엇이 잘못될 수 있다는 말을 듣는 경우는 많지만, 어떤 특별한 일에 인적 자산과 자원을 낭비할 필요가 없다는 말을 듣게 되는 경우는 거의 없다. 무엇이 잘못될 수 있다고 경고하는 일은 정보분석관의 핵심 임무이지만, 정책결정자 또는 기업의 의사결정자는 때로는 일이 잘 되게 하고 수지를 개선 하려면 무엇을 해야 하는지에 대해서도 듣고 싶어 한다.

> 예측적 분석의 예
>
> - 주장: 미국은 10년 후에는 핵에너지에 대한 의존도를 낮추려고 한다.
> - 논리1: 핵에너지는 다른 자원보다 점차 상대적으로 비용이 증가하고 있다.
> - 증거: 천연가스 가격은 새로운 매장지의 발견으로 이미 가격이 하락하고 있다.
> - 논리2: 핵에너지를 대체할 새로운 대안이 나타날 것이다.
> - 증거: 정부와 민간 기업들은 저렴한 대체 에너지 자원을 찾기 위해 상당한 금액을 투자하여 연구와 개발을 진행하고 있다.

6. 자신의 주장을 자세히 검토하기 위한 기법

주장과 증거가 견고할수록 고객의 신뢰도는 향상된다. 고품질의 분석보고 서를 생산하는 우리의 모델은 제1과 과장(first division chief)이었는데, 그는 자 신이 지휘하는 분석관들에게 하던 일을 멈추고 분석의 쟁점에 대해 새롭고 의 미 있는 것을 찾도록 하여 오류 없는 한 페이지의 현용정보 보고서를 작성하 도록 하였다. 그는 타자를 이용하여 오타 없이 보고서를 작성할 수 있었다. 그 가 이것을 처리하는 것은 단순하게 보였지만 그가 내면적으로 수행한 절차들 은 상당히 복잡한 것이다. 분석관들은 보고서 작성에 착수하기 전에 수년에 걸쳐 자신의 주장을 수립하고 전개하며 평가하는 데 도움이 되는 다양한 기법 들을 습득한다.

* 핵심문장 개요(topic sentence outlines)는 자신이 작성할 보고서의 주요 포 인트와 흐름을 구상하거나 다른 사람이 작성한 보고서의 주장을 확인하고 이해할 수 있는 좋은 방법이다. 이것은 또한 자신이 작성한 보고서의 주장 을 스스로 평가할 때에도 유용한 방법이다.(그림 12.4 참조) 서양 학생들은 문단을 시작할 때 핵심문장부터 쓰도록 교육을 받지만, 일부 서양 및 비서 양 사람들은 주요 포인트를 문단의 후반에 위치시킨다. 다음의 단계들은 핵심문장 개요를 작성하는 데 도움이 될 것이다.

  – 자신이 생각하는 것을 쓰면 핵심문장이 된다. 만약 작성된 보고서라면 핵심문장은 각 문단의 첫 번째 문장이 될 것이다.

  – 핵심문장들을 3개의 부분 즉 결론 또는 주장, 논리, 증거로 압축한다.

  – 만약 주장이 분명하지 않다면 개요에 포함시킬 추가적인 주장, 논리, 증 거를 만들거나 찾아낸다.

  – 분명한 주장을 만들기 위해 필요하다면 문장을 재배치한다.

  – 주장을 전개하는 데 부족한 부분이 있는지 확인한다.

* 논점도표(Argument Maps)는 핵심문장 개요와 같이 주장과 증거를 분리하여 논리 전개를 평가하지만, 그래픽으로 표현하기 때문에 복잡한 쟁점들을 생 각하고 결론에 숨어 있는 논리를 다른 사람들과 공유하기 용이하다.[8] 논점 도표는 결론이나 주장으로부터 시작하여 논리(때로는 하위주장)와 서로 지 지하거나 충돌하는 증거를 나뭇가지로 표시하여 그 구성부분들이 단순한 사실적 증거에 그치지 않고 신념이나 추정을 나타낼 수 있을 때까지 나뭇 가지 그림(tree diagram)으로 표현하여 시각적으로 보여준다. 이러한 추정 은 주장의 핵심 가정이고, 도표화 과정은 핵심 가정을 확인할 수 있는 논리 적이고 체계적인 방법을 제공한다.(그림 12.5 참조)

---

8 이곳에서 논의하는 내용과 기법들은 Austhink Web site의 자료에 기초한 것이다. www.austhink.com/critical/pages/argument_mapping.html.

그림 12.5 오사마 빈 라덴의 미국에 대한 전쟁선언문(1996)의 논점 도표

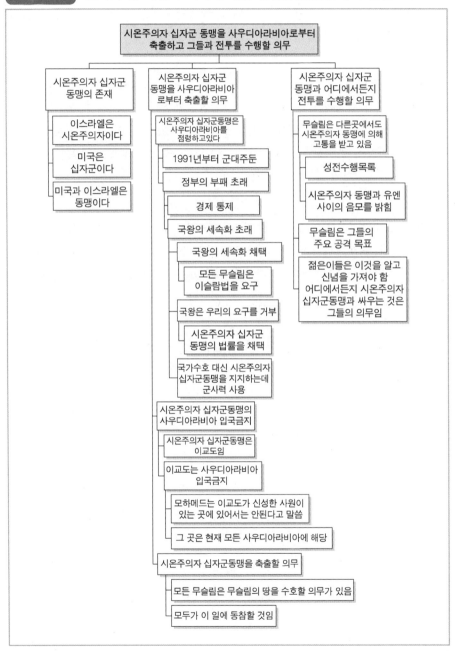

출처: Cynthia L. Storer.

이 기법은 보고서를 작성하기 전에 주장에 허점이 있는지 여부를 확인하고, 증거의 타당성을 평가하거나, 보다 효율적이고 신중하게 주장하는 방법을 검토하는 데 대단히 유용하다.

* 논점 도표화(Argument Mapping)도 시나리오 수립(scenarios generation) 등 다른 분석기법과 마찬가지로 매우 복잡하고 완성하기까지 오랜 시간이 걸릴 수도 있고, 보고서의 품질을 점검할 수 있는 간편하고 쉬운 방법이 될 수도 있다. 분석관은 보고서에서 제시하는 주장에 대해 평가할 수 있어야 하고, 정당화할 수 있어야 한다.

논점 도표화를 올바르게 사용하기 위해서는 약간의 훈련과 연습이 필요한데, 상업적 소프트웨어는 대단히 편리하게 절차를 실행할 수 있게 되어 있다. 화이트보드에 접착식 메모지를 붙이는 방법은 다양한 비공식 회의에서 활용할 수 있다. 다음과 같이 색깔을 이용하여 분류하는 방법도 효과적이다.

- 나무의 제일 위쪽에 결론이나 주된 주장을 위치시킨다.
- 녹색선을 이용하여 논리와 근거를 결론과 연결한다.
- 녹색선을 이용하여 논리와 이를 지지하는 증거를 연결한다.
- 결론 도출에 활용된 논리와 증거에 상반되는 증거가 있는지 확인하여 적색선으로 연결한다.
- 보고서에서 반박하는 논리관계가 있으면 황색선을 이용하여 연결한다.
- 황색선으로 표시되지 않은 반대 또는 배치되는 증거가 있다면 주장에 불완전한 점이 있다는 것을 암시하는 것이다.
- 적색선으로 표시된 상반된 주장 및 증거와 황색선으로 표시된 반박논리를 검토하여, 주장의 명료성과 완전성을 평가한다.

그림 12.4 독립선언문의 핵심문장 개요

독립선언문(Declaration of Independence)

인류의 역사에서 한 민족이 다른 민족과의 정치적 결합을 해체하고 세계의 여러 나라 사이에서 자연법(laws of nature)과 자연신(nature's God)의 법이 부여한 독립, 평등의 지위를 차지하는 것이 필요하게 되었을 때 우리는 인류의 신념에 대해 엄정하게 고려해 보면서 독립을 요청하는 여러 원인을 선언할 수밖에 없게 되었다. (범위설정)

다음과 같은 사실을 자명한 진리로 받아들인다. 즉 모든 사람은 평등하게 태어났고, 창조주는 몇 개의 양도할 수 없는 권리를 부여했으며, 그 가운데에는 생명과 자유와 행복 추구의 권리가 있다. (주된 주장)

이러한 것은 지금까지 식민지가 견디어 온 고통이었고, 이제 기존의 정부를 변혁해야 할 필요성이 바로 여기에 있는 것이다. (주된 주장에 위반되는 사실을 지지하는 증거)

이러한 탄압을 받을 때마다 항상 우리는 겸손한 언사로써 시정을 탄원하였다. 그러나 우리의 여러 차례의 진정에 대하여 돌아온 것은 여러 차례의 박해에 지나지 않았다.
(위반사실을 밝히기 위한 주된 노력)

우리는 또한 영국의 형제자매에게도 주의를 환기시키는 데 부족함이 없었다.
(위반사실을 밝히기 위한 부수적인 노력)

이에 아메리카 연합의 주의 대표들은 전체 회의를 갖고 우리의 정당한 주장에 대해 세계 각국의 심판에 호소하는 동시에 이 식민지의 선량한 인민들의 이름과 권능으로써 엄숙히 발표하고 선언하는 바이다. 이제 아메리카 연합의 식민지는 자유롭고 독립된 국가이며, 또 자유롭고 독립된 국가로서 권리를 가진다. (최종 결론)

---

* 벤 분석(Venn Analysis)은 일부의 공통점을 가진 항목들을 서로 겹치도록 원으로 표현하여 상호관계를 보여줌으로써 분석관이 주장의 논리를 탐구하는 데 도움이 된다. 겹치는 부분은 독립된 항목의 요소가 공통점을 가지고 있다는 것을 의미한다.

비판적 사고의 구성요소에 관한 벤 다이어그램

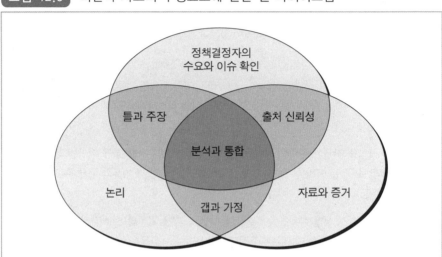

출처: Copyright 2016 Person Associates, LLC. All Rights Reserved.

이 분석기법은 어떤 항목의 카테고리들 상호간에 어떤 유사점과 차이점이 있는지 확인하는 데 유용하다. 그림 12.6은 비판적 사고의 구성요소를 다이어그램으로 표현한 것이다.

상업용 오피스 소프트웨어 또는 프리웨어는 겹치는 부분을 자동적으로 만들어주는 벤 다이어그램 틀을 제공한다. 절차는 다음과 같이 간단하다.

- 항목의 요소들과 각 요소의 구성인자 목록을 작성한다.
- 구성인자들을 공통으로 가지고 있는 요소들이 겹치는 원을 그린다.

논리전개에 벤 다이어그램을 사용하면 불합리한 추론을 발견하거나 주장의 설득력을 높일 수 있다. 또한 이 기법은 분석관이 자신의 생각을 조직화하거나, 논리가 어긋나는 부분을 찾아내거나, 주장의 타당성 여부를 검증하는 데 도움이 된다.[9]

---

9 Heuer and Pherson, *Structured Analytic Techniques*, 72−77.

* 스토리텔링(storytelling)은 원시시대부터 사람들의 지적 활동의 일부분을 구
성해온 강력한 도구이지만, 특별한 분석기법으로 취급하는 일은 거의 없었
다. 경영컨설턴트, 환자를 진단하는 의사, 의뢰인에게 설명하는 변호사 등
이 자신의 전망이나 진단 또는 주장을 보다 이해하기 쉽고 설득력 있게 전
개하기 위해 대화를 사용하는 것처럼 훌륭한 분석관은 고객을 위해 스토리
줄거리를 구성하고, 시나리오를 수립하며, 예상하지 못한 일이 발생했을
때 어떻게 할 것인지(What Ifs) 생각하여야 한다.(그림 12.7 참조)

그림 12.7 분석과 스토리텔링 요소의 비교

분 석(Analysis)	스토리텔링(Storytelling)
누가(Who)	등장인물(Characters)
무엇을, 어떻게(What, How)	구성(Plot)
언제, 어디에서(When, Where)	설정(Setting)
왜(Why)	주제(Theme)
그래서 무엇을(So What)	목표(Goal)

대화는 과거의 경험, 문화, 학습에 관한 기억을 묘사하는 논리, 감정, 상상
등 모든 두뇌활동에 관여한다. 연구에 의하면 두뇌는 이질적인 정보의 조각들
보다 스토리로 구성된 자료 덩어리로서 하나의 그림으로 그려본 것을 보다 쉽
게 기억한다고 한다. 스토리가 불완전한 경우에는 사람들이 개인적인 경험을
바탕으로 부족한 부분을 보충한다. 스토리의 문제점은 개인적인 편향이 들어
간다는 것이고, 긍정적인 점은 분석적 사고를 할 때 불합리한 부분을 부드럽
게 만들어준다는 것이다.
    법률문서 작성 전문가인 케네스 체스테크(Kenneth Chestek)가 "자신의 결
론을 걸어둘 교수대"라고 표현한 것처럼,[10] 분석관에게 있어 스토리는 첩보를

---

10 Kenneth D. Chestek, "The Plot Thickens: The Appellate Brief as Story," *The Journal of
the Legal Writing Institute* 14 (2008): 131.

제시하거나 조직하기 위한 대화의 틀이다. 5W 1H는 좌측 뇌를 사용하는 데 비해, 스토리텔링은 우측 뇌를 사용하는 아날로그적인 성격이 있다.

스테펀 데닝(Stephen Denning)은 경영자를 위한 8가지 스토리를 제시했는데, 이 가운데 다음과 같은 2가지는 특히 분석관에게 유용하다. 즉, 지식을 공유하는 스토리는 문제를 제기할 때, 그리고 미래 스토리는 예측, 시나리오 수립, 비전을 제시할 때 도움이 된다.[11] 코넬대학 교수인 데이핀 자메슨(Daphne Jameson)은 업무와 관련된 회의에서 사용된 언어들을 살펴본 결과 비슷한 결론에 도달하였는데, 관리자들은 의견대립을 해소하고 통일하기 위해 대화를 선호하며 특히 복잡한 쟁점에 관한 주장들을 공유한다는 것을 발견하였다.[12] 관리자들은 주요 내용을 요약하거나 통계적인 수단을 사용하지 않고, 부분적으로는 흐름에 따른 논의를 허용하면서 주로 스토리를 만들도록 하였다.

대화와 전통적 분석은 복잡한 정보를 교환하는 과정을 통하여 좌측 뇌와 우측 뇌에 상당한 변화를 초래한다고 하는 중요한 속성을 공유하고 있다. 효과적인 스토리는 다음과 같은 특징이 있다.

- 핵심 포인트 또는 중요한 시사점을 가진다.
- 기억할 수 있는 상세하고 생생한 내용을 포함하고 있다.
- 인상적으로 시작하여 주의를 집중시킨다.
- 몇 개의 짧은 부분으로 나누어져 구조적으로 유연한 흐름을 보인다.
- 종속절을 최소화하여 문장이 단순하다.

---

11 Stephen Denning, *The Leader's Guide to Storytelling: Mastering the Art and Discipline of Business Narrative*, 2nd ed. (San Francisco: Jossey Bass, 2011).

12 Daphne A. Jameson, "Narrative Discourse and Management Action," *Journal of Business Communication* 38 no.4 (2001): 476−511.

7. 분석이 잘못될 수 있는 경우

분석관들은 대부분 형식 논리
학을 따르지 않고 또 따르려고 하
지도 않을 것이지만, 탄탄한 주장
과 허술한 주장을 구별할 수 있어
야 한다. 우리는 학생들에게 어떤
주장이 포함된 글을 읽게 하거나
듣게 한 다음 이것이 왜 설득력이

> "상호 모순은 형식 논리학에 있어서는 실패의 증거가
> 될 것이나, 참된 지식의 발전이라는 관점에서는 진보를
> 이룰 수 있는 첫 걸음이 된다."
>
> – Alfred North Whitehead (British
> Mathematician and Philosopher)
> *Science and the Modern World*, 1925

있거나 없는지를 평가하도록 하는 훈련을 한다. 신문의 기고논단 페이지에 실
린 글들은 좋은 논리적 분석의 예가 되고, 광고문, 정치적 캠페인, 케이블TV의
해설 등은 주장이 제대로 구성되지 않았거나 잘못된 예가 될 수 있다.

분석관은 용어를 주의 깊게 정의하고 사용하여야 하고, 논리적 오류를 피
하기 위해서는 익숙하지 않거나 애매모호하고 논쟁의 여지가 있는 용어 사용
을 피하여야 한다. 특히 언론이나 인터넷을 통해 분석 평가가 공개되면, 어떤
사람들은 일부 단어의 의미를 정치적이거나 민감하게 해석하여 뜨거운 쟁점
이 될 수도 있다. 이러한 문제는 시민의 자유 및 권리와 관련된 일을 다루는
국토안보 분야의 분석관들에게 특히 중요하다.

논리적 오류는 주장과 이를 뒷받침하는 사실과 논리 사이의 관계가 잘못
된 경우에 발생한다. 최근의 자료가 없어서 오래되고 시대에 뒤떨어진 자료를
사용하는 것이 수용할 수 없는 결과가 나오는 대표적인 경우이다. 일반적인
오류의 유형을 파악하고 있으면 분석관이 전제와 결론 사이의 논리성 부족을
밝히는 데 도움이 된다. 분석관에게 가장 문제가 되는 오류는 결론과 논리적
으로 관련이 없는 증거가 포함되어 있거나, 결론을 도출하기에 충분한 자료가
부족한 경우이다.

* 순환적 주장(circular argument or tautology)은 주장이나 결론을 입증하고자
  하는 주장에 대한 근거의 일부로 사용한다.

예: 레이건 대통령은 미국인들에게 강력하게 호소하는 능력을 가지고

있었기 때문이 소통이 가능한 위대한 사람이었다.

* 부적절한 표본추출(inadequate sampling)은 결론을 도출하는 수단으로 사용된 표본이 너무 작을 때 발생한다.

  예: 나는 관람을 마치고 나오는 3사람을 인터뷰한 결과 방금 개봉한 영화가 크게 히트할 것이라고 생각하게 되었다.

* 성급한 일반화(hasty generalization)는 불충분하거나 대표성이 없는 증거에 기초하여 일반적인 주장을 하는 것이다. 여기에는 종종 전형적인 모습이 포함되거나, 모두(all), 모든(every), 항상(always), 결코(never)와 같은 말이 사용된다.

  예: 지난 3년 동안 약물 과다복용으로 사망자수가 2배로 증가하였다. 그러므로 앞으로 더 많은 미국인들이 약물 남용으로 사망할 것이다.

* 유추 오류(false analogy)는 본질적으로 유사하지 않은 증거를 바탕으로 어떤 주장을 하는 것이다.

  예: 만약 유전자 암호를 해독할 수 있다면 감기의 치료법을 발견할 수 있을 것이다.

* 이분법 오류(false dichotomy)는 일련의 대립되는 요소 또는 가능성들을 오직 2개의 항목으로 줄여서 상황의 복잡성을 잘못 표현할 때 발생한다.

  예: 내가 하자는 대로 하거나 떠나거나 하는 방법밖에 없다.

* 불합리한 추론(non sequitur)은 전제와 결론 사이에 존재하지 않는 논리적 관계를 주장하는 것이다. 결론이 전제와 부합하지 않는다.

  예: 조 스미스(Joe Smith)는 헌신적인 아버지입니다. 그러므로 그는 훌륭한 주지사가 될 것입니다.

* 선행원인 논리(post hoc, ergo propter hoc)는 어떤 사건에 앞서서 다른 사건

이 발생하였다면 앞의 사건이 뒤의 사건의 원인이라고 주장하는 것이다.

> 예: 존스(Jones) 대장이 사무실을 개설한 이후 범죄율이 7% 감소하였
> 다. 존스 대장은 범죄율이 감소한 데 대해 칭찬을 받아야 한다.

* 논리적 비약(slippery slope)은 인과관계의 고리에 있어 중간에 관여하는
다른 일이 일어나지 않을 때 첫 번째 단계를 마지막 단계와 결부시키는
것이다.

> 예: 나는 지망했던 직업을 얻지 못했다. 그러므로 나는 분석관이라는
> 직업을 포기해야겠다고 생각하였다.

* 초점 흐리기(distraction or red herring)는 주장하는 쟁점으로부터 주의를 딴
곳으로 돌리기 위해 관련이 없는 문제를 제기하는 것이다.

> 예: 만약 모든 국경에 장벽을 건설한다면 불법이민 문제는 해결될 것
> 이다.

* 인신공격적 주장(ad hominem argument)은 어떤 주장에 대해 반대하기보다
주장하는 사람에 대해 공격하는 것이다.

> 예: 브라운(Brown)이 정치개혁을 주장하는 것은 의미 없는 일이다. 왜
> 냐하면 그는 3번째 결혼한 사람이기 때문이다.

* 대중영합적 주장(ad populum argument)은 어떤 점을 주장하기 위해 사실적
증거보다 사람들에게 인기 있는 행위 또는 의견을 사용하는 것이다.

> 예: 대부분의 사람들은 새로운 교통규칙에 찬성하였다. 그러므로 그들은
> 잘 지킬 것이다.

* 권위에 의한 주장(appeal to authority)은 유명한 전문가의 의견을 자동적으
로 타당하다고 받아들일 때 나타난다.

> 예: 존스(Jones) 목사님은 반드시 그늘에서 피크닉을 즐겨야 한다고 하
> 였습니다. 그러므로 우리가 선택할 수 있는 것은 하나뿐입니다.

주요 시사점

* 분석관은 다른 주장이나 진술에 의해 논리적으로 뒷받침되는 결론을 포함하는 주장이나 진술을 통해 자신의 생각을 고객들에게 전달한다.
* 주장은 분석 작업의 틀(frameworks), AIMS 절차, 그리고 장기적인 작업의 경우에는 개념보고서(concept papers)에 따라 자연스럽게 도출된다.
* 효과적인 주장을 도출하는 가장 좋은 학습방법은 실습이다.
* 분석관은 주장, 논리, 증거에 대해 특별히 주의를 기울여야 하고, 이것들이 분명하고 중요한 의미를 갖도록 하여야 한다.
* 분석관은 자신이 다루는 자료가 불완전하기 때문에 잘못 판단할 수 있다는 생각을 가지고 거의 항상 귀납적 사고를 사용하여야 한다.
* 주장의 구조를 어떻게 할 것인가는 분석관이 기본적으로 서술적(descriptive), 설명적(explanatory), 평가적(evaluative), 판단적(estimative) 분석 중에 어떤 것을 수행하느냐에 달려있다.
* 주제문 개요(topic sentence outlines)와 논점도표(Argument Maps)는 어떤 주장을 살펴볼 수 있는 좋은 기법이다.
* 스토리텔링은 충분히 활용되지 않는 것이지만, 사고를 조직화할 수 있는 강력한 도구이다.
* 피해야 할 대단히 위험한 논리적 오류에는 유추 오류(false analogies), 성급한 일반화(hasty generalizations), 이분법 오류(false dichotomy), 선행원인 논리(post hoc, ergo propter hoc) 등이 있다.

사례연구 검토

사례연구 1. "이란의 핵 위협 대처: 스틱스넷(Stuxnet)과 그 함의"를 검토한다.

* 분석관이 이 사례연구에서 제기한 주된 주장은 무엇인가? 분석관이 이러

한 주장을 뒷받침하기 위해 제공한 핵심 증거와 논리는 무엇인가?

* 2가지의 부차적 핵심 주장은 무엇이고, 이 주장을 뒷받침하기 위해 사용한 핵심 증거와 논리는 무엇인가?

* 당신은 핵심 주장이나 부차적 주장에 상반되는 견해나 증거를 발견한 것이 있는가?

* 서술적(descriptive), 설명적(explanatory), 평가적(evaluative), 판단적(estimative)이라는 분석의 유형 중에서 이 사례연구에서 나타난 것이 있는가?

* 이 사례연구에서 논리적 오류의 사례를 발견할 수 있는가?

대안가설을 고려하였는가?

1. 준비사항 점검

가설(hypotheses)을 수립하고 검증하는 것은 논리 구성의 핵심기술이다. 만약 어떤 판단이 잘못되면 커다란 위험을 초래할 우려가 있거나, 과거의 경험과 지식으로 직관적 판단을 하여 오판을 초래할 수 있을 때, 가설은 이슈의 중요한 문제점을 파악하고 비판적 사고를 할 수 있도록 도와준다.

복잡한 이슈를 분석할 때에는 우선 알려진 증거나 관련 첩보를 이용하여 검증이 가능한 일련의 대안적 설명이나 가설을 수립하는 일부터 시작한다.[1] 가설이란 수집되거나 존재하는 증거에 의해 검증되어야 할 잠재적 설명 또는 결론이다. 이것은 아직 사실로 확립되지 않은 선언적 진술로서, 관찰에 근거하여 합리적으로 추정된 것이지만 추가적인 관찰이나 실험에 의해 입증되거나 반박될 필요가 있는 것이다.

과학적 분석기법을 활용하는 훌륭한 비판적 분석관은 가정이 사실로 입증되기 위해서는 단순히 이것을 지지하는 증거가 있다는 것으로는 부족하다

---

[1] 이 장은 퍼슨 어소시에이츠(Pherson Associates)의 교육훈련 자료(www.pherson.org)와 휴어(Heuer)와 퍼슨(Pherson)의 『구조화 분석기법』(*Structured Analytic Techniques*), 제7장, 165-201을 참고하였다.

는 것을 알고 있다. 왜냐하면 어떤 가설을 지지하는 증거가 동시에 다른 경쟁가설(competing hypotheses)을 지지할 수 있기 때문이다. 가장 신뢰할 수 있는 가설을 수립하는 가장 좋은 과학적인 방법은 대안가설(alternative hypotheses)을 반박하거나 부인할 수 있는 증거를 확보하는 것이다. 어떤 가설과 불일치하는 단 하나의 증거만 있으면, 그 가설을 부인할 수 있는 충분한 근거가 될 수 있다. 예를 들면 어떤 용의자에게 하나의 강한 알리바이가 있다면 신중한 수사관들은 즉시 다른 용의자들을 주목하게 될 것이다. 가장 가능성이 높은 가설은 불일치하는 첩보가 없거나 적은 가설이다.

2. 심화 검토

분석관이 프로젝트를 시작할 때 복수 가설을 수립하는 것은 성급한 결론 도출, 첫인상의 과도한 영향, 형식적 요건충족, 그럴듯한 첫 번째 설명 선택, 가장 인기 있거나 상사가 선호하는 것을 선택하는 것과 같은 인지적 함정에 빠지는 것을 피하는 데 도움이 된다. 그림 13.1은 훌륭한 가설의 중요한 특징을 보여준다.

복수가설 수립을 실행하는 것은 분석관이 분석을 수행하면서 첩보자료를 분류하여 넣어둘 수 있는 견고한 통을 만들어 두는 것과 같은 효과가 있다. 예를 들면 2003년 이라크전쟁을 앞두고 이라크의 대량살상무기(WMD) 프로그램을 평가할 때 분석관들은 오직 2개의 가설만을 가지고 있었다. 즉, 이라크 정권은 상당한 프로그램을 가지고 있고 대량의 WMD를 성공적으로 은닉하고 있을 것이라는 가설과 작은 프로그램을 운영하여 WMD의 양은 제한적일 것이라는 가설을 가지고 있었다. 누락된 가설은 사담 후세인(Saddam Hussein)이 모든 WMD 프로그램을 폐기하였고 비축된 WMD가 없다는 것이었다. 역사적으로 입증된 것처럼 이 3번째 가설 또는 없다는 가설이 타당한 것이었다.

그림 13.1   훌륭한 가설의 구성요소

훌륭한 가설은 다음과 같은 기준에 부합하는 것이다.

* 입증 또는 반증이 가능한 것

* 질문 형식이 아니라 정의 형식으로 규정된 것

* 관찰과 지식에 기초하여 작성된 것

* 예상되는 결과를 분명하게 예측한 것

* 무엇을(What) 그리고 왜(Why)라고 하는 독립변수와 종속변수를 가지고 있는 것. 종속변수는 설명된 현상이고, 독립변수는 그 설명이다.

불행하게도 없다는 가설과 일치하는 상당한 증거가 그 당시에 있었음에도 불구하고, 분석관들은 이러한 자료를 분류하여 모아둘 통이 없었기 때문에 대부분의 자료를 간과하게 되었다. 또한 검증하여야 할 없다는 가설이 없었기 때문에 분석관들은 다른 2개의 가설에 대한 그럴듯한 대안설명으로서 없다는 가설을 주장하고 입증할 수 있는 입장에 있지 못하였다.

3. 가설을 수립하는 전통적 방법

분석관들은 전통적으로 가설을 수립하기 위해 3가지 방법을 사용해 왔다.[2]

1. 상황논리(Situational Logic): 분석관들은 특정한 시간과 장소에 영향을 미치는 알고 있는 모든 사실과 요소들을 고려하여 그럴듯한 몇 개의 대안설명(alternative explanations)을 상정한다. 이러한 전략을 추진할 때 분석관들은 자신이 다루는 자료들이 애매모호하고, 충분하지 않으며, 때로는 거짓일 수도 있기 때문에 핵심가정을 확인하고 점검하는 데 특별히 주의를 기울여야 한다.

2 이 절의 내용은 리차즈 휴어(Richards J. Heuer)의 『정보분석 심리학』(*Psychology of Intelligence Analysis*, Washington, DC: Center for the Study of Intelligence, 1999)과 퍼슨 어소시에이츠의 교육자료를 참고하였다.

2. 이론 적용(Applying Theory): 분석관들은 현재의 상황이 같은 현상이 있었던 과거의 사례와 비슷한 경우인지 판단한다. 예를 들면 저격사건이 과거의 연쇄살인범의 패턴과 유사한지 검토하거나, 경제지표들이 과거의 더블딥 불경기와 같은 동향을 보이는지 판단한다. 이러한 접근법은 많은 양의 자료가 필요하지 않다는 점에서 매우 효과적이라고 할 수 있지만, 동시에 잠재적인 핵심 증거를 무시할 가능성이 있다.

　　일반화된 모델과 이론은 특별하고 독특한 특징을 가진 구체적인 문제에 적용하기 어렵거나, 질적 또는 양적인 특별한 전문 분석기법의 활용이 필요할 수 있다는 점에 유의할 필요가 있다. 분석관들은 이슈의 전체적인 틀을 이해하게 되면 개념적 모델을 수립할 수 있게 되고, 다른 이론이나 모델과의 유사점과 차이점을 평가할 수 있는 관련 요소들을 파악할 수 있게 된다.

3. 역사적 유추(Historical Analogy): 분석관들은 현재의 사건과 과거에 개인적으로 경험했던 사건 또는 역사적으로 일어났던 사건과 비교한다. 이 방법의 잠재적 함정은 2개의 상황이 대부분의 점에서 동등하고 같은 역학관계에 의해 같은 결과가 나올 것이라고 추정한다는 점이다. 예를 들면 미국의 고위 관료 몇 사람은 9/11사건 이후 미국이 침공한 아프가니스탄과 이라크의 재건 노력과 제2차 세계대전 이후 마샬플랜에 의한 독일의 재건 노력을 비교하면서 이러한 함정에 빠졌다.[3] 피해야 할 또 다른 함정은 처음으로 생각나는 유추와 결부시키거나 현재 눈에 보이는 상황에 맞추어 유추를 선택하는 것이다. 이러한 함정을 피하는 가장 좋은 방법은 분석관이 상황과 가장 부합하는 유추를 선택하기 전에 가능한 한 많은 유추들을 찾아내도록 하는 것이다.

---

3 David Ekbladh, "The Marshall Plan Mystique," *Peace and Conflict Monitor*, April 14, 2003, www.monitor.upeace.org/archive.cfm? id_article＝13; and David Rohde and David E. Sanger, "How a Good War in Afghanistan Went Bad," *The New York Times*, April 12, 2007, www.nytimes.com/2007/08/12/world/asia/12afghan.html? pagewanted＝1.

가설은 다양한 목적을 위해 수립한다.[4] 어떤 경우에는 불안정성의 잠정적 원인이나 어떤 상황이 심화되는 이유와 같이 특별한 사례의 자세한 내용을 탐구하기 위해 가정을 사용한다. 다른 경우에는 일련의 유사한 상황에 있어서 유사한 역학관계가 작동하고 있다는 것을 보여주기 위해 가정을 사용할 수도 있다. 이것은 분석관이 사용할 수 있는 자료가 제한되어 있을 때 특히 유용하다. 가설을 수립하는 창의적인 방법은 어떤 문제를 다른 관점이나 다른 규칙의 입장에서 바라보는 것이다. 예를 들면, 마약조직원의 행동을 설명하는 가설을 수립할 때 경제학, 정치학, 지리학, 물류수송 등의 관점에서 생각해 보는 것과 같다.

4. 가설수립을 위한 구조화 분석기법

가설수립을 위해 특별히 개발된 분석기법에는 단순 가설(Simple Hypotheses), 사분면 가설 수립(Quadrant Hypothesis Generation), 복수 가설수립 도구(Multiple Hypotheses Generator®)가 있다.[5] 이러한 분석기법들은 창의적인 브레인스토밍이나 재구성 접근법(reframing approaches)을 사용하여 분석관의 가설 수립을 도와준다.

1. 단순 가설: 이 접근법은 핵심 동인과 요소들을 파악하여 관련이 있는 것들을 그룹화하고 이름을 붙이기 위해 접착식 메모지를 사용하는 구조화 브레인스토밍 기법을 사용한다.(그림 13.2 참조) 그리고 각 그룹들을 대안가설(alternative hypotheses)로 변환시킨다. 이러한 과정은 종합적인 가설 수립을 도와주는 좋은 방법이지만, 가설들이 서로 배타적 성격을 갖는 것인지 점검할 필요가 있다.

---

4 가설수립에 관한 내용은 "An Intelligence Analysis Primer: Six Steps to Better Intelli-gence Analysis," *Global Futures Forum* (March 2008), 25를 참고하였다.

5 이러한 분석기법들에 대해서는 Heuer and Pherson, *Structured Analytic Techniques*, 169-177에 보다 상세하게 기술되어 있다. TH!NK Suite®의 일부분인 Multiple Hypotheses Generator® 소프트웨어는 www.globalitica.com에서 입수할 수 있다.

2. 사분면 가설 수립: 이 기법은 어떤 이슈의 결과를 결정하게 될 두 개의 추동요소를 용이하게 확인할 수 있을 때 가장 적절하게 활용할 수 있다. 이 기법은 2×2 매트릭스에 두 개의 추동요소를 배치하는데 하나의 추동요소는 X축에 표시하고 다른 추동요소는 Y축에 표시한다. 분석관은 두 개의 추동요소에 의해 생성되는 극단의 상태를 매트릭스의 사분면에 기입하여 네 개의 분명하게 구별되는 가설들을 수립한다.

3. 복수 가설수립 도구: 이 기법은 언론인들이 사용하는 누가, 언제, 어디서, 무엇을, 어떻게, 왜라는 5W 1H라는 전통적인 질문법을 사용하여 그 가능성을 평가할 수 있는 상호 배타적인 순열(permutations)을 수립한다. 분석관은 도출된 가설의 목록을 재검토하여 가능성이 없거나 의미가 없는 것들은 제외한다. 그리고 분석관은 가장 주목할 가치가 있는 가설들을 선택한다. 만약 시간이 부족하고 자원이 제한되어 있다면 고려하여야 할 가설의 목록은 적어질 수 있다. 만약 시간이 압박을 받지 않고 자원도 충분히 활용할 수 있으면 분석관은 검토할 가설의 후보 목록을 확대할 수 있다.

5. 가설 평가

만약 검토하는 상황을 가장 잘 설명할 수 있는 가설을 결정하기 위해 각각의 가설을 엄격하게 평가하지 않는다면 대안가설이나 경쟁가설을 수립하는 것만으로는 의미가 없다. 가설을 평가하기 위해 사용된 전통적인 요소들은 동기, 의도, 능력과 논리적 의미가 있는가 하는 것 등이다.

분석관들은 종종 개연적 추론(abduction, 제12장 참조)이라고 하는 논증방법을 사용하여 가설을 검증한다. 개연적 추론은 일련의 사실, 증거 또는 관련 첩보를 확인하는 것으로부터 출발한다. 다음에 분석관은 이러한 사실들을 가장 설명할 수 있는 가설을 찾는 방식으로 사실의 맥락에서 가설들을 평가한다. 대부분 경우 정보분석은 태생적으로 복잡하고, 분석과제는 처음 보는 새로운 것이기 때문에 가설을 완전하게 입증하거나 반박하는 일은 매우 드물다.

그림 13.2 가설수립을 위한 SATs

어떠한 구조화 분석기법을 적용해야 하는가?

복수 가설수립을 위한 기법에는 다음과 같은 것들이 포함된다.

* 단순 가설(Simple Hypotheses)
* 사분면 가설수립(Quadrant Hypothesis Generation)
* 복수 가설수립 도구(Multiple Hypotheses Generator®)
* 델파이 기법(Delphi Method)
* 사분면 분할(Quadrant Crunching™)
* 시나리오 분석(Scenarios Analysis)

가설을 검증할 수 있는 체계적인 방법을 제공하는 구조화 분석기법에는 경쟁가설분석(Analysis of Competing Hypotheses), 기만탐지(Deception Detection), 논점 도표화(Argument Mapping), 진단적 추론(Diagnostic Reasoning) 등이 있다.[6]

* 경쟁가설분석(ACH)은 칼 포퍼(Karl Popper)의 과학철학을 정보분석 분야에 응용한 것이다. 포퍼는 분석을 시작할 때 복수의 가설을 수립하여야 하고, 존재하는 자료와 불일치하는 가설은 거부하거나 제거하고 잠정적으로 반박되지 않는 가설만을 받아들여야 한다고 주장하였다.

어떤 가설을 지지하는 모든 증거를 찾는 것보다 그 가설을 부정할 수 있는 자료를 찾는 이러한 가설검증 방법은 분석절차를 대단히 효율적으로 만들었다. 어떤 가정 하나를 심각하게 생각하지 않고 완전히 배제하는 데 한 개 또는 약간의 결정적인 불일치 자료만 있으면 충분하다. 만약 분석관들이 이러한 사실을 잘 알고 세심하게 대응한다면 연구와 분석은 더욱 확실한 초점을 가지게 되고 효율적으로 진행될 것이다.

---

6 이 기법들에 대해서는 Heuer and Pherson, *Structured Analytic Techniques*, 165−201 (Chapter 7)에 보다 상세하게 기술되어 있다. 경쟁가설분석을 수행할 때 도움을 얻고자 한다면 Te@mACH라고 하는 경쟁가설분석 공동작업 버전과 특허등록 버전에 접근할 수 있는 www.globalytica.com에 접속할 수 있다.

* 기만탐지는 출처, 제보자, 상대방, 경쟁자 등이 거짓정보를 제공하거나 중요
자료를 숨기고자 할 때 분석관이 평가에 활용할 수 있는 체크 리스트로 구
성되어 있다. 체크 리스트는 동기(motive)·기회(opportunity)·수단(means),
과거의 기만 경력, 출처 조작의 용이성, 증거의 평가에 중점을 두고 있다.
경쟁가설분석을 사용할 때에는 기만가설을 포함시키는 것도 적극 고려할
필요가 있다.

기만은 다음과 같은 시나리오에서 발생하기 쉽다.

- 기만 가능성이 높은 사람은 쿠바 정부와 같이 역사적으로 자주 기만을
  사용한 전력이 있다.

- 중요한 첩보는 수령자 또는 기만자에게 잃거나 얻을 것이 많은 결정적인
  시기에 전달된다. 예를 들면, 이라크가 나이지리아로부터 옐로우케익을
  수입하였다는 기만적인 문서는 미국의 부시(Bush) 대통령이 이라크 공격
  여부를 결정하려고 할 때 표면화된 것과 같다.

- 미국이 이라크 공격을 결정할 때 활용한 출처인 암호명 "커브볼"
  (Curveball)과 같은 단독 핵심 출처 또는 단독 첩보에 의해 분석이 좌우
  되는 경우에 발생하기 쉽다.

- 그 첩보를 받아들이면 고객은 가정을 변경하거나 상당한 자원을 재배치
  하게 된다. 이러한 현상은 연합군이 제2차 세계대전에서 노르망디
  (Normandy) 상륙작전에 대한 거짓 정보를 독일군에게 제공하여 군대배
  치를 잘못하게 한 사례에서 나타났다.

- 잠재적 기만자는 신뢰할 수 있는 확인 경로를 가지고 있는 경우가 있다.
  많은 경우에 법집행기관에는 마약거래 조직원들이 침투해 있다는 의심
  을 받고 있다.

* 논점 도표화는 제12장에서 자세히 설명한 것처럼, 논리적 추론을 통해 하
나의 가설을 검증하는 데 사용된다. 절차는 검증 가능한 가설 또는 잠정
적 분석판단을 작성하는 것으로부터 시작하고 다음 단계에서 가설 또는

판단을 지지하거나 반박하는 모든 증거와 주장을 나열한다. 논점 도표화
는 최초의 주장 아래쪽으로 체계적으로 지지하는 증거와 반박하는 증거
를 나열함으로써 완성된다.(그림 13.3 참조) 어떤 특정한 가설을 지지하는
모든 증거의 나뭇가지들이 증거사슬에서 반박될 수 있다면, 그 가설은 버
려야 한다. 만약 어떤 주장이나 가설이 지지를 받고 불일치하는 새로운
첩보가 없다면 타당한 것이 된다.

논점 도표화는 분석관이 생각을 명확하게 정리하고 조직화하는 데 도움
을 준다. 이것은 또한 분석관이 가정을 인식하고, 논리의 비약이나 활용 가능
한 지식을 확인하는 데 도움을 준다. 시각화 기법인 논점 도표화는 분석관이
복합한 주제에 대해 쉽게 생각할 수 있게 해주고, 분석관과 고객 모두에게 가
장 중요한 첩보, 핵심 가정, 모든 나뭇가지 형태의 논리적 구조에 집중하기 쉽
게 도와준다.

* 진단적 추론은 새로이 진전된 상황, 새로운 첩보 항목, 출처의 신뢰성 등
  을 평가하는 데 가설을 활용하는 것이다. 방법은 어떤 첩보 항목의 가치
  또는 출처의 신뢰성을 상정하는 내용들을 모두 작성한 다음에 이러한 평
  가가 잘못될 수 있는 가능성에 대해 브레인스토밍을 통해 검토한다. 다음
  단계에서는 이러한 반대의견이 믿을 수 있는 것인지 비판적으로 검토하
  고, 최초의 주장에 대해 어떤 의미를 갖는지 평가한다. 이 기법을 활용하
  는 장점 중의 하나는 대안적 결론에 대해 최소한의 검토를 하여 예상하지
  못했던 결과가 도출될 위험성을 줄여준다는 것이다.

그림 13.3 논점 도표: 호주 중앙은행은 이자율을 인상할 것인가?

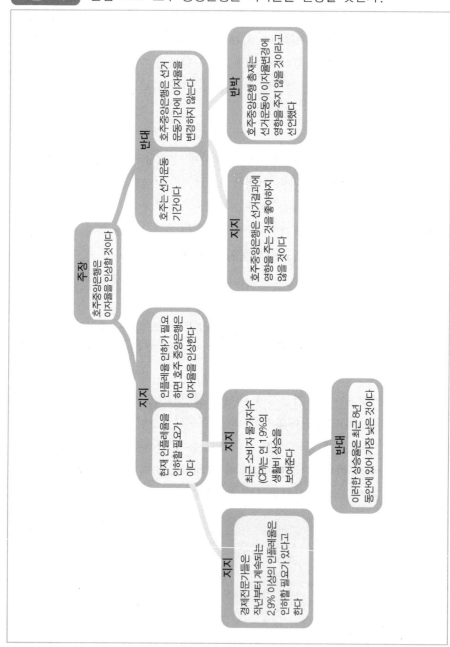

출처: Argument map using Rationale software at http://www.austhink.com.

주요 시사점

* 오판의 위험이 있는 복잡한 사건이나 직관적 판단이 잘못된 결론을 도출할 가능성이 있을 때 대안적 설명이나 복수 가설을 수립하는 것은 대단히 중요하다.
* 분석관은 어떤 가설이 진실이라는 것을 입증할 수는 없고, 대안 가설들을 반박할 수 있는 사실들을 확인함으로써 가장 신뢰할 수 있는 가설이라는 것을 주장할 수는 있다.
* 복수 가설은 상황 논리를 활용하거나, 역사적 유추를 확인하거나, 모델이나 이론을 응용하여 수립할 수 있다.
* 경쟁가설분석을 활용하면 분석관이 어떤 가설을 최선의 것이라고 입증하기 위해 모든 증거를 모으는 대신 경쟁가설을 부인하는 자료를 발견하는 방법으로 효과적으로 진행할 수 있다.
* 경쟁가설분석은 분석관이 해결방안을 도출할 수 있는 방법이 아니라 문제를 체계적으로 고찰하는 것을 돕기 위해 개발되었다.
* 논점 도표화는 왼쪽 두뇌의 논리력과 오른쪽 두뇌의 직관력을 모두 활용한다는 점에서 또 다른 강력한 생각의 도구이다.
* 진단적 추론 기법은 분석관이 새로운 첩보나 출처에 대해 의식적으로 가설을 적용하여 평가하도록 하여 대안 결론에 대해 강제적으로 검토하도록 한다.

사례연구 검토

사례연구 2. "독일의 식중독 사건의 수수께끼"를 검토한다.

* 감염 원인에 대한 대안가설들은 충분하게 검토되었는가?
* 대장균의 종류가 알려진 것인지 알려지지 않은 것인지에 대해 충분한 주의가 기울여졌는가?

* 이 사례에서 상황 논리, 역사적 유출, 모델이나 이론 적용 중 어떤 기법이
  대안가설을 수립하는데 가장 적절한가?
* 분석관이 이 문제를 해결하는 데 경쟁가설분석은 어떤 도움이 될 수 있는가?

정치화 문제를 어떻게 다룰 것인가?

1. 준비사항 점검

정보분석의 정치화 가능성에 대해 관심을 갖고 심각하게 고려하여야 한다. 언론에서 가장 빈번하게 비난하는 것은 분석공동체가 고위 정책관료들의 구미에 맞추어 분석을 한다는 것이다. 전직 라틴 아메리카 담당 국가정보관 (NIO)이었고 분석관들의 뛰어난 멘토였던 잭 데이비스(Jack Davis)는 다음과 같이 말하였다.

> 정치화된(politicized) 그러므로 비전문적인 평가(unprofessional assessment) 란 다음과 같은 분석적 결과라고 정의할 수 있다. (1) 분석관이 특정한 정책, 정치단체 또는 일반적인 이데올로기를 지지하거나 반대하기 위해 사실과 판단을 왜곡하려는 의도가 반영된 것 (2) 특별한 이유가 없더라도 정상적인 분석전문기법을 무시한 결과 정책결정과정에 영향을 미칠 수 있는 현저히 왜곡된 결과를 초래한 것.[1]

---

[1] Jack Davis, "Tensions in Analyst–Policymaker Relations: Opinions, Facts, and Evidence," *Kent Center Occasional Papers, The Sherman Kent School for Intelligence Analysis* 2, no.2 (January 2003): 10, https://www.cia.gov/library/kent–center–occasional–papers/vol 2no2.htm.

리차드 베츠(Richard Betts)는 이 개념을 확대하여 정치화는 고위 관료들이 정보분석을 정책에 일치시키기 위한 위로부터의 정치화도 있을 수 있고, 분석관이 자신의 정치적 편향으로 분석보고서를 작성하는 아래로부터의 정치화도 있을 수 있다고 하였다.2 위로부터의 정치화는 정책결정자들이 유리한 증거만을 채택하거나, 자신들의 견해를 지지하는 의심스러운 보고서를 대대적으로 선전하거나, 자신들의 정책의제를 지지하도록 하기 위해 자료를 조작하거나 왜곡하기도 하고, 분석관들에게 자신들의 정책의제를 지지하는 조사와 분석을 수행하도록 임무를 부여하기도 한다.

가장 치명적이고 광범위하게 퍼져있는 정치화의 형태는 분석관들이 스스로 자기 검열을 수행하는 것이다. 2003년 이라크전쟁 관련 정보의 역할을 논의할 때 전직 중동담당 국가정보관(NIO)이었던 폴 필라(Paul Pillar)는 정치화의 특별히 나쁜 형태의 하나가 분석 결과를 그럴듯하게 꾸미는 것이라고 하였다.3

분석공동체의 견해가 고객과 다르다고 하여 어떤 주제에 대해 의견을 표명하지 않는 것은 치명적으로 잘못된 것이다. 보고서를 작성하지 않는 이유로 정책결정자나 의사결정자가 보고서를 읽지 않을 것이라거나 분석결과를 무시할 것이라는 것을 들기도 한다.

CIA의 설립 초기에 국가정보판단실(Office of National Estimates)을 이끌었던 셔먼 켄트(Sherman Kent)를 포함한 많은 사람들이 정치화를 방지하는 최선의 방법은 분석의 객관성을 손상시킬 수 있는 잠재적 가능성을 봉쇄하기 위해 분석관과 정책결정자를 분리하는 것이라고 주장하였다.4 이러한 접근방법의 문제점은 정보 분석관들이 정책 공동체로부터 완전히 격리되어 더 이상 효과적인 지원을 할 수 없게 되는 것이다. 적시성 있는 분석을 제공하는 것은 국가정보장실(ODNI)의 분석 원칙의 하나이고, 각종 규정들은 정책결정자들이 어

---

2 Richard K. Betts, *Enemies of Intelligence : Knowledge & Power in American National Security* (New York: Colombia University Press, 2007), 67.

3 Paul R. Pillar, "Intelligence, Policy, and the War in Iraq," *Foreign Affairs* 85, no.2 (March/April 2006): 22.

4 Sherman Kent, *Strategic Intelligence for American World Policy*, (Princeton, NJ: Princeton University Press, 1949), 195－201.

떤 과제를 해결하고자 노력하고 있고 언제 정책결정을 하려고 하는지 알기 위해 분석관들이 정책결정자들과 상호 소통할 것을 요구하고 있다. 비즈니스 부문의 분석관들도 분석 결과가 회사가 추구하는 목표와 상이하거나, 수익성을 감소시킬 수 있는 행동이 필요하다는 보고서를 작성하는 경우 경영진과 유사한 갈등관계에 놓이게 된다.

2. 심화 검토

정치화의 함정을 피하는 보다 좋은 방법은 분석적 객관성(objectivity)과 진실성(integrity)이라는 2개의 핵심원칙을 적극적으로 강화하는 분석문화를 만드는 것이다.[5] 분석관들의 일상 업무는 왜 사건이 발생하였는지 밝히고, 정치적 고려 또는 비즈니스와는 무관하게 자신의 주장을 객관적으로 전개하는 것이다. 이것은 CIA의 윤리강령(ethos statement)에도 분명하게 표현되어 있다. "우리는 진실하고 거짓이 없으며, 조직적 또는 정치적 편향 없이 정보와 분석을 제공한다."[6] 베츠도 자신의 글에서 같은 결론에 도달하였는데, "변경할 수 없는 규범은 정치적인 이해관계, 선호, 의사결정이 정보판단을 좌우해서는 절대로 안 된다는 것"이라고 하였다.[7]

카르멘 메디나(Carmen Medina) 전 CIA 분석 차장보(Deputy Director for Intelligence)는 2007년 분석관들이 진실성과 중립성을 유지하기 위해서는 다른 사람들에 의해 좌우되는 태도를 가져서는 안 된다고 하였다. 중립성은 고객으로부터 어느 정도 거리를 유지해야 한다는 것을 의미하지만, 진실성은 고객이 듣기를 원하지 않는 것이라도 가장 완전한 대답을 제공하겠다는 의지와 관련

---

5 이 2개의 원칙은 분석의 표준으로서 미국의 분석관들에게 널리 알려져 있다. 국가정보장(DNI) 산하의 분석 진실성 및 표준실(Office of Analytic Integrity and Standards)은 객관성(Objective)과 정치적 고려 배제(Independent of Political Consideration)를 5개의 정보공동체 분석표준(IC Analytic Standards) 가운데 앞쪽의 2개로 위치시키고 있다. 국가정보장실의 정보공동체 행정명령(Intelligence Community Directive) 제203호(January 22, 2015) 참조.

6 Central Intelligence Agency, "CIA Vision, Mission, Ethos, and Challenges Statement," https://www.cia.gov/about-cia/cia-vision-mission-values.

7 Betts, *Enemies of Intelligence*, 75.

이 있는 것이다. 그녀는 "중립성을 분석적 독신주의와 고객으로부터의 이탈을 합리화하는 데 사용하여서는 안 된다. 만약 분석적 고립과 정책결정에 대한 영향력 중에서 하나를 선택해야만 한다면 21세기의 분석관은 당연히 후자를 선택하여야 한다."[8]

정치화에 대응하기 위한 하나의 전략은 증거에 대해 대안 해석을 도입하고, 복수 가정을 상정하며, 미래를 예측할 때 대안 시나리오를 수립하는 것이다. 저자가 라틴 아메리카 담당 국가정보관(NIO)으로 근무할 때 정책결정자들은 종종 "내가 무엇을 해야 한다고 생각합니까?"라고 물었다. 시간이 흐르면서 이러한 질문에는 다음과 같이 대답하는 것이 최선이라는 것을 알게 되었다.

당신에게는 3~4개의 선택방안이 있다. 정보공동체의 평가에 의하면 선택방안들은 서로 전개될 모습이 다르고, 각자 긍정적인 면과 부정적인 면이 있다. 그리고 이들 선택방안에 대한 정보보고서 평가의 신뢰도 수준은 이 정도이다. 나는 당신이 어떤 선택방안을 선택할 것인지 또는 당신의 상사에게 어떤 방안을 추천할 것인지를 당신에게 맡긴다.

대부분의 정책결정자들은 분석적 조언에 감사하면서, 정책적 검토에 참고한다. 그러나 분석관들은 정책결정자들이 다른 출처로부터 알게 된 사실관계의 맥락에서 분석을 생각하고, 각 선택방안의 정치적 함의를 고려하며, 실제로 행동을 할 경우의 위험도를 평가한다는 점을 잊지 말아야 한다. 또한 분석은 그들의 판단에 영향을 미칠 수는 있으나, 그들의 결정을 바꾸는 일은 거의 없다.

로버트 게이츠(Robert M. Gates)는 1992년 전쟁터 같았던 중앙정보장(Director of Central Intelligence) 인준 청문회를 통과한 다음 분석관들에게 보내는 메시지에서 이러한 딜레마에 대해 털어 놓았다.

---

8 Carmen Medina, "What to Do When Traditional Models Fail: The Coming Revolution in Intelligence Analysis," *Studies in Intelligence*, April 14, 2007,
https://www.cia.gov/library/center−for−the−study−of−intelligence/csi−publications/csi−studies/studies/vol46no3/article03.html.

분석관들이 분석에 있어서 자신의 역할을 제대로 이해하고 있지 않으면 정치화에 대한 불필요한 관심이 발생할 수 있다. 우리는 협동 작업으로 보고서를 생산한다. 만약 정책결정자가 어떤 개인의 의견을 듣기를 원한다면 그는 특정한 주제에 대한 외부의 많은 전문가들로부터 수차례에 걸쳐 의견을 들을 수 있을 것이다. 그러나 정보보고서는 정보공동체 전체의 사려 깊은 견해를 제시하기 때문에 중요한 것이다. 분석관들은 ..... 자신이 하는 일은 자기의 것이라고 하는 학자적인 마음가짐을 버려야 한다.[9]

분석관의 보고서를 수정하거나 감독하는 상관들은 보고서 초안에 대해 정치적인 관점이 아니라 이용할 수 있는 증거와 일치하는지 여부에 초점을 두고 검토를 진행하여야 한다. 베츠가 말한 것처럼 "만약 상관의 보고서 수정이 적절하게 이루어진다면, 변질시키지 않고 정보를 정치의 영역으로 도입하게 되는 것으로서 온화한 정치화의 한 형태가 될 것이다."[10]

비디오 및 각종 디지털화된 전자통신 수단들은 분석관들에게 더 많은 과제들을 던지고 있다. 신문 편집자들이 잘 아는 것처럼 발간을 위해 어떤 사람의 사진을 선택할 때 특히 잘 어울리지 않는 사진을 선택하는 것은 정치적 의도가 있는 것으로 보인다. 만약 카메라가 어떤 후보자를 집중적으로 비추고 열성적인 지지자들에게 둘러싸여 있으면 정치적 유세가 성공적인 것으로 묘사되고, 대부분의 방들이 빈 의자들로 채워져 있다면 실패한 것으로 보이게 된다.

문자로 된 자료보다 이미지 자료를 선택하는 것이 바람직하다는 편향에 대해 별로 주의를 기울이지 않았다. 그리고 정치적 또는 이데올로기적 목적을 위해 인터넷에 올릴 이미지를 편집하거나 사진을 수집하는 데 상당한 에너지를 소비하였다. 이와 같이 분석에 사용되는 비디오, 그래픽, 디지털 이미지 등이 증가함에 따라 디지털 자료를 평가하기 위한 새로운 매트릭스가 필요하게

9 Robert M. Gates, "A Message to Analysts: Guarding Against Politicization," address to CIA personnel reprinted in *Studies in Intelligence* 36, no.5 (March 16, 1992): 9, https://www.cia.gov/library/center−for−the−study−of−intelligence/kent−csi/volume−36−number−1/pdf/v36i1a01p.pdf.
10 Betts, *Enemies of Intelligence*, 77.

될 것이다.

분석관의 상관들은 분석의 진실성이 손상되지 않도록 확보하기 위해 분석보고서가 생산되는 모든 단계를 주도면밀하게 살펴볼 필요가 있다. 분석관의 감독관들도 압박이 높아지고 보고시한이 다가오면 분석관들이 분석절차를 간단하게 진행하도록 요구하고 싶은 유혹을 떨쳐내야 한다. 그들이 더욱 중요하게 생각해야 할 것은 분석관이 분석전문기법과 분석의 표준을 충실히 준수하면서 모든 분석보고서의 생산과정에 대해 책임을 지고 있다는 점이다.

3. 정치화와 관련된 비판적 사고

정치화를 방지하기 위해서는 비판적 사고의 모든 요소를 검토할 필요가 있다. 예를 들면, 분석관은 보고서의 초점을 확실하게 하기 위해 "고객은 누구인가?"를 파악해야 하지만, 그 고객의 구미에 맞는 맞춤형 분석이나 메시지를 생산해서는 안 된다.

저자가 라틴 아메리카 국가정보관(NIO)으로 근무할 때, 국무부와 국방부 또는 백악관의 입장이 서로 일치하지 않는 상황이 있었다. 저자는 어떤 정부기관이나 부처의 요청으로 정보보고서를 배포할 때에는 동일한 정보 상황을 공유하도록 하기 위해 정책공동체의 다른 협력기관에도 항상 보고서의 사본을 배포하였다.(그림 14.1 참조)

이러한 절차도 분석의 객관성을 점검하는 실질적인 역할을 한다. 예를 들면, 만약 분석관들이 어떤 질문에 대해 국방부에는 답변을 하고 국무부에는 분석 결과를 공유하지 않았다면, 그들은 기본적인 분석표준(제3장 참조)을 준수하였는지 생각해 보아야 한다.

그림 14.1 주의사항: 고객 점검

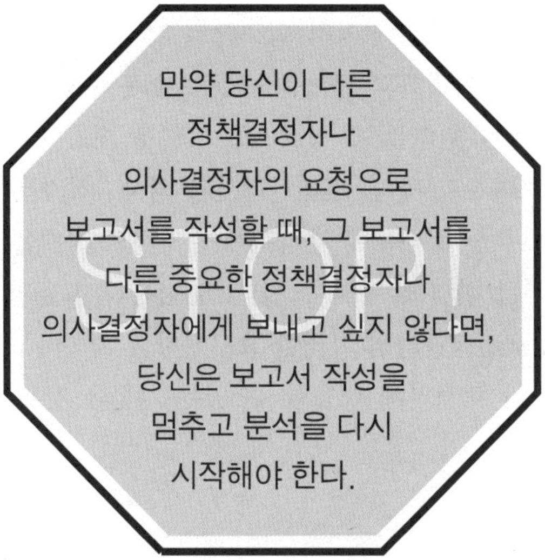

만약 당신이 다른
정책결정자나
의사결정자의 요청으로
보고서를 작성할 때, 그 보고서를
다른 중요한 정책결정자나
의사결정자에게 보내고 싶지 않다면,
당신은 보고서 작성을
멈추고 분석을 다시
시작해야 한다.

잠재적 정치화와 관련된 대부분의 논의는 두 번째 비판적 사고의 요소인 "무엇이 핵심 질문인가?"라는 것을 중심으로 이루어진다. 주요 관심사항은 고객이 우선 질문사항을 제시하여 정치화를 시도하였는지 또는 분석 결과가 자신들의 정치적 어젠더에 적합하도록 이슈를 한정하여 제시하였는지 하는 것이다. 분석관은 올바른 질문에 대해서는 답변을 하는 데 최선을 다해야 한다. 이것은 그 질문에 대해 왜 다시 설명해 주어야 하는지 그 이유를 고객에게 이해시키거나, 특정한 질문에 대한 답변이 진행 중이라도 보다 광범위한 관점에서 분석의 수준을 높이는 방법으로 달성할 수 있다.

이라크 공격을 앞두고 고위 정책결정자들이 정보공동체에 대해 이라크의 대량살상무기(WMD)가 위치한 장소를 찾아내도록 압력을 행사했을 때 백악관은 정보보고서를 정치화하려고 하였다고 비난을 받았다. 많은 정보공동체의 전문가들은 좀 더 질문이 진행되었다면 "이라크의 WMD 프로그램은 어떤 상태인가?"라는 질문을 받았을 것이라고 주장하였다. 이 질문은 첫째 WMD가 존재한다는 것을 은연중에 가정하고, 둘째로 무기의 비축량이 어느 정도 되는가를 문의하는 것이었다.

실버만－로브 대량살상무기위원회(Silberman－Robb WMD Commission)는 "특별한 결론에 도달하려는 정치적 압력으로 분석적 판단이 변경된 것이 없다"고 결론을 내렸고 정치화의 증거를 발견하지 못하였다.[11] 그러나 이 사례는 적절한 분석의 틀을 수립하는 데 있어 요구사항을 제기하는 것이 중요한 역할을 한다는 것을 보여주고 있다. 정책결정자와 의사결정자는 어떤 정치적 환경에서 역할을 하여야 하기 때문에 분석관에게 자신의 정책을 방어하는 데 유리한 정보를 요구하는 함정에 빠지기 쉽다. 분석관과 그들의 상관을 포함하는 분석 공동체는 정책결정자들의 그러한 요구사항을 확인하고, 분석의 관점에서 이러한 질문에 보다 적절하게 대응할 수 있는 기술을 갖추어야 할 의무가 있다.

> "행정부는 의사결정에 활용하려고 정보를 사용한 것이 아니라 이미 결정된 정책을 정당화하기 위해 사용하였다. 이라크에 대한 어떠한 전략적 정보평가도 요청하지 않았고, 전혀 정보를 받아보지도 않고 전쟁을 진행하였다. .... 만약 이라크에 대해 전체 정보분석 역량을 동원하여 정책적 정보판단을 하였다면 전쟁을 피할 수 있었을 것이다. 최소한 전쟁이 시작되었다고 하더라도 극심한 후폭풍에 대비할 수 있었을 것이다.
>
> － Paul Pillar, Former National Intelligence Officer for the Middle East[12]

4. 분석의 비정치화를 위한 구조화 분석기법 활용

구조화 분석기법은 고객 또는 분석관에 의해 초래되는 정치화된 분석의 위험을 줄여주는 데 도움을 준다.(그림 14.2 참조) 분석기법은 문제를 다룰 때 보다 엄격한 기준을 수립하고, 대답이 도출되는 과정을 투명하게 검사하여 기

---

11 The Commission on the Intelligence Capabilities of the United States Regarding Weapons of Mass Destruction, Report to the President of the United States (Washington DC: Government Printing Office, March 31, 2005): 188,
https://www.gpo.gov/fdsys/pfg/GPO－WMD/pdf/GPO－WMD.pdf
12 Pillar, "Intelligence, Policy, and the War in Iraq," 22.

록으로 남김으로써 이러한 목적을 달성한다. 만약 정치화된 분석이라고 비난을 받게 되면, 분석관은 비난하는 사람에게 자신이 어떻게 판단을 도출하였는지 보여줄 수 있고, 분석과정의 어느 부분에서 객관성이 부족한지 제시하라고 요구할 수 있다.

구조화 분석기법은 보다 객관적인 시각에서 자료를 파악하여 체계적인 분석의 기초를 제공할 수 있고, 특히 이론의 여지가 있는 쟁점에 대한 의견충돌을 피할 수 있도록 분석을 재구성하도록 해 주며, 전체적인 분석에 있어 모든 사람들이 자신의 견해를 반영할 수 있는 복수의 설명을 제시해 준다는 점에서 정치화 문제를 다루는 데 있어 효과적이다. 분석관들은 구조화 분석기법에 익숙해지게 되면 정치화 가능성이 있는 움직임이 있을 때 더욱 적극적으로 기법들을 적용하게 될 것이다.

다음의 기법들은 정치화의 압력을 완화시키는 데 특별히 유용하다는 것이 입증되었다.

* 관련된 자료를 항목별로 정리해 주는 경쟁가설분석과 각종 매트릭스 기법은 이들 자료가 분석에 어떻게 활용되어야 하는지를 평가할 수 있게 해 준다. 첩보가 어떻게 평가되거나 해석되어야 하는가와 같은 본질적인 가정도 확인하고 검증할 수 있다.

* 복수가설 수립은 보다 넓은 관점에서 문제를 볼 수 있는 기회를 제공한다. 복수가설 수립도구(Multiple Hypotheses Generator®) 또는 사분면 가설수립(Quadrant Hypothesis Generation)은 모든 가능성 있는 대안에 대해 심도 있게 검토하도록 도와주고, 가설들을 종합적이고 상호 배타적으로 수립할 수 있도록 도와준다.

* 잘 수행된 시나리오 분석은 반대 입장의 관점 또는 직관적인 관점은 물론 고위 정책결정자가 문제를 어떻게 보고 있는지를 보여주는 시나리오까지 포함시킬 수 있다. 정책결정자의 관점과 일치하는 시나리오를 최소한 한 개라도 포함하고 있으면 분석의 중심을 잡기 위한 감을 잡을 수 있고, 분석의 기본 시나리오와 어떻게 관련되어 있는가를 파악함으로써 다른 관점에 대해서도 이해할 수 있게 된다.

그림 14.2 정치화에 대응하기 위한 분석기법

정치화에 대응하기 위해 어떠한 구조화 분석기법을 활용할 수 있는가?

* 경쟁가설분석(Analysis of Competing Hypotheses)
* 복수가설 수립(Multiple Hypothesis Generation)
* 시나리오 분석(Scenarios Analysis)
* 지표(Indicators)
* 지표 타당성 검증도구(Indicators Validator®)
* 발생가정 분석(What If? Analysis)
* 논점 도표화(Argument Mapping)
* 상호이해(Mutual Understanding)
* 합동 확대보고(Joint Escalation)
* 노센코 접근법 (The Nosenko Approach)

* 지표와 지표타당성 검증도구는 정치적 편향에 대응할 수 있는 강력한 도구들이다. 만약 어떤 일이 일어나거나 일어나지 않을 것이라고 판단하는데 충분한 일련의 지표들에 대해 합의가 이루어지면, X시나리오가 일어날 것이라고 생각하는 사람은 그 시나리오에 필요한 모든 지표가 발생하지 않으면 주장하기 어려워질 것이고, 다른 대안 시나리오의 경우에도 그러할 것이다.

지표들을 잘 정리하면 분석관이 정치적으로 편향된 분석을 하였다고 비난받지 않도록 보호할 수 있다. 만약 분석관이 "이러한 지표들은 6개월 전부터 관찰해 온 것으로서, 이렇게 전개되면 사건이 발생한다는 것을 경고하는 것인데, 대부분의 지표가 나타난 것은 분석이 확실하다는 것"이라고 주장하게 되면, 대부분의 정책결정자들은 인정하지 않을 수 없을 것이다. 만약 분석관이 어떤 일이 발생하지 않을 것이라는 것을 보여주기 위해 일련의 지표 목록들을 발전시켜 왔는데, 대부분 또는 모든 지표가 일어나지 않았다면 그 일이 발생하지 않을 것이라고 강하게 주장할 수 있는 근거가 된다.

* 분석관들 사이에 또는 분석관과 정책결정자 사이에 의견이 달라 격렬한 논

쟁이 벌어질 때 발생가정 분석(What If? Analysis)을 사용하면 해결되는 경우
가 많다. 발생가정 분석의 핵심은 "지금 논의하고 있는 문제가 이러한 방법
으로 일 년 후에 해결되었다고 가정"하여 주장하는 내용을 재구성하는 것
이다. 사건은 어떻게 발생했는가? 누가 무엇을 해야 하였는가, 그래서 사
건은 어떠한 방향으로 전개되었는가? 어떤 일이 일어날 것이라는 주장은
그러한 결과가 실제로 일어날 경우에 관찰할 수 있는 일련의 지표를 제시
할 수 있다. 이 기법은 즉시 해결할 수 없는 당면한 문제를 보다 근본적인
요인과 요소에 초점을 맞추도록 하여 특별히 의견대립이 심하거나 때로는
감정적인 논쟁을 피해 갈 수 있도록 한다.

* 논점 도표화의 가치는 모든 의견이 제시되도록 한다는 데 있다. 도표에는
어떤 입장을 주장하는 데 대한 반박을 확실하게 표시할 수 있고, 관련이 있
는 어떠한 사람의 주장과 증거도 도표에 포함될 수 있다. 만약 가정이 정치
적으로 편향되었다고 의심이 되면, 이러한 입장을 지지하는 칸을 추가할
수 있고, 다른 사람들은 반박하거나 반대되는 요소를 표현하는 칸을 만들
수 있다.

5. 정책 처방전과 기회 분석

정보분석관과 정책결정자의 관계는 문화에 따라 다르다. 예를 들면, 캐나
다와 영국에서는 분석관이 의사결정과정을 직접 지원함으로써 정책결정자와
긴밀한 관계를 갖는 경우가 많다. 미국에 있어서는 그 관계가 보다 소원한 것
이 일반적이다. 이러한 차이점은 크게 보아 2가지 요소에 기인한다. 즉 정보조
직의 크기에 상당한 차이가 있고, 각국의 지식에 대한 접근방법의 역사가 다
르기 때문이다.

* 캐나다, 영국 그리고 다른 모든 나라에서 미국의 정보공동체와 정책공동체
의 축소된 모습이 보인다. 분석관들은 지리적으로나 조직적으로 고객들로
부터 떨어져 있기를 원한다.

  * 미국의 정보공동체는 셔먼 켄트(Sherman Kent)의 견해에 커다란 영향을 받
    았다. 켄트는 60년 이상 이전에 관찰한 결과를 바탕으로, 만약 분석관이
    정책결정자와 정책집행 고객과 너무 밀접하게 되면 독립성을 잃게 되고,
    국가안보에 필요한 독특한 전문성을 뒷받침할 수 있는 실질적인 깊이와 분
    석적인 전문성을 상실할 위험이 있다고 하였다.[13][14]

    미국 정보공동체의 역할과 책임에 관한 위원회(Commission on the Roles
and Responsibilities of the United States Intelligence Community)는 1996년 분석관
이 정책결정자와 얼마나 가까워야 하는가 하는 것은 문제이기는 하지만 관리
할 수 있다고 결론을 내렸다.[15] 위원회 보고서는 정책결정자들에게 "가감하지
않은 진실"을 제시하는 것은 모든 분석관들의 교육훈련의 목표이고 분석관들
이 지향하는 직업정신의 핵심이기 때문에 이것이 잠재적 편향 가능성을 줄여
줄 것이라고 하였다. 위원회에서 증언한 잭 데이비스는 이 문제를 다음과 같
이 언급하였다. "만약 어떤 분석관이 정치화의 위험에 처해 있지 않다고 한다
면, 그는 아마도 일을 제대로 하지 않는 사람일 것이다."[16] 데이비스에 의하면
정보분석관의 임무는 "깊이 있는 전문지식, 모든 출처의 첩보, 그리고 강인한
정신을 발휘한 정보기관 특유의 기법을 활용하여 미국의 안보이익을 보호하
고 증진하기 위한 정책 고객들의 노력에 확실한 부가가치를 제공할 수 있는
평가를 생산하는 것이다."[17]

13 Jack Davis, "Improving CIA Analytic Performance: Analysts and Policymaking Process,"
   Kent Center Occasional Papers, *The Sherman Kent School for Intelligence Analysis* 1,
   no.2 (September 2002): 2, https://www.cia.gov/library/kent－center－occasional－papers/
   vol1no2.htm.
14 셔먼 켄트는 자신의 저서인 『전략정보』(*Strategic Intelligence*)에서 정책작성자와 정보
   분석관이 너무 멀리 떨어져 있으면 전혀 관련이 없는 정보를 생산하게 되어 너무 가
   까운 것보다 더 위험하다고 경고하였다.
15 The Commission on the Roles and Responsibilities of the United States Intelligence
   Community, "Preparing for the 21st Century: An Appraisal of US Intelligence"
   (Washington, DC: Government Printing Office, March 1, 1996),
   www.gpoaccess.gov/int/index.html.
16 Davis, "Improving CIA Analytic Performance," 7.
17 Davis, "Tensions in Analyst－Policymaker Relation: Opinions, Facts, and Evidence", 9.

　　라틴 아메리카 담당 국가정보관(NIO)으로 근무할 당시 저자는 정책공동체의 고객과 밀접한 관계를 형성하는 것이 중요하다는 것을 일찍이 깨달았다. 더욱 중요한 것은 핵심 고객과 긴밀한 관계를 유지하게 되면 경고를 제공하고 최악의 경우를 평가하는 전통적인 정보분석관의 역할 외에 유용한 통찰력과 실행 가능한 정보를 제공하여 정책결정자의 업무가 발전하게 된다는 점이다. 저자가 일하는 수년간 터득하게 된 법칙은 분석관이 제공하는 경고 메시지의 숫자와 정책결정자의 정책목표를 달성하는 데 사용할 수 있는 유용한 통찰력이 담긴 메시지의 숫자가 비슷하게 균형을 이룰 때 미국의 국가이익이 극대화된다는 것이다.

　　정책결정자와 의사결정자에게 각종 정책적 선택방안의 기회요인과 위험요인을 평가하여 제공하는 전략은 항상 평가가 수반될 수밖에 없다.[18] 정보분석관의 역할은 의사결정자들이 미래를 만들어 가는 것을 돕는 것이다. 이것을 위해서는 분석관들이 장차 발생할 수 있는 불행한 일에 대해 경고하는 것뿐만 아니라 정책결정자들이 국가이익과 정책목표를 최적화하기 위해 영향력을 행사할 수 있는 요소와 요인을 확인하여 제공하는 것이 필요하다. 이와 같은 기회를 포착하기 위한 평가 또는 기회분석은 어떻게 하면 나쁜 시나리오가 나타나지 않도록 하고 긍정적이고 발전적인 결과가 나타날 수 있는 전망을 높일 수 있을 것인가에 초점을 맞추어야 한다.[19]

　　효과적인 기회분석을 위해서는 적시성이 있어야 하고, 어떤 문제를 이해하는 새로운 통찰력이나 새로운 틀과 함께 정책결정자나 의사결정자가 실행할 수 있는 구체적인 행동방안을 제공하여야 한다. 의사결정을 지원하기 위한 분석보고서가 아무리 정교하게 잘 작성되어 있어도 의사결정이 된 다음에 도착하면 아무 소용이 없다. 기회분석에 있어 보다 중요한 것은 분석적 통찰력을 활용하여 기회를 포착하거나 바람직하지 않은 결과를 예방할 수 있는 새로운 행동을 취하도록 의사결정자에게 적시에 전달하는 것이다. 또한 의사결정자는 분석이 신뢰할만한 출처에서 나온 것이고, 지엽적 관심이 아닌 중요한 국가안보 이익 또는 회사의 이익을 위해 작성되었다는 것을 믿어야 한다.

18 Ibid., 10–11.
19 Ibid., 9.

분석관이 가장 주의해야 할 사항은 유용한 아이디어들을 제공하는 선을 넘어서 어떤 아이디어가 실행되는 것이 가장 바람직하다는 개인적인 의견을 제시하지 말아야 한다는 것이다. 다양한 정책적 선택사항에 대해 위험성과 장점을 평가하도록 요청받은 경우에도 분석관은 개인적 입장을 개진하거나 개인적인 정치적 선호를 반영하는 것처럼 보여서는 안 된다. 정치적 환경이 증가하는 상황에서 보편적으로 객관적인 분석을 제공하는 능력은 매우 가치 있는 것이다. 의사결정자와 관계를 맺는 사람은 대부분 그를 옹호하는 사람이다. 의사결정자에게 제공되는 정보는 거의 대부분 그들에게 현명한 판단을 하게 하는 것보다는 그들의 의사결정에 영향을 미치게 할 의도로 작성된다. 정책공동체의 세계에 있어 정보분석관은 귀중한 자원이다. 왜냐하면 분석관은 사실관계를 알고 있고, 부족한 지식의 갭을 실질적으로 보충해 주며, 정책결정자들이 최선의 결정을 할 수 있도록 도와주는 것만을 활동의 동기로 삼고 있기 때문이다.

주요 시사점

* 가장 치명적이고 널리 퍼져있는 정치화의 형태는 분석관이 스스로 자기검열을 하는 경향일 것이다.
* 정치화의 압력에 대응하는 가장 좋은 방어방법은 객관성과 진실성에 기초하여 분석하고 대안 의견을 제공하는 문화를 만드는 것이다.
* 분석 결과물에 비디오와 다른 디지털화된 이미지의 사용이 증가하여 디지털 객관성을 평가하기 위한 새로운 매트릭스를 필요로 한다.
* 구조화 분석기법은 정치화 문제를 효율적으로 다룰 수 있다. 왜냐하면 이것은 체계적으로 자료를 평가하거나 분석을 재구성할 수 있는 기준을 제시할 수 있고, 모든 핵심 이해관계자들의 시각을 반영할 수 있는 대안 관점을 제시할 수 있기 때문이다.
* 정책결정자나 의사결정자에게 분석평가를 제공하는 사람들은 나쁜 소식의 양과 의사결정자들의 정책목표 달성에 도움이 되도록 하는 기회분석

의 양이 동등한 비중을 차지하도록 노력하여야 한다.

* 분석관들은 지지자이기 때문이 아니라, 정책결정자나 의사결정자가 최선의 결정을 할 수 있도록 돕기를 원하는 동기를 가진 사람들이기 때문에 귀중한 자원이다.

사례연구 검토

사례연구 4. "2008년 미국 금융위기는 예방할 수 있었는가?"를 검토한다. 이 사례연구는 2008년 미국 금융위기의 교훈을 얻기 위해 비전문가에 의해 2015년 작성된 것으로 가정한다.

* 필자는 다양한 경제사상가들의 입장을 균형 있게 소개하였는가? 아니면 개인적인 정치적 입장을 반영하여 표현하였는가?
* 보고서 구성은 사례연구의 주제에 대해 엄격하고 철저하게 연구하였고 정치적 지지와는 무관하게 작성되었는가?
* 필자는 정치화의 비난을 피하기 위해 어떠한 구조화 분석기법을 채택하는 것이 보다 바람직하였는가?
* 만약 보고서에 기회분석에 관한 절을 포함시킨다면 어떤 주제를 강조하겠는가?

15

분석이 극단적으로 잘못될 수 있는 경우는 없는가?

1. 준비사항 점검

정보실패는 부적절한 첩보수집, 분석판단의 실수, 정책적 오판에 의해 발생하지만, 극단적인 판단의 오류는 분석의 실패에서 기인하는 경우가 많다.[1] 가능성 있는 원인으로는 불충분한 자료, 심리적 모델과 인지적 함정에 대한 극복 실패, 상상력 부족, 불합리한 가정에 대한 신뢰, 잘못된 논리, 대안가설과 결과에 대한 검토 실패 등이 있다. 비판적 사고의 기술과 구조화 분석 기법을 사용하는 것은 좋은 분석에 대한 이러한 장애물들을 극복할 수 있는 최선의 방법이다.

그러나 최근의 가장 좋은 자료를 이용하여 철저히 분석을 하더라도 의사결정을 하는 지도자나 다른 핵심인사 또는 핵심그룹에 영향을 미치는 모든 요소들을 고려할 수는 없기 때문에 정책결과가 잘못될 가능성도 있다. 정보판단을 하는 근거는 자료와 논리적 추론이다. 자료가 애매모호하거나, 단편적이거나, 일시적인 것이거나, 기만적인 것이라면 분석이 잘못될 수 있다. 이것은 정보의 세계에 있어 종합적인 분석이 필요함에도 불구하고 오직 단편적인 첩보만 입수되는 경우에 나타나는 현상이다.

---

1 이 장에서 사용된 자료는 퍼슨 어소시에이츠의 교육훈련 자료에서 온 것이다. (www.pherson.org)

　　반대로 자료가 너무 많아서 분석관이 자료를 처리하지 못할 경우에도 비슷한 문제가 나타난다. 이때에는 분석에 필요한 관련 첩보를 분리해 내는 것이 과제이다. 또한 이러한 자료들을 시간순서에 따라 나열하고 논리적 유사성에 따라 그룹화 하는 것도 과제이다. 시간적 제약도 항상 분석을 제약하는 요소가 된다.

　　첩보 자료적 과제 외에 인지적 문제와 심리적 제약도 문제이다. 분석관은 상황이 분명하지 않고 개략적인 사실만 파악되는 사건의 초기 단계에 관찰을 시작하기 때문에 사실에 대한 인식은 불분명하고 혼란스럽다. 분석관들은 유력하다고 생각되는 가설(lead hypothesis)과 일치하는 자료는 받아들이고 일치하지 않는 자료는 무시하거나 받아들이지 않는 경향이 있기 때문에 초기의 판단을 고집한다. 자료를 분석할 때 초기에 패턴을 파악하고 결론을 내린 다음에는 상반되는 첩보를 무시하고 이제까지 나타난 현상을 바탕으로 손쉽게 판단을 한다. 자료를 체계적으로 정리하지 않거나, 일반적인 오류를 피하기 위한 논리적 추론을 하지 않거나, 대안을 고려하면서 가정들을 검증하지 않는다면 잘못된 판단을 하게 될 위험이 발생한다.

　　분석관들에게는 심리적 모델(mental model)이 형성되어 있기 때문에 기대하지 않았던 사건을 예측하기 어렵다. 과거의 경험은 분석관이 새롭게 나타나는 상황을 인식하지 못하게 할 수 있다. 대안가설이나 대안결과를 충분히 검토하지 않으면, 대안적 설명이 가능한 새로운 비판적 첩보를 인식하기 어렵게 된다. 분석관이 자료나 비판적 첩보를 잘 분류할 수 있는 확실한 기준을 가지고 있지 않으면, 기준에 해당되지 않는 자료들은 최종적인 분석에 반영되지 않게 된다. 분석관들은 미리 상상하지 않으면 커다란 구멍도 볼 수 없게 된다.

2. 심화 검토

　　이러한 취약점들을 고려하면 분석관들은 자신의 판단이 때로는 잘못될 수도 있다고 상정해야 한다. 예를 들면, 만약 분석관이 4개의 결과가 일어날 가능성이 상당히 높거나(likely) 개연성이 있다(probable)고 결정했는데, 가능성이 상당히 높거나 개연성이 있다는 것이 4분의 3의 확률로 실현된다고 한다면, 논리적으로 4분의 1은 분석적 판단이 틀릴 수 있다는 것이 된다.[2]

이것은 분석관이 보고서를 작성하거나 분석적 판단을 제시할 때에는 항상 자신의 판단이 어떤 환경에서 틀릴 수 있는가를 찾기 위한 노력을 해야 한다는 것을 시사하는 것이다.(그림 15.1 참조) 판단을 검증하는 데 사용되는 기법들은 많이 있지만 이 장에서는 분석 틀을 재구성하는 기법인 사전 실패가정 분석(Premortem Analysis)과 구조화 자기비판(Structured Self-Critique)을 중심으로 고찰한다. 이 2개의 기법은 어떤 경우에 극단적으로 잘못될 수 있는지에 대하여 가장 효과적이고 종합적으로 검토할 수 있도록 도와준다.

그림 15.1 분석의 검증도구

분석 판단을 검증하기 위한 구조화 분석기법에는 다음과 같은 것들이 있다.

* 사전 실패가정 분석(Premortem Analysis)
* 구조화 자기비판(Structured Self-Critique)
* 악마의 변론(Devil's Advocacy)
* 레드 팀 분석(Red Team Analysis)
* 발생가정 분석(What If? Analysis)
* 고충격·저확률 분석(High Impact/Low Probability Analysis)
* 델파이 기법(Delphi Method)
* 논점 도표화(Argument Mapping)

사전 실패가정 분석과 구조화 자기비판을 이용하는 동기는 간단하다. 당신은 보고서가 발간되기 전에 극단적으로 잘못된 것을 발견하는 것이 좋겠는가 아니면 발간된 다음에 의회의 위원회에 불려가서 어디가 잘못되었는지 사후에

---

2 Donald P. Steury, ed., *Sherman Kent and the Board of National Estimates: Collected Essays* (Washington, DC: CIA Center for the Study of Intelligence, 1994), 133. 셔먼 켄트가 개연성이 있다(probable)는 것을 75%의 실현 가능성 또는 12%의 실현되지 않을 가능성으로 정의했다고 인용되었다.

해부하듯이 검토하는 것이 좋겠는가? 특히 사전 실패가정 분석과 구조화 자기
비판은 몇 시간만 할애하면 되지만, 사후검증 조사(postmortem investigation)는
며칠, 수주 심지어 몇 달이 걸릴 수도 있다는 것을 생각하면 대답은 자명하다.
대부분의 분석관들과 상관들은 모든 보고서를 작성할 때 사전 실패가정 분석
과 구조화 자기비판이 필요하다는 데 동의할 것이지만, 많은 경우에 빨리 발
간해야 한다는 압박 때문에 이 단계를 생략하고 만다. 이러한 문제를 해결하
는 가장 좋은 방법은 보고서를 쓰기 위한 분석을 시작할 때 언제 사전 실패가
정 분석과 구조화 자기비판을 실행할 것인가를 결정해 두거나, 분석과정의 일
부로 포함시킬 것을 요구하는 것이다.

   만약 단문 보고서를 쓰는 경우라면 사전 실패가정 분석을 수행하기 가장
좋은 시간은 편집이나 상관의 검토를 위해 제출하기 직전이다. 장문 보고서
또는 복잡한 평가보고서는 연구조사가 끝나서 보고서에 담을 내용의 윤곽이
잡힌 때로서, 아직 보고서 초안 작성이나 파워포인트 슬라이드 작성을 시작하
기 이전이 가장 좋다.

   사전 실패가정 분석을 시작할 때 가장 중요한 첫 단계는 분석과정에 참가
했던 모든 사람들과 중요한 이해관계자들이 브레인스토밍에 참가하도록 하는
것이다. 회의 진행자는 다음과 말하면서 브레인스토밍을 시작한다.

   보고서가 발간되거나 보고가 끝나고 몇 달 또는 몇 년이 지났다고 가정해
   봅시다. 불행하게도 시간이 지나고 보니, 보고서의 핵심판단이 근본적으로
   잘못되어서 우리의 평가가 치명적으로 틀렸다고 합시다. 우리는 분석과정
   에서 무엇을 잘못했을까요?

   진행자 또는 분석그룹의 리더는 카드에 각자가 생각하는 2~3개의 대답을
쓰도록 한다. 5분 정도의 침묵 시간을 가진 후 참석자들은 작성한 카드를 진
행자에게 제출하고 진행자는 화이트보드에 이것을 기록한다. 이어서 모든 사
람들이 어떤 잠재적 설명이 가장 가능성이 높고 후속조치가 필요한지에 대해
토론한다. 그리고 예를 들면, 핵심가정 점검, 기만탐지 분석, 출처 타당성 평가
와 같은 분석의 취약점을 파악할 수 있는 최선의 방법을 결정한다.3 브레인스

토밍은 중요한 잠재적 취약점들의
목록을 만들고, 사전에 규명하지
못한 문제를 해결할 수 있는 행동
계획을 수립하고 종료해야 한다.

> "결국, 사전 실패가정 분석은 고통스러운 사후검증 조사를 피하는 가장 좋은 방법이다."
> – Gary Klein, *Harvard Business Review*[4]

　　두 번째 단계는 구조화 자기비
판을 실행하는 것이다. 사전 실패가정 분석은 분석의 잠재적 문제점들을 발견
하기 위해 오른쪽 두뇌의 활동을 중점적으로 이용하는 것이고, 구조화 자기비
판은 분석관들의 과거의 실수로서 자신이 알고 있는 것들의 목록을 작성하여
보고서를 평가하는 왼쪽 두뇌를 이용하는 활동이다. 그림 15.2는 구조화 자기
비판을 실행할 때 진행되어야 할 가장 중요한 6개 질문사항을 보여주고 있다.
구조화 자기비판에서 파악해야 할 보다 종합적인 질문의 목록은 다음과 같다.

* 대안설명이나 대안가설을 고려하였는가?

* 광범위하고 다양한 의견을 수렴하였는가?

* 핵심가정을 확인하고 비판적으로 검증하였는가? 지지받지 못하는 가정들
  을 확인하였는가? 이러한 검토가 분석의 결과를 바꿀 수 있다고 생각해 보
  았는가?

* 유력한 가설이나 분석적 흐름과 일치하지 않아서 무시되거나, 잘못 해석되
  거나, 거부된 증거는 없는가?

* 심각한 첩보의 갭은 없는가? 이러한 자료의 부족이 핵심 분석판단에 어떠
  한 영향을 미칠 것인지 검토하였는가?

* 정상적인 첩보의 흐름이라면 발견될 것으로 예상되는 증거 가운데 빠진 것
  이 있는가? 이러한 증거의 부재가 누구인가에 의해 우리를 기만하려고 한
  결과일 가능성이 있는가?

---

3 출처 타당성 평가는 정보 수집자가 출처의 과거 기록이나 보고서를 기초로 신뢰성을
　평가하는 공식 절차이다.
4 Gary Klein, "Performing a Project Premortem," *Harvard Business Review* (September 2007),
　http://hbr.org/2007/09/performing-a-project-premortem/ar/1.

그림 15.2 구조화 자기비판의 핵심 질문

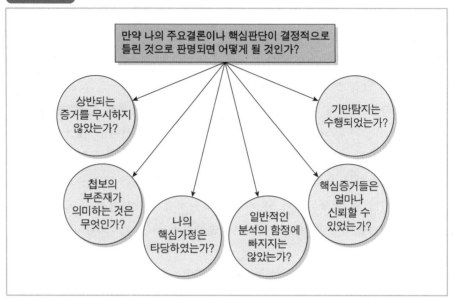

* 분석의 흐름에 있어서 처음에 사소한 것으로 생각되어 채택이 거부된 변칙적인 증거가 있는가?

* 기술적, 경제적, 사회적, 환경적, 정치적 변화 또는 세계화로 인해 나타났거나 나타날 현상 가운데 무시한 것이 있는가?

* 적국의 정부, 조직, 또는 회사의 지도자는 합리적으로 행동하고 개인적 성향에 따라 행동하지 않을 것이라고 가정하고 분석을 진행하였는가?

* 분석 주제에는 익숙하지 않은 문화가 포함되어 있고, 이러한 문화가 의사결정과정에 어떠한 영향을 미치는지 분석관들은 알고 있는가?

* 정부, 회사, 또는 경쟁자는 조직의 정책에 영향을 미치거나 행동에 변화를 초래하기 위해 기만을 시도할 동기, 기회, 또는 수단을 가지고 있는가?

분석조직은 이러한 목록에 자신들의 특별한 작업환경에 적합한 질문들을 추가할 수 있다. 일반적으로 이 목록의 첫 번째 항목은 되풀이하고 싶지 않은 과거의 잘못된 실수의 예가 될 것이다. 이러한 것을 실수로부터 배운다고 한다. 대부분의 분석관들은 자신이 한 커다란 실수는 쉽게 떠올리고 같은 실수는 하지 않게 된다. 더욱 중요한 과제는 과거에 있었던 "실패에 가까운 대응"(near-misses)을 기억하는 것이다. 이러한 것들은 분석관이나 조직이 잘못된 것을 알았다면 대응이 되었겠지만, 아무도 알지 못하거나 어느 정도 알았다고 하더라도 당시에는 분석에 중요하지 않다고 생각한 것이다.(그림 15.3) 실패에 가까운 대응은 가까스로 실패를 면했지만, 이것을 통해 보완이 필요한 미래의 취약점을 극적으로 파악할 수 있는 기회가 될 수 있었다는 점에서 사실상 실패한 것으로 다루어야 한다. 분석관들은 모든 의문점들을 재검토한 다음 핵심판단에 대한 신뢰도를 재평가하고, 부족한 부분에 대한 행동계획을 수립하며, 주된 판단에 대한 재평가를 실시하여야 한다.

그림 15.3   노스 애너(North Anna) 지진: 실패에 가까운 대응

진도 5.8의 지진이 2011년 8월 23일 미국 동부해안을 강타했을 때, 도미니언 파워(Dominian Power)가 운영하는 버지니아주 미네랄(Mineral, Virginia)의 중심부에 있는 노스 애너 핵발전소(North Anna Nuclear Power Plant)는 진원지에서 11마일밖에 떨어져 있지 않았다.[5] 지진은 핵 원자로 2기의 가동을 중지시켰고, 중유 발전기 4기 중 3기를 가동하여 안전 시스템에 전력을 공급하였다. 다행히 냉각수 유출 고장이 난 발전기를 대체하기 위한 5번째 발전기도 도입되어 가동할 수 있는 상태였다.[6] 이 사건에 대한 초기의 반응은 "좋은 소식이다. 지난 4월에 있었던 일본의 후쿠시마 다이이치(Fukushima Daiichi) 원자력 발전소와 유사한 사고가 일어나지 않도록 잘 대처하였다"고 하였다.

그러나 아무도 중유 발전기 한대가 작동하지 않을 것이라고는 생각하지 못했다. 만약 지진이 일어났을 때 발전기 4개 모두 또는 2~3개가 작동하지 않았다면 어떤 일이 벌어졌을 것인가? 발전소는 진도 5.9~6.1의 지진에 견디도록 설계되었는데, 이것은 이 사건이 실패에 가까운 대응이었다는 것을 의미한다.[7] 실패에 가까운 대응은 도미니언 파워가 안전기준을 재검토하고 적절히 보완할 수 있는 기회를 제공하였다. 분석관들도 자신의 실패에 가까운 대응으로부터 교훈을 얻어야 하고, 이것을 확실히 하기 위해 구조화 자기비판과 같은 기법을 사용할 필요가 있다.

5 "Dominion's North Anna Power Station Restores Offsite Power," *Dominion News*, August

사전 실패가정 분석의 가치는 이 기법을 처음으로 개발한 개리 클라인 (Gary Klein)이 가장 잘 표현하고 있다.

사전 실패가정 분석은 단지 잠재적 문제점을 조기에 발견하는 데 도움을 줄 뿐만 아니라, 어떤 프로젝트를 과도하게 신뢰하는 사람이 계획을 무리하게 추진하지 못하도록 억제시킨다. 또한 아무도 언급하지 않았던 약점을 제시하면서, 팀의 구성원들은 자신의 지식과 경험에 자부심을 느끼고, 다른 사람들의 의견에서 새로운 것을 배우게 된다. 이 기법은 어떤 프로젝트가 실행되었을 때 나타날 문제점의 징후를 발견할 수 있도록 해 준다.[8]

주요 시사점

* 최대한 엄밀하게 분석을 하더라도 오류가 발생할 수 있는데, 이것은 사람이라는 요소 때문이다.
* 분석 결과를 발간하는 보고서를 작성하기 이전에 재검토하는 것은 나중에 왜 오류가 발생했는지 설명하는 것보다 항상 현명하다.
* 사전 실패가정 분석과 구조화 자기비판을 수행하려면 분석관의 소중한 시간을 조금 할애해야 하지만, 만약 사후검증 분석을 해야 한다고 한다면 몇 주 또는 몇 달의 시간이 필요하게 될 것이다.
* 사전 실패가정 분석과 구조화 자기비판은 모든 프로젝트를 시작할 때 계획되어야 하고, 분석절차의 일부로서 규칙적으로 진행되어야 한다.
* 분석관은 작업환경에 맞추어 구조화 자기비판의 질문항목 목록을 준비하여야 하고, 자신의 과거 실패 및 실패에 가까운 대응의 사례를 추가하여야 한다.

23, 2011, http://dom.mediaroom.com/news? item=71825.

6 "UPDATE 3-Quake Raises Safety Concerns as US Nuclear Plant Shut," *Reuters*, August 23, 2011, http://www.reuters.com/article/quake-usa-nuclear-dominion-idUSN1E77M1N320110824.

7 Waldo Jaqueth, "Did We Dodge a Bullet With Lake Anna?" cvillenews.com, August 23, 2001, http://cvillenews.com/2011/08/23/quake-nuclear-plant/.

8 Klein, "Performing a Project Premortem."

* 단문 보고서의 경우 사전 실패가정 분석에 적절한 시점은 편집을 위해 보고서를 제출하기 직전이 가장 좋다.
* 장문 보고서의 경우 적절한 시점은 분석관이 조사분석의 결론을 내리고 보고서 개요를 구상한 이후로서, 시간과 노력이 소요되는 보고서 초안을 작성하기 이전이 가장 좋다.

사례연구 검토

사례연구 1. "이란의 핵위협 대처: 스턱스넷과 그 함의"에 대해 검토한다.

* 우선, 사례연구에 대한 사전 실패가정 분석을 실시한다.
  – 사례연구와 관련된 5W 1H의 항목(누가, 언제, 어디에서, 무엇을, 어떻게, 왜)에 대해 항목별로 1~2개의 문장으로 자신의 생각을 써내려 간다. 자신이 작성한 각 항목에 대한 답변이 얼마나 극단적으로 틀릴 수 있는지에 대해 브레인스토밍을 실시한다.
  – 사례연구의 분석을 보충하기 위해 어떤 추가 작업이 필요한지 결정하고 핵심판단이 조정되어야 하는지를 검토한다.

* 다음에는, 아래와 같은 질문에 초점을 맞추어 사례연구에 대한 구조화 자기비판을 실시한다.
  – 대안 설명이나 대안 가설이 검토되었는가?
  – 광범위한 의견이 수렴되었는가?
  – 핵심가정이 확인되고 비판적으로 검증되었는가? 지지받지 못하는 가정들은 확인되었는가? 분석 팀은 가정을 재검토하는 것이 분석을 변화시킬 수 있는지 검토하였는가?
  – 첩보에 심각한 갭이 있었는가? 이러한 자료부족이 핵심적 분석판단에 영향을 미칠 수 있다고 생각하였는가?

　－ 외국정부, 회사, 경쟁자는 우리의 정책에 영향을 미치거나 행동을 변
　　화시키기 위해 기만을 시도할 만한 동기, 기회 또는 수단을 가지고 있
　　는가?

4 나의 메시지를
효과적으로 전달하는
방법은 무엇인가?

분석이 미치는 영향은 대체로 당신이 주장하는 논거의 구성, 명료성과 신뢰성에 의해 결정된다. 분석 결과물이 고객에게 맞추어질수록 더 큰 영향을 미칠 것이다.

훌륭한 작성은 훌륭한 사고에서 온다. 만약에 당신이 문장 또는 구절을 만들기 위해 애쓰고 있음을 스스로 발견한다면 아마도 다루어야 할 충분한 정보를 가지고 있지 않거나 당신의 논거를 충분히 생각하지 않은 것이다.

* 훌륭한 언론인과 정보작성자는 첫머리 결론 제시(Bottom line up front: BLUF)를 하는데 이것은 문서의 첫 부분에 가장 중요한 분석적 판단을 기술하고 이를 뒷받침하는 자료와 주장을 그 다음에 서술해 나가는 것이다.
* 제목과 머리글 단락(lead paragraph)은 핵심 메시지를 전달하고 "무엇"(what)과 "그래서 어떻다는 것인가"(so what)를 설명한다.
* 각 단락은 분석주제 문장과 함께 시작하고 한가지 주요한 포인트를 지녀야 한다. 각 절, 단락과 문장은 스토리와 논거를 명확하고 정확하며 설득력있는 방법으로 제시해야 한다.

이라크의 대량살상무기(WMD) 보유여부에 대한 판단 실패는 가능성에 의거한 정확한 판단과 신뢰도를 전달하지 못한 쓰라린 기억을 남겼다. 판단을 뒷받침하는 핵심 요인을 인용한 "왜냐하면"(because) 구절과 함께 항상 가능성에 의거하여 서술해야 한다. 또한 출처개요 서술(source summary statements)은 고객에게 가능한 가장 효율적인 방법으로 출처의 신뢰성과 신뢰도를 전달하기 위한 강력한 도구가 될 수 있다.

그래픽은 어떤 서술보다도 훨씬 강력한 방법으로 메시지를 전달할 수 있다. 이것은 간단한 도표에서 많은 양의 데이터를 포함시킴으로써 읽는 시간을 절약할 수 있고 핵심 관계, 추세 또는 영역을 분명하게 보여줌으로써 의미를 더할 수 있다. 훌륭한 비판적 사고가(critical thinkers)는 하나의 요약 그래픽에 서류전체를 요약하기도 한다. 그 과정은 역시 그들의 지식을 보완하고 새로운 관계 또는 논거의 방향을 보여주는데 도움이 된다.

부주의한 초안은 부주의한 사고가임을 시사한다. 이것을 피하는 유일한 방법은 철자와 문법을 점검하고 당신의 손에서 떠나기 전에 출력된 자료의 글을 수정하는 것이다. 세련된 초안을 제출한다는 평판을 세우게 되면 검토자들은 당신의 문서를 기대할 것이고 좀 더 빠르게 되돌려줄 것이다.

16

나의 주장은 설득력이 있는가?

1. 준비사항 점검

설득은 누군가의 태도 또는 행동의 변화를 이끌어내기 위한 노력이다. 현대 광고 또는 정치적 캠페인에서 설득이 비윤리적이거나 거짓 조작의 의미를 가지기도 하지만 본질적으로 설득 기법은 좋은 것도 사악한 것도 아니다. 이 기법은 고귀하거나 또는 사악한 목표를 진행시키기 위해 활용될 수 있다. 설득은 과학이고 예술이면서 그 기능은 관심과 지식과 실행으로 개선되어질 수 있다.

정보분석에서 설득은 소비자들에게 당신이 말하고자 하는 것을 믿게 하고 사건, 맥락과 가능성을 정확하게 묘사하려는 당신의 기술을 신뢰하게 하는 것이다. 비록 그들이 스트레스 수준에 따라 당신의 결과물에 감정적으로 반응한다 하더라도 그리고 그들이 당신의 생각에 일치하든 아니든 당신은 그들의 감정에 호소하는 것이 아니다. 고객을 설득하는 당신의 능력은 문제에 대해 많이 알고 완전한 사고가로서 당신의 신뢰성과 신용 그리고 당신의 논거에 근거하는 것이다. 학교에서 수사학을 공부한 사람들에게 이것은 pathos(감정)보다는 정신(ethos)과 logos(이성)에 의존하는 것으로 이해된다.

2. 심화 검토

> "사람들이 당신을 믿기까지 사실은 사실이 아니고, 그들은 당신이 무엇을 말하려는지 알지 못한다면 당신을 믿지 않는다. 그들이 당신을 들으려 하지 않는다면 그들은 당신이 말하려는 것을 알지 못한다. 당신이 흥미롭지 않으면 그들은 당신을 들으려 하지 않고 당신이 창의적, 독창적 및 새롭게 말하지 않는 한 당신은 흥미롭지 않을 것이다."
>
> – 윌리엄 번벅(William Bernbach), 미국의 광고 이사[1]

당신은 고객의 신뢰를 얻는 분석을 하기 원하고 그들에게 당신의 논거가 행동에 옮기는 믿을만한 토대가 된다는 것을 설득하기를 원한다. 그들은 모든 가능한 좋은 것 중에서 당신의 평가로부터 필요로 하는 것을 취해 재빨리 적용할 수 있을 것이다. 당신은 중요한 일원이 되기를 추구하면서, 그들이 직장에서 유능해지도록 하게 하는 역할을 수행하는 것이다.

2.1 당신의 신뢰성과 고객의 요구

고객들에게 영향을 미치는 당신의 능력은 이들이 당신을 가치있는 분석의 생산자로서 얼마나 신뢰하는지 인식하는데서 비롯된다. 이것은 기본적으로 당신의 명성과 권위, 당신의 생산 결과물 및 당신의 메시지를 포함하여 이들이 당신을 어떻게 여기는지에 달려있는 것이다.

* 당신과 당신이 속한 기관은 소비자에게 알려져 있고 존중받는가?
* 당신의 신뢰성은 최근 업적과 기여로 뒷받침되는가?
* 당신의 고객은 당신의 견해와 전망을 인정하는가?
* 당신이 제시한 메시지는 분명하고 설득력이 있는가?
* 그것은 이해하기 쉬운 방법으로 잘 전달되는가?

---

1 William Bernbach, in *Hey, Whipple, Squeeze This*, ed. Luke Sullivan (Hoboken, NJ: John Wiley & Sons, 2008), 6.

당신의 분석 영향을 극대화하기 위해 고객이 정보를 어떻게 처리하고 그것에 의해 어떻게 영향을 받는지를 이해할 필요가 있다. 설득에 관한 학문적 연구의 기원은 제2차 세계대전 당시 선전(propaganda) 연구에서 기인하는데, 그것은 우리의 소비자들이 우리의 결과물을 어떻게 받아들이고 여기는지를 이해하기 위한 튼튼한 기반을 제공한다. 예일 대학의 윌리엄 맥과이어(William McGuire) 교수와 다른 사람들의 저서에 기초하여 우리는 메시지를 접하는 정보소비자들이 영향을 받아 행동하기 이전에 일련의 단계들을 거치게 되는 것을 이해할 수 있다.[2] 이들은 다음과 같다:

* 메시지에 관심을 가진다.
* 메시지를 이해한다.
* 메시지를 받아들인다.
* 메시지를 간직한다.

우리는 효과적인 분석 결과물의 생산과 배포를 통해 처음의 두 단계에 영향을 미칠 수 있다. 그러나 그 다음 두 단계는 대체로 고객들의 관심과 능력에 달려있다(제1장 참조).

* 주제에 대한 그들의 관심에 따라 당신은 기본 정보를 포함할 필요가 있는지 여부를 결정할 것이다. 주제의 복잡성은 당신의 주장이 좀 더 단순할지 또는 좀 더 기술적일지를 결정하게 될 것이다.

> "단순한 것을 복잡하게 만드는 것은 흔히 있는 일이다. 복잡한 것을 경탄할만 하게 단순하게 만드는 것, 이것이 독창력이다"
>
> – 찰즈 밍거스(Charles Mingus), 미국의 재즈 베이스 기타 연주자 및 작곡가[3]

---

2 William J. McGuire, "Personality and Attitude Change: An Information−Processing Theory," in *Psychological Foundations of Attitudes*, ed. A. G. Greenwald, T. C. Brock, and T. M. Ostrom (New York: Academic Press, 1968), 179−180.

3 Charles Mingus, "Creativity," *Mainliner 21* no. 5 (1977): 25, quoted by W. H. Starbuck and P.C. Nystrom, "Designing and Understanding Organizations," in *Handbook of Organizational Design*, vol. 1 (New York: Oxford University Press, 1981), 9.

* 당신의 결과물에 대한 그들의 의견은 당신이 주장을 위해 어느 정도의 증거를 제공할지와 어떻게 그들의 견해를 참고하게 될지를 결정하게 될 것이다.

* 그들이 당신의 분석을 읽어야 하거나 읽기를 원하는지 여부에 대한 그들의 관심과 선택에 따라 당신은 "큰 관심"(hooks)을 갖고 주목해야 할 것들을 결정할 것이다.

* 그들이 정보를 가지고 처리하는 방향에 따라 당신의 행동을 위한 기회, 의미 또는 전망의 전개 여부가 결정될 것이다.

그림 16.1 당신의 고객이 당신의 논거를 평가하기 위해 사용하는 기준

> 고객이 당신의 글을 읽을 때 그 또는 그녀는 다음의 내용을 질문할 것이다:
>
> * 중심 주장("무엇"과 "그래서 어떻다는 것인가")이 분명하고 나의 이해관계와 연관되어 있는가?
> * 하위 주장의 구조가 중심 주장을 넓히고 강화하는가?
> * 증거는 합리적이고 적절하며 구체적인가?
> * 글은 상충되는 증거 또는 동일한 증거의 해석을 참작하고 있는가?
> * 글을 내가 참고해야할 틀로 전환하는 것이 쉬운가?

2.2 분석과 관련된 기술

광고 문헌에서 자주 인용되는 5가지 기술은 분석관들이 자신들의 주장을 좀 더 설득력 있게 하기 위해 효과적으로 사용될 수 있다.

1. 단순 또는 간결함(Simplicity or elegance). 단순함은 당신의 주장을 좀 더 이해할 수 있게 한다. "단순하고 소박하게 유지"(KISS: keep it simple, stupid)하는 가장 쉬운 방법은 실질적인 주장의 수를 제한하는 것이다. 당신이 주장의 단순성을 통해 세련됨을 보여줄 때 고객은 인정할 것이다.

2. 유사성(Similarity). 고객들은 당신이 자신들의 입장과 욕구를 이해한다고 믿으면 당신의 분석에 좀 더 관심을 가지기 쉽다. 당신은 고객들과 직접적으로 접촉할 수는 없으나 그들의 반향을 불러 일으키는 결과물로 알려지도록 노력하여야 한다. 예를 들면, 작성자들은 고위 정부관리들과 직접 회동하는 일은 별로 없으나 이들은 우리가 자신들의 입장에서 우리의 경험에 기초하여 알려 주는 것을 좋게 평가하기 때문에 우리를 만날 때 감사를 표한다.

3. 호혜(Reciprocity). 우리는 유형이든 무형이든 우리에게 무엇인가 주는 누군가에 의해 영향을 받기 쉬우며, 받은 것에 대해 보답해야만 한다고 느낀다. 우리가 고객의 요구에 반응하는 속도 또는 고객의 요구를 예측하는 공감은 우리의 결과물과 가치에 좋은 영향을 미친다. 경청하는 것은 호혜의 한 형태가 될 수 있다. 경청하는 독자는 좀 더 수용적인 경향이 있다.

4. 대조(Contrast). 우리가 어느 상황에서 보고 믿는 것은 그 상황 바로 이전에 우리가 접한 것에 의존하게 된다. 뿐만 아니라 우리는 연이어 발생한 두 사건 간의 차이를 과장하는 경향이 있다. 우리의 분석과 고객의 접시 위에 있는 뜨거운 이슈들을 결부시키는 것은 우리의 분석을 다른 정보출처들 중에서 두드러지게 하고 분석관들에게 정책결정자가 더 차별되고 낮게 행동할 수 있는 분야를 알리는 기회를 제공한다.

5. 희소성(Scarcity). 기회는 그 유용성이 제한될 때 좀 더 가치있는 것으로 보인다. 희소하고 새롭고 독점적인 정보는 분석 초기에 서술되어져야 하는데 이는 사람들이 귀를 기울여야 할 강한 이유를 설정하기 위해서이다. 고객들은 좋은 무엇인가로부터 단지 득을 보기 보다는 안좋은 무엇인가를 차단하기 위해 당신의 분석을 활용할 수 있음을 안다면 좀 더 주의깊게 듣는 경향이 있다. 예를 들면, 저자 중에서 한명이 고위 정책결정자에게 왜 매일 CIA에 의해 생산되는 현용정보를 부지런히 읽는지를 물을 때

그 정책결정자의 대답은 그가 새로운 정보를 알게 되거나 새로운 통찰력을 얻는 것 보다는 현행 정책을 이해하기 위해 정부 내의 다른 사람들이 듣고 있는 것을 알 필요가 있기 때문이라는 것이다.

2.3 어디에서 나는 실수할 수 있는가?

> "모든 것은 가능한 한 단순해야 하지만, 지나치게 단순해서도 안된다"
>
> — 앨버트 아인슈타인(Albert Einstein)

분석관들은 매일 설득력 있고 종합적인 주장을 떠올리는 것을 어렵게 하는 다양한 도전들에 의해 시달린다. 우리가 대답하려고 노력하는 문제들과 설명하려고 노력하는 이슈들은 의미상 중요하고 복잡하다. 그렇지 않다면 정책결정자들은 우리의 조언을 필요로 하지 않을 것이다. 우리가 명백한 데이터 체계를 유지한다 하더라도 우리의 역동적인 세계는 계속 변함으로써 모든 데이터, 기술과 기회를 잘 알거나 전문가가 되는 것을 어렵게 한다. 위기와 파괴적인 변화로 인해 관리자들은 분석관들을 수년간 유지해온 전문 분야에서 잘 알지 못하는 다른 분야를 맡도록 강요하기도 한다.

여기에 가장 일반적인 함정을 피하도록 스스로 요구할 수 있는 몇가지 질문들이 있다.

* 익숙함(Familiarity). 당신은 이미 잘 알고 있는 정보와 출처에만 국한하여 처리하였는가? 이것들은 다른 이슈와 관련해서는 효과적이거나 믿을만한 것이 아닐 수도 있다.

* 시대에 뒤떨어진 정보 또는 개념(Out−of−date information or concepts). 프레임 체계와 데이터에 대한 조급한 검색 결과 당신은 시대에 뒤떨어진 출처와 데이터를 인용한 것은 아닌가? 이들은 좀 더 최신 데이터, 개념 또는 새로운 것들에 의해 대체될 수 있다.

* 충족(satisficing). 당신은 글을 작성할 수 있는 충분한 데이터를 수집하였는가? 다른 대안적인 견해를 설명하거나 또는 여러 데이터를 비교해 봄으로

써 당신의 글에 변화를 주거나 풍요로움을 더할 수 있다.

* 지나친 단순화(oversimplification). 당신 스스로를 가장 기초적인 논거와 기
본적인 데이터로 제한하였는가? 단순함은 당신이 이슈와 데이터를 다룰 때
가장 좋은 친구가 될 수 있다. 한편 당신이 전문가로 가장한 초보자라면 그
것은 당신의 최악의 적이 될 수 있다.

* 어울리지 않는 데이터 또는 해석(Mismatched data or interpretations). 당신은
알고 있는 이슈로부터 데이터들을 취하여 해석하고 이들을 역동적으로 진
화하는 상황에 적용하였는가? 많은 사람들은 미국의 아프가니스탄 개입을
구소련의 아프가니스탄 점령과 비교하였다. 그러나 그것은 다른 시대의 다
른 사건이었다. 당신은 변화에 영향을 미치는 색다르거나 새로운 요인들을
찾을 필요가 있다.

* 좀 더 폭넓은 견해를 가진 동료들과 미협의(Not consulting with colleagues
who have broader perspectives). 당신의 이슈와 비슷한 이슈를 다루어본 경
험이 있는 동료들과 논의하였는가? 우리가 이전의 분석 노력에서 어떻게
실패하거나 성공했는지에 대한 기초 자료와 암묵적인 지식은 네트워킹, 멘
토링과 협력을 통하지 않고는 일반적으로 공유되지 않는다(제6장 참고). 이
것은 실수를 막기 위한 가장 좋은 보호장치 중의 하나이다.

* 애매모호(Vagueness). 애매모호한 표현을 확인하기 위하여 당신의 글을 여
러번 검토하였는가? 논거와 정보에서 분명하지 않으면 우리는 독자의 인정
을 얻을 수 없다. 애매한 주장과 단어를 당신이 말하고자 하는 것의 분명한
이미지를 제공하는 구체적인 것으로 대체할 수 있도록 당신의 분석을 여러
번 검토해야 한다(제12장 및 제19장 참고).

결국, 당신의 분석을 위해 논리정연한 체계를 세운다면 고객에게 도움이
될 것이다. 분석을 위한 토대를 세우지 않으면 독자가 개념적으로 당신과 합
류할 것으로 기대하지 말아야 한다. 그간 회의를 거치면서 매우 어려운 이슈
에 대한 공통의 이해는 초기의 틀을 확인한 후 그 증거를 서서히 설명하는 과
정에서 세워졌다. 이것은 결과적으로 다양한 도전과 미래의 문제를 좀 더 잘
설명할 수 있는 좀 더 세련되고 공유된 정보를 낳았다.

모델들은 다음과 같음에 유의한다: 어느 한 시점에서 이슈에 대해 우리가 가장 잘 이해하고 있음을 설명하고 있다(제7장 참고). 이들은 이슈의 현실에 가까우나 현실은 아니다. 고객이 당신의 분석을 믿도록 설득시키는 당신의 성공은 빨리 이해되고 활용될 수 있는 관련 주제에 대한 분석 생산으로 이어질 것이다.

주요 시사점

* 분석의 영향은 일반적으로 작성자인 분석관과 글을 게재한 기관의 신뢰성에 의해 결정된다.

* 영향을 최대화하기 위해 분석관들은 고객들이 분석을 처리하는 과정을 이해하여야 한다.

* 결과물이 고객에 맞추어지면 맞추어질수록 그것은 더 큰 영향을 미치게 될 것이다.

* 단순성, 유사성, 호혜, 대조 및 희소성과 같이 광고세계에서 사용되는 개념들은 논거를 좀 더 설득력있게 하기 위해 분석관들에 의해 효과적으로 활용될 수 있다.

* 분석관들은 충족, 지나친 단순화, 시대에 뒤떨어지고 또는 어울리지 않는 정보와 애매모호 등의 함정에 빠지지 않기 위해 특별히 유의하여야 한다.

* 분석관들은 처음에 확고한 개념적 기초를 세워놓지 않으면 고객이 이후 그들 논거에 합류할 것으로 기대해서는 안된다.

사례연구 검토

사례연구 4. "2008년 미국 금융위기는 예방할 수 있었는가?"를 검토해 본다. 이 사례연구는 2008년 발생한 미 금융위기에 대해 좀 더 알고 싶어하는 사람들을 위해 2015년에 작성되었다고 가정한다.

* 글의 주요 논지 또는 논거는 무엇이었는가?

* 저자는 이러한 주장을 하는데 신뢰성을 어떻게 설정하는가?

* 저자는 2008년 무엇이 재정 위기를 야기하였는지를 설명하는데 가장 유용한 통찰력을 어느 학파가 제공한다고 제시하는가? 주장을 위해 저자는 5가지 기법 중 어느 것을 가장 신뢰하는가?

* 저자는 이번 장에서 논의된 7가지 일반적인 함정 중 어느 것에 가장 영향을 받기 쉬운가?

가능성, 신뢰도 및 양적인 데이터를 어떻게 표현해야 하는가?

1. 준비사항 점검

분석관 판단에 대한 평가는 고객에게 달려있다. 분석관들은 모든 가용한 데이터를 검토하고 추론의 방향을 재검토하며 대안을 고려한 후에 분석판단이 정확하게 나타날 가능성에 대한 아이디어를 독자들에게 제시할 필요가 있다. 이것은 흔히 상당히 높은 가능성(likely), 매우 높은 가능성(most likely)과 거의 확실한 가능성(almost certainly)과 같은 용어로 설명된다. 분석관들은 때때로 데이터의 견고함과 견실함을 기반으로 60퍼센트의 가능성과 같이 백분율 수치를 제시하기도 한다.

9.11 테러공격의 결과로서 분석관들은 출처와 판단의 정확도에 대한 신뢰도를 기록하기 시작하였다. 이것은 가끔 가능성 개념과 혼동되기도 하는데, 다른 과정이다.[1] 분석관들은 때때로 사건이 발생할 60퍼센트의 가능성 평가를 제공하는 것과 가용한 데이터의 신뢰성과 추론방향의 설득력에 기반한 판단의 신뢰도를 기록하는 것 사이의 차이를 혼동한다. 예를 들어서 분석관은 불완전한 데이터에 기반하여 60퍼센트의 발생 가능성을 가진 사건을 평가할 때 70퍼센트 신뢰할 수 있다면, 좀 더 강력한 증거들에 기반하여 60퍼센트의 발

---

[1] 이번 장에서 활용된 내용은 퍼슨 어소시에이츠(Pherson Associates) 훈련 자료를 각색한 것이다(www.pherson.org).

생 가능성을 가진 사건을 판단할 때는 95퍼센트 신뢰할 수 있는 것이다.

양적인 데이터와 통계 분석을 제시할 때 분석관들은 편향된 방식으로 데이터를 보여주는 것을 피하고, 수치가 어떻게 유래되었는지를 입증하는데 특별히 유의하여야 한다. 분석관들은 데이터를 수집할 때 그리고 다른 사람들이 데이터를 어떻게 정확하게 제시하는지를 평가할 때 비판적 사고 기술을 적용할 필요가 있다.

2. 심화 검토

분석관의 주요한 과제 중에 하나는 인간의 행동을 평가하는 것이다. 이와 같은 평가는 지도자들과 그들의 지지자들과 상대 적의 지적이고 감정적인 기질은 물론 전략적 상황에 대한 견해를 반영하는 것이다. 분석적 판단은 주요 행위자들의 동기부여, 의욕, 심리적인 강점과 약점 및 전략적 이슈에 대한 견해를 고려하지만, 어느 것도 정확히 측정될 수는 없다. 분석관들은 역시 조직의 제약을 감안하고 지도자들의 가능한 행동 또는 국가경제의 방향을 판단하기 위해 지도자의 정책결정에 관해 영향을 미치는 다른 요인들을 감안하여야만 한다.

결과물에 포함된 불확실성 때문에 분석관들은 고객들에게 자신들이 옳다는 가능성에 대한 종합적인 평가를 제시할 필요가 있다. 이러한 평가의 제공과 관련하여 분석관들은 말 또는 숫자로 나타낸 추정치를 제시할 수 있다. 거의 확실함(almost certainly), 가능성이 매우 높음(highly likely), 가능성이 상당히 높음(probable), 가능성이 높음(better than even), 50 대 50의 가능성(50/50 chance)과 같은 구술은 독자들에게 판단의 잠재적인 예측적 정확성에 대한 분석관들의 감각과 느낌을 제공한다. 그리고 분석관들은 '이것이 발생할 가능성이 매우 상당히 높다'(it is highly probable that this will happen)라는 평가를 '이것이 발생할 가능성이 높다고 보는 내가 맞을 가능성이 매우 상당히 높다'(it is highly probable that I am right that it is highly probable this will happen)의 개념과 하나로 보는 것을 피해야 한다.

그러나 조사 연구에 의해 입증된 대로 과거의 경험은 고객이 이와 같은 가능성의 단어들에 부과하는 의미가 의도된 것으로부터 실질적으로 달라질 수 있음을 경고하고 있다. 고객들이 이러한 단어들을 어떻게 해석하는지는 그들의 개인적 선호 뿐만 아니라 이러한 단어들의 사용에 대한 자신의 경험에 의해 영향을 받게 된다. 정보공동체(Intelligence Community)에서 자주 인용되고 그림 17.1에서 요약된 불확실성(uncertainty)의 인식 측정에 관한 연구에서 나토(NATO) 관리들은 probable 단어에 대한 가능성 퍼센트를 25~90퍼센트의 범위에 걸친 가능성을 부여하였다. NATO 관리들은 high likely에 대해서는 50~95퍼센트에 걸친 가능성을 지닌 것으로 평가하였다. 스펙트럼의 다른 끝단 부분에 위치한 little chance에게는 2~35퍼센트에 걸친 가능성이 부여되었다.

우리는 강의실에서 이와 같은 실험을 수백 번 실시하였으며 같은 결과가 나왔다.[2] 학생들은 probably와 most likely에 대해 변함없이 30~85퍼센트에 걸친 가능성을 할당할 것이다. 부여된 넓은 범위의 퍼센트는 이러한 단어들이 어떤 가치의 정보로 현재 소통되는지에 대한 문제를 제기하면서 다른 사람들에게는 다른 상황을 의미할 수도 있음을 보여준다.

이와 같은 단어들과 관련된 불확실성의 범위를 표준화하기 위한 노력은 제한된 성공만을 거두었다. 반세기 이전에 셔먼 켄트(Sherman Kent)는 일반적인 표준으로서 불확실성을 표준화시키는 범위의 이론적 개요를 제안하였다. 기초를 이루는 논리임에도 불구하고 아직 일반적인 기준으로 이해되지는 않고 있다(켄트의 제안은 그림 17.1에서 박스로 표시되어 있다). 미 정보공동체의 여러 기관들은 켄트에 의해 만들어진 것과 유사하게 확률범위에 대한 표들을 발표함으로써 이러한 현상을 다루려고 노력하여 왔으나, 독자들은 이들에 대해 별 관심을 보이지 않는다.

---

2 대부분의 실험은 미 정보공동체 분석관들을 대상으로 하였으며, 물론 비슷한 결과가 미 정부와 민간영역의 교실에서도 나타났다. 탐구될 필요가 있는 한가지 가설은 이와 같은 차이가 다른 언어를 말하는 사람들과는 대조적으로 영어가 모국어인 사람들 사이에서 좀 더 두드러지는지 여부이다.

그림 17.1 불확실성에 대한 인식 측정: NATO 관리들과 셔먼 켄트

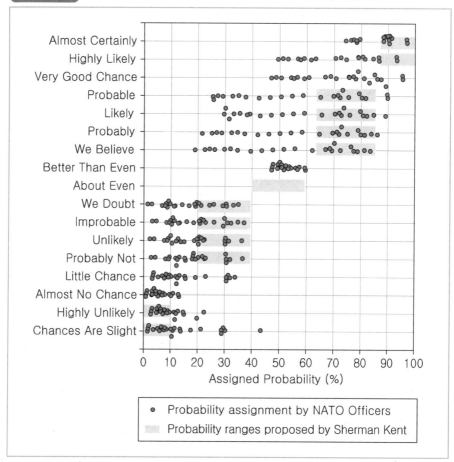

출처: Sherman Kent, "Words of Estimated Probability," in *Sherman Kent and the Board of National Estimates: Collected Essays*, ed. Donald P. Steury (CIA, Center for the Study of Intelligence, 1994); and *Scott Barclay et al, Handbook for Decision Analysis,* (McLean, VA: Decisions and Designs, Inc. 1977).

probable 단어를 어떻게 해석하는지가 어려움 중의 하나로 입증되었다. 앞에서 인용된 강의실 연습에서 probable 단어가 50% 이하의 가능성을 나타낼 수 있는지 학생들에게 질문되었다. 모든 경우에서 절반 이상이 자신있게 "그렇다"라고 응답한다. 그러나 거의 모든 강의실에서 소집단의 학생들 (10~20%)만이 강하게 "아니오"라고 응답한다. 이는 모든 학생들이 단지 두 가

지 선택 사이에서 한 가지 선택을 한 것만은 아님을 설명한다. 예를 들면 5가
지 독립적인 선택들이 고려된다면 각 선택의 가능성은 각각 5, 20, 15, 35 그리
고 25 퍼센트이다. 그 때 35% 가능성의 선택은 가장 가능성이 있는 단일한 결
과로 간주되어진다. 그러나 이 경우에서 "35% 결과가 아닌" 결과는 35% 또는
다른 어느 결과보다도 더 가능성이 있다. 우리는 학생들이 가장 가능성있는
단일한 결과와 가장 가능성 있는 결과를 구별하는데 자주 어려움을 가진다는
것을 알게 된다.

　또 다른 문제로는 분석 결과물의 생산자들이 어떤 가능성 표현을 사용할
지에 대해 합의에 이른다 하더라도 그 문서 또는 브리핑을 받는 사람들은 잠
재적으로 또는 의식적으로 그들 자신이 바라는 선호 또는 결과와 더 일치하거
나 지지하는 방식으로 해석할 수 있다. 예를 들어서 고객은 결과가 바라던 것
이라면 likely를 70 또는 80퍼센트로 이해하고, 바라지 않은 것이라면 단지 50
또는 60퍼센트로 이해하려 할 것이다.

　영국에서 분석관들에게 그들의 정보 결과물에서 활용하기 위한 불확실성
기준이 제시되었다.3 그 기준은 표준화된 질적인 용어에 대한 가능성의 범위
를 보여준다(그림 17.2 참조). 영국의 가능성 범위와 관련하여 흥미를 끄는 것
은 각 수준 사이의 갭을 위해 의도적으로 용어가 삽입된 것이다. 그 의도는 분
석관들이 퍼센트를 산출하는데 적정한 구분을 하기 위해 노력하는 짐을 덜어
주고 그들의 정보 결과물을 받는 사람들에게 용어들이 정확한 구분을 지으려
고 의도된 것이 아니라는 점을 상기시키려는 것이다.

---

3 "Understanding and Intelligence Support to Joint Operation," Joint Doctrine Publication
　2−00 (3rd ed.), Ministry of Defense, August 2010, 3−23.

그림 17.2   영국의 국방정보 불확실성 기준

질적인 용어	관련 가능성 범위
Remote or highly unlikely	10% 미만
Improbable or unlikely	15–20%
Realistic probability	25–50%
Probable or likely	55–70%
Highly probable or highly likely	75–85%
Almost certain	90% 이상

9/11 미국에 대한 공격과 이라크의 대량파괴무기(WMD) 정보실패 이후 국가정보위원회(NIC: National Intelligence Council)는 그림 17.3에 묘사된 대로 주요 용어들의 상대적인 가능성을 보여주는 도표를 발표하기 시작하였다.[4] NIC 도표는 구체적인 퍼센트를 부여함이 없이 가장 가능성이 적은 것에서부터 가장 가능성이 크기까지 주요 용어들을 배열하였다.

그림 17.3   미국 국가정보위원회(NIC)의 가능성 범위

National Intelligence Council Probability Scale						
Remote	Very Unlikely	Unlikely Chance	Even (Likely)	Probably	Very Likely	Almost Certainly

출처: Reproduced with permission of the US government.

---

4 미국에 대한 9/11 테러공격과 이라크 WMD 실패 이후 NIC(국가정보위원회)에 의해 출판된 모든 NIE(국가정보평가서)는 가능성에 의거한 언어와 신뢰도를 묘사하는데 NIC의 방법론을 설명하는 소개자료를 포함하고 있다. The estimate *Iran: Nuclear Capabilities and Intentions* (November 2007), for example, includes a section on probabilistic language titled "National Intelligence Estimates and the NIE Process" as well as a text box titled "What We Mean When We Say: An Explanation of Estimative Language," The NIE and the introductory language can be accessed at http://www.dni.gov/files/documents/Newsroom/Reports%20and%20Pubs/20071203_release.pdf.

2010년에 국방정보국(DIA: Defense Intelligence Agency)은 불가능한 (impossible)에서 확실한(certain) 까지에 걸친 가능성 표현의 2가지 범위를 만들기 위하여 NIC의 가능성 범위를 확대하였다(그림 17.4 참조). 하나의 범위는 likely 단어를 활용한 가능성(likelihood)에 초점을 맞추고, 다른 하나는 probable 단어를 활용한 가능성(probability)에 맞추고 있다. 국방정보국은 가능성이 평가될 수 없는 드문 경우에 분석관들이 may, could, might과 possibly와 같은 용어를 사용할 수 있다는 단서 조항을 추가하였다.[5] 예를 들어 could 단어는 외국에 의해 또는 단독 해커에 의해 시작되었을 수도 있는 사이버 공격의 근원을 서술하는 글에서 적절하게 사용될 수 있다. 문제는 대부분의 사이버 공격의 근원을 정확히 밝히는 것이 거의 불가능하다는 것이다.

그림 17.4 미국 국방정보국(DIA)의 가능성 표현과 신뢰 수준

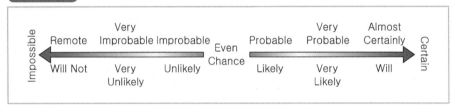

출처: Reproduced with permission of the US government.

캐나다 정보분석관들은 이러한 문제에 대해 역시 고민하였다. 국방정보국장은 그림 17.5와 같이 10에서 가능성이 없는 것(will not, no prospect)에서부터 10에서 10의 가능성(will, is certain)까지의 범위로 가능성 용어들을 배열하였다.[6] 도표는 범위상의 숫자들이 정확성을 제시하려고 의도된 것은 아니라는 주의를 주고 있다. 등급은 서로에 대한 용어들의 관계를 이해하기 위한 가이드로 많이 활용된다.

---

5 Defense Intelligence Agency, "What We Mean When We Say," chart of "Likeliness Expressions and Confidence Levels," May 18, 2010, used in courses Pherson Associates teaches for US Intelligence Community analysts.

6 Thompson, "Aide Memoire on Intelligence Analysis Tradecraft."

그림 17.5 캐나다의 가능성 표현 용어

정보분석이 거의 완벽한 지식에 기반하는 것은 아니므로, 국방정보국장(CDI: Chief of Defense Intelligence)은 사건 전개의 가능성을 표현하기 위해 구체적인 가능성 단어들을 활용한다. 숫자 등급은 정확성을 제시하기 위해 의도된 것은 아니고 서로에 대한 용어의 관계를 이해하기 위한 가이드로 활용되어야 한다.

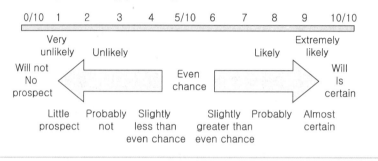

가능성 언어를 사용할 때 분석관들은 동사 형태를 사용함으로써 자주 부딪히게 되는 2가지의 흔한 함정에 유의하여야 한다.

1. could 또는 might와 같은 조동사들의 사용을 최소화해야 하는데 왜냐하면 이들을 포함한 문장은 일반적으로 독자에게 만족스런 정보를 거의 전달하지 못하기 때문이다.

2. 같은 문장에서 2개의 가능성 구절의 사용을 피해야 하는데, 예를 들면 "다음의 상황이 발생할 것 같기(are likely) 때문에 무엇인가 일어날 지도 모른다(might)"고 말하는 것이다. 더 나은 표현은 "다음의 상황이 존재하기(are present) 때문에 무엇인가 일어날 지도 모른다(might)" 또는 "다음의 상황이 발생한다면(if) 무엇인가 일어날 것이다(will)"이다. 마찬가지로 30퍼센트 가능성의 50퍼센트 가능성은 15퍼센트 그 이상 그 이하도 아니다.

분석관들은 조동사 용어(may, might, could는 발생 가능성을 표현한다)를 가능성 용어(probably, likely, unlikely)와 결합할 때 역시 유의해야 한다.

* 같은 문장에서 2개의 조동사 용어의 사용은 대개 문제가 되지 않는다. 예를 들어 "절대 다수당이 없는 의회가 가능하기(possible) 때문에 정치적 연합이 형성될 지도 모른다(might)"고 말하는 것은 유효한데 왜냐하면 원인(의회에 절대 다수당이 없음)과 결과(정치적 연합) 둘 다 일어나거나 일어나지 않을 가능성이 있기 때문이다(선택은 "예/아니오" 또는 수학적으로 말해서 "1/0"이다).

* 같은 문장에서 조동사 용어와 가능성 용어를 포함하는 것은 의미를 혼란시킬 수 있는데 왜냐하면 가능한("예" 또는 "1") 사건이 더 이상 불가능("아니오" 또는 "0")하지 않아 의미상 0 보다 더 큰 가능성을 가지기 때문이다. "절대 다수당이 없는 의회가 될 것 같기(likely) 때문에 정치적 연합이 형성될 지도 모른다(might)"라는 문장은 이치에 거의 맞지 않는데 왜냐하면 우리가 이미 결과(정치적 연합)가 가능(possible)하다고 이미 서술하였으므로 원인(의회에 절대 다수당이 없음)의 가능성은 무의미한 것이다. 정치적 연합은 절대 다수당이 없는 의회로 인해(because) 생긴 결과라는 것을 유의해야 하나, 이는 가능성의 결과이지 가능성은 아니라는 것이다.

* 그러나 가능성 용어들에 묶여진 조동사 용어들은 일부 문맥에서 의미를 가질 수 있다. 예를 들면 정부가 임박한 공격을 앞두고 방어조치들을 취할 수 있음을 우리가 알 때, 분석관은 "공격이 있을 것 같기(likely) 때문에 방어조치들이 취해질지도 모른다(might)." 라고 의미있게 말할 수 있다. 이러한 경우에 우리는 정부가 조치를 취할 가능성에 대해서는 확신하나, 공격이 있을 것이라는 가능성에 대해서는 확신하지 못한다.

가능성 표현을 사용할 때 이와 같은 만성적인 부정확한 상황을 처리하기 위한 한가지 전략은 말을 숫자로 대체하는 것이다. 군사분석 공동체는 일반적으로 퍼센트 사용을 선호한다. 대개 가능성의 퍼센트는 10분위수로 전달되는 바 사건이 20, 30 또는 60 퍼센트의 발생 가능성을 가진다고 서술한다. 이러한 접근은 문서의 입안자가 서술식의 가능성 용어로 확립된 부정확을 피할 수 있게 도와준다. 그러나 그것은 증거 또는 상황이 타당하다는 것 보다 정확성을 전달하는데 흠이 있다.

　　퍼센트 가능성 판단의 타당함을 평가하기 위한 좋은 기법은 "이 가정이 틀릴 가능성 퍼센트는 어떻게 되는가?" 라고 질문하는 것이다. 가정이 틀릴 가능성 퍼센트와 가정이 맞을 가능성 퍼센트의 합이 100이 되지 않는다면 분석관은 평가를 재고할 필요가 있다.[7]

　　또 다른 해결은 예를 들어 예측을 입증하는 대신에 사건이 20~40퍼센트의 발생 가능성이 있다고 말함으로써 가능성의 범위를 제시하는 것이다. 이와 같은 접근은 오직 분석관이 추정을 위해 하한선 뿐만 아니라 분명한 상한선 설정을 정당화하기 위한 충분한 정보를 가질 때 추천되어진다. 그러나 단순히 가능성을 범위에 걸쳐 분포시키는 것(예를 들어 20~40퍼센트의 가능성을 말함으로써)은 무의미하며 30퍼센트의 발생 가능성을 가진다고 해야 한다. 예를 들면 90퍼센트의 50퍼센트 가능성과 10퍼센트의 50퍼센트 가능성, 또는 10~90퍼센트 사이의 획일적인 분배는 모두 정확히 50퍼센트와 마찬가지로서 이론적 수준에서 다른 것과 구별되는 특징이 없다. 20~70퍼센트처럼 넓은 범위를 지정하는 것은 고객에게 역시 혼동을 주기 쉽다.

　　숫자로 나타낸 가능성 추정을 제시할 때 분석관들과 고객들은 분석적 판단이 주사위를 던지거나 카드를 돌리는 것과 같은 수학적인 측정을 나타낼 수 없음을 이해하여야 한다. 그들은 생산 데이터를 수년간 축적한 후에 결함있는 생산물의 가능한 퍼센트에 대한 공장의 평가와 같은 정확도를 제공할 수 없는 것이다. 이것은 일회성 사건 또는 직접적으로 비교할 만한 선례가 없는 사건을 다루는 분석적 판단에서는 더욱 그렇다.

　　분석관이 국가정보판단보고서(National Intelligence Estimate)에서 판단을 제시할 때 퍼센트 대신 내기하는 사람의 승률(Bettor's odds)로 대체할 수 있다. 예를 들면 분석관은 사건의 발생 가능성이 거의 확실하다고 말하는 대신에 사건의 발생 가능성이 10개 중 9에 해당된다고 말할 수 있다. 마찬가지로 분석관이 30퍼센트의 대략적인 가능성을 부여할 수 있는 사건은 발생 가능성이 3개 중 1에 해당된다고 표현될 수 있는 것이다.

　　내기하는 사람의 승률은 가능성 평가를 전달하는데 좀 더 효과적인 것으

---

7 가능성 표현을 활용하기 위해 이러한 상식적인 기법을 제시한 리차즈 휴어(Richards J. Heuer Jr.)에 감사한다.

로 나타나는데 왜냐하면 매일 위험요인을 평가하는 정책결정자의 직업적인 반응을 불러일으키기 쉬운 잠재된 위험 산출을 전달할 수 있기 때문이다. 게다가 대부분의 사람들은 퍼센트보다는 확률을 다루는데 좀 더 익숙되어 있는데 확률이 퍼센트보다 좀 더 정확하게 이해된다. 한가지 부정적인 측면은 내기하는 사람의 승률을 활용하는 사용자는 "1,000개중 오직 1개의 가능성"과 같은 표현으로써 낮은 가능성을 쉽게 과장할 수 있다는 것이다.

베를린에 소재한 인간개발을 위한 막스 플랑크 연구소(Max Planck Institute for Human Development)의 인지 심리학자인 게르트 기거렌처(Gerd Gigerenzer)는 자신의 저서 예측된 위험(Calculated Risks)에서 사람들이 위험과 불확실성을 얼마나 잘못 계산하는지를 탐구한다.[8] 그는 추상적인 퍼센트, 확률, 또는 가능성의 개념 보다는 오히려 자연적인 빈도－단순한 사건들의 총계－면에서 조건부 확률의 재구성을 강하게 주장하였다. 그는 "한 여성이 유방암을 가질 가능성은 0.8%다" 라는 표현보다는 "최근 연구에 기초할 때 1천 명의 여성 중에서 8명이 유방암을 가지고 있다"는 문장을 이해하는 것이 더 쉽다고 주장한다. 실험을 통해 그는 조건부 확률을 포함한 문제를 독일과 미국의 의사들에게 제시하였는데, 퍼센트를 사용할 때 잘못된 대답이 압도적이었으나 퍼센트를 자연적인 빈도로 대체하였을 때 그들 중에서 거의 모두가 옳은 답 또는 이에 가깝게 택하였다.[9]

가능성 판단을 다루기 위한 가장 좋은 전략은 왜냐하면(because) 단어와 함께 가능성 표현(단어, 퍼센트 또는 일련의 확률을 사용하든 아니하든 관계없이)을 사용하여 문장을 완성하는 것이다. 예를 들면 "2가지 필요한 조건이 존재하고 하나의 핵심동인이 힘을 받고 있기 때문에(because) 사건이 일어날 가능성은 매우 높다(highly likely)라고 우리는 믿는다". 단락이나 절의 나머지는 좀 더 상세하게 이러한 3가지 의미있는 이유들을 탐구하여야 한다.

고객들에게 특정 단어와 퍼센트가 왜 선택되었는지에 대한 설명을 제공함으로써 이들은 사건 발생의 가능성과 관련한 자신들의 독립적인 추정을 할

---

8 Gerd Gigerenzer, *Calculated Risks* (New York; Simon & Schuster, 2002).

9 Steven Strogatz, "Chances Are," *The New York Times*, April 25, 2010, http://opinionator.blogs.nytimes.com/2010/04/25/chances－are/.

수 있다. 이러한 접근은 역시 고객들에게 시간 흐름에 따른 평가의 정확성을 추적하게 하고, 이들이 맞다고 주장하는 것이 더 강해지거나 약해지는지를 알기 위해 상황을 감시하게 한다.

2.1 신뢰도

　신뢰도를 제시하는 비결은 당신이 분석관으로서 얼마나 확신하는지가 아니라 왜 당신이 확신하는지를 표현하는 것이다. 이것은 누군가 가능성 표현을 입증하려는 방식과 유사하다. 예를 들어 "우리는 이것이 주요 정책결정자들의 의도라고 언급하는 2가지 독립 출처를 가지고 있기 때문에(because) 다음의 일이 일어날 것이라고 강하게 확신(high confidence)한다고 판단한다." 한편으로 만일 분석관이 특정한 출처 또는 판단에 낮은 신뢰를 가진다면 분석관의 신뢰 수준을 증가하기 위해 무슨 추가 정보 또는 무슨 추가 사건이 일어나야 하는지를 서술하는 것이 중요하다. 역동적인 추동력과 요인의 상호작용이 원인이 될 지도 모르는 미래 가능성을 예측할 때는 낮은 신뢰일지라도 이를 공표하는 것은 의미가 있다.

　이미 지적한대로 미 정보공동체는 9/11 테러와 이라크 WMD 평가 결과에 따라 분석관들이 판단과 평가에 신뢰수준을 서술하도록 지시되었다.[10] 대부분의 정보기관들은 그림 17.6에 제시된 것과 비슷하게 높은(high), 중간(medium), 낮은(low) 신뢰도를 정의하고 사용한다.[11] 이러한 정의들이 서로 유사하기는 하지만 NIC는 글에 제시된 평가 판단에서 분석관의 신뢰에 좀 더 초점을 둔다. FBI(Federal Bureau of Investigation)와 DHS(Department of Homeland Security)를 포함한 법집행 기관들에 의해 사용되는 정의는 대개 출처에 대한 신뢰도를 좀 더 중시한다.[12]

---

10 Office of the Director of National Intelligence, "Intelligence Community Directive 206."

11 National Intelligence Council, "What We Mean When We Say: An Explanation of Esti-mative Language" as it appears following the Scope Note in the National Intelligence Estimate, *Iran: Nuclear Capabilities and Intentions*, November 2007, www.dni.gov/press_releases/20071203_release.pdf. 도표는 미국 정보공동체 분석관들을 위해 퍼슨 어소시에이츠(Pherson Associates)가 교육하는 과정에서 활용된다.

그림 17.6　미국 정보공동체의 신뢰도 수준 정의

국가정보위원회(NIC: National Intelligence Council)

평가와 판단은 범위, 양질 그리고 출처에 따라 달라지는 첩보에 의한다. 그 결과 우리는 평가에 대해 높은(high), 중간(moderate), 또는 낮은(low) 신뢰도를 정한다.

* 높은 신뢰(High Confidence)는 일반적으로 판단이 높은 양질의 첩보에 기초하며 그리고(또는) 이슈의 본질이 확고한 판단을 가능하게 함을 보여준다. "높은 신뢰" 판단이 사실 또는 확실성을 의미하는 것은 아니며 이와 같은 판단이 틀릴 위험성은 상존한다.

* 중간 신뢰(Moderate Confidence)는 일반적으로 첩보가 믿을만한 출처에서 비롯되고 그럴듯하나 충분한 양질 또는 높은 신뢰도를 타당하게 할 정도로 충분히 입증되어 있지 않음을 의미한다.

* 낮은 신뢰(Low Confidence)는 일반적으로 첩보의 신뢰성 그리고(또는) 그럴듯함이 의심스럽거나, 첩보가 너무 단편적이고 확실한 분석적 추론을 하기에 빈약하게 입증되어 있거나, 출처가 우려되거나 문제를 지니고 있음을 의미한다.

연방수사국(FBI: Federal Bureau of Investigation)

* 높은 신뢰(High Confidence)는 높은 양질의 이미지, 인간정보 또는 신호정보와 같은 다양한 출처 또는 단일한 매우 신뢰할만한 출처로부터의 직접적이고 높은 양질의 정보를 의미한다. 높은 신뢰는 일반적으로 FBI의 판단이 높은 양질의 첩보에 기초하고 있거나 이슈의 본질이 확고한 판단을 가능하게 함을 보여준다.

* 중간 신뢰(Medium Confidence)는 간접적이거나 다양한 출처 또는 단일한 믿을만한 출처로부터 유래된 정보를 말한다. 중간 신뢰는 일반적으로 첩보가 다양한 방법으로 이해되고, FBI가 대안 견해를 가지고 있거나 첩보가 믿을 수 있고 확고한 판단이 그럴듯함을 보여준다.

* 낮은 신뢰(Low Confidence)는 검증되지 않은 출처로부터의 정보를 말하며 이로 인해 확증적인 사실이 거의 없다. 낮은 신뢰는 일반적으로 첩보가 부족하고 의심스러우며 또는 매우 단편적임을 의미한다. 또한 믿을 수 있는 분석적인 추론이 힘들거나, FBI가 출처에 큰 우려 또는 문제를 지니고 있음을 의미한다.

---

12 DHS와 FBI의 신뢰도 정의는 미 정보공동체 분석관들을 위해 퍼슨 어소시에이츠가 교육하는 과정에서 활용된다.

국토안보부(DHS: Department of Homeland Security)

* 높은 신뢰(High Confidence)는 일반적으로 판단이 다양한 출처 또는 단일한 크게 믿을 수 있는 출처로부터의 높은 양질의 첩보에 기초하고 있음을 보여준다. 그리고/또는 이슈의 본질이 확고한 판단을 가능하게 함을 보여준다.

* 중간 신뢰(Moderate Confidence)는 일반적으로 첩보가 믿을만한 출처에서 오고 그럴듯함을 의미하나 다양한 방법으로 이해될 수 있으며, 또는 충분한 양질이 아니거나 높은 신뢰도를 타당하게 할 정도로 충분히 입증되어 있지 않음을 의미한다.

* 낮은 신뢰(Low Confidence)는 일반적으로 첩보의 신뢰성 그리고/또는 그럴듯함이 의심스러우며, 정보가 너무 단편적이거나 믿을 수 있는 분석적 추론을 하기에 빈약하게 입증되어 있거나, DHS와 FBI가 출처에 큰 우려 또는 문제를 지니고 있음을 의미한다.

출처: Reproduced with permission of the US government.

국방정보국(DIA)은 3가지 뚜렷한 측정기준을 설정함으로써 신뢰 수준을 정의하는데 좀 더 엄격하고 높이 인정받을 만한 접근을 취하고 있다는 점에서 대부분의 다른 기관들 중에서 두드러진다(그림 17.4 참조):

1. 어느 정도 출처의 질이 반영된 지식 베이스의 강점

2. 주요 첩보의 갭을 채우기 위해 사용된 핵심가정의 수와 중요성

3. 분석기법의 활용으로 어느 정도 측정된 근본적인 논리의 강점

이러한 측정기준들은 분석관의 신뢰도를 3가지 범위에 따라 평가하기 위해 활용된다.

1. 입증되지 않은 첩보로부터 잘 입증된 첩보까지

2. 많은 가정으로부터 최소의 가정까지

3. 주로 빈약한 논리적 추론으로부터 설득력있는 논리적 추론까지[13]

---

13 Defense Intelligence Agency, "What We Mean When We Say." 이 도표는 미 정보공동체 분석관들을 위해 퍼슨 어소시에이츠가 교육하는 과정에서 활용된다.

글의 단락이나 평가에서 신뢰 수준을 되풀이해서 기술하는 것은 문서를 읽고 싶은 마음을 감소시킬 수 있음에 유의하여야 한다. 이러한 문제는 텍스트 박스(제8장 참조)에 신뢰도의 종합적인 요약을 포함시킴으로써 극복될 수 있다. 일부 미 정보공동체에서 이러한 텍스트 박스는 출처개요 서술(source summary statements)로 지칭된다. 여기에는 출처의 신뢰성에 대한 저자의 평가와 분석적 판단이 요약되어 있다. 출처개요 서술은 글 서두에 위치하여 처음에 읽혀짐으로써 독자들이 글을 읽을 때 정보와 판단의 중요성을 좀 더 효율적으로 평가하도록 도와준다.

신뢰도를 평가하는 것은 주관적인 속성을 지님에 따라 신뢰도를 그래프로 전달하는 것이 자주 선호되기도 한다. 예를 들면 주요 판단이 텍스트 박스 또는 매트릭스에서 보여질 수 있으며 각 주요 판단과 관련된 신뢰도는 상징, 색 또는 음영 정도로 나타낼 수 있다. 지표 목록 또는 핵심 가정 목록을 제시하는 것도 같은 좋은 접근방법이다.

정보가 매트릭스로 전달될 때 높은, 중간, 낮은 신뢰도를 전달하기 위해 오른쪽에 마지막 열을 더하여 H, M 또는 L 문자 또는 3개의 다른 아이콘을 기입할 수 있으며 이는 각 줄을 대표한다. 그 대신에 매트릭스 칸들이 다른 색으로 음영처리될 수도 있다. 이러한 경우에는 적절한 음영을 선택하는 것이 중요하다. 예를 들면 진홍색은 강렬한 색으로 낮음(low)을 대표하기에 좋지 않은 선택이다. 우리의 경험상 자주색과 푸른색의 다양한 음영이 가장 효과적인데 색맹인 사람들에게도 문제가 되지 않기 때문이다.

2.2 양적인 데이터와 통계(QUANTITATIVE DATA AND STATISTICS)

양적인 분석을 포함한 글을 작성하고 읽거나 검토할 때 양적인 데이터와 통계를 제시하고 해석하기 위해 다음의 10가지 규칙을 기억해야 한다:[14]

---

14 이 규칙들은 퍼슨 어소시에이츠 훈련자료를 포함하여 다양한 출처에서 인용되었다; Darrell Huff, *How to Lie With Statistics* (New York: W. W. Norton & Company, 1982); Niel A. Manson, "How to Lie With Statistics: Lessons for Intelligence Analysts," presentation to the Five Eyes Conference, University of Mississippi, March 17, 2015; and Jeffrey Sauro, "What Does Statistically Significant Mean?" Measuring U, October 21,

1. 단정적인 주장에 유의하고 이러한 결과물을 접할 때 의심해야 한다. 우리는 불확실한 세계에 살고 있으며, 어떤 것도 실제적으로 거의 "입증"(proven) 되거나 "반박"(disproven)될 수 없다.

2. 분석을 지지하는 핵심가정을 먼저 리스트 작성함으로써 어떤 연구에 불확실성이 내재되어 있음을 솔직하게 인정한다. 그런 문서는 대개 존중할 가치가 있다.

3. 데이터가 어떻게 수집되는지와 연구가 수행되는 전후사정에 주의를 기울인다. 편의표본추출(convenience sampling)을 조심한다. 무작위추출(random sampling)과 이중맹검법(double-blind testing)이 사용될 때 좀 더 신뢰한다. 표본은 결론과 전체모집단의 대표를 정당화시키기 위해 충분히 커야 한다.

4. 예상되는 기준의 차이를 조정하지 않고 원래의 숫자를 비교하는 일반적인 실수를 하지 않도록 유의한다. 예를 들면 캘리포니아(California)에서는 확실히 아리조나(Arizona)보다 더 많은 자동차 사고가 발생하는데 이는 캘리포니아에 더 많은 차량이 있기 때문이다. 좀 더 합리적인 비교는 각 주의 1인당 사고여야 한다. 마찬가지로 달러의 추세는 항상 인플레이션에 따른 조정과 함께 발표되어져야 한다.

5. 시간이 흐르면서 데이터가 자주 적합성을 잃는다는 사실을 설명한다. 전문가의 경험에 기초하여 예측을 위해 사용된 데이터는 3~6개월 정도되어야 하며, 의학 연구에서 사용된 데이터는 2년 이상 되어서는 안되며 국가안보 분석을 뒷받침하기 위해 사용된 출처는 5년이 넘어서는 안된다는 것이 합리적인 기준이다. 분명히 이러한 시간의 틀은 환경에 따라 달라질 것이나 세상은 계속해서 복잡해짐으로써 이러한 시간의 틀이 점점 짧아지는 것을 예상할 수 있다.

6. 퍼센트에 기초한 판단을 제시할 때 이와 대치되는 것이 역시 사실인지 확인한다; 종종 그렇지는 않다. 예를 들면 만약 X가 70퍼센트라면 X가 아닌

2014, http://www.measuringu.com/blog/statistically-significant.php.

것은 30퍼센트임이 사실인가? 남은 30퍼센트가 Y, Z와 K를 구성한다면 같은 상황은 아닐 것이다. 오직 X 또는 X가 아닌 것은 사실일 수 있는 환경을 다룰 때 다음의 질문을 스스로 해본다: "만약 X가 70퍼센트라면 동시에 X가 아닌 것이 30퍼센트라고 말할 수 있는가?" 그렇지 않다면 70퍼센트는 조정될 필요가 있는 것이다.

7. average가 평균(mean, 숫자에 의해 나누어진 숫자), 최빈수(mode, 가장 빈번히 나타나는 숫자), 또는 중앙값(median, 중앙에 있는 숫자로 숫자들의 절반보다 더 크거나 더 작다)인지 아닌지를 결정하거나 명백히 서술한다. 정규분포(종형곡선)에서 mean, mode와 median은 같은 것으로 여겨진다. 그러나 비표준적인 분포에서 이러한 값들은 같은 데이터가 주어진다면 다양하게 변할 수 있다.

8. 단어 or과 함께 용어를 연결함으로써 다수의 항목이 제시될 수 있음에 주목한다. 예를 들면 "과도한 체중이 나가는 사람들의 70퍼센트는 신체적으로 괴롭힘을 당하고 취직이 거부되며 또는(or) 그들의 몸집으로 인해 모욕을 당하기도 하는 것으로 전해진다."

9. 양적인 연구는 인과관계(causation)를 보여주는 것이 아니라 상관관계(correlation)을 보여주고 있음을 이해한다. 2가지 변수가 다양한 다른 방식으로 상관될 수 있다.

* X는 Y의 원인이 될 수 있다.
* Y는 X의 원인이 될 수 있다.
* X와 Y는 서로에게 영향을 미칠 수 있다.
* Z(완전히 다른 변수)는 X 그리고/또는 Y의 원인이 될 수 있다.

예를 들면 아이스크림 판매는 많은 공원에서 익사와 상관되어 있다. 아이스크림 판매는 익사의 원인이 되는가? 또는 익사는 아이스크림 판매의 원인이 되는가? 또는 제3의 요인(더운 기온)이 두 가지 상황을 만들어내는가?

10. 통계적 의미에 대한 중요성을 이해한다: 결과는 단지 가능성으로 인한 것만은 아니다. 통계적 의미를 나타내기 위한 일반적인(그리고 임의적인) 기준점은 5퍼센트 미만의 가능성이거나 0.05 미만의 p치(p-value)이다. 큰 샘플 크기에서 특히 변수들 사이에 연관성이 있다면 통계적으로 의미 있는 결과들을 볼 것이다. 작은 샘플 크기는 대개 통계적 의미를 산출하지 못한다. 통계적인 중요성이 실제적인 중요성을 의미하지는 않는다. 실제적인 중요성을 선언하기 위하여 차이의 크기가 의미있는지를 결정할 필요가 있다.[15]

주요 시사점

* 분석관과 고객은 likely 또는 probably와 같은 가능성 용어에 부여하는 의미에서 많은 차이를 보인다.

* 가능성 수준을 전달하는 가장 좋은 방법은 왜냐하면(because) 단어와 판단을 지지하는 주요 요인 리스트를 포함한 문장을 완성하면서 가능성 단어, 퍼센트 또는 내기하는 사람의 승률(bettor's odds)을 활용하는 것이다.

* 숫자 가능성 판단의 타당함을 평가하기 위한 좋은 기법은 가설이 틀릴 퍼센트와 맞을 퍼센트가 합해서 100이 되는지를 점검하는 것이다.

* 분석관들이 신뢰도를 제시하는 비결은 분석관으로서 얼마나 확신하느냐가 아니라 왜 확신하는가를 서술하는 것이다.

* 출처개요 서술은 분석관의 신뢰도에 대한 전체적인 파악 그리고 문서를 읽기 시작하기 전에 분석을 뒷받침하는데 활용된 출처의 질을 독자들에게 제공하기 위한 강력한 도구이다. 그것은 역시 본문에서 분석관에게 눈에 보이는 혼란을 줄이도록 도와준다.

* 통계와 양적인 데이터를 제시할 때 주의하고, 다른 사람이 작성한 것을 이해할 때 좀 더 의심하면서 읽는다.

---

15 Sauro, "What Does Statistically Significant Mean?"

사례연구 검토

사례연구 5. "예멘의 안보위협은 확대되고 있는가?"를 검토하고 "예멘이 다
음 5년간 지역안정에 큰 위협을 제기할 것인가?"라는 질문에 답
하는 분석을 제시한다.

* 예멘이 다음 5년 동안 지역에서 안정을 위협하는 문제 국가가 될 가능성
에 대해 당신은 어떻게 평가하는가? 이러한 판단을 위해 당신은 어떤 단
어, 퍼센트 또는 내기하는 사람의 승률을 부여할 것인가?
* 당신이 위에 제시한 답에서 단어, 퍼센트 또는 내기하는 사람의 승률을
선택한 근거는 무엇인가? 이와 관련 왜냐하면(because) 단어를 포함한다면
문장을 완성하기 위해 어떤 이유(reasons)를 제시할 것인가?
* 예멘이 지역에서 안정을 위협하는 문제 국가가 될 가능성이 높은지에 대
한 분석을 뒷받침하기 위해 사용된 출처에 대해 당신은 어느 정도의 신뢰
도를 가지는가?
* 예멘의 미래 안정에 관한 종합적인 평가에 대해 당신은 어느 정도의 신뢰
도를 가지는가?

CHAPTER 18

그래픽은 어떻게 나의 분석을 뒷받침할 수 있는가?

1. 준비사항 점검

평가 또는 글에 그래픽을 포함시키는 것은 정보를 좀 더 생생하게 전달함으로써 분석관들의 설득력을 도와준다. 그래픽과 시각자료는 2가지 주요 기능을 가진다: (1) 독자에 의해 쉽게 받아들여지도록 데이터를 요약하고 (2) 데이터에 의미를 더해주는 연관성을 지닌다.

많은 양의 데이터는 잘 설계된 그래픽이나 비디오로 매우 효율적으로 전달될 수 있다. 예를 들면, 막대 그래프 또는 선 도표는 독자에게 추세나 패턴을 즉각 이해할 수 있게 해주고, 인포그래픽은 독자들에게 많은 양의 데이터와 관계를 빨리 이해하게 해준다. 고위 관리들과 경영자들은 근본적인 동력을 이해하고 정확하게 비교하며 순식간에 결론을 끌어내도록 그래픽을 자주 활용한다. 그림 또는 사진은 텍스트의 구절보다 훨씬 더 효과적으로 메시지를 전달할 수 있다.

"한 장의 사진이 천 마디 말의 가치를 지닌다"는 옛 격언이 있는데 이는 1962년 쿠바미사일 위기 시에 분명하게 입증된 바 있다. 1962년 10월 15일 CIA는 백악관에 쿠바 섬에 건설 중에 있는 소련의 핵미사일 시설을 확인하는 상세한 사진을 제공하였다(그림 18.1 참조). 그 다음 이미지에서는 쿠바를 향하는 소련 화물선 갑판 위에 있는 미사일들을 제시하였다(그림 18.2 참조). 사진들은 소련이 미 플로리다 해안에서 단지 90마일 떨어진 쿠바 내에 미사일 기지를 건설하려는 부정할 수 없는 증거를 제시하고 있었다. 미 관리들은 여러 군사적 옵션을 토론하였으며 당시 케네디(John F. Kennedy) 대통령은 미사일 장비를 옮기는 소련 선박에 대해 해상봉쇄를 선택하였다. 결국 소련은 미사일을 철수하였고 핵 전쟁은 피하게 되었다.[1]

각각의 분석 분야는 그래픽으로 데이터를 보여주기 위해 자체의 선호하는 기법을 구사한다.

* 경제적 데이터(economic data)는 표(table), 매트릭스(matrices), 막대그래프(bar charts), 선 그래프(line graphs), 원 그래프(pie charts) 및 도식 표시의 다른 진전된 방식을 통해 쉽게 표현될 수 있다.

* 군사 분석(military analysis)은 지도(maps), 장비 사진(photographs of equipment), 공중촬영 사진(overhead photography) 및 입체적인 지형모델(three-dimensional terrain models)을 자주 이용한다.

* 정치적 데이터(political data)는 다소 큰 도전을 제시하면서 흔히 지도자들의 사진(photographs of leaders), 시위 이미지(imagery of demonstrations), 여론조사 데이터 표(tables of polling data), 통계 표시(statistical displays), 주석을 단 지도(annotated maps), 플로 차트(flow charts) 및 다른 도식들을 포함한다.

모든 경우에 있어서 가장 좋은 그래픽은 데이터를 단순히 요약하는 것이 아니라 데이터가 분석적인 결론을 뒷받침하기 위해 무엇을 의미하는지에 대한 스토리를 말하는 것이다.

---

1 Lewis Chang and Lewis Kornbluh, 'The Cuban Missile Crisis: 1962, The 40th Anniversary," The National Security Archive, George Washington University, 2nd ed. (New York: The New Press, 1998), www.gwu.edu/~nsarchiv/nsa/cuba_mis_cri/declass.htm; Dino A. Brugioni, *Eyeball: The Inside Story of the Cuban Missile Crisis* (New York: Random House, 1991).

그림 18.1 쿠바 내의 소련 미사일

출처: Photo 12/UIG via Getty Images.

그림 18.2 소련 화물선 위의 미사일

출처: 베트만(Bettmann)/기고자.

2. 심화 검토

세계가 점점 더 디지털화 되고 있는데 따라 이미지들은 단시간에 바로 대륙을 넘어 전송되는 바, 그래픽과 시각적인 표현의 힘은 전세계적으로 빠르게 가속도적으로 늘어나고 있다. 2015년 그리스에서 유럽연합(EU)이 부과한 긴축조치에 항의하여 벌어진 거리 시위에 대한 유튜브 비디오 또는 시리아와 여러 다른 국가들에서 유럽으로 유입되는 이주자의 증가를 보여주는 사진들은 텍스트 기반이 아닌 뉴스 보도가 경쟁할 수 있는 강력한 영향력을 보여 주었다. 마찬가지로 2014년에 시작된 이라크·레반트 이슬람국가(ISIL: Islamic State in Iraq and the Levant)에 의해 자행된 참수 장면의 생생한 비디오와 2015년 11월 파리에서 발생한 조직적인 테러공격에 대한 매스컴 보도는 극단주의 운동에 대항하는 세계 여론을 자극하였다. 이제 세계의 많은 시민들은 이러한 이미지들을 일상적인 뉴스 "취재"(take)의 부분으로 접하는 것을 당연시하게 되었다.

미래의 분석 결과물의 소비자는 점점 더 디지털 방식과 상호 대화형의 포맷에 관한 정보를 구하고 이로부터 분석적인 통찰력을 구하려 할 것이다.[2] 휴대용 장치와 멀티 터치 스크린의 광범위한 사용은 이러한 추세를 강화할 것이다. 역동적인 디지털방식의 플랫폼 기반 하에서 분석의 전달은 고객들에게 새로운 유형의 미디어를 전하는 혜택을 제공하고, 고객들은 비디오 클립, 동영상, 상호 대화형 지도, 인포그래픽 그리고 "상공비행을 통한 입체적 전달"(flyovers) 등의 공중촬영 사진을 포함한 분석 결과물을 점점 더 기대할 것이다. 디지털 방식에 기반을 둔 프레젠테이션은 분석관들에게 하이퍼링크(hyperlinks)의 포함을 통해 많은 유용한 정보를 증가시킬 수 있도록 허락할 것이다. 그러나 분석관들은 정보를 효과적으로 받아들일 수 없을 정도의 추가적인 정보로써 독자들을 혼란에 빠뜨리지 않도록 유의하여야 한다.

사진 또는 그래픽이 가지고 있는 힘을 감안하여 분석관들은 상호 대화형의 인포그래픽, 비디오 및 다른 시각적 기법을 그들의 결과물에 직접적으로

---

2 See "Introduction: The Changing Intelligence Communications Landscape," in *Intelligence Communication in the Digital Era: Transforming Security, Defense and Business*, ed. Ruben Arcos and Randolph H. Pherson (London: Palgrave Macmillan, 2015).

포함하기 위해 노력하여야 한다. 댄 롬(Dan Roam)은 "간단한 그림일지라도 이
것 보다 잘 입증할 수 있는 더 강력한 방법은 없다"고 믿는다고 언급하였다.[3]
모든 사람들이 쉽게 시각적인 방법을 생각해 내는 것은 아니다. 그러나 그것
은 많은 분석기법처럼 연습과 더불어 발전되고 있다. 우리들 대부분은 아마도
어렸을 때 이것에 좀 더 능숙했을 수 있다. 나의 조카의 아들로서 당시 8세된
손자는 본 책자에 대한 어른들의 논의를 듣고는 "내가 그것을 위한 표지를 그
려볼께요" 라고 말하였다. 10분 후에 그 아이는 비판적 사고를 상상하는 그림
을 그려냈는데 한 사람이 백열전구, 뇌, 구름 그리고 아이디어로 둘러싸여 있
는 그림이었다. 그는 12세에 본 책자의 재판(second edition)을 위해 자신의 관
점에서 그린 최신 버전을 기부하였다(그림 18.3 참조).[4]

그림 18.3 비판적 사고에 대한 한 소년의 시각화

출처: Benjamin Friedman-Hibbs 2013 (8세) 및 2016 (12세). Copyright 2016 Benjamin Friedman-Hibbs.
All Rights Reserved.

---

3 Dan Roam, *The Back of the Napkin: Solving Problems and Selling Ideas With Pictures*
(New York: Penguin Group, 2009), 3.
4 이 그래픽은 벤자민 프리드만-힙스(Benjamin Friedman-Hibbs)가 8세 및 12세에 창작
한 것으로 그의 비판·분석적 사고의 개념을 보여주고 있다.

분석관들은 이와 같은 이미지들을 제공하는 출처의 신뢰성을 평가할 때 분석기술과 같은 기준을 적용하는데 유의하여야 한다. 광고회사들이 잘 인식하고 있는 것처럼 오늘날 기술은 사진을 매우 쉽게 편집하여 자르고 실상과 다른 방법으로 이미지를 조정하기도 한다. 이러한 이유들로 인해 글에 사용되는 사진과 비디오는 이미지나 녹음테이프의 신뢰성을 보장하는 설정된 기준과 함께 확실한 뉴스 기관이나 다른 기관에 의해 승인되어야만 하는 것이다.

2.1 정보요약을 위한 그래픽

분석관들의 첫 번째 과제는 가능한 가장 효율적인 방법으로 데이터를 요약하는 그래픽을 만드는 것이다. 분석관들은 처음에 어떤 유형의 그래픽이 그 데이터가 말하고자 하는 것을 나타내기에 가장 적합한지를 구해야 한다. 예를 들면 원그래프(pie charts)는 유사한 데이터의 비율을 표현하는데 훌륭함으로써 투표 결과와 같이 한 눈에 알 수 있게 하는 장점을 가지며, 선그래프(line graphs)는 시간흐름에 따라 추세를 보여주는데 탁월하다.

그림 18.4는 많은 데이터의 양을 나타내기 위해 효과으로 그래픽을 활용한 뛰어난 예를 제공한다.[5] 이 도표에서 스위스 루가노 대학(Unirversity of Lugano)의 랠프 렝글러(Ralph Lengler)와 마틴 에플러(Martin Eppler)는 주기율표를 사용하여 100개의 다른 시각화 방법을 6개의 다른 범주로 구성하였다. 6개 범주는 (1) 데이터 시각화(Data Visualization), (2) 인포메이션 시각화(Information Visualization), (3) 개념 시각화(Concept Visualization), (4) 전략 시각화(Strategy Visualization), (5) 비유 시각화(Metaphor Visualization), (6) 복합 시각화(Compound Visualization) 이다. 각 기법은 과제와 상호작용(개요, 데이터, 또는 둘 다)에 따라 코드화되어 있는 바; 수렴적 또는 확산적 사고(convergent or divergent thinking)를 나타내는지; 구조(체계와 네트워크와 같은) 또는 과정(단계적인 순환 또는 반복된 순서)을 묘사하는지에 대해서이다.

---

5 Ralph Lengler and Martin J. Eppler, "Towards a Periodic Table of Visualization Methods for Management," Institute of Corporate Communication, University of Lugano, Switzerland, www.visual−literacy.org/periodic_table/periodic_table.pdf.

그림 18.4 경영관리를 위한 시각화 방법의 주기율표

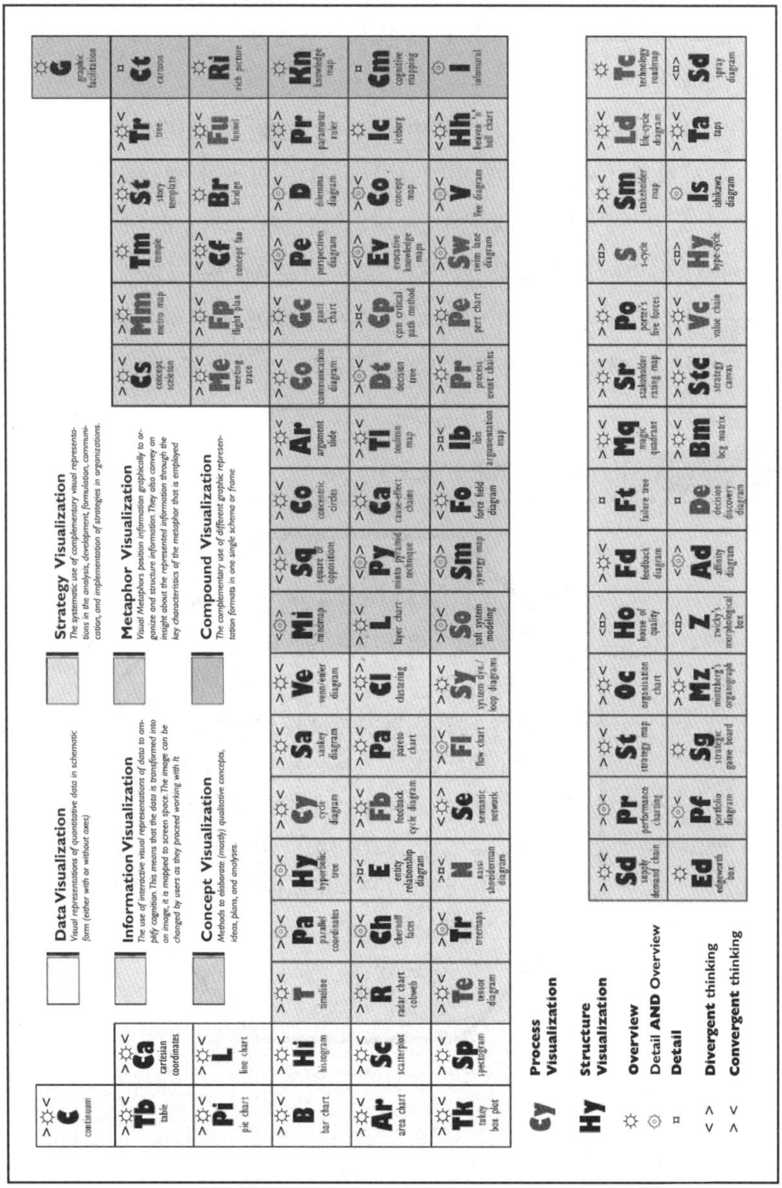

출처: Prof. Martin J. Eppler, University of St. Gallen, www.visual-literacy.org.

각 기법들과 이들의 잠재적 활용에 대해 좀 더 알기 위해서는 렝글러 (Lengler)와 에플러(Eppler)의 웹사이트를 방문하여 도표와 함께 교류할 수 있다.6 상호작용 도표에서 컴퓨터 마우스가 특정한 기법을 가리킬 때 시각화 형태의 도해가 떠오른다.

색깔의 사용은 시각적인 표현을 크게 높일 수 있다. 그러나 분석관들은 다양한 사회가 색을 다르게 인지한다는 것을 알아야 한다(그림 18.5 참조). 예를 들면 노란색은 서양문화에서는 비겁함이 연상되기도 하며 반면에 일본에서는 용기의 의미를 함축하고 있다. 붉은 색은 남아프리카에서는 애도의 색깔이지만 중국에서는 행운의 색깔이며 동양문화에서는 신부들이 입는 옷 색깔이기도 하다.7 색깔을 사용할 때 분석관들은 색깔의 강도가 지표의 강도와 어

그림 18.5 주의사항: 색깔의 중요성

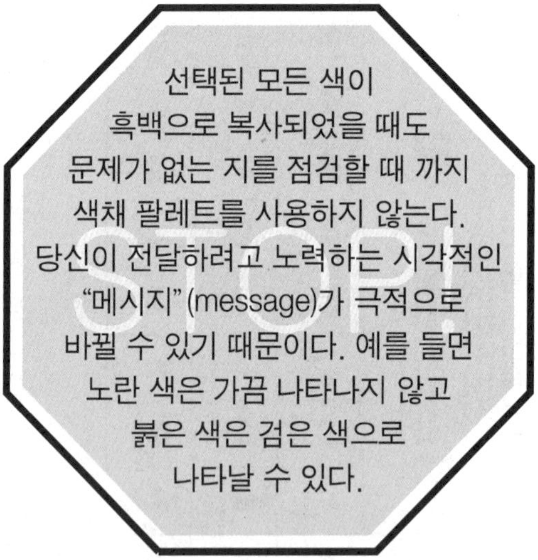

선택된 모든 색이
흑백으로 복사되었을 때도
문제가 없는 지를 점검할 때 까지
색채 팔레트를 사용하지 않는다.
당신이 전달하려고 노력하는 시각적인
"메시지"(message)가 극적으로
바뀔 수 있기 때문이다. 예를 들면
노란 색은 가끔 나타나지 않고
붉은 색은 검은 색으로
나타날 수 있다.

---

6 Ralph Lengler and Martin J. Eppler, "Periodic Table of Visualisation,"
  www.visual－literacy.org/periodic_table/periodic_table.html.

7 Jennifer Krynin, "Color Symbolism Chart by Culture: Understand the Meanings of Color
  in Various Cultures Around the World," About.com Guide, http://webdesign.about.com/
  od/color/a/bl_colorculture.htm.

울리는지에 따라 색을 선택하여야 한다. 예를 들면, 낮은 수준(low)을 위해서
는 담청색(pale blue)과 같은 가벼운 색을, 높은 수준(high)을 위해서는 감청색
(navy blue)과 같이 좀 더 강한 색을 사용한다. 우리는 자주색(purple)과 푸른색
(blue)이 증가하는 강도의 정도로서 다양한 수준을 사용하기 위해 가장 좋은
색들 중의 일부라는 것을 알고 있다.

2.2 의미를 더하는 그래픽

두 번째로 가장 중요한 과제는 데이터에 실제의 의미를 더하는 그래픽을
만드는 것이다. 이를 위한 2가지 전형적인 예로는 화살표와 다른 색선을 이용
하여 군사개입의 "구상"(story)을 설명하는 군사전쟁지도와 그리고 다양한 구
별된 특징으로 보는 사람의 관심에 초점을 맞추기 위해 영상에 조그만 텍스트
박스를 포함한 공중촬영 이미지가 있다.

심지어 간단한 막대 그래프가 강력한 메시지를 전달할 수도 있다. 예를
들면 그림 18.6은 미지의 한 국가의 경제가 붕괴 직전에 처하여 있는지 여부
를 평가하는 연구에서 인용되었다.[8] 분석은 인플레이션, 국제수지, 외환보유고
와 같은 분야에 대한 현 추세에 초점을 맞추고 있다. 막대 그래프는 그 국가의
외환보유고 수준을 연속 추적한 것으로 경고 임계점(Warning Threshold)을 보
여주고 있다. 그래픽에 의해 효과적으로 전달되고 양적 및 질적 추세의 분석
에 의해 뒷받침된 메시지는 외환보유고가 점선에 의해 제시된 경고 임계값 밑
으로 내려갈 때 국가 경제가 붕괴할 정도로 취약해진다는 것이다.

---

8 이 예는 퍼슨 어소시에이츠(Pherson Associates) 훈련자료에서 인용된 것이다 (www.
  pherson.org). 그래픽은 실제 연구에서 유래하며 그러나 교실 지도를 위해 일부 내용이
  삭제되었다.

그림 18.6 잠브리아: 경제적 취약성 감시

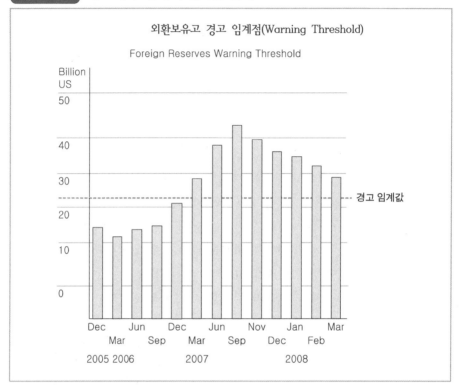

시각적 표현은 복잡하고 매우 밀접하게 연관된 시스템을 설명하는데 텍스트보다 훨씬 더 뛰어나다. 그림 18.7은 한 기관이 높은 품질의 분석 결과물을 생산하는 것을 보장하기 위해 고려되어야 할 모든 요인들을 독자들이 한 눈에 볼 수 있도록 제공하고 있다.[9] 이와 같은 그래픽은 독자가 전 과정을 포착하도록 도와주고 선의 두께와 영역의 크기 등을 달리함으로써 어느 요인들이 가장 중요한지에 관해 조언을 제공해 줄 수 있다.

---

9 이 그래픽은 랜돌프 퍼슨(Randolph H. Pherson)에 의해 창작되었으며 여러 고객들을 위해 이루어진 작업을 지원하기 위해 퍼슨 어소시에이츠(Pherson Associates)에 의해 활용되었다.

그림 18.7   분석의 질을 보장하는 요인들

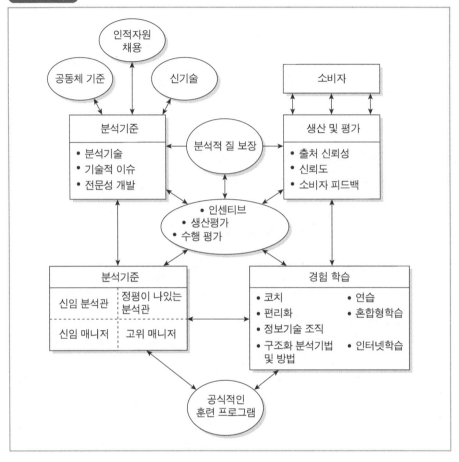

2.3   그래픽을 활용할 때 10가지 준수사항(do's)과 금지사항(don'ts)[10]

* 도표의 메시지가 모든 유용한 관련 사실 및 증거와 일치하고 있음을 확실하게 한다.

---

10 이 규칙들은 Dona M. Wong, *The Wall Street Journal Guide to Information Graphics* (New York/London: W. W. Norton & Company, 2010)에서 발췌되었다. 정보 그래픽을 위해 훨씬 더 상세하고 "준수사항과 금지사항"(do's and don'ts)을 제시하는 이 책을 추천한다.

* 데이터 자체가 말하고자 하는 내용을 잘 나타내도록 한다; 눈에 띄는 라벨, 격자선 또는 독자를 혼란시킬 수 있는 3D 프레젠테이션을 피한다.

* 활자를 잘 알아볼 수 있게 한다; 대개 산세리프(sans serif) 활자체가 선호되나, 세리프(serif)와 산세리프는 이들이 서로를 보완한다면 사용될 수 있다. 모두 대문자(ALL CAPS)로 사용하지 않고, 활자체를 비스듬히 하지 않으며, 굵은 이탤릭체(bold and italics)를 사용하지 않고, 검은색 또는 색깔이 들어간 배경에서 흰색 활자체를 사용하지 않으며 하이픈으로 이은 단어를 포함하지 않는다.

* 그래픽을 만들 때 정확도를 위해 소수점을 사용한다. 그러나 비교를 용이하게 하기 위해서는 유효숫자 자리수로 숫자를 반올림한다.

* y축에 눈금을 매길 때 사람들이 잘 계산하고 이해하도록 수를 증가시킨다.

* 단일 도표에 4개 이상의 선을 표시하지 않는다.

* 도표 위의 선에 이름을 붙인다; 공간이 빠듯하고 선이 되풀이하여 교차할 때는 범례를 사용한다.

* 막대 그래프에서 막대의 폭은 막대 사이 공간의 폭에 배가 되게 한다.

* 막대의 음영은 가장 밝은 것으로부터 가장 어두운 것으로 진행되게 한다; 밝고 어두운 막대의 교차는 도표를 읽기 어렵게 한다.

* 원 그래프는 5개 조각 이상이 되지 않게 한다. 가장 큰 값은 상단 오른 쪽에 위치하게 하고 그 다음의 큰 값은 상단 좌측에 위치하게 하며, 다른 값들은 점점 줄어드는 크기에 따라 왼쪽으로 이어지게 한다.

2.4 그래픽이 잘못 이끌 수 있는 5가지 상황[11]

1. 데이터를 표현하기 위한 3D 도안은 종종 이해하기 어려운데 이는 이러한

---

11 이 절을 위한 정보는 퍼슨 어소시에이츠 훈련 자료에서 인용되었다; Stephen Few, *Show Me The Numbers: Designing Table and Graphs to Enlighten*, 2nd ed. (Burling-ame, CA: Analitics Press, 2012); and Boyce Rensberger, "Slanting the Slope of Graphs," *The Washington Post*, May 10, 1995, http://www.washington post.com/archive/1995/05/10/slanting-the-slope-of-graphs/08a34412-60a2-4719-86e5-d7433938c166/.

도안이 가져오는 입체와 관련된 원근법의 잘못된 영향으로 인한다. 그림 18.8에서 3D 원 그래프와 보통의 원그래프와의 비교는 이러한 문제를 보여주고 있다. 도표의 3D 버전에서는 2개의 작은 조각이 같은 크기로 나타나는데 독자에 가까이 있는 것이 뒤에 위치한 것보다 더 크게 나타나기 때문이다. 사실 뒷쪽의 조각은 앞면의 크기보다 2배가 된다.

그림 18.8   원그래프의 비교

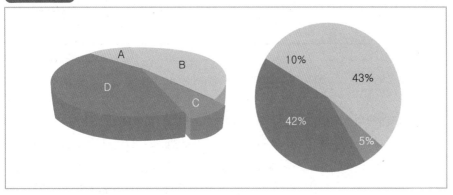

2. 생략된 그래프(truncated graph, 역시 torn graph로 알려져 있다)는 0에서 시작하지 않는 y축을 가지고 있다. 이러한 그래프들은 작은 차이를 나타내기 위해 사용될 수 있으나 이들은 역시 실제 변화의 정도를 과장할 수 있다(동일한 데이터를 보여주는 그림 18.9의 2개의 막대 그래프 참조). 만약에 그 값들이 모두 좁은 범위 내에 있다면 마이크로소프트 엑셀(Microsoft Excel)은 자동적으로 그래프를 잘라 길이를 줄이며, 편집자들은 이와 같은 표현이 데이터를 어떻게 왜곡하는지 깨닫지 못하면서 공간을 절약하기 위해 그래프를 잘라 길이를 줄인다.

그림 18.9   막대 그래프의 비교

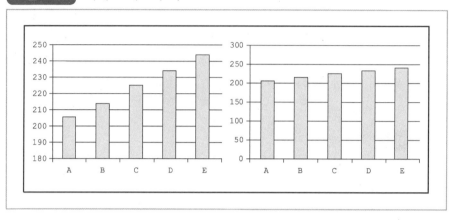

3. 그래프의 크기의 비율을 변경하는 것은 주요 분석포인트의 시각적인 영향을 왜곡시킬 수 있다. 그림 18.10은 폭을 반으로 줄이고 높이를 배로 늘리는 것이 훨씬 더 "향상"(improvement) 또는 "진전"(progress)된 것을 보여주며, 반면에 높이를 줄이고 폭을 늘리는 것은 오랜 시간동안 변화가 거의 없음을 보여준다. 대개 선의 높이는 도표 영역의 2/3를 차지한다.

4. 그래프 내에 너무 많은 데이터를 포함시키는 것은 독자를 당황케 할 수 있다(그림 18.11 참조). 이것은 링크 차트(Link charts)와 벤 다이어그램(Venn Diagrams)이 갖고 있는 문제점이다. 그래픽은 데이터 폐기장(data dump)이 되어서는 안 되며 독자가 쉽게 이해할 수 있는 이야기를 전해야 한다.

5. 많은 사람들은 그들 자신의 지도를 만들어서 인터넷에 올리고 있다. 당신이 질의해야 할 첫 번째 질문은 누가 그리고 어떤 목적을 위해 그 지도를 만들었는가 이다. 이와 관련 다음 내용에 조심하여야 한다:12

* 거창한 주장을 하면서도 데이터에 의해 뒷받침되지 못하는 제목

---

12 전문 지리학자로부터의 이러한 조언들은 Andrew Wiseman, "When Maps Lie," *The Atlantic Citylab*, June 25, 2015, http://www.citylab.com/design/2015/06/when-maps-lie/396761/ 에서 인용되었다.

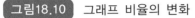
그림18.10 그래프 비율의 변화

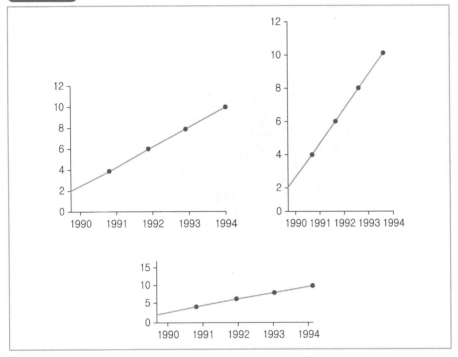

* 출처가 없거나 권위있는 출처가 결여된 지도

* 기본적으로 단순히 어디에 가장 많은 사람들이 거주하는지를 보여주는 적외선 열 및 밀도 지도(heat and density maps) – 본질적으로, 많은 사람들이 그곳에 거주한다면 더 많은 미지(X)의 것이 존재한다.

* 자신의 주장을 홍보하기 위한 크기와 색깔을 사용하고 불편한 데이터를 숨기는 지도작성자

* 지도작성자의 정치적 의제를 주장하거나 홍보하기 위해 편향되거나 부적합한 방법으로 데이터를 공급하는 지도이다. 그림 18.12에서 데이터 등급은 범례에서 2개의 다른 방식으로 규정되어 있는데, 플로리다(Florida)의 히스패닉 공동체의 세력과 관련하여 독자에게 매우 다른 결론들을 보여준다. 어떤 범례가 가장 객관적이고, 사용되어져야 하는가?

그림18.11 너무 많은 데이터를 포함한 그래픽

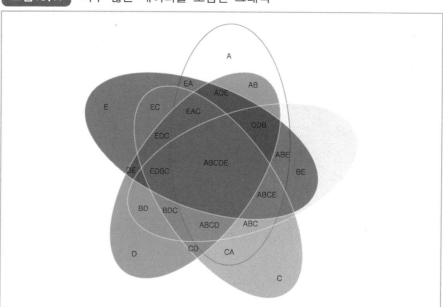

2.5 간단한 그래픽 안에 당신의 글을 요약하기

그래픽을 제작하는 것은 그 자체만으로 학습경험이 될 수 있다. 자료에다 논거의 핵심을 보여주기 위해 간단한 도표를 만드는 것은 가장 중요한 포인트에 주의를 집중시킬 뿐 아니라 지식 또는 논리 안에 내재한 갭을 밝혀낼 수 있다. 상세한 내용을 줄이고 고차원의 추상관념으로부터 주제를 끌어냄으로써, 저자들은 어떻게 그들의 결과물을 체계화하였는지에 대해 좀 더 엄격하게 생각할 뿐 아니라 무엇을 줄였는지를 스스로에게 질문하게 한다.

제6장에서 논의된 협력에 관한 ODNI 연구에서 요점을 그래픽으로 요약하기 위해(그림 6.3 참조), 저자들 중의 한 명은 협력에 대한 고위 지도자들의 약속이 모든 진행 요소의 성공에 필수적이었음을 보여주는 것을 필요로 하였다. 이러한 이유로 인해 요인들의 3가지 세트에 원이 그려지고 "지휘 계획"(Command Intent)이라는 라벨이 주어졌다. 그래픽이 전달하는 메시지는 최

고위자(이 경우는 DNI 자신)가 진행의 가시적인 지지자가 아니면 협력이 성공
하지 못할 것이라는 것이다.

그림18.12 플로리다의 카운티별 히스패닉 또는 라틴계 인구

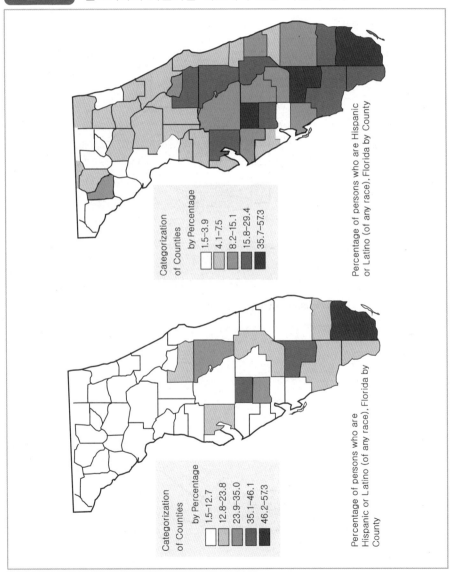

출처: Census 2000, prepared with American Fact Finder.

그림18.13 구조화 분석기법: 멀티 도메인(Multi-domain) 기법

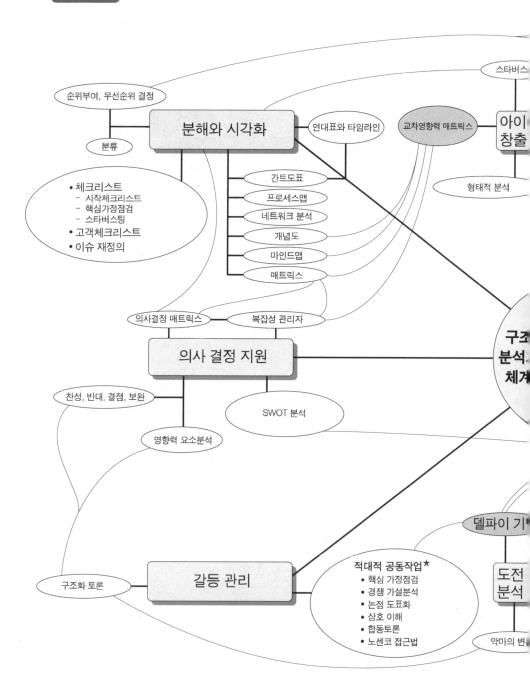

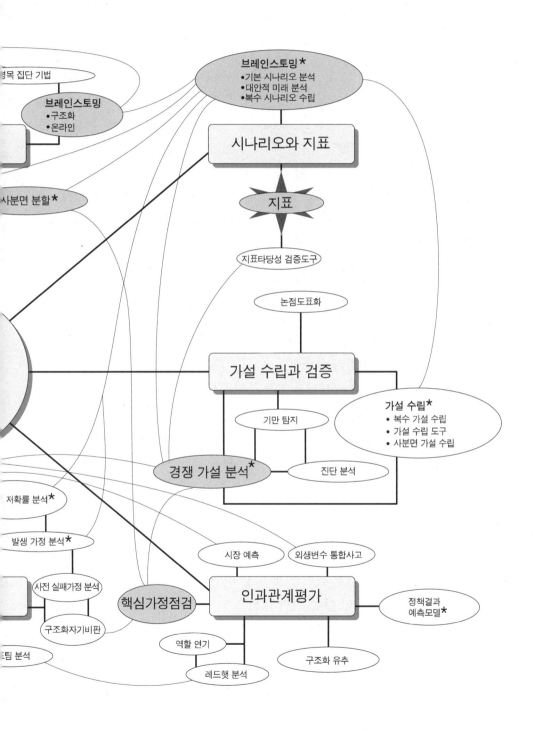

"얼마나 많은 공간이 있느냐가 아니라 그것이 어떻게 사용되느냐가 중요하다. 얼마나 많은 정보가 있느냐가 아니라 정보가 얼마나 효율적으로 구성되어 있느냐가 중요하다"

– 에드워드 터프트(Edward Tufte)
교수, 통계학자, 그래픽 디자이너13

글의 주요 메시지를 요약하기 위해 그래픽을 사용하는 또 다른 예는 그림 4.1, 미국에서 재정개혁에 관한 사례연구에서 발견될 수 있다. 이러한 영향 도표는 다양한 경제사상 학파와 다른 외부요인들이 어떻게 미국 내의 재정정책 결정에 영향을 미치는지를 하나의 그림으로 담기 위해 시도하고 있다.

하나의 단순한 그래픽으로 책의 요점을 담아내려고 노력한 결과 정보분석을 위한 구조화 분석기법(Structured Analytic Techniques for Intelligence Analysis)을 위한 요약 그래픽이 만들어졌으며 잘 입증되었다(그림 18.13 참조).14 이것은 단순히 위의 책에서 논의된 50개 분석기법을 단순하게 8개 집합으로 정리하면서 시작되었다. 어느 분석기법들이 서로에게 가장 긴밀하게 연관되는지를 보여주기 위해 선이 그려졌다. 우리는 놀라운 발견을 하였다. 하나의 공통된 특징을 공유한 분석기법 집합이 나타났는데 이들은 최소한 3개의 다른 분석기법 집합 또는 영역과 연결되어 있었다.

그래픽을 만드는데 우리에게 가장 흥미로웠던 것은 8가지 분석기법 중에 5가지가 이러한 요구를 충족하였다는 것이다. (1) 구조화 브레인스토밍(Structured Brainstorming), (2) 핵심 가정 점검(Key Assumptions Check), (3) 경쟁가설분석(Analysis of Competing Hypotheses), (4) 시나리오 분석(Scenarios Analysis), (5) 지표(Indicators)로서 이들은 이미 미 정보공동체에서 핵심 분석기법들로 설정되었다. 6번째로 사분면 분할(Quadrant Crunching)이 인기를 얻어 이 그룹에 합류될 수 있는 가능성을 보였으며, 그래픽은 그 이유를 설명하는데 도와주었다. 그래픽을 창작하는 과정은 5가지 분석기법이 왜 탁월한지에 대해 아직까지 이론을 세우지 못한 논리적 근거를 밝히게 되었다. 우리는 여러 영역을 넘나드는 이러한 분석기법들이 다른 여러 방법으로 비판적 사고 기술을 진전시키기 때문에 좀 더 빈번하게 사용된다고 생각한다.

---

13 E. R. Tufte, *Envisioning Information* (Cheshire, CT: Graphics Press, 1990), 50.
14 Heuer and Pherson, *Structured Analytic Techniques for Intelligence Analysis.*

2.6 미리 계획 세우기

대부분의 경험많은 분석관들은 그래픽이 그들의 메시지를 좀 더 효율적으로 전달하고 좀 더 효과적인 방식으로 주요 통찰력을 제시하기 위한 강력한 도구가 될 수 있음을 알고 있다. 이를 감안하여 그들은 대개 어떤 그래픽이 초안에 포함될 것인지를 미리 계획을 세우고, 어떤 그래픽이 그들의 이야기를 말하는데 가장 효과적으로 입증하기 쉬운지에 관해 체계화한다. 예를 들면 지도가 분석을 뒷받침하기 위해 요구된다면 분석관은 핵심 분석포인트를 나타내기 위해 어떤 정보가 지도에 묘사될 지를 구해야 한다. 많은 양의 데이터가 단 하나의 매트릭스나 도표에 포함될 수 있는지를 확인하며, 이와 같이 하여 모든 사실에 기반을 둔 정보를 담기 위해 본문의 여러 단락이나 페이지를 작성할 필요를 경감시키는 것이다(그림 18.14 참조).

그림 18.14 주의사항: 그래픽의 중요성

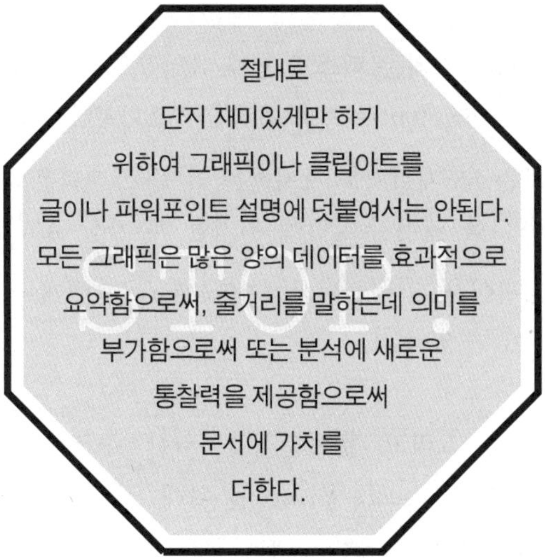

절대로
단지 재미있게만 하기
위하여 그래픽이나 클립아트를
글이나 파워포인트 설명에 덧붙여서는 안된다.
모든 그래픽은 많은 양의 데이터를 효과적으로
요약함으로써, 줄거리를 말하는데 의미를
부가함으로써 또는 분석에 새로운
통찰력을 제공함으로써
문서에 가치를
더한다.

얼마나 많은 그래픽이 사용될지를 결정하는데 좋은 경험적 법칙은 본문이 3페이지 이상일 때 그래픽을 포함하지 않을 경우 대부분의 독자가 흥미를 잃을 수도 있음을 기억하여야 하며 이는 시각적인 편안함을 제공하기 위한 것이다. 만약 분석관들이 지속되는 이야기의 긴 절에 도움이 되기 위한 그래픽, 표, 도표, 매트릭스 또는 텍스트상자를 포함하지 않을 경우에는 그림과 인용구를 찾아 넣을 필요가 있다. 인용구를 삽입할 때는 존 바틀레트(John Bartlett)의 인용구 사전(Familiar Quotations)과 같은 권위있는 원출처 또는 저명한 해설을 참고해야 한다.15 출판사에 따르면 그리고 우리의 개인적인 경험에 비추어 볼 때 인터넷 사이트에 등재된 놀라울 정도로 많은 인용구들은 부정확하거나 틀린 출처일 수도 있기 때문이다.

그래픽의 배치는 예술이고 과학이다. 대개 지도 또는 중요한 요약 그래픽은 글의 첫 페이지(홀수 번호)의 바로 맞은 편(짝수 번호) 페이지에 배치하는 것이 가장 좋다. 이와 같은 배치는 고객들이 글을 읽기 시작할 때 데이터와 논거에 익숙해지는데 도움이 된다. 페이지 전면에 걸친 그래픽, 텍스트 박스 또는 매트릭스는 그래픽과 관련된 본문 내용의 바로 맞은 편 짝수 페이지에 위치하는 것이 가장 좋다.

* 더 작은 그래픽의 효과는 텍스트 안에 삽입함으로써 효과적으로 활용될 수 있다(본 책자에 the Stop! 그리고 관련된 구조화분석기법 그래픽에서 처럼).

* 반 페이지 또는 1/3페이지를 차지하는 더 큰 그래픽은 대개 그래픽이 인용되는 구절의 다음 페이지 상단에 위치할 때 가장 효과가 좋다.

* 너무 큰 그래픽이나 접어넣은 페이지(foldouts)는 대개 글의 맨 앞이나 뒤에 위치하는 것이 가장 좋다.

본 책자를 위해 그리고 정보분석을 위한 구조화 분석기법(Structured Analytic Techniques for Intelligence Analsis)을 위해 우리는 뒷표지 안쪽에 그래픽을 제공하였는데 왜냐하면 이러한 그래픽들은 책에 제시된 요점을 요약하고 있기 때문이다. 분석도구와 분석기법 핸드북(Handbook of Analytic Tool and

---

15 Geoffrey Brown and John Bartlett, *Bartlett's Familiar Quotations: Passages and Phrases in Common Use*, 17th ed. (Boston: Little, Brown, 1919), revised and enlarged by Nathan Haskell Dole (New York: Bartleby.com, 2000).

Techniques)을 출판할 때 우리는 앞표지 부분에 그래픽을 포함시켰는데 왜냐하면 이는 핸드북이 구조화 분석기법의 5가지 종류에 따라 어떻게 구성되었는지 독자에게 빨리 이해시키기 위해서였다: (1) 혁신 기법(innovation techniques), (2) 진단 기법(diagnostic techniques), (3) 재구성 기법(reframing techniques), (4) 전략적 예측 기법(strategic foresight techniques), (5) 정책결정지원 기법(decision support techniques).[16]

주요 시사점

* 그래픽은 정보를 어떤 서술보다 훨씬 더 강력하게 전달할 수 있다; 점점 더 세계화된 사회에서 "한 장의 사진이 천 마디 말보다 가치가 있다"는 옛 격언은 적절한 표현이다.
* 그래픽은 데이터를 요약하고 데이터에 의미를 부가하기 위하여 활용될 수 있다.
* 분석관들은 색깔들이 문화에 따라 다른 의미를 함축하고 있음을 절대로 잊어서는 안된다.
* 훌륭한 그래픽을 만들기 위한 준수사항(do's)과 금지사항(don'ts)에 유의해야 한다; 기본원리를 지키지 않을 때 그래픽은 그 효과를 잃게 될 것이다.
* 한 그래픽 안에 전체 페이지를 요약하는 도전은 저자에게 문서를 어떻게 구성하였는지 좀 더 철저하게 생각하게 하고 무엇이 생략되었는지를 질문하게 할 것이다.
* 초안 작성을 시작하기 전에 분석관들은 어떤 그래픽들이 필요하고 문서의 핵심 메시지를 전달하기 위해 이들이 어떻게 잘 활용될 수 있을지를 고려하여야 한다.

---

16 Randolph H. Pherson, *Handbook of Analytic Tools and Techniques*, 4th ed. (Reston, VA: Pherson Associates, 2016).

사례연구 검토

사례연구 3. "항공모함 시대의 종식"을 검토한다.

* 분석관은 글에서 적절한 수의 그래픽을 포함시켰는가?
* 어느 그래픽이 단일의 도표에 많은 양의 정보를 요약하였는가?
* 어느 그래픽이 의미를 더하고 독특한 통찰력을 제공하였는가?
* 저자는 단일의 그래픽에서 사례연구의 핵심 메시지를 어떻게 잘 요약하였는가?

19

어떻게 가장 설득력 있는 방법으로 나의 메시지를 제시할까?

1. 준비사항 점검

이론적으로 훌륭한 작성이란 훌륭한 생각을 의미한다. 당신의 체제와 출처 및 논거를 통해 생각하였다면 작성은 쉽게 이루어질 것이다. 작성하고 읽기 어려운 글들은 저자가 너무 빨리 작성하고 관련된 다양한 정보와 생각들을 연결 깊이나 이야기의 흐름 없이 뒤얽혀 놓은 것들이다.[1]

분석적인 글과 브리핑은 단순히 정보나 사건을 묘사하기 보다는 메시지를 전달해야만 한다. 바쁜 독자가 어떤 쟁점에 대해 무엇이 새롭고, 다르거나 비판적인지를 빨리 이해하도록 도와주는 데 목적이 있다. 메시지를 명료, 정확 및 간결함과 아울러 진솔하게 전할 때 고객은 관심과 이해와 신뢰를 갖게 되는 것이다. 바쁜 고객이 글을 읽음으로써 얻는 가치는 무엇인가? 납세자나 회사가 당신에게 글을 연구 작성하게 하는 가치는 무엇인가?

제목, 머리글 문장, 또는 요점에 담겨있는 메시지가 고객이 읽는 글의 유일한 부분일 수도 있다는 사실을 알아야 한다. 당신은 메시지가 당신의 독자에게 기억시키고 싶은 것임을 확신하길 원한다. 저자들 중에 한 명은 젊은 분석관으로서 백악관 상황실에서 임무를 수행하면서 복잡한 분석 주제가 가장

---

1 The information used in this section was adopted from Pherson Associates training materials(www.pherson.org).

높은 수준에서 유용하게 되려면 단순화되어야 한다는 것을 알게 되었다. 고객은 정보를 필요로 할 때 더 많은 정보를 찾게 될 것이다. 문서 또는 구두로든 잘 전달된 (아마도 업데이트되어 다시 제공된) 메시지는 고객의 행동을 끌어내는 기반이 된다.

2. 심화 검토

당신이 독자에게 의미를 전하기 전에 그 의미에 대해 확신을 가져야 한다. 이것은 분석관들이 그들의 고객들을 위해 수행하여야 할 여러 활동들을 감안할 때 쉽지는 않다. 우리는 이슈와 문제를 특징짓고, 추세를 확인하며, 예상치 않은 변화와 전개를 예측하고, 증거에 의거한 신뢰도와 평가되지 않거나 애매모호한 정보의 가치를 결정하며, 많은 데이터로부터 중요한 내용을 뽑아낸 후 분석 종합한다. 여러 전문성과 분석의 유형들이 여러 결과물들에 나타나는데 그들 자체의 방식과 포맷과 가이드라인을 가진다. 그러나 결국은 메시지로 나타난다. 유용한 정보로부터 추출될 수 있는 주요한 분석적 통찰력은 무엇인가?

논거의 주장은 메시지와 같아야 하며, 이를 위해서는 고객을 염두에 두고 논거를 정확하게 개념화하여야 한다. 결과물을 초안 작성할 때에 당신은 스스로 "내가 1분도 안되는 시간에 나의 고객과 함께 엘리베이터에 있다면 나의 이슈에 대해 무엇을 말할 수 있을까?" 라고 질문하고, "짧은 시간 안에 상대의 마음을 사로잡을 수 있는 말"(elevator speech)을 개발해야 하며, 이것은 메시지를 점검하기 위한 완전한 기회를 제공한다.

당신의 메시지를 효과적으로 제시하기 위한 중요한 3가지 요소는 다음과 같다:

1. 메시지 자체가 주목을 끌도록 제시
2. 메시지가 두드러지게 특징적이고 잘 전달되도록 결과물을 구성
3. 단순하고 직접적이고 이해하기 쉬운 방식으로 작성

2.1 핵심 메시지

어떤 논제 또는 결과물이든 당신은 제목 및 머리글 단락을 통해 메시지의 본질을 전달한다. 분석 보고서의 포맷은 독자에 따라 그리고 전략적이거나 전술적인 메시지가 전달되는지에 따라 달라진다는 것을 기억한다. 거의 모든 정보 결과물은 첫머리 결론 제시와 함께 역삼각형 구조를 고수한다. 잘 작성된 글은 분명한 주제 문장(topic sentences)과 전반적인 줄거리를 이어주는 연결 문장(transition sentences)을 지닌다.

* 소비자의 관심을 끄는 제목. 제목은 독자와의 "계약"(contract)으로 주요 포인트나 판단과 정확히 일치하여야 한다. 결과물에 있을 것을 바라는 독자의 기대와 정신 체계에 맞추는 것이다. 데이터를 벗어나거나 결론의 충격 유발을 위해 과장하지 말아야 한다. 제목은 사건 관여자나 추세를 나타내도록 하고 "그래서 어떻다는 것인가"(So What)를 위한 능동형 동사를 사용한다. 종속절 사용을 피하고 과감하게 불필요한 단어를 줄인다.

우선 초점을 명확하게 하는 제목을 작성하도록 노력한다. 글을 작성하는 과정에서 제목을 변경할 수도 있다. 당신의 메시지를 함축적이고 호감이 가는 제목으로 압축할 수 없다면, 분명한 메시지가 없다는 것이다. 제목은 한 줄 이상을 넘지 말아야 한다.

* 스토리를 간단명료하게 전하는 머리글. 머리글은 "What" 및 "So What"를 압축하고 새로운 통찰력, 경고, 변화와 중요한 의미를 강조한다(그림 19.1 참조). 그것은 독자를 위한 주요 시사점이다. 바쁜 고객들은 종종 대충 읽는데 오직 머리글, 굵은 활자체로 된 내용 또는 주제 문장들만 읽기도 한다. 머리글에서는 제목에서 표현된 것과는 다른 용어를 사용해야 한다.

당신은 머리글이 여러 번 수정되는 것을 예상해야 한다. 결과물의 검토자와 편집자들은 그들 자신의 경험을 떠올리고 그들이 믿는 평가가 고객의 관심을 끌 수 있다고 생각하기도 한다. 사실과 논거 또는 추론의 방향을 구성하는 주요 포인트는 신뢰성과 의미를 밝히기 위한 본질과 내용을 제공하면서 직접적으로 머리글을 뒷받침해야 한다.

그림 19.1   머리글은 많은 목표를 성취한다

머리글에 포함되는 내용은 ...

* 주요 주장
* 첫머리 결론
* 큰 그림
* 핵심 주장
* 핵심 판단 또는 핵심 포인트
* 종합적인 서술
* "무엇이" 그리고 "그래서 어떻다는 것인가"
---

* 필요한 조치를 뒷받침하는 포맷. 분석 결과물은 조직, 목적, 정책결정자들에 따라 다른 포맷을 지닌다. 군사목표 평가, 법집행 또는 국토안보 공보와 특정 정책결정자들을 위한 현용정보와 정보평가는 모두 다르게 보일 수는 있으나 겉으로 드러나는 것 보다 더 많은 공통점을 지닌다.

우리는 일부 학생들이 한 국가 기관의 특정 모형(template)을 사용하지 않는 것을 정보작성 교수에게 불평하던 것을 기억한다. 분석관들인 그들은 어떤 포맷에 적용할 효과적인 작성 원칙을 가지고 있는 않은 그들 조직 내에 필요한 형식에 의거하여 "빈칸을 채울"(fill in the blanks) 방법을 생각해 내는데 강한 관심을 가지고 있었다.

일부 기관은 주요 포인트 또는 결론에 굵은 활자나 이탤릭체로 강조하기도 한다. 만약 당신이 기관을 대표하여 이를 행한다면 신중하게 진행하여야 한다. 모든 것이 특별하다면 어떤 것도 특별하지 않은 것이다.

* 역삼각형 구조. 모든 정보작성은 역삼각형 모델을 기반으로 하는데 이는 가장 중요한 개념, 사고 또는 아이디어로 시작하여 가장 중요하지 않은 포인트로 서술해 나가는 논리적인 진행으로 분석관의 사고와 정보를 구성한다.(그림 19.2 참조)[2]

그림 19.2 역삼각형: 보고서 작성을 위한 대조적인 접근방법

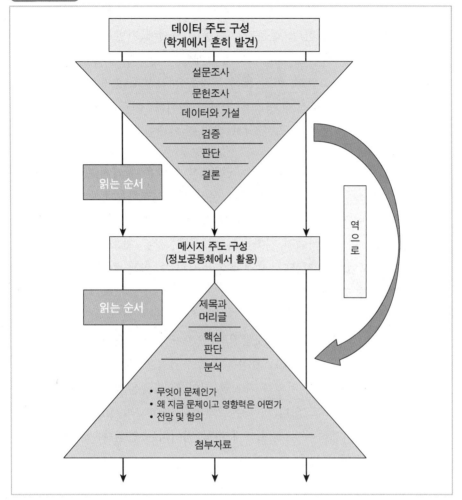

2 이 모델은 가장 중요한 것(특별히 주제 문장이나 문서의 핵심 메시지)을 거꾸로 된 피라미드 위에 위치하는 역 피라미드로서 많은 언론과 미 정보공동체에 의해 사용된다. 그러나 일부에서는 그 이미지가 혼동된다면서 뒷받침하는 증거가 피라미드의 밑바탕을 형성하여 분석의 토대 또는 주제 문장을 위한 근거를 제공해야 한다고 주장한다. 문서가 어떻게 구성되었는지를 보여주기 위해 삼각형 이미지를 사용하는 것을 우리는 선호하는데, 이는 각 부분을 차지하는 내용의 순서가 거꾸로 될 수 있음을 보여주며, 그렇게 함으로써 데이터 주도 구성(data−driven organization)을 메시지 주도 접근(message−driven approach)과 대조해 본다.

* 첫머리 결론 제시(BLUF: Bottom line up front). 고객들은 분석 결과물을 이 끄는 가장 중요한 정보를 원할 뿐 아니라 그 정보가 초래할 수 있는 결과 를 역시 알고 싶어 한다. 신문기사는 종종 사실에 기반을 둔 머리글과 함 께 시작하는데 사건과 5개의 W와 1개의 H를 묘사(Who, What, How, When, Where, Why)한다. 바쁜 분석 독자들은 사실과 증거를 원하는데, 이 들은 우선 증거의 분석과 평가를 원하는 것이다. 이들은 경험, 수집과 자 료 및 출처의 비중에 기초한 정보 판단을 기대한다.

* 분석적인 주제 문장으로 시작하는 단락. 각 단락은 한가지 주요 포인트를 가져야 한다. 그것은 분석적인 주제 문장으로 시작하는데 주제 문장은 단 락 내에 나머지 문장들에 의해 지지되는 핵심주장을 지닌다. 가장 중요한 개념, 사고, 아이디어에서 시작하여 중요하지 않은 것으로 점차 감소하는 역삼각형 모델을 유지한다. 고객을 혼동시킬 수 있는 증거와 주제의 반복 을 피하도록 결과물을 구성한다.

검토자들은 당신의 주장을 뒷받침하는 증거가 있음을 확인하기 위하여 그리고 당신이 대안을 감안하고 가정을 검토하였음을 확인하기 위하여 당신 의 주제 문장 내의 주장에 이의를 제기할 것이다. 이들은 역시 당신의 단락의 길이에 반응을 보일 수도 있다. 단락은 2개의 문장(하나의 주장과 최소의 지지) 을 가질 때 가장 이해하기 쉬우며, 5개 이상 되어서는 안된다. 문장이 길다면 단락에 보다 소수의 문장을 포함시킨다.

* 주장의 흐름을 매끄럽게 하는 연결. 연결 단어들과 구절들은 고객에게 당신 의 추론 방향을 알려주는데 도움이 된다. 이들은 아이디어, 단락 또는 다 른 품사와 연결해주고 다음에 무엇이 올지를 보여준다. 당신의 결과물에 서 이들을 어느 위치에서 사용할지를 의식적으로 찾아야 한다. 연결 단어 들을 너무 많이 사용하는 것은 너무 적게 사용하는 것보다 바람직하지 않 음을 알아야 한다. 그 단어는 역시, 예를 들어, 편집과정에서 대개 첫 번 째 삭제대상이 된다.

연결은 목소리와 몸동작으로 강조될 수 있는 구두 브리핑보다는 작성된 결과물에서 좀 더 중요하다. 이들은 포인트를 강조할 수 있고(the most compelling evidence 등), 비교 또는 대조할 수 있으며(similarly, as opposed to 등), 정보를 명확히 하거나 추가할 수 있고(for example, additionally 등), 열거할 수 있으며 (next, last 등), 또는 요약 할 수 있다(as a result, in conclusion 등).

2.2 단순하고 직접적인 방식

당신의 고객은 읽는 것에 지쳐있을 수 있다. 그들은 항상 최소한의 시간으로 중요한 정보를 이해하기 위한 가장 빠른 길을 찾을 것이다. 당신은 그들에게 복잡한 아이디어와 데이터를 잘 전달함으로써 그들이 요점을 파악하고 당신이 말하고자 하는 것을 쉽게 이해하도록 해야 한다.

* 분명하고 정확하며 간결한 문장. 복잡성을 넘어 단순성을 추구하려면 분명하게 작성해야 한다. 짧고 친숙한 단어들과 표현을 활용한다. 음절이 적을수록 더 좋다. 예를 들어 use는 utilize보다 받아들이기 더 쉽다. 주어와 동사가 쉽게 분별되도록 직접적인 문장구조를 채택한다. 상세한 내용을 추가하더라도 메시지를 희석시킬 수 있는 종속절의 사용은 제한한다.
  - 불분명한 내용(unclear): 익명서비스를 활용함으로써 흔적을 남기지 않고 웹사이트를 조심스럽게 검색할 수 있으며 쿠키(cookies, 역자주: 인터넷 접속시 중앙서버에 보내지는 사용자의 개인신상 정보 파일)의 추적을 피할 수 있다.
  - 분명한 내용(clear): 익명서비스 소프트웨어는 인터넷에서 당신의 신분을 감추는데 도움이 된다.

독자의 마음에 분명한 이미지를 그려내는 구체적인 명사와 동사를 선택하여 당신의 단어와 표현에 정확성을 기해야 한다. 의미를 흐리게 할 수 있는 애매모호하고 추상적이며 요식적인 언어를 피한다. 높은(high) 실업율 또는 중도의(moderate) 정치적 파벌에서 처럼 비교 형용사의 경우 그 이면의 주장하는 사실들을 정확히 이해하기 어렵다. 당신이 의미하는 것을 명확하게 말하고 고객에게도 같은 내용이 의미되도록 해야 한다.

- 애매모호한 내용(vague): 국경지역의 안보문제 악화는 정권에 장기적인 결과를 가져올 것이다.
- 명확한 내용(specific): 국경에 가까운 경찰 파출소에 대한 마약사범의 공격의 증가로 인해 정부는 정권유지를 위해 추가 해외지원을 요청하게 될 것이다.

모든 단어를 점검하여 "무의미한 상투어"(deadwood) 또는 당신의 메시지를 전하는데 불필요한 단어들을 제외한다. 너무 많은 관계없는 단어들이 들어가 장황한 내용이 되지 않도록 유의한다. 강력한 의미의 명사와 동사는 수식어의 필요성을 제한한다.

* 능동태. 동사의 태 또는 문장에서 명사와의 관계는 행위자 또는 주어가 행동을 취할 때 적극적이다. 이것은 대개 좀 더 명확하고 간결하며 좀 더 관심을 끄는 문장 구조이다. 수동태 문장 구조는 행위자가 없거나 행위자가 동사에 의해 명시된 행동의 대상이 됨을 의미한다. 수동태 문장은 행위자가 누구인지 독자가 추측하게 된다면 혼동을 일으킬 수 있다. 수동태는 작성자로 하여금 명확하지 않은 대명사(there, it), 행위자를 나타내기 위한 전치사 by와 복합동사를 사용하는 구절을 포함하여 설득력이 없는 단어들을 추가하게 한다. 복합동사는 to be와 과거분사가 결합된 형태 또는 대개 −ed, −en, 또는 −t로 끝나는 동사형태로 구성된다(예를 들어 were increased, was attacked, is approved).

- 수동태: 경찰은 체포영장을 발부받았고 테러 용의자는 체포되었다.(경찰은 테러범 또는 누군가 다른 사람을 체포하였는가?)
- 능동태: 경찰은 체포영장을 발부받아 테러 용의자를 체포하였다.

- 수동태: 보안과 접근 속도는 새로운 신분증명시스템에 의해 개선될 것이다.

- 능동태: 새로운 신분증명시스템은 보안과 접근 속도를 개선할 것이다.

수동태를 확인하는 열쇠는 동사의 행동을 취하지 않는 문장 주어를 찾는 것이다. 문장을 능동태로 만들려면 행위자를 동사 앞에 그리고 목적어를 동사 뒤에 위치시키고 복합동사의 부분을 빼버리고 또는 그것을 단독으로 좀 더 정확한 것으로 변경하는 것이다.

- 수동태: 쿠데타를 일으키려는 결정이 반란자들에 의해 이루어졌다.

- 능동태: 반란자들은 쿠데타를 일으킬 것을 결정하였다.

- 수동태: 도착 시간이 스케줄에 포함되어 있다.

- 능동태: 도착 시간이 스케줄에 있다.

- 수동태: 목표가 안내책자에서 제시되어 있다.

- 능동태: 목표가 안내책자에 있다.

수동태는 문법적으로는 옳으나, 덜 능동적이고 좀 더 요식적이기 때문에 우리는 분석 작성에서 이것을 최소화할 필요가 있다. 당신이 의도적으로 행위자를 숨기거나 행위자 보다는 그 아이디어를 강조하고 싶을 때 수동태를 사용할 수는 있다. 대개 과학적이고 또는 자원(resource)과 관련하여 작성할 때 수동태를 사용하는데, 이는 왜 기술적인 문서가 일반적으로 형식적이고 지루한지 그 이유를 설명해 주고 있다. 요약하면 능동태 선택이 만족스럽지 않다면 드문 경우 의식적으로 수동태를 사용하기도 한다.

- 수동태: 2012 회계연도에 분석관 여행을 위한 재원이 10% 감소되었다.

- 수동태: 새로운 분석 결과물이 바쁜 중역들에 의해 빨리 읽혀지도록 작성되었다.

　　－ 수동태: 뱀독의 해독제가 즉시 투여되었고, 환자는 온전히 회복되었다.

* 특정한 지침을 따르는 방식. 우리 회사를 포함해서 거의 모든 조직은 그 자
　체 방식의 안내서를 가지고 있다. 그것은 훌륭한 작성을 위한 일반적인 기
　준인 문법 규칙, 철자법, 구두법, 특별한 모형과 포맷 등을 세우기 위한 매
　우 귀중한 도구이다. 가장 일반적인 문법적 실수들이 그림 19.3에 논의되
　어 있다. 이러한 방식의 안내를 따르는 것은 역시 편집 과정에서 상당한 시
　간을 절약해 준다.
　구두법에 관해 당신이 속한 조직의 원칙에 특별히 유의하여야 한다. 문장
　을 크게 읽을 때 멈추는 곳에 콤마를 두라는 초등학교 교사의 충고는 의도
　는 좋으나 맞지 않는 충고로서 이를 지지하는 사람은 거의 없다. 콤마는 주
　로 3개 이상의 항목을 늘어놓을 때, but와 같은 접속사 앞에서 그리고 2개
　의 독립절을 분리하는 and 앞에서 그리고 삽입구 절을 시작할 때 사용된
　다. 그러나 의심될 때는 생략한다.

그림 19.3　가장 흔한 5가지 문법적 실수

교정자들은 다음의 문법적 실수들을 바로잡으면서 대부분의 시간을 보낸다고 말한다:

1. 관계대명사의 오용. 관계대명사는 종속절을 문장의 나머지 부분과　"연관"(relates)
   시킨다: who, whom, that, which
   － Who/whom. Whom은 항상 목적 대명사이고 who는 주격 대명사이다.
   － That/which. That은 제한된 절과 함께 사용되며, which는 콤마와 시작된 비제한적인 절과
   　함께 사용된다.
   　옳은 예: 당신은 누구에게서(from <u>whom</u>) 그 요리법을 배웠는가? 나는 가장 적게 시든
   　　　　　(<u>that</u>) 잎을 가진 상추를 골랐다. 그는 샐러드를 만들었는데, 그것은(<u>which</u>)
   　　　　　맛이 없었다.

2. 주어－동사 일치의 부족. 단수 주어는 단수 동사를 필요로 하며, 복수 주어는 복수 동사
   를 필요로 한다.
   　옳은 예: 이 방의 누군가는 이러한 실수에 대한 책임을 주장했는가?
   　　　　　(Does <u>anyone</u> in this room <u>claim</u> responsibility for this error?)

3. 대명사와 선행사의 불일치. 대명사는 그 대명사가 가리키는 단어, 구 또는 절에 대해 인칭, 수 및 성에서 일치하여야 한다.

   옳은 예: 한 개인이 전문적으로 성공하기를 원한다면, 그 또는 그녀는 게임의 법칙을 알아야 한다. (If <u>a person</u> wants to succeed professionally, <u>he or she</u> must know the rules of the game.)

4. 소유대명사와 축약대명사의 혼동. 소유대명사는 소유명사를 대신하게 된다: his, hers, yours, its, ours, theirs and whose. 축약대명사는 대명사와 동사 "is"의 축약형이다. It's = it+is, who's=who+is. 축약형은 분석 작성에서는 피해져야 한다.

   옳은 예: 나는 저것이 누구의 차인지 모르는데 그것은 나의 주차 장소에 있다.

   (I don't know <u>whose</u> car that is, but <u>it's</u> in my parking space.)

5. 단어의 잘못된 사용.

   o Affect/effect

   effect는 "어떤 결과를 가져오다"(to bring about)를 의미한다. affect는 "영향을 미치다"(to do something to)를 의미한다.

   o Principle/principal

   principle은 기준, 법칙, 규칙이다. principal은 어떤 일에 책임을 맡은 사람을 지칭한다.

   o Capitol/capital

   capital은 정부의 활동이 이루어지는 곳으로서 금전과 재산 형태의 부와 통신의 중심적인 역할을 하는 도시를 지칭한다. capitol은 입법부 회의가 열리는 빌딩이다.

   옳은 예: 우리 학교의 교장선생님(principal)은 국회의사당(capitol) 견학에 동행하고 견학이 학생들에게 긍정적인 방향으로 영향을 미칠(affect) 것을 희망하였다.

지침은 출판과 브리핑시 일관성과 전문성을 유지하게 한다. 당신의 조직이 상세한 지침을 가지고 있지 않다면 대학이나 기업에서 사용되는 주요 안내서중 하나를 선택해서 따른다. 가장 많이 사용되는 것으로는 시카고 대학 양식(CMS: Chicago Manual of Style), 미국 심리학회(APA: American Psychological

Association) 및 현대어 문학협회(MLA: Modern Language Association)의 인용과 포맷 방식 등이 있다.

2.3   브리핑과 구두 발표

브리핑은 당신의 분석 메시지를 전달하는 강력한 방식이다.3 이는 격식에 얽매이지 않고 즉흥적인 발표를 위해 급히 준비될 수도 있고 사무실에서 소수에게 또는 강당 및 웹세미나에서 수백, 수천 명에게 전하기 위해 맞춤형으로 제작될 수도 있다. 더욱 중요한 것은 브리핑이 필수적인 포인트를 강조하고 질문에 답하고 고객의 피드백을 구하기 위해 개인과 개인 사이의 상호작용 소통을 이루는 것이다.

훌륭한 브리핑은 좋은 사고와 작성에서 비롯된다. 효과적인 발표를 하기 위해서 분석관들은 그들의 사고를 구성하기 위해 일반적인 원칙을 따른다. 그들은 자신들의 방식과 그들이 속한 기관의 방식에 적합한 윤곽을 준비하여야 한다. 예를 들면 군사 브리핑은 흔히 정해진 절차를 따르며 대부분의 조직들은 그들 자체의 특정한 브리핑 모형을 가지고 있다.

구두 발표를 준비할 때 다음 내용에 주의한다:

* 개념화하고 계획을 세운다. 그리고 발표를 예행연습 한다.
* 브리핑을 고객 또는 독자의 수요에 맞춘다.
* 브리핑을 간결하고 간단명료하게 유지한다.
* 메시지 전달에 도움을 주는 변화를 주면서 청중이 쉽게 이해할 수 있는 포맷으로 발표한다.
* 발표하기 위해 계획한 시간 보다 더 적은 시간을 갖게 됨을 예상한다.
* 반복에 대한 옛 격언을 기억한다: 당신이 말하려는 것을 말하고, 말했던 것을 말해라.

---

3 For a more robust discussion of how to conceptualize, organize, and deliver oral and digital presentations see Pherson, Voskian, and Sullivan, *Analytic Briefing Guide*, (Reston, VA: Pherson Associates, 2017).

2.4 구두 발표의 체계화

대부분 브리핑의 포맷은 도입, 본문과 그리고 내용 요약을 포함한 결론으로 구성되어 있다. 일반적인 경험의 법칙은 도입에 시간의 약 10%를, 본문에 70%, 결론에는 20% 할당을 필요로 한다.

* 도입은 청중을 위해 주제, 의미, 요점 및 발표의 구성을 요약한다.
* 본문은 도입에서 계획한 구성을 따라 서술하며 구체적으로 당신의 주장이 옳음을 증명하는 내용을 제시한다. 핵심 메시지를 입증하며 핵심 포인트의 의미 또는 중요성을 이해하기 쉽게 분명하게 설명한다. 연대표, 일련의 사건을 통해 청중을 이해시키며, 원인과 결과 관계를 명시하거나 실례로서 사례를 활용할 수 있다.
* 결론은 청중들이 발표의 어느 부분을 이해하지 못한 경우를 감안하여 핵심 포인트를 다시 강조하고 행동과 후속 활동을 권고할 수 있다.
* 내용 요약은 핵심 포인트들을 정리하며 당신이 도입에서 제시한 구성을 청중이 이해 및 정리하도록 도와주는 한편 글과 연관된 향후 관심을 가질 새로운 주제를 제시할 수도 있다.
* 질문은 예측되어져야 하며 비판적 이슈를 좀 더 상세하게 탐구하는데 활용될 수 있다.

2.5 구두발표 준비

브리핑을 준비할 때 다음의 내용을 고려한다:

* 당신의 청중은 누구인가?
  - 청중들은 당신의 주제에 대해 이미 무엇을 알고 있고, 무엇을 알기를 원하는가?
  - 그들은 같은 경험과 지식 또는 매우 다양한 배경을 가지고 있는가?
  - 그들은 취해질 수 있는 조치에 대해 어떤 책임을 가지고 있는가?
  - 그들은 주제에 대해 미리 생각해둔 의견을 가지고 있는가?

- 청중 중에서 누가 당신의 주장에 이의를 제기할 것 같은가?
- 무엇이 그들의 마음을 편안하게 하는 한편 무엇이 그들을 지치고 걱정하게 할 수 있는가?
- 그들은 공식적 또는 임시 브리핑과 의견교환에 익숙되어 있는가?

* 발표 환경은 어떠한가?

- 모임의 목적은 무엇인가? 진상조사 세션(session)인가 또는 콘퍼런스(conference)인가?
- 당신은 브리핑을 이전에 한 적이 있는가 또는 발표에 맞춘 1회용인가?
- 청취자의 규모는 어떻게 되는가?
- 당신의 발표 시간은 어느 정도 될 것인가?
- 질의와 응답(Q&A)이 정해진 시간 내에 포함되어 있는가 또는 시간 제약으로 브리핑만 가능한가?
- 브리핑하는 다른 사람이 있는가? 당신이 브리핑하기에 앞서 얼마나 많은 브리핑하는 사람들이 있는가? 그들은 자신들의 시간을 점검할 것 같은가?
- 브리핑을 준비하는데 당신은 어느 정도의 시간을 필요로 하는가?

* 발표를 위한 당신의 전략은 무엇인가?

- 당신은 발표를 통해 무엇을 성취하기를 원하는가?

* 당신은 청중이 당신이 하는 방식으로 무엇인가 하고 또는 생각하기를 원하는가?

* 당신은 그들이 알 필요가 있지만 아직 알지 못하는 무엇인가를 설명하기를 원하는가?

* 당신은 그들이 이미 익숙해져 있는 것을 상황에 맞게 업데이트하기를 원하는가?

* 당신은 어떻게 성취하는가에 관한 정보를 그들에게 제공하기를 원하는가?

– 당신의 청중, 당신의 성격, 상황 및 당신의 주제를 감안할 때 어떤 종류의 전략 또는 전략들의 조합이 가장 효과적인가?

– 당신은 차분한 논리, 자신있는 주장, 격식차리지 않는 친근한 행위, 격식차린 공손한 행위 등을 활용하고 있는가?

* 당신의 메시지는 무엇인가?

* 청중이 제기할 것 같은 질문으로는 무엇이 있으며 당신은 그들에게 어떻게 답할 것인가?

2.6 구두발표 전달

당신은 구두 발표에 관한 전반적인 과정을 맡을 수 있으며 이와 관련 여기에 성공적인 브리핑을 전하기 위한 유용한 조언(tip)을 정리한다:

* 사전에 미리 브리핑할 장소를 점검한다. 당신의 슬라이드와 비디오가 잘 작동하도록 하고, 마이크의 볼륨을 조절한다.

> "단순함은 복잡함보다 시간적으로 먼저 일어나지 않고 복잡함 다음에 일어난다."
>
> – 알란 펄리스(Alan J. Perlis)
> 컴퓨터 과학자이며 튜링상(Turing Award) 최초 수상자[4]

* 청중이 처음부터 끝날 때까지 관심을 집중할 수 있도록 자료를 명확하고 간결하게 제시한다.

* 문제를 예측한다. 청중이 알지 못하는 무엇인가를 알려주기 위해 당신이 그곳에 있음을 기억한다. 당신은 전문가이다.

* 그래픽을 단순하게 하고 청중들이 이에 집중할 수 있게 한다.

* 결코 즉흥적으로 하지 않는다. 브리핑을 사전에 준비하고 예행 연습을 한다.

* 발표 시간이 줄어들거나 정해진 시한을 초과한다면 무엇을 생략할 수 있을지를 결정한다.

---

4 Alan J. Perlis, "Epigrams on Programming," *ACM SIGPLAN Notices* 17, no. 9 (September 1982): 7–13.

* 중간 휴식을 두려워하지 않는다. 이는 청중들에게 당신을 사려깊은 사람으로 보이게 한다. 침묵을 산만한 음악이나 불필요한 움직임으로 채우지 않는다.

* 친밀감을 조성하기 위해 청중과 시선을 맞추고 이들이 주의를 기울이고 메시지를 이해하고 있는지를 판단한다. 한 개인을 직접적으로 자주 응시하지 않는다. 당신의 시선을 옮기기 전에 한 문장을 완료한다.

* 보통 속도로 명확하게 말하고 문장을 완결한다. 아~ 음~ 과 같은 불필요한 언어를 피하고 또한 "맞습니까?"(correct?) 또는 "알겠습니까?"(OK?)와 같은 단어로 문장을 끝맺지 않는다.

* 속도, 볼륨, 목소리의 높이에 변화를 준다. 낮고 느린 단조로운 소리로 말하는 것을 피한다.

* 당신의 발표와 연관된 어떤 것이든 사과하지 않는다. 무엇인가 잘못되었다면 냉정을 유지하고 잘못을 바로잡고 다음 포인트로 넘어간다.

* 브리핑을 결코 읽지 않는다. 정확성을 확실히 하기 위해 짧은 인용구를 읽을 수는 있다.

* 질문에 대해 답을 지어내지 않는다. 당신이 모른다면 그렇다고 말하고 노트를 하며 이후에 답변을 제공할 것임을 제시한다(그림 19.4 참고).

* 손을 호주머니에 넣지 않는다. 달가닥 거리는 열쇠나 돈을 넣지 않으며, 포인터와 함께 자신있게 진행한다.

그림 19.4 브리핑을 잘하는 사람은 적극적으로 듣는 사람이다

질의 및 응답 시간에 적극적으로 듣는 사람이 된다.

1. 화자(speaker)의 관심, 용기, 감각과 노력에 감사한다.
2. 청취하는 동안에 당신의 다음 응답을 미리 머릿속으로 연습하지 않는다.
3. 판단을 보류한다.
4. 화자(speaker)가 말한 것을 이해하기 쉽게 다른 말로 바꾸어 표현한다.
5. 학습하려는 순수한 의도에서 설명을 위해 반문한다.

2.7   디지털 및 상호작용 전달을 향한 움직임

새로운 기술은 앞으로 분석 생산과 고객에 의한 활용 방법을 근본적으로 변화시킬 것으로 전망된다. 정적이고 설명에 기반한 포맷에 의한 분석 전달에서 점점 더 역동적이고 디지털 방식의 발표 형식으로 변화가 진행 중이다. 미래의 고객은 점점 더 디지털 방식, 상호작용 및 멀티미디어 포맷을 통한 정보 접근을 추구할 것이다. 디지털 방식을 기반으로 한 멀티미디어 포맷은 정책결정자에게 효과적이고 매우 능률적인 방법으로 분석 판단을 전달하는 방안들을 제공한다.[5]

디지털 서비스로 독자는 브리핑을 받고 분석 결과물을 읽는데 더 이상 특정한 시간을 할애하지 않는다. 그 또는 그녀는 정보를 처리하는데 소요되는 시간의 양 뿐만 아니라 시간과 장소를 다르게 할 수 있다. 디지털 방식에 기반한 플랫폼은 비디오 클립, 인포그래픽, 상호작용 지도와 도표 및 시뮬레이션과 같은 좀 더 데이터 집약적인 다중 포맷으로 정보를 전달할 기회를 역시 제공한다.

향후 몇 년 안에 대부분의 분석 소비자들은 자신들이 선택한 시간과 장소에서 원하는 만큼 읽도록 그들에게 허용하는 모바일 장치에서 그들의 정보를 획득할 것이다. 미래의 결과물은 "사용자 주도"(user driven)가 될 것으로 사용자를 위해 설명하며 시각적으로 묘사하는 자료가 될 것이다. 이것은 입안자들에게 아래 내용에 초점을 둔 발표 기술을 개발하도록 요구할 것이다.

* 분석 결과물은 어떠한가(이미지들은 이야기를 얼마나 잘 전달하고 있는가?)

* 결과물이 독자에게 어떻게 도달하는가(자료에 접근할 수 있는 사용자의 능력은 어떠한가?)

* 결과물은 어떻게 구성되어 있고 또는 어떻게 "전개"(unfolds)되고 있는가 (첫머리 결론 제시로 되어 있고, 확실한 데이터와 논리에 의해 뒷받침되고 있는가?)

---

5 Most of the information in this section is derived from the Introduction and Chapter 2 of Ruben Arcos and Randolph H. Pherson, eds., *Intelligence Communication in the Digital Era: Transforming Security, Defense and Business* (London: Palgrave Macmillan, 2015).

CREATE는 디지털 의사소통과 내용 전달의 좀 더 역동적인 방식으로의 전환을 최대한 이용한 결과물을 분석관에게 개념화하도록 도와주는 간단한 연상기호이다(그림 19.5 참조). CREATE 모델의 기본적인 원칙들을 적용함으로써 분석관들은 자신들의 결과물을 좀 더 독자 필요에 맞추고 기억할 만하게 만들 수 있다.

그림 19.5 CREATE 모델

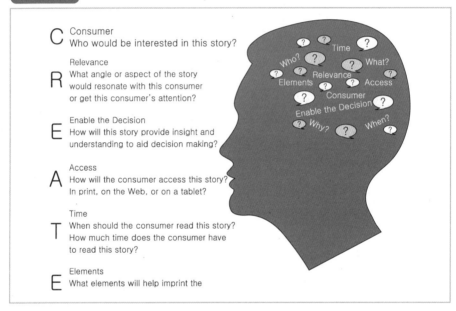

C Consumer
Who would be interested in this story?

R Relevance
What angle or aspect of the story would resonate with this consumer or get this consumer's attention?

E Enable the Decision
How will this story provide insight and understanding to aid decision making?

A Access
How will the consumer access this story? In print, on the Web, or on a tablet?

T Time
When should the consumer read this story? How much time does the consumer have to read this story?

E Elements
What elements will help imprint the

* 수요자(Consumer)는 특정한 고객 또는 결과물을 기대하는 수요자가 있어야 함을 말한다.

* 적합성(Relevance)은 모든 다양한 고객의 수요가 결과물에 의해 처리되었는 지를 분석관에게 질문하게 한다.

* 의사결정 지원(Enable the Decision)은 고객에게 조치를 취할 수 있게 하는 것으로 "왜"(Why) 또는 "그래서 어떻다는 것인가"(So What)에 대한 이해를 제공하는 것을 말한다.

* 접근성(Access)은 독자가 어떻게 정보를 처리하는지, 예를 들면, 그 또는 그녀가 1차원적인 발표 보다는 그래픽 또는 상호작용 표현을 더 좋아하는지를 아는 것을 말한다.

* 시간(Time)은 소비자가 언제 결과물을 가장 읽고 싶어하고 그 또는 그녀가 자료를 처리하는데 얼마나 많은 시간을 할당할 수 있을 것인지를 다룬다.

* 요소(Elements)는 비디오, 동영상, 이미지, 도표 또는 지도와 같이 스토리를 전달하는데 가장 효과적인 시각자료들을 말한다.

멀티미디어 결과물은 프레임을 돕거나 문제를 분명하게 보여주는 이미지, 과정이 어떻게 이루어지는지를 정확하게 보여주는 동영상, 시위대 동향을 포착한 비디오 또는 중증 급성 호흡증후군(SARS)이나 에볼라(Ebola)와 같은 치명적인 바이러스가 얼마나 빨리 전세계로 퍼지는지를 보여주는 상호작용 그래픽을 제공함으로써, 이야기를 좀 더 "흡입력 있게"(sticky) 또는 기억할만하게 만드는데 도움이 되는 이미지를 제공하는 것이다. 멀티미디어 결과물은 항상 4가지의 디자인 원칙을 반영해야 하는데 즉, 근접(proximity), 정렬(alignment), 대조(contrast), 반복(repetition)이다. 그래픽은 설명 텍스트에 가깝게 위치해 있어야 하며, 그래픽의 정렬은 문서 또는 웹페이지 전체에 걸쳐 일관되어야 한다. 대조는 중요한 사실이나 판단을 부각시키는데 도움이 되도록 사용되어져야 한다. 그리고 디자인 주제를 기반으로 비슷한 이미지들을 반복하는 것은 발표를 통해 독자에게 일을 완수하도록 도와줄 수 있고 홈페이지로 돌아가는 방법을 즉시 알게 해줄 수 있다.

주요 시사점

* 훌륭한 사색가(thinker)는 훌륭한 작성자다. 분석관이 체제, 출처와 주장을 통해 생각하였다면 작성은 쉽게 이루어질 것이다.
* 문장이나 단락을 만들기 위해 고심하는 분석관들은 아마도 충분한 정보를 가지고 있지 않거나 그들의 논거를 통해 명확하게 생각하지 않은 것

이다.

* 훌륭한 정보 작성자와 저널리스트들은 문서의 첫 부분에 가장 중요한 분석적 판단을 기술하고 이를 뒷받침하는 자료와 주장을 그 다음에 서술하는 첫머리 결론 제시를 활용한다.

* 글의 제목과 머리글 단락은 줄거리를 말하고 "무엇"(What)과 "그래서 어떻다는 것인가"(So What)를 제시하여야 한다.

* 각 단락은 분석적인 주제문장으로 시작하고 하나의 중요한 포인트를 가져야 한다. 각 절, 단락과 문장은 이야기를 분명하고 정확하게 서술해 나가야 한다.

* 능동태 사용은 설득력있는 분석을 작성하는데 필수적이다. 특히 자원이나 기술적 이슈에 대해 작성시 수동태를 사용하여야 할 경우가 있으나 드물게 사용되어져야 한다.

* 훌륭한 브리핑은 잘 작성된 글과 마찬가지로 분명한 메시지를 전하고 이해하기 쉬운 논법을 개발하며 핵심 포인트를 보여주기 위해 스토리를 활용한다.

* 정적이고 설명에 기반한 포맷 수단으로 분석을 전달하는 것에서 역동적이고 디지털 기반의 발표 방식으로의 전환은 수 년 내에 분석이 만들어지고 소비되는 방식을 근본적으로 변화시킬 것이다.

사례연구 검토

사례연구 3. "항공모함 시대의 종식"을 검토한다.

* 글의 제목은 "무엇"(What)과 "그래서 어떻다는 것인가?" 둘 다 효과적으로 담고 있는가?

* 글은 역삼각형 모델(Inverted Triangle model), 즉 가장 중요한 개념, 사고, 아이디어로부터 시작하여 가장 중요하지 않은 것으로 마무리하는 논리적 방법에 따라 구성되어 있는가?

* 모든 단락은 훌륭한 주제 문장으로 시작하는가?
* 핵심 메시지가 분명하게 서술되어 있는가?
* 포맷－발생가정 분석－은 기본 메시지를 잘 전달하고 있는가?
* 문장의 몇 퍼센트가 능동태로 되어 있는가? 더 많은 문장이 능동태가 되어야 하는가? 그렇다면 어느 것들인가?
* 이 사례연구가 디지털 포맷으로 제시되어져야 한다면 어떤 멀티미디어 포맷이 분석의 핵심 포인트를 전달하는데 가장 효과적인가?

20

원고의 완성은 어떻게 이루어지는가?

1. 준비사항 점검

모든 훌륭한 분석관, 저자 및 비판적 사고가들은 최초의 초안이 작성되었을 때 아직 원고가 완성되지 않았음을 알고 있다. 조정과 검토 과정은 거의 항상 원고 작성을 위해 걸린 시간보다 더 오래 걸린다. 그러나 적어도 2가지 다른 중요한 단계들이 검토 과정을 시작하기 이전에 취 해져야 하는데 실질적인 검토(substantive review), 자기 편집(self-editing) 그리고/또는 동료 검토(peer review) 등이다. 당신의 신뢰성은 논리적으로 부족한 점, 설득력이 없는 증거, 잘못된 철자, 분석의 오류, 사실의 오류 및 빈약한 문법 등을 찾아내는 능력에 달려있다. 논리가 아무리 견고하다 할지라도 옳은 문법과 철자로 전달할 수 없다면 당신의 메시지는 설득력이 없을 것이다(그림 20.1 참조).[1]

이상적으로 당신은 결과물을 검토하고 자기 편집하기 이전에 하루 휴가를 얻어 무엇인가 다른 일에 정신을 집중할 필요가 있다. 단순히 작성으로부터 잠시 손을 떼는 것은 그렇지 않으면 놓칠 수도 있는 오류를 찾는데 도움이 될 것이다. 훌륭한 전략은 동료, 친구 또는 배우자에게 당신의 초안을 검토하도록 부탁하는 것이다. 주제가 중요할수록 그리고 폭넓게 배포될수록 아무리 시간제약이 있다 하더라도 다른 사람들에게 당신의 초안을 평가받는 것이 더

---

1 See Kaiser and Pherson, *Analytic Writing Guide*, for some useful tips and pitfalls to avoid when writing and editing papers.

좋다. 당신의 상사나 많은 다른 사람들이 당신의 실수를 발견하기보다는 당신이 먼저 발견하는 것이 더 좋다.

그림 20.1 주의사항: 자기 편집

2. 심화 검토

2.1 실질적인 검토

당신의 결과물에 대한 실질적인 검토를 수행하기 위한 첫 번째 분석기법은 사전 실패가정 분석(Premortem Analysis)과 구조화 자기비판(Structured Self-Critique)이며 이들은 제15장(그림 20.2 참조)[2]에 설명되어 있다. 핵심가정이 잘 입증되고 있는지를 확인해 보기 위해 한 번 더 핵심가정을 점검해본다. 이러한 이중 체크의 이유는 가정에 처음 도전한 이후 당신의 사고가 진화되었을 수도 있고 핵심가정을 재평가할 필요가 있을 정도로 상황이 변화되었을 수도

---

2 이들 기법은 휴어(Heuer)와 퍼슨(Pherson)의 『정보분석을 위한 구조화 분석기법』(박영사, 2016), pp. 288-301 참조.

있다. 단일의 중요한 첩보 또는 단일 출처로부터 보고된 첩보들에 기반하여 분석되었다면 기만탐지(Deception Detection) 점검이 이루어져야 한다. 마지막으로 고객 입장에서 상상하여 글을 다시 읽어보고 다음의 질문을 스스로에게 해본다: "내가 고위 정책결정자라면 이 글에 만족하는가?", "이러한 결과물을 읽은 후에 나는 어떤 조치를 취할 것인가?"

그림 20.2 마지막 점검을 위한 구조화 분석기법

어떤 구조화 분석기법을 적용하는가?

당신의 분석에 대한 마지막 점검을 수행할 때 활용할 수 있는 분석 기법은 다음과 같다:

* 사전 실패가정 분석(Premortem Analysis)
* 구조화 자기비판(Structured Self-Critique)
* 핵심가정 점검(Key Assumptions Check)
* 기만탐지(Deception Detection)
* 레드 햇 분석(Red Hat Analysis)
* 논점 도표화(Argument Mapping)

2.2 편집 검토

우리는 발표를 점검하기 위한 여러 체크리스트를 다음 페이지에 제공한다. 당신은 이중에서 가장 도움이 되고 작성한 글의 유형에 가장 적절한 리스트 1~2개를 선택하여야 한다. 동료 검토자가 당신의 자기 편집을 보완하기 위해 사용하도록 리스트 중에서 하나를 선택한다. 분석관들은 생산 스케줄을 계획할 때 검토 수행을 위한 시간을 할당해야 한다. 체크리스트 각각은 강점과 약점을 지닌다.

* 분석보고서 작성의 9가지 원칙(그림 20.3 참조)은 작성된 결과물의 어떤 유형에도 적용된다.[3] 이러한 원칙의 적용을 완전히 익힌다면 편집과 조정

---

3 리스트 원본은 "Analytic Thinking and Presentation for Intelligence Producers: Analysts Training Handbook," Office of Training and Education, Central Intelligence Agency,

및 검토 절차가 크게 빨라질 것이다. 내용이 길어서 수시간 또는 심지어 며칠이 걸릴지라도 분석관은 원고가 체크리스트에 있는 모든 필요를 만족하는지를 평가하기 위한 계획을 세워야 한다. 분석관이 이러한 자기 편집에 쏟는 시간은 이미지 면에서나 검토와 조정의 시간 허비를 막는데 큰 도움이 될 것이다.

그림 20.3 분석보고서 작성의 9가지 원칙

---

1. 글의 맥락을 결정하고 결론을 첫머리에 제시한다.

   글의 전체 윤곽을 결정하고 결론을 첫머리에 제시한다. 판단 또는 결론으로 시작하고 그런 다음 이들이 사실임을 뒷받침해 나간다. 바쁜 독자는 당신이 의도하는 의미가 무엇인지 즉시 알기를 원한다.

2. 고객의 수요를 이해한다.

   메시지를 보고 자신에게 질문한다: "그래서 어떻다는 것인가?" 고객은 통찰력, 의사결정에 도움이 되는 판단과 그리고 조치를 필요로 하는 문제에 대한 주의를 당신이 제공해 줄 것을 기대한다. 고객이 알기를 원하는 것과 알아야 할 것을 알려줄 때 독자에게 가장 필요한 좋은 작성이 된다.

3. 논리적으로 구성한다.

   독자를 혼동시키고 불필요한 반복의 야기를 피하기 위해 논리정연한 방법으로 결론을 제시한다. 당신의 아이디어를 구성하고 논리나 흐름에서 어떤 갭을 확인하는 것을 도와주기 위해 윤곽을 준비하거나 개요를 제시한다.

4. 포맷들을 이해한다.

   각 발표물은 당신의 정보를 구성하는 것을 도와주는 자체의 구조 설계인 포맷을 지닌다. 정보를 효과적으로 제시하기 위해 포맷의 유사성과 차이성을 이해한다.

5. 정확한 언어를 사용한다.

   당신이 작성한 것을 읽는 모든 사람은 같은 메시지를 가져야 하며, 이를 위해 당신은 생각하고 있는 것을 정확하게 전하는 단어와 표현을 선택한다. 중요한 것은 당신이 작성한 것을 당신이 이해하는지를 검토하는 것이 아니라 독자가 오해할 수 있는 어떤 가능성이 있는지를 검토하는 것이다.

23-25.에 있다. 그것은 2000년 7월에 인터넷에 처음 게재되었고, http://scip.cms-plus.com/files/Resources/Analytic-Thinking-CIA.pdf.에서 찾아볼 수 있으며, 2000년 이래 미 정보공동체에서 활용되어오고 있다; 본 책자에 나타난 좀 더 요약된 형태는 분석 공동체에 기여하기 위해 랜돌프(Randolph H. Pherson)에 의해 2011년 준비되었다.

6. 문장을 간결하게 한다.

간결하고 명확한 문장이 되도록 노력한다. 단어 하나하나를 중요하게 여긴다. 독자의 수고를 덜고 당신이 가용한 공간 안에서 가능한한 많은 것을 말할 수 있도록 문장을 간결하게 유지한다. 친근한 말투를 채택하되, 불필요한 언어(예를 들면 close confidant, unexpected surprise, in close proximity) 뿐만 아니라 미사여구, 구어적 표현, 전문용어, 애매한 추상적 개념을 피한다.

7. 사고의 명료성을 위해 노력한다.

작성은 문서 위에서 생각하는 것임을 기억한다. 당신의 작성 의미가 분명하지 않을 때 단어의 배경이 되는 생각이 분명하지 않을 수 있다. 명료성은 작성하는데 가장 중요한 유일의 목표이다. 명료성을 달성하기 위해서는 복잡성을 뛰어넘어 단순성을 선호하고 애매한 단어 대신에 정확한 언어를 사용한다. 이것은 간결하고 익숙한 단어들을 사용하는 것을 의미한다. 당신의 판단을 흐리게 하는 것을 피하기 위해 형용사와 부사의 사용을 삼간다.

8. 능동태를 사용한다.

수동태가 아니라 능동태를 사용한다. 능동태는 당신의 작성을 좀 더 직접적이고 활기차며 간결하게 만든다. 주어가 행동을 실행하고 목적어가 동사의 행동을 받도록 당신의 문장을 구성한다.

9. 자기 편집 및 동료의 검토를 구한다.

수정은 작성의 필수적인 부분이다. 어떤 작성자도 완전한 초안을 만들어 내지 못한다. 항상 자기 편집하여야 한다. 검토하지 않은 문서를 결코 제출하지 않는다. 가능하다면 동료의 검토를 구한다. 본 책자에서 제공된 체크리스트들 중 하나를 선택하여 동료 검토자에게 이것을 활용해 보도록 요청한다.

* 짧은 글을 작성할 때, 특히 분석관이 글을 작성할 시간적 여유가 많지 않을 때에는 유용한 4개의 W 질문(그림 20.4 참조)이 가장 활용하기 편리하다.[4] 이들은 정보의 갭을 확인하고 평가를 개념화하며 분석을 점검하고 마무리된 결과물을 구성하는데 비교적 빠른 해결방안을 제시한다. 이들은 문제 해결의 방법을 제시해 주는데, 이 방법은 분석관들에게 결과물을 쉽게 이해하기 쉽고 체계화하기 위한 좋은 도구가 된다. 또한 당신의 핵심 메시지를 고객에게 전달하는데 무엇이 가장 필수적인지에 관해 집중할 때 많은 잠재적인 함정을 제거해 준다.

---

4 이 리스트는 퍼슨 어소시에이츠(Pherson Associates) 연습 자료에서 인용되었다 (www. pherson.org).

그림 20.4   유용한 4개의 W 질문

짧은 글을 작성할 때 검토 수단으로 다음 질문들을 활용한다:

1. 무엇이 일어나고 있는가? (What is going on?)
   - 보기보다는 대답하기에 훨씬 어려운 질문이다

2. 그것은 왜 일어나고 있는가? (Why is it going on?)
   - 이슈를 견인하는 동력과 요인은 무엇인가?

3. 그것은 무엇을 의미하는가? (What does it mean?)
   - 이것의 의미는 무엇인가?
   - 그것은 정책결정자에게 어떻게 영향을 미치는가?
   - 그것은 활용할 기회를 제시하는가 아니면 피할 위험을 제시하는가?

4. 이와 관련 조치할 수 있는 일은 무엇인가? (What can be done about it?)
   - 정책결정자에게 어떤 선택이 유용한가?
   - 이슈와 관련하여 어떤 수단이 취해질 수 있는가?
   - 누군가 무엇을 할 수 있으며 무엇이 다른 사람들의 행동을 막을 수 있는가? (이와 반대로 누군가 무엇을 할 수 없으며, 무엇이 다른 사람들의 행동을 막을 수 없는가?)

다음 3개의 체크리스트는 작성자 또는 교정자에 의해 활용될 수 있으며 작성자와 교정자 모두에 의한 활용이 바람직하다.

* 주요 평가 체크리스트(그림 20.5)의 검토는 좀 더 긴 글 또는 정보평가를 배포하기 전에 응답되어져야 할 질문들의 포괄적인 리스트를 제공한다.[5] 출판 이전 질문들의 리스트는 검토과정에서 일반적으로 필요한 것들을 포함하고 있다. 출판 이후 질문들은 간단하지만 중요하다.

* 대부분의 분석관들과 교정자들은 '체크리스트가 필요없다고 말할 때'(When to Say No Checklist, 그림 20.6)가 있었음을 인정할 것이다.[6] 중요한 것은 이

---

5 이 리스트의 다양한 견해는 오랫동안 미 정보공동체에 걸쳐 활용되어 왔다; 리스트는 폭넓은 분석 공동체에 도움이 되도록 랜돌프 퍼슨(Randolph H. Pherson)에 의해 수정되었다.

러한 기준을 무시하려는 경향을 피하고 편집 또는 추가 검토를 위해 글을 성급하게 보내려는 경향을 극복하는 것이다. 이러한 경향에 유혹될 때, 분석관과 편집인은 글이 설정한 기준과 일치하는지 그렇지 않으면 작성 시한을 지연시킬 필요는 없는지 스스로 솔직하게 자문하여야 한다. 이러한 지연은 문제를 다루기 위해 좀 더 시간을 가지며 또한 당신이 직면한 함정을 피하여 글의 초점을 좁히는 기회를 제공한다. 이 모두가 여의치 않을 경우에 분석관들은 원고를 상급자 검토를 위해 보고하기 이전에 동료의 검토를 기대하여야 한다.

* 훌륭한 비판적 사고가는 그 다음의 마지막 체크리스트의 질문에 답한 후에 글의 작성을 완료하게 될 것이다. 비판적 사고가의 체크리스트(그림 20.7)는 어떤 것이 우수한 분석 결과물에 해당되는지에 대해 간결하지만 포괄적인 개요를 제공한다. 시간이 부족할 때 이것은 활용하기에 가장 중요한 체크리스트이다.

그림 20.5 주요 평가 체크리스트 검토

발간 이전 질문

1. 메시지는 정책결정자에게 특정한 가치("그래서 어떻다는 것인가")를 제공하는가? 글은 이해할 수 있음을 넘어 통찰력이 있는가?

2. 글은 정책결정자의 관심이나 현재의 우려와 관련되어 있는가?

3. 핵심 분석 메시지가 분명하게 제시되어 있는가? 메시지는 글 전체적으로 일관하고 있는가? (예를 들면 제목, 머리글 문장, 본문, 전망, 의미에서)

4. 판단은 사실과 논리적 추론에 의해 뒷받침되고 있는가?

5. 판단을 어느 정도 신뢰할 수 있는지 명확하게 서술되어 있는가?

---

6 이 리스트는 미 정보분석관들에 의한 사용을 위해 데이비드 테리(David Terry)에 의해 원래 개발되어 이후 리스트의 폭넓은 적용을 위해 랜돌프 퍼슨(Randolph H. Pherson)에 의해 다듬어지고 수정되었다. 리스트의 좀 더 자세한 논의는 Walter Voskian and Randolph H. Pherson, *Analytic Production Guide* (Reston, VA: Pherson Associates, 2015)에 있다.

6. 글은 출처와 이에 대한 분석관의 신뢰도를 설명하고 있는가?

7. 글은 결과를 견인하는 핵심 요인들을 인용하고 있는가?

8. 글은 추세를 분명하게 확인하고 평가하고 있는가?

9. 글은 다음에 무엇이 발생할 것 같은지를 평가하고 시기를 분명하게 서술하고 있는가?

10. 메시지는 이전 결과물과 일치하는가?

11. 메시지는 새롭거나 이전 메시지와 상반되는가?

12. 글은 적절한 경우 경고를 제공하고 있는가?

13. 글은 핵심가정을 명확히 나타내고 있는가? 글은 잘못된 가정의 결과를 나타내고 있는가?

14. 글은 정확한 언어를 구사하고 있는가? (예를 들면, 문법, 구조, 편집, 단어사용)

15. 그래픽은 분석 메시지를 효과적으로 전달하고 있는가?

16. 글은 적절히 종합적(interdisciplinary)인가?

글은 다음의 내용을 만족시키는가?

17. 고객을 위한 핵심 의미를 평가하고 있는가?

18. 대안 결과를 서술하고 가장 가능성 있는 것을 강조하고 있는가?

19. 사용자가 활용할 기회를 명시하고 있는가?

20. 핵심정보의 갭과 불분명한 것을 확인하고 있는가?

21. 핵심 이슈에 대한 다른 견해가 있음을 인지하고 있는가? 어떤 분석적 의견차이가 분명하게 제시되었는가?

22. 기만과 허위 내용이 포함되었을 수도 있음을 인정하고 있는가?

발간 이후 질문

1. 글은 시기적절하였는가?

2. 고객은 글에 어떻게 반응하였는가?

3. 판단은 정확한 것으로 입증되었는가?

4. 분석을 변경할만한 새로운 추동력, 요인들이 나타났는가? 만일 그렇다면 고객에게 통보해야 하는가?

그림 20.6　체크리스트가 필요 없다고 말할 때

당신 스스로 다음과 같은 생각이 든다면 보고서를 보내기 전에 추가 검토와 수정을 하여야 한다.

1. 글이 아마도 충분히 좋다. 글이 당신이 처음 볼 때 보다 훨씬 더 좋아졌다고 생각한다면, 당신은 절대적인 품질 기준보다는 개선에 초점을 두고 있는 것이다.

2. 그들이 글을 수정할 수 있다. 당신이 글을 윗 단계로 보낸다는 것은 문제를 진단하거나 수정할 수 없기 때문에 다음 단계에서 수정될 수 있다고 생각하는 것이다.

3. 만약을 위해서 추가하는 것이 더 좋다. 더 많은 자료를 포함시킴으로써 검토자로 하여금 글이 포괄적이라고 생각하게 하고, 좀 더 다른 그리고 강한 분석적 판단을 추가함으로써 독자의 관심과 흥미를 끈다.

4. 나는 한계에 도달하였다. 좀 더 변화를 시도하기 위한 아이디어와 에너지가 고갈되었기 때문에 원고를 다음 단계로 보내며, 작성자로서 한계에 도달했다고 여긴다.

5. 글의 마감일자가 임박하였다. 글의 양질 보다는 오히려 마감일자의 임박에 맞추어 마무리하여 글을 보낸다.

6. 수정 과정에서 잘못된 글이 되었다. 수정 과정에서 주제와 관계없는 정보가 포함되거나 필요한 데이터가 제거될 수 있다.

7. 나 홀로 글을 수정할 수 있다. 약점을 드러낼 수 있기 때문에 도움을 요청하지 않는다.

그림 20.7　비판적 사고가의 체크리스트

검토를 위해 당신의 결과물을 전달하기 이전에 다음의 질문을 스스로 한다. 이들은 "필수사항"(must dos) 질문이다.

보고와 평가 또는 발표는 아래의 내용과 관계있는가?

1. 고객의 주요 질문에 답하고 있는가?

2. "무엇"(What)과 "그래서 어떻다는 것인가"(So what)를 포함하고 있는가?

3. 모든 추동력과 원동력을 분명하고 정확하게 제시하고 있는가?

4. 첫머리 결론을 제시하면서 분명한 분석 체계를 이루고 있는가?

5. 제목과 첫 단락에서 글의 주요 포인트를 명시하고 있는가?

6. 각 절, 단락 그리고 문장은 글의 흐름을 진전시키고 있는가?

7. 모든 판단을 뒷받침하기 위해 충분한 추론과 설득력있는 증거를 제시하고 있는가?

8. 분석적 판단과 사실에 입각한 정보를 구분하고 있는가?

9. 분석 방향과 일치하지 않는 모순된 정보를 강조하고 있지는 않은가?

10. 분석에 대한 정보 갭의 영향을 지적하고 있는가?

11. 필요한 경우 대안 견해 또는 설명을 반영하고 있는가?

12. 핵심 판단에서 신뢰도를 명확히 반영하고 어떤 불확실성에 대한 이유를 제시하고 있는가?

13. 편견, 옹호 및 가치 판단적인 용어를 피하고 있는가?

14. 메시지 전달을 높이고 강조하기 위해 그래픽을 포함하고 있는가?

주요 시사점

* 대부분의 분석관들의 최대 실수는 그들의 원고를 제출하기 이전에 주의 깊은 자기 편집을 하지 않는 것이다.

* 철자나 문법적인 오류가 포함된 결과물을 제출하는 것은 그 결과물이 아무리 우수하다 할지라도 분석관을 부주의한 사색가로 보이게 한다.

* 편집자에게 가장 큰 실수는 아니라고 말할 때와 문제가 있는 문서의 편집을 중단할 때를 깨닫지 못하는 것이다.

* 검토자의 의견을 처리하기 이전에 자신의 실수를 먼저 발견하고 정정하는 것이 훨씬 더 쉽고 빠르다.

* 동료 검토자에게 이번 장에 제시된 체크리스트중 하나를 사용할 것을 요청한다.

* 분석관이 좋은 원고를 전달한다는 명성을 확립하게 되면, 검토자는 분석

관의 글을 좋게 평가하고, 분석관으로부터 원고를 받는 것을 고대하며, 빨리 되돌려줄 것이다.

* 분석관은 일을 마무리하기 전에 재확인 차원에서 최소한 비판적 사고가의 체크리스트(그림 20.7)로 완결할 필요가 있다.

사례연구 검토

사례연구 5. "예멘의 안보위협은 확대되고 있는가?"를 검토한다.

* 사례연구의 구조화 자기비판(Structured Self–Critique)은 어떤 잠재적인 취약성을 드러내고 있는가?
* 글은 그림 20.3, "분석 작성의 9가지 원칙"을 충실히 지키고 있는가?
* 그림 20.4, "4가지 훌륭한 W 질문" 또는 그림 20.5, "주요 평가 체크리스트 검토"는 이 글을 자기 편집하기 위한 적절한 도구를 제공하고 있는가? 이 두가지 체크리스트에 비추어 볼 때 사례연구에서 어떤 약점이 드러나고 있는가?
* 그림 20.7, "비판적 사고가의 체크리스트"를 활용할 때 어떤 조치 과정이 필요한가?

PART

5 사례연구

1

이란의 핵 위협 대처:
스턱스넷(Stuxnet)과 그 함의

1. 배경

국제원자력기구(IAEA)는 이란 핵 프로그램 진행 상황을 파악하기 위해 15개의 핵 시설과 기타 이들 시설 밖의 핵물질이 관례적으로 사용되어 온 9개 지역을 중점적으로 다루는 보고서를 3개월 단위로 발행하였다.[1] 이 보고서는 이란이 농축해 온 우라늄 양, 재처리 시설, 중수 관련 프로젝트들, 우라늄 변환 및 연료 가공, 이들 핵 프로그램의 군사적 활용 가능성, 디자인 정보 등을 보여준다. 2011년 11월에 발행된 보고서는 세계인의 관심을 끌어 모았다는 점에서 특별하였다고 말할 수 있다.

IAEA는 이 보고서에서 처음으로 이란이 오로지 핵무기 생산에만 필요하다고 여겨지는 그러한 종류의 컴퓨터 모델링 작업을 수행하였다고 주장하였다. 이란 핵 프로그램을 모니터링 해왔던 많은 분석관들은 이 주장으로 인해 점차 이란이 핵의 군사적 사용 의도가 없다는 주장이 설득력이 없다고 생각하게 되었다.[2] 하지만 이란 외교장관 아크바 살레히(Akbar Salehi)는 IAEA의 주장은 근거 없이 날조된 것이라고 즉각적으로 이 보고서를 비난하였다.

---

1 International Atomic Energy Agency(IAEA), "Implementation of the NPT Safeguards Agreement and Relevant Provisions of the Security council Resolutions in the Islamic Republic of Iran," *Report by the Director General*, GOV/2011/65, November 8, 2011.

2 James Reynolds, "Iran IAEA Nuclear Report Deepens Concerns," BBC News Middle East, November8, 2011, www.bbc.co.uk/news/world−middle−east−15642021.

　　이란 정부는 이란의 핵 프로그램은 오로지 평화적 목적만을 위한 것이라
고 주장하였다. 그러나 2011년 이란의 행동들은 이란 핵을 주시해 왔던 집단
들의 우려를 불러일으키는 것이었다. 그 해 6월 이란은 우라늄 농축 시설 중
일부를 콤(Qom)시 인근 지하벙커로 이전시킬 것이며, 무기용 우라늄 생산을
위한 중요 단계라 할 수 있는 중간 수준의 농축 우라늄 생산량도 3배 늘리겠
다고 발표하였다.[3]

　　대부분의 분석관들은 이란이 두세 개의 핵무기를 생산하기에 충분한 핵
원료를 이미 가지고 있고나 곧 가지게 될 것이라고 생각하였다. 그보다 중요
한 것은 이란이 언제쯤 실제로 핵무기를 갖게 될 것이냐 하는 문제였다. 이란
의 핵무기 소유는 최소한 1년이 걸릴 것이라는 추정부터 3년은 걸릴 것이라는
추정까지 다양한 견해가 제시되었다.[4] 국제 외교적 압력과 네 차례의 제재조
치에도 불구하고 이란의 핵 관련 활동에 대한 사실 정보 파악에 실패하자, 이
란을 핵무기 보유국가의 일원으로 인정하지 않는 것이 부적절할 수 있다는 우
려가 정부 및 산업체 일각에서 서서히 증가하기 시작하였다. 미국의 경우, 국
제원자력기구의 2011년 11월 보고서 배포는 공화당 대선 후보들을 자극하였
다. 그 결과 워싱턴(Washington D.C.)에서 개최된 국가안보 토론회에서 그들은
"최소한의 무력을 사용하여 당시 이란 정권을 몰아대고 새 정부를 세우는 전
략"을 지지하는 한편, 이란의 핵무기 보유를 막기 위해 이스라엘과의 공동 조
치를 고려해 볼 것이라고 언급하였다.[5] 일부 관측통들은 토론회 개최 1년 전
인 스턱스넷 바이러스가 이란의 컴퓨터들을 공격하였던 당시에 공화당 후보
들이 지지했던 전략들이 이미 시행됐었다고 볼 수 있기 때문에 그들의 주장은
시대에 조금 뒤쳐진 것이라고 평하기도 하였다.[6]

---

3 Ibid.

4 Ibid.

5 CNN.com, "Full Transcript of CNN National Security Debate, 20:00−22:00," aired November
　22, 2011, pp.9−10. http://archives.cnn.com/TRANSCRIPTS/1111/22/se.06.html.

6 CNN Tech, "Cyber Warfare: Different Way to Attack Iran's Reactors," November 8, 2011,
　http://articles.cnn.com/2011−11−08/tech/tech_iran−stuxnet_1_stuxnet−centrifuges−nata
　nz−facility?_s=PM:TECH.

2. 스턱스넷 바이러스

스턱스넷 컴퓨터 바이러스는 벨라루스에 위치한 한 컴퓨터 보안 회사가 이란의 거래처였던, 아마도 필시, 이란 부셰르(Bushehr)시의 핵시설을 건축 중이었던 러시아 계약업체의 컴퓨터에서 그 웜 바이러스를 발견하였던 2010년 6월에 처음으로 확인되었다.[7] 처음에 전문가들은 스턱스넷이 핵 기밀을 빼내기 위한 바이러스라고 생각하였는데 더 조사해 본 결과, 이 바이러스는 이란 핵시설의 원심분리기 작동에 핵심적인 독일 회사인 지멘스(Siemens)사 소프트웨어의 작은 코드 조각을 변경시키기 위한 것임이 명백하다는 것이 밝혀졌다.[8]

산업보안시스템 분야에서 널리 인정받고 있는 독일인 전문가 랄프 랭그너(Ralph Langner)가 이끄는 컴퓨터 전문가팀은 논리연산제어장치(Programmable Logic Controller: PLC) 코드를 분석한 결과, 이 바이러스가 특정 지역을 목표로 한다는 것을 밝혀냈다. PLC 내 코드를 변경한다는 것은 그러한 작업을 한 해커들이 중요한 시설의 제반 작동에 관한 설정을 변경하여 궁극적으로는 그 시설이 제대로 작동하지 못하도록 할 수 있다는 것을 의미한다.[9] 이것은 선별된 산업시설만을 표적으로 공격하는 것으로 알려진 최초의 컴퓨터 웜 바이러스였다.[10] 이 바이러스는 특히 부셰르와 나탄즈(Natanz) 핵 농축시설에서 사용하는 PLC만을 표적으로 공격하는 것이었다.[11]

랭그너는 심도 있는 연구 끝에 스턱스넷은 하나의 바이러스지만 그 안에 두 개의 다른 목적을 가진 디지털 폭탄(digital warhead)을 가지고 있다는 것을 밝혀냈다.[12] 하나는 부셰르 원자로의 터빈를 파괴하기 위한 것이고 또 다른 하

---

7 Robert McMillan, "Was Stuxnet Built to Attack Iran's Nuclear Program?"PCWorld Business Center, September 21, 2011, www.pcworld.com/businesscenter/article/205827/was_stuxnet_built_to_attack_irans_nuclear_program.html.

8 Ibid.

9 Ibid.

10 John Markoff, "A Silent Attack, but Not a Subtle One," The New York Times, September 30, 2010, www.nytimes.com/2010/09/27/technology/27virus.html.

11 CNN Tech, "Cyber Warfare."

12 See Raph Langner's video presentation on Ted.com for a detailed but succinct description of how his team discovered the Stuxnet worm. "Ralph Langner: Cracking Stuxnet, a 21st-Century Cyber Weapon," a video presentation on Ted.com at www.ted.com/

나는 나탄즈의 핵 원심분리기를 파괴하기 위한 것이다.[13] 스틱스넷의 첫 번째
유형은 2009년 6월 22일 등장하였지만 이란이 바이러스로 인한 문제를 알아차
리는 데는 수개월이 걸렸고 그들과 세계가 그러한 비밀스런 공격의 원인을 알
아내는 데는 더 오랜 시간이 걸렸다.

시만텍(Symantec)이 행한 연구에 따르면 이 바이러스는 다음과 같이 작동
하였다:

> 스틱스넷은 PLC의 컴퓨터 코드 블록들(code blocks)을 읽고 쓰고 할당하는
> 요구들을 중간에서 가로채서 PLC 운영자가 감지 못하도록 하면서 PLC로
> 보내지거나 또는 PLC가 보내는 자료들을 수정하였다. 또한 이 바이러스는
> 바로 이러한 루틴들(routines)을 이용하여 PLC에 있는 악성 코드를 숨길 수
> 있었다.[14]

이 바이러스는 공격을 개시하기 전에 은밀하게 정상적인 작동을 기록한
후 공격을 진행하는 동안 원전 운영자에게 기록해 놓은 것들을 보내 줌으로써
마치 모든 것이 정상적으로 작동하고 있는 것처럼 보이게 만들었다.[15] 이 악성
코드의 또 다른 특이한 점은 그것의 위치정보와 그것이 감염시킨 각각의 컴퓨
터 유형을 기록한다는 것이다. 이러한 점은 그 제작자들(authors)이 바이러스
의 진행과정을 추적하고 그것이 목표물에 도달했는지 여부를 알아낼 수 있도
록 해주었다.[16]

---

talks/ralph_langner_cracking_stuxnet_a_21st_century_cyberweapon.html.

13 Yossi Melman, "Iran Nuclear Worm Targeted Natanz, Bushehr Nuclear Sites," Haaretz. com, November 20, 2010, www.haaretz.com/news/diplomacy−defense/iran−nuclear− worm−targeted−natana−bushehr−nuclear−sites−1.325596.

14 Dale Peterson, "Symantec Posts Most Detailed and Best Stuxnet Analysis to Date," Digital Bond, September 23, 2010, www.digitalbond.com/2010/09/23/symantec−posts− most−detailed−and−best−stuxnet−analysis−to−date.

15 William J. Broad, John Markoff, and David E.Sanger, "Israeli Test on Worm Called Crucial in Iran Nuclear Delay," *The New York Times*, January 15, 2011, www.nytimes.com/2011/01/16/world/middleeast/16stuxnet.html.

16 John Markoff, "Malware Aimed at Iran hit Five Sites, Report Says," *The New York Times*, February 11, 2011, www.nytimes.com/2011/02/13/science/13stuxnet.html?_r=1.

| 그림 1.1 | 나탄즈 우라늄 농축 시설 항공사진 |

나탄즈에서, 이 바이러스는 널리 사용되고 있는 시마틱 윈씨씨 스텝 7 (Simatic WinCC Step 7)이란 이름의 특정한 소프트웨어를 찾아다녔고, 그 소프트웨어가 PLC를 조종하기 위하여 사용된다는 점을 확인하였다. 그 소프트웨어는 고속모터의 동작 조종에 사용될 수 있었다. 그러자 이 바이러스는 우라늄 원심분리기 회전속도와 정확히 일치하는 속도인, 1초당 1,064 바퀴의 속도로 회전하는 모터를 찾기 위해 더 깊이 들어갔다. 또한 그것들이 나탄즈 원심분리기가 설정된 방식과 완전히 동일하게 설정되도록 했다. 이것은 15분 동안, 회전속도를 초당 1,064바퀴에서 초당 1,410바퀴로 올림으로써, 이미 한계점의 속도로 회전되고 있는 베어링(bearing)을 손상시켰다. 스턱스넷은 27일 동안 숙면에 들어갔다. 그것이 깨어났을 때, 이 웜은 50분 동안 원심분리기 속도를

초당 2바퀴로 늦추었다. 늦어진 속도는 가스들이 다시 서로 섞이게끔 함으로
써 우라늄 동위원소들 중 무거운 것과 무겁지 않은 것들을 분리시키기 위해
해 온 몇 달간의 작업을 망쳐놓았다. 그 후 스틱스넷은 2주 후에 이 사이클을
다시 시작하기 위해 다시 한 번 숙면에 들어갔다.[17]

시만텍(Symantec) 연구자들은 이 바이러스의 모델을 만들고는, 12,000개의
서로 다른(식별된) 감염이 이란에서 작동 중인 특정 산업기관에 연결되어 있는
5가지 감염 시작 지점으로부터 퍼져 나왔을 가능성이 있다고 결론지었다. 그
들은, 공격자(attacker)가 먼저 이 기관들의 컴퓨터 시스템을 감염시키고, 그 뒤
회사의 개개인들이 평범한 회사 정보공유 실무의 일환으로써 공격 코드를 지
닌 소형 USB 기기를 이란 컴퓨터에 꽂았을 때 그 바이러스를 전달시켰을 것
이라고 추측하였다. 감염의 첫 단계는 아마도 각 기관의 개인들에게 발송된
감염된 이메일이나 소형 USB 기기였을 것이다.[18]

소문에 의하면 이란은 이 웜으로 인하여 큰 타격을 입었다고 한다. 시만
텍은 이 웜이 처음 발견되었을 때, 감염된 시멘스 컴퓨터의 약 80 퍼센트가 이
란에 위치하고 있었다고 보도했다.[19]

랭그너(Langner)는 그의 블로그 포스팅에서, 스틱스넷이 개발되었을 것이
라고 추정되는 시점으로부터 몇 개월 뒤인 2010년에 부셰르 프로젝트는 지연
되었다고 보고하였다. 유피아이(United Press International, UPI, 미국통신사)는 게
시된 스크린숏(screen shot)에 의하면 원자로는 스틱스넷의 목표물이 되었던
윈도우 기반의 시멘스 PLC 소프트웨어를 사용하였다고 보도하였다. 2009년
전에는 이란의 우라늄 원심분리기 중 약 10 퍼센트가 매년 교체되었다. 위 공
격이 개시된 이후, 나탄즈에 위치한 원심분리기들은 매달 10 퍼센트의 비율로
교체되고 있었다.[20]

전문가들은 고도의 사이버 역량을 지닌 기관만이 그 공격을 시작할 수 있
었을 것이며, 가해자는 거의 국가규모일 것이라고 주장하였다.[21] 언론에서는

17 Karl Kruszelnicki, "Stuxnet the World's Dirtiest Digital Bomb," *ABC Science*, November 1, 2011, www.abc.net.au/science/articles/2011/11/01/3353334.htm.
18 Markoff, "Malware Aimed at Iran Hit Five Sites, Report Says."
19 McMillan, "Was Stuxnet Built to Attack Iran's Nuclear Program?"
20 Kruszelnicki, "Stuxnet the World's Dirtiest Digital Bomb."

미국과 이스라엘이 즉시 주요 후보로 지명되었다. 이 추측이 이란의 핵 프로
젝트를 약화시키려는 이스라엘과 서방의 다른 의심되는 행동들에 대한 과거
보도들에 의한 것이었음을 고려할 때, 그 행동들 중에는 나탄즈를 목표로 한
것도 있었을 것이다. 이 노력들은 이란이 나탄즈에 있는 원심분리기를 위한
부품과 자재를 획득하기 위해 마련해 놓은 구매 네트워크(purchasing network)
에 잠입하는 것을 비롯하여 이란 사람들에게 손상된 장비들을 파는 것을 포함
한다. 그렇게 되면 그 장비들이 현장에 설치되어 결국 원심분리기의 작동을
방해하게 될 것이다.[22]

미국과 이스라엘이 이렇게 정교한 사이버 공격을 개시할 동기와 능력을
보유하고 있다는 것에 대하여 논쟁을 벌일 사람은 거의 없을 것이다. 사실,
2011년 1월 뉴욕타임즈는, 이스라엘인들이 스틱스넷 웜 테스트를 위해 네게브
(Negev) 사막 안의 디모나(Dimona) 근처에 위치한 기밀 핵무기 장소에 정교한
실험시설을 지었다고 보도했다. 전하는 바에 따르면 그 실험시설은 나탄즈에
있는 이란 우라늄 농축 단지의 복제품들로 지어졌다고 하며, 전문가들은 스틱
스넷 웜을 테스트하고 완벽하게하기 위하여 사용된 것이라고 추측하였다.[23]
뉴스보도에서 인용된 이름 모를 군 정보소식통은 네게브 프로젝트를 미국과
이스라엘의 합동활동으로 묘사하였다.

2008년 초, 뉴욕타임즈도 시멘스가 전 세계에 판매했던 산업장비 작동을
위한 컴퓨터 제어장치의 취약성을 밝혀내기 위하여 미국 내 아이다호 국가실
험실(Idaho National Laboratory)과의 합동 프로그램에 참여한 바 있다고 보도하
였다.[24] 시멘스는 이는 그들의 상품을 사이버 공격으로부터 보호하기 위한 통
상적인 활동의 일환이라고 말하였다. 다른 사람들은 아이다호에서의 프로그램
목적 중 적어도 하나는 이란 핵시설에 대한 컴퓨터 공격 중 최선의 방법이 무
엇인지 결정하기 위한 것이라고 믿었다.[25]

---

21 Melman, "Iran Nuclear Worm Targeted Natanz, Bushehr Nuclear Sites."
22 Ibid.
23 Broad, Markoff, and Sanger, "Israeli Test on Worm Called Crucial in Iran Nuclear Delay."
24 Ibid.
25 Ibid.

그림 1.2   아마디네자드 대통령의 나탄즈 시찰

3. 함의(Implications)

은퇴한 이스라엘 비밀정보기관(Mossad) 정보국의 장(chief)인 메이어 다간 (Meir Dagan)은 2011년 1월 경 이스라엘 국회에서 이란이 핵 프로그램에 있어서 기술적 어려움에 직면해 있다고 말하였다.[26] 그는 이러한 어려움들이 2015년까지 이란이 핵폭탄 생산을 하지 못하도록 하는 요인이 될 수 있을 것이라고 말했다. 과학국제보안연구소(Institute for Science and International Security)에 의하면 국제원자력기구 기록은 나탄즈의 약 1,000개의 원심분리기 ─ 또는 9개 중 1개의 원심분리기 가 2009년 말부터 2010년 초까지 사이에 교체되었어야 했음을 보여준다고 한다.[27] 그 뒤에, 국제원자력기구는 2010년 말에 9,000개 중 6,000개 이하의 원심분리기가 가동가능하다고 보도하였다. 몇몇 전문가들은 그 당시 스턱스넷 바이러스에 대해 알고 있었지만, 대부분의 전문가들은 높은 실패율이 서구 정보기관들(intelligence services)이 위장회사를 통해 매각한 결함 있는 장비를 이란이 구매하였기 때문에 야기되었을 것이라고 의심하였다.[28]

---

26 Ibid.
27 "Cyber Warfare."

그림 1.3   미국 공군의 무인공격기

2015년 7월 14일, 중국, 프랑스, 러시아, 영국, 미국, 독일(the P5+1) 그리고 이란에 이르는 이 역사적인 거래는, 우라늄 농축 수준 및 사용 중인 원심분리기 수를 크게 제한하면서 이란의 확산 활동을 감시하는 구조를 더 많이 만들어냈다. 2015년에 있었던 국제원자력기구의 이란 핵 시설을 방문은 이란이 핵무기 개발에 연루되어 있다는 우려를 불러일으켰으나, 이란 대통령 하산 루하니(Hassan Rouhani)는 핵 개발이 평화적 목적을 위한 것이라고 주장하였다.[29] 이란이 유엔 안전보장 이사회 결의안을 직접 위배하여 에마드(Emad) 중거리 탄도 미사일을 시험했을 때인 2015년 10월 이 프로그램의 효험은 의문시되었다.[30] 이러한 활동들에도 불구하고, 10월 18일, 이란과 P5+1은 공식적으로 이 거래를 널리 알렸다. 2016년 1월 16일, 국제원자력기구는 이란이 이란의 핵 프로그램이 -과거에도 그리고 앞으로도- 오로지 평화를 위한 것임을 보장하기 위하여 그 거래 하에서 필수적인 단계들을 완료하였다는 점을 확인하였고, 미

---

28 Melman, "Iran Nuclear Worm Targeted Natanz, Bushehr Nuclear Sites."

29 IAEA Board of Governors, "Road−Map for the Clarification of Past and Present Out−
   standing Issues Regarding Iran's Nuclear Programme," September 21, 2015,
   https://www.iaea.org/sites/default/files/gov−2015−59.pdf.

30 Arms Control Association, "Timeline of Nuclear Diplomacy with Iran," October 10, 2015,
   http://www.armscontrol.org/factsheet/Timeline−of−Nuclear−Diplomacy−With−Iran.

국과 그보다 더 넓은 국제사회가 이란에서의 핵 관련 제재를 풀기 시작했다.[31]

　　주된 우려는 스턱스넷 웜이 오픈 소스(open source, 소프트웨어의 소스 프로그램이 공개되어 있는 것)이고 누구나 그것을 표적이 된 바이러스에 도달하도록 바꿀 수 있다는 것이었다. PLC의 보안은 언제나 취약했는데, 그 이유는 제어 장치가 표적이 되리라고는 아무도 생각하지 않았기 때문이었다. 전직 백악관 보안 조정관이었던 멜리사 해더웨이(Melissa Hathaway)에 의하면, 스턱스넷 공격은 해커들이 공개 소프트웨어를 폭파시키고 심각한 손상을 입힐 것을 우려하였던 산업 조종 전문가들 사이에서 경종을 울렸다.[32]

　　놀랍게도, 스턱스넷 코드가 일반에게 공개되었음에도 불구하고, PLC 소프트웨어나 하드웨어가 미래 공격을 경감시키기 위하여 수정되어야 한다는 암시가 거의 없었다. 이 기술은 신호등 조작에서 전산망까지 거의 모든 일상적인 작동에 있어서 핵심적인 것이었다. 그러나 이 중요한 기반산업의 상당수가 용도 변경된 스턱스넷에 의한 공격에 대응하기 위한 종합적인 전략을 채택하지 않았다. 이 결함은 2012년 3월 랄프 랭그너가 스티브 크로프트(Steve Kroft)와 한 *60분(60 Minutes)* 대화에서 드러난 논평에서 특히 두드러진다.:[33]

　　　　랭그너: 당신은 수십억의 돈이 필요하지 않습니다.; 몇 백만 달러만 필요할 뿐입니다. 이것만 있으면 괜찮은 사이버 공격, 예를 들어 미국 전력망을 대상으로 하는 사이버 공격을 살 수 있을 겁니다.

　　　　크로프트: 만약 당신이 테러리스트 그룹이거나 실패한 국민국가이고 당신이 수백만 달러를 갖고 있었다면, 당신은 이것을 어떻게 하는지 아는 사람들을 찾기 위해 어디를 가겠습니까?

　　　　랭그너: 인터넷이요.

---

31 The White House, "The Historic Deal That Will Prevent Iran From Acquiring Nuclear Weapons," January 16, 2015, https://www.whitehouse.gov/issue/foreignpolicy/iran−deal.

32 Markoff, "A silent Attack, but Not a Subtle One."

33 "Stuxnet: Computer Worm Opens New Era of Warfare," 60 Minutes, http://www.cbs.news.com/news/stuxnet−computer−worm−opens−new−era−of−warfare−04−06−2012/.

　　정부와 민간 기업계 모두가 해야 할 도전은, 산업조정 시스템 소프트웨어의 다음 세대는 또 다른 스턱스넷 공격 혹은 더 지능적인 웜에 취약하지 않도록 보장할 수 있어야 한다는 것이다.34 이 분야 전문가들은 이를 위해서는 연방기술 수준과 핵 규제를 포함한 보안 시스템과 그동안의 발전에 대한 완전한 재평가를 필요로 한다고 믿는다.35

　　방위공동체(defense community)는 스턱스넷 코드가 군대 무기 시스템에서 사용되는 소프트웨어 프로그램을 감염시키는 더러운 디지털 폭탄으로 변경될 수도 있다는 점을 걱정한다.36 컴퓨터 바이러스가 미국의 프레데터와 리퍼 (Predator and Reaper) 드론의 조종석을 감염시켰다는 2011년 10월의 보도들은 이란이 스턱스넷 공격을 위해 바이러스를 내보냈을 수 있다는 추측을 촉발시켰다.37 초기의 보도들은, 네바다에 있는 미 크리치 공군기지(Creech Air Force Base)에서 가상 비행사들이 프레데터와 리퍼 같은 드론으로 원격 조정을 통해 아프가니스탄과 다른 전쟁 지역에서 작전을 수행할 때 그 바이러스가 가상 비행사의 모든 키 조작을 기록하고 있었다고 주장했다.38 만약 그것이 사실이라면, 그 바이러스를 침투시킨 자는 그 드론들과 그들의 무기들을 다른 방향으로 보낼 수 있었을 것이다.

　　미국 공군은 나중에 바이러스가 무인우주선을 조종하는 컴퓨터를 공격했다는 담화문을 발표했지만, 그 바이러스를, 초기 보도들이 주장했던 바와 같은 키 자동기록기 프로그램이 아닌, 비디오 게임 프로그램을 감염시키기 위하여 만들어진, 단순한 자격증명 도용(credentials stealer)이라고 불리는 성가신 버그(bug)정도로 묘사하였다. 키 자동기록기 프로그램은 비행사의 키 조작을 기록하고, 공격자가 그 비행사의 행동들을 기록하는 것을 가능케 하도록 제작되었다. 공군 대변인은 언론의 추측과 달리, 실제 버그는 비디오 또는 자료를 전

---

34 McMillan, "Was Stuxnet Built to Attack Iran's Nuclear Program?"
35 Markoff, "A Silent Attack, but Not a Subtle One."
36 Kruszelnicki, "Stuxnet the World's Dirtiest Digital Bomb."
37 Tyler Durden, "Did Iran Just Retaliate for Stuxnet? Computer Virus Infects US Predator Drone System," Zero Hedge, October 7, 2011, www.zerohedge.com/news/did-iran-just-retaliate-stuxnet-computer-virus-infects-us-predator-drone-system.
38 Noah Shachtman, "Exclusive: Computer Virus Hits U.S. Drone Fleet," Wired, Danger Room, October 7, 2011, www.wired.com/dangerroom/2011/10/virus-hits-drone-fleet.

송하거나 데이터, 파일, 컴퓨터 내부 프로그램 등을 훼손시키기 위하여 제작
된 것이 아니고, 크리치의 무인항공기 작동에 아무 영향이 없었다고 말했다.[39]

스턱스넷 공격과 프레데터 이야기는 다음과 같은 더 큰 의문점을 불러 일
으킨다: 스턱스넷 공격과 지금까지는 가정에 기반을 두었던 키 기록 드론 공
격은 새로운 형태의 전쟁—즉 사이버 전쟁을 구성하는가?[40] 이러한 사이버 공
격은 같은 목적을 달성하는 데 사용되었던 종래의 공격과 차이가 있는가? 도
발적인 사이버 공격을 개시한 자들은 자신들의 공격의 표적은 아니었으나 감
염에 취약한 국가들의 중요한 설비들에 대한 바이러스 공격을 방지할 의무가
있는가?

더 높은 차원에서는 다음과 같은 의문점이 있을 수 있다. 이러한 사건들
이 사이버 전쟁에 대한 국제 조약의 필요성을 말해 주는 것인가? 정보수집과
같은 합법적으로 보이는 사이버 활동과 실제적인 사이버 전쟁을 어떻게 구별
할 것인가? 어떤 국제적 규범이 존재 하는가 또는 제정되어야 하는가? 그것들
은 어떻게 시행될 것인가?

---

39 Larry Shaughnessy, "In Rare Admission , Air Force Explains and Downplays Drone
   Computer Virus," CNN US Edition, October 13, 2011, http://security.blogs.cnn.com/
   2011/10/13/in‒rare‒admission‒air‒force‒explains‒and‒downplays‒drone‒compu
   ter‒virus.
40 ParbirPurkayastha, "Warsinthe21stCentury:From Dronesto Cyber Wars," *Newsclick*, Ocotber
   12, 2011, http://newsclick.in/international/wars‒21st‒century‒drones‒cyber‒wars.

독일의 식중독 사건의 수수께끼

2011년 여름 독일에서는 중독적이고 치명적인 대장균 바이러스가 발생하였는데, 당시 전 세계를 통틀어 이전에 경험하였던 그 어떤 것 보다도 독성이 강하고 치명적이며 전염성이 강하였다.[1] 공중보건 관리들은 당혹스러웠고 매우 우려하였다. 그들은 바이러스 발발의 원인을 알지 못하기 때문에 어떻게 질병을 피할 수 있는지를 대중에게 권고할 수 없었으며 이로 인해 강한 압박감을 느끼고 있었다.

대장균은 일종의 박테리아로서 인간의 음식과 식수를 오염시킬 수 있는 것으로서 종종 인간과 동물의 장에서 발견된다. 코넬 대학(Cornell University)의 식품학 교수인 마틴 위드만(Martin Wiedmann)은 "대장균은 질병을 야기하지 않는 것에서부터 심각한 감염을 야기하는 것에 이르기까지 다양해 종류에 따라 차이가 있으며 어떤 항원형(serotypes)은 비뇨기관 감염과 설사를 야기하기도 한다"고 지적하면서 그러나 대부분의 경우 독일에서 나타난 유형의 대장균만큼 심각한 적은 없었다고 언급하였다.[2]

건강한 성인은 일반적으로 1주일 내에 대장균 감염에서 회복하지만 어린 아이들과 노인들은 장기부전, 특히 신장과 관련하여 고위험에 처할 수 있다.

---

1 European Centre for Dieseaase Control and Prevention, "*Escherichia coli (E. coli)*," http//ecdc.europa.eu/en/healthtopics/escherichia_coli/Pages/index.aspx.

2 Meredith Melnick, "O&A: A Food−Safety Expert Explains Germany's *E. coli Outbreak*," *Time Heartland*, June 1, 2011, http//healthland.time.com/2011/06/01/qa−a−food−safety−expert−explains−germanys−e−coli−outbreak.

위험 요인들과 감염의 독성은 변종에 따라 다양하고, 어떤 감염균은 치명적이며 항균제에 대해 강한 반응을 보이기도 하였다.3 한가지 중요한 사실은 항생제의 광범위한 사용으로 인하여 항균제에 강한 새로운 박테리아 변종의 진화가 계속 진행되고 있다는 것이다. 그리고 이는 일반 대중에게 매우 위험한 박테리아 감염으로 나타나고 있는 것이다.

1. 초기 보도의 혼란

독일의 많은 가정들은 대장균으로 인해 16명이 사망하고 276명에서 700명이 심각한 상태에 이르렀다는 2011년 5월말 보도를 접하고 혼란에 빠졌다. 더욱 놀라게 한 것은 감염된 85명이 신부전(renal failure) 위험성에 놓이게 되었다는 기사였다.4 언론 출처에 따르면 박테리아는 오이에서 발견될 가능성이 높으며, 그러나 문제의 오이들이 스페인 또는 독일에서 온 것인지 또는 독일로 이동 중에 오염되었는지는 알려지지 않았다. 일부에서는 감염된 오이들이 덴마크 또는 네덜란드에서 수확된 것이라고 의심하였다. 또한 소비자들에게 상추와 토마토와 같은 채소를 조심해야 한다고 경고되었다.5

5월 31일 보도에서 확인된 환자들이 1,150명에 이르자 크게 우려하기 시작하였다. 감염된 사람들 중에서 2명이 당시 미국에 있었는데, 미 언론은 미국에서 확산될 가능성을 지적하였다. 이것이 보도되자 미 식품의약청(FDA)은 감염 가능성으로 인해 스페인산 채소에 주의를 기울이기 시작하였다. 왜냐하면 스페인이 가장 가능성 있는 오염된 상품의 근원지로 인용되었기 때문이었다. 그러나 당시 스페인으로부터 오직 소량의 채소가 미국으로 수입되고 있으므로 미 식품의약청은 큰 우려를 표명하지는 않았다.

---

3 European Centre for Disease Control and Prevention, "*Escherichia coli (E. coli).*"

4 CNN.com, "How Serious Is Germany's E. coli Outbreak?" June 2, 2011, http://www.cnn.com/2011/WORLD/europe/05/31/germany.e.coli.qanda/.

5 Ibid.

그림 2.1 대장균 박테리아

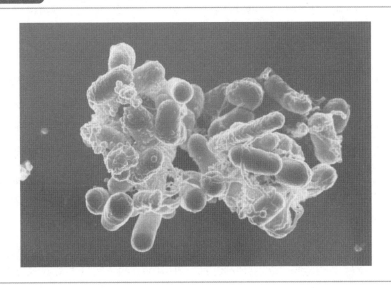

출처: Media for Medical/UIG via Getty Images

독일에서는 일반적으로 대장균으로 인한 발병 사례의 건수가 연간 약 60
건 정도 보고되는데, 그러나 그 당시만 해도 1,000건 이상의 사례들이 보고된
데 이어 그 수가 매일 증가함으로써 이로 인해 유럽인들 모두가 불안에 빠졌
다. 더욱 혼란하게 만든 것은 점점 더 박테리아의 희귀하고 큰 독성의 변종이
나타나고 높은 비율의 사망자가 보도되었던 것이다.[6]

6월 1일까지 독일에서 발병 사례의 숫자는 1,500건으로 증가하였으며 치
사율은 5퍼센트를 기록하였다.[7] 같은 날 함부르크의 한 언론 보도는 스페인
채소가 원인이라고 보도하였다. 독일 관리들은 어떤 유형의 채소가 감염의 근
원이 되는지 불분명하다고 하면서 문제의 근원이 밝혀지기 전까지는 예방 차

---

6 JoNel Aleccia, "Two in U.S. Infected in German *E. coli* Outbreak," MSNBC.com, May 31, 2011,
www.msnbc.msn.com/id/43227702/ns/health−infectious_diseases/t/two−us−infected−germ
an−e−coli−outbreak/#.TsNOo3GRl7A.

7 "In Germany 365 New Cases of Virulent *E. coli* Food Poisoning: Breaking News," *Sky
Valley Chronicle, Washington State News,* June 1, 2011, www.skyvalleychronicle.com/
BREAKING−NEWS/IN−GERMANY−365−NEW−CASES−OF−VIRULENT−E−COLI−FO
OD−POISONING−677122.

원에서 모든 채소를 피할 것을 사람들에게 권고하였다.[8] 이에 따라 독일의 소비자들은 오이, 상추와 토마토를 포함한 많은 종류의 채소를 멀리하기 시작하였다.

문제는 어떤 식품이 어떤 경로를 거쳐 감염되었는지를 어느 누구도 알지 못한다는 것이었다. 예를 들어 식품 소재가 세척되고 분류되는 생산시설에서 감염되어질 수도 있는 것이었다. 식품을 처리하는 설비가 대장균을 포함한 무엇인가를 처리하였을 수도 있는 것으로서 한 식품 소재에서 다른 소재로 박테리아를 퍼뜨렸을 수도 있었다. 다른 가능성으로는 식품이 농부의 밭에서 야생동물의 배설물에 의해 감염되었거나 또는 박테리아가 수자원을 통해 전염되었을 수도 있었다. 만약 농부가 지상의 물을 수경 작물에게 사용하였다면 식품 소재가 새 또는 다른 야생동물로부터 오염될 수도 있었다.[9]

전 유럽에 걸쳐 점점 더 많은 사람들이 발병하였다. 가장 높은 발생은 북부 독일에서 나타났다. 그러나 세계보건기구(WHO)는 2011년 6월 오스트리아, 덴마크, 프랑스, 네덜란드, 노르웨이, 스페인, 스웨덴, 스위스 그리고 영국이 역시 자국 내의 사례들을 통보하여 왔다고 밝혔다.[10] 두 가지를 제외한 모든 사례에서 개인들이 최근 북부 독일을 방문하였거나 북부 독일에서 온 방문객과 접촉을 한 것으로 나타났다. 이와 같은 언론 보도로 인해 독일 농산물의 구매가 급격히 감소하였으며, 독일 농부들은 하루에 약 700만 달러의 손실을 보았다고 추산하였다.[11]

6월 2일 확인된 사례의 수는 1,614건으로 증가하였으며, 18명이 사망하였는데 주로 독일에서 발생하였다.[12] 영국의 언론 출처는 독일에서 최근 발생하여 발견된 변종은 이전에는 사람의 몸에서 전혀 나타나지 않은 것이라고 보도

8 Ibid.

9 Melnick, "Q&A: A Food–Safety Expert Explains Germany's *E. coli* Outbreak."

10 World Health Organization, "EHEC Outbreak: Increase in Cases in Germany," June 2, 2011, www.who.int/csr/don/2011_06_02/en/index.html.

11 Alan Cowell and William Neuman, "Virulent *E. coli* Strain Hits Germany and Puzzles Officials," *The New York Times*, June 1, 2011, www.nytimes.com/2011/06/02/world/europe /02ecoli.html? pagewanted=all.

12 Stephen Adams, "German *E. coli* Outbreak: Q&A," *The Telegraph*, June 2, 2011, http://www.telegraph.co.uk/news/health/news/8553303/German–E.coli–outbreak–Qand A.html.

하였다. 이전에는 주로 허약하거나 높은 연령층과 어린이에게 영향을 미쳤다
면 이번에는 모든 연령층에서 나타났으며, 바이러스가 특히 유독성이고 치명
적이라고 보도하였다.[13]

그림 2.2 유럽의 대장균 발병 사례

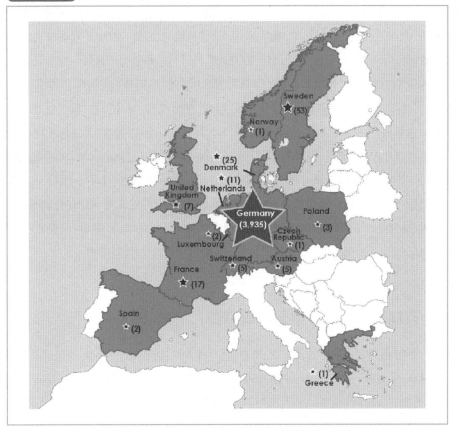

중국의 가장 중요한 게놈센터인 심천 소재 베이징 게놈연구소(Beijing
Genomics Institute: BGI–Shenzhen)는 6월 2일 독일 의사들의 요청으로 기록적
으로 3일만에 게놈을 배열하였다.[14] 그들의 최초 분석은 "현재의 감염은 전적

---

13 Ibid.
14 "Chinese, German Researchers Identify Sequence of Deadly *E. coli*," *English News*, June

으로 새로운 맹독성을 지닌 대장균 변종에 의해 야기"되었으며, 전염성이 매우 강하고 이전에 유럽에서 나타난 적이 없는 것이라고 제시하였다. 독일의 함부르크 에펜도르프 대학의료센터(University Medical Center Hamburg-Eppendorf)와 긴밀하게 협력하고 있는 베이징 게놈연구소는 새로운 변종이 항생제에 강한 유전자를 옮기고 있어 항생치료를 매우 어렵게 한다고 덧붙였다.

WHO와 BGI-Shenzhen은 독일에서 발견된 변종이 콩고(Congo)에서 발견된 변종과 유사한데 심각한 복부 통증과 설사를 야기한 것으로 알려져 있다고 설명하였다. 콩고에서 감염된 환자들은 역시 용혈성 요독 증후군(HUS: haemolytic uraemic syndrome)을 경험하였으며, 이는 피와 신장에 영향을 미치고 치명적이었다. 치료는 신장투석과 함께 항생제를 사용하는 것이었다.[15]

며칠이 지난 후 북부 독일의 샐러드 야채가 가장 가능성이 있는 원인으로 거론되었으나 감염된 채소의 정확한 근원은 확인되지 않았다.[16] 그러나 근원이 콩의 새싹이라는 증거가 점점 늘어났다.[17] 일부에서는 일리가 있다고 주장하였는데 왜냐하면 남성보다 더 많은 여성이 발병하였으며 여성이 남성보다 콩의 새싹을 식용할 가능성이 높기 때문이었다. 더군다나 콩의 새싹은 대개 샐러드에서 날 것으로 식용됨으로써 쉽게 감염될 수 있었다.[18]

2. 경제적 비용과 부실관리 제기

독일은 부주의한 취급으로 보건 위기를 야기하였다고 유럽 전역으로부터 비난을 받았다. 발병으로 인한 농부들의 손실은 수 억 유로에 달하였다.(그림 2.3 참조)[19] 위기의 끝이 아직 보이지 않은 가운데 유럽연합(EU)은 농부들의 손실을 보상하기 위하여 2억 1,000만 유로를 제시하였으나, 농부들은 그들의 손

3, 2011, http://news.xinhuanet.com/english2010/china/2011-06/03/c_13909415_2.htm.

15 Adams, "German *E. Coli* Outbreak: Q&A."

16 Ibid.

17 Gina Kolata, "Unusual Traits Blended in German *E. coli* Strain," *The New York Times*, June 22, 2011, www.nytimes.com/2011/06/23/health/research/23ecoli.html.

18 Ibid.

19 BBC News, "*E. coli*: Germany Says Worst of Illness Is Over," June 8, 2011, www.bbc.co.uk/news/would-eruope-13691087.

실이 6월 8일 현재 4억 1,700만 유로라고 계산하였다. 그들은 정부가 손실 전액을 보상해 줄 것을 요구하였다.[20]

그림 2.3 유럽에서 식중독으로 인한 경제적 충격

주당 농부들 손실(2011년 6월 8일 현재)	백만 유로
스페인	200
이탈리아	100
네덜란드	50
독일	30
프랑스	30
벨기에	6
덴마크	0.75
리투아니아	0.15

출처: European Farmer's Union Copa & Cogeca.

스페인 농부들은 특히 격노하였으며 소송을 제기할 것이라고 위협하였다. 이들은 주당 2억 유로의 재정적인 손실을 발표하였으며, 이는 스페인 오이가 감염의 근원일 수 있다고 초기에 제시된데 따른 경제적 충격을 반영하고 있었다. 이후 독일측 검사 결과 오이들이 사실상 발병의 근원은 아니었다고 규명하였으나 이미 스페인 경제에 미친 영향은 상당하였다.

독일 관리들은 조사하는데 너무 많은 기관들을 개입시키고 과학적으로 확인이 안된 내용들을 제공한 데 대해 비난을 받았다. 회의론자들은 어떤 과학적 증거도 스페인 오이들이 보건 위기와 관련되어 있다는 것을 발견하지 못하였으며 결정적으로 독일 콩의 새싹을 지목하는 어떤 증거도 밝혀지지 않았음을 지적하였다.[21] 잠재적인 감염의 근원에 관한 성급한 정보공개는 공포를

---

20 Ibid.

확산시키고 상업활동에 악영향을 끼쳤다.

6월 8일 독일의 다니엘 바흐(Daniel Bahr) 보건장관은 발병의 최악 상황은 지나간 것 같다고 발표하였다: "나는 경보를 해제할 수는 없으나, 그러나 최근 데이터를 분석한 결과 우리는 희망을 품을 정당한 이유를 가지고 있다. 질병의 최악의 순간은 지나갔다."[22] 일부 새로운 사례가 예상되기는 했지만 독일 관리들은 발병이 확인된 2,400건의 사례로 정점을 찍었다고 믿었다. 수백 명의 환자들이 신장 합병증으로 보고되었으며, 24명이 감염된 채소를 먹음으로써 사망하였다. 독일 관리들은 가장 가능한 근원이 북부 독일에 소재한 콩의 새싹 농장으로 의심하였다.

2주일 후 관리들은 법의학적 검사결과 특별한 유독성과 변종의 독성에 원인이 된 2가지 요인을 확인하였다고 발표하였다. 신부전(보고 사례의 25%)과 연관된 801건과 사망으로 이끈 39건의 사례를 포함하여 당시 2,684건의 사례가 기록되었다. 덧붙여 신부전을 경험한 적어도 100명의 개인들은 온전히 회복하지 않았다. 관리들은 이들이 신장이식을 필요로 하거나 남은 생애동안 투석을 받아야할 것이라고 언급하였다.[23]

독일 관리들은 2011년 7월 26일까지 발병 종료를 공식적으로 선언하지 않았다. 이 시점까지 유럽과 북미에서 모두 53명이 사망하고 3,843건의 감염 사례가 WHO에 의해 확인되었으며 이 중에는 희귀한 사례, 생명을 위협하는 합병증인 HUS(용혈성 요독 증후군)로 진행된 855건이 포함되었다.[24] 질병의 발생은 2개의 다른 장소에서 집중되었는데 즉, 북부 독일을 중심으로한 지역과 프랑스 보르도(Bordeaux)시 주변의 작은 단위의 지역이었다. 질병 발생에서 확인된 대장균의 변종은 STEC O104:H4 이었다.[25]

7월말 독일의 국가질병통제기관인 로버트 코츠 연구소(Robert Koch

---

21 Ibid.

22 Ibid.

23 Kolata, "Unusual Traits Blended in German *E. coli* Strain."

24 David Milliken, "Germany Declares End to *E. coli* Outbreak," Reuters, July 26, 2011, www.reuters.com/article/2011/07/26/us−germany−ecoli−idUSTRE76P42B20110726.

25 Gretchen Vogel, "*E. coli* Outbreak Blamed on Egyptian Fenugreek Seeds," *Science*, July 5, 2011, http://www.sciencemag.org/news/2011/07/egyptian−fenugreek−seeds−blamed−deadly−e−coli−outbreak−european−authorities−issue.

Institute)는 감시센터 활동을 정지하며 그러나 재발생할 경우 감시를 강화할 것이라고 발표하였다. 유럽식품안전청(EFSA: European Food Safety Authority)은 "프랑스와 독일의 질병 발병에 대한 정보분석 결과 대량으로 수입된 호로파 (fenugreek) 씨앗이 가장 가능성 있는 연결고리이며 이는 독일 수입업자에 의해 이집트로부터 수입되어 새싹 재배에 사용되었다"고 발표하였다.[26]

그림 2.4 확인된 독일 대장균 발생 사례와 사망자

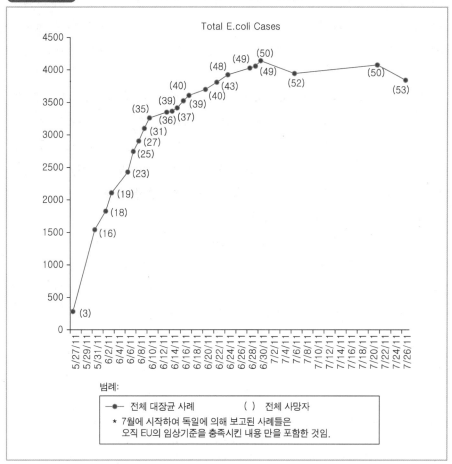

출처: Alysa Gander, Pherson Associates, LLC.

---

26 Ibid.

3. 상황의 이해

대부분의 대장균 변종은 동물과 인간 내에서 기생한다. 처음에는 질병의 발생이 동물에서 비롯된다고 여겨졌으나 이후의 증거는 변종이 인간을 통해 발생한 것으로 제시하였다. 6월초 덴마크 코펜하겐에 소재한 WHO의 대장균 세균과 클레브시엘라균 조회 및 조사를 위한 협력센터(Collaborating Centre for Reference and Research on Escherichia and Klebsiella)의 책임자인 플레밍 세우츠 (Flemming Scheutz)는 "이 변종은 어떤 동물에서 발견된 적이 없으며, 그래서 인간의 환경으로부터 왔을 가능성이 있다"고 언급하였다.[27] 여러 다른 전문가들은 회견을 통해 그것이 인간으로부터 비롯되어 이후 콩의 새싹들에게 전염되었을 것이라고 제시하였다.

2011년 9월 독일 관리들은 그와 같은 질병이 미래에 발생한다면 어떻게 관리될 수 있을지에 대한 개선 계획을 발표하였다.[28] 예를 들어 기관들이 질병 발생 사례를 18일 내에 당국에 보고하도록 되어있는 것을 3일 내로 줄였다. 내과의사들은 사례들을 보고하기 전에 오직 최소의 검사만을 수행하고, 연방당국에 가용한 많은 정보를 제공하도록 하여, 연방당국이 빠른 시간 내에 질병 발생의 패턴을 결정하게 하였다.[29]

독일 정부는 역시 다양한 수준의 관련 기관들에 대한 분명한 책임 한계를 설정하였다. 관리들은 이를 통해 맡은 임무와 전반적인 의사소통 부족에 어느 기관이 책임이 있는지를 둘러싼 혼동을 해결할 수 있기를 기대하였다. 한편 병원의 행정관리들과 내과의사들은 위기 기간 동안 놀라울 정도로 의사소통을 이루고 질병 발생 처리에 긴밀하게 대처하는 등 기여한데 대해 칭송을 받았다.[30]

---

27 Marian Turner, "German *E. coli* Outbreak Caused by Previously Unknown Strain," *Nature: International Weekly Journal of Science*, June 2, 2011,
www.nature.com/news/2011/110602/full/news.2011.345.html.

28 Marian Turner, "Germany Learns From *E. coli* Outbreak," *Nature News*,
www.nature.com/news/2011/110912/full/news.2011.530.html.

29 Ibid.

30 Ibid.

3

항공모함 시대의 종식

역사적으로 강대국의 국력은 해군의 규모로 좌우되었다. 전 세계 대양에 군사적 힘을 투사할 수 있는 해군력이야말로 국가적 자긍심은 물론 국방력과 경제통상에 핵심적인 요소로 간주되었기 때문이다.[1] 해군의 기본적인 역할은 세계 각국과의 교역에서 국익을 수호하고 분쟁 시 즉각적으로 대응하며 재난 시 긴급구호를 수행하는 것이지만 대양 해군의 경우에는 필요시에 해군력을 즉각 투입할 수 있는 것을 포함한다. 대부분의 군사전문가는 해군력이야말로 가장 유연한 전력이라는데 동의한다. 세계 어느 곳에서도 군사작전을 수행할 수 있는 해군력은 특히 항모전단을 보유하고 있을 경우에 언제 어디서라도 막 강한 힘과 영향력을 행사할 수 있기 때문이다.[2]

해상교통로는 반드시 보호해야 하는 세계적인 자산이다. 오대양이 전 세계 모든 국가를 하나로 연결하고 있으며 세계 교역량 90%와 미국 수출입품의 95%가 해양을 통해 이루어지고 있다.[3] 전 세계 인구의 75%가 바다와 인접한 지역에 거주하고 있으며 해양수송이 없다면 세계 인구의 거의 다수가 물품교

---

1 Jeremy Black, "A Post−Imperial Power? Britain and the Royal Navy," Orbis: A Journal of World Affairs 49, no. 2 (2005): 13.

2 Daniel Goure, "Enabling the Carrier Strike Group," Lexington Institute, April 2011, www.lexingtoninstitute.org/library/resources/documents/Defense/Enabling_The_Carrier_Strike_Group.pdf.

3 James Conway, Gary Roughead, and Thad W. Allen, "A Cooperative Strategy for 21st Century Seapower," United States Navy, October 2007, www.navy.mil/maritime/Maritime strategy.pdf.

역을 할 수 없을 것이다.4

 전 세계 해상에서 막강한 영향력을 발휘하는 해군력이야말로 사람과 물품에 대한 안전한 수송을 가능하게 만들고 있는 것이다. 1992년 미국 해군은 필리핀 정부와 수빅만 해군기지의 임대갱신문제로 협상을 벌이다가 협상이 결렬되어 결국 그 해군기지를 포기하였다. 그 여파로 인근 지역 해군력이 감소됨에 따라 세계에서 가장 해상무역이 왕성한 동남아 말라카 해협에서의 해적질이 지난 10 년간 5배 이상 증가하였다.5 여기에 1997년 불어 닥친 아시아 금융위기역시 해적질이 급증하게 만든 요인으로 작용하였다. 대량실업사태가 발생하면서 빈곤에 허덕이는 많은 인도네시아인과 말레이시아인들이 경제위기를 극복하고자 해적질로 나섰기 때문이다.6 반면에 이와 대조적으로 "아프리카 뿔"이라고 불리우는 아프리카 북동부의 인도양 방면으로는 20여개국들의 해군이 협력하여 해적질을 소탕하는데 큰 성과를 거두고 있다. 다만 이 지역에서 모든 해적질을 막기 위해 해군력을 주둔시키기에는 해역이 너무 넓은 단점이 있다.7

 해군력은 국제적 안정을 도모하고 지역분쟁의 결과에 영향을 미치기도 한다. 항모전단은 미사일을 발사하여 공중폭격을 감행하는 한편 지상군 병력을 수륙양용차로 실어 즉각적으로 군병력을 투입하는 지상군 침투수단으로도 가능하기 때문이다.8 2007년 소말리아 내전 당시 알카에다 무장 단체를 공격하기 위하여 항모전단으로부터 크루즈 미사일이 발사되고 특수부대와 중무장 헬리콥터가 동원된 적이 있다.9 2014년에 실행된 "확고한 결의(Operation

---

4 United States Department of the Navy, "Naval Doctrine Publication," March 28, 1994, www.dtic.mil/doctrine/jel/service_pubs/ndpl.pdf.

5 Robert D. Kaplan, "Americas Elegant Decline," The Atlantic, November 2007, www.theat lantic.com/m agazine/archive/2007/1 l/a m e ric a−8 2 17−s−elegant−decline/ 6344/.

6 Catherine Zara Raymond, "Piracy and Armed Robbery in the Malacca Strait: A Problem Solved?" Naval War College Review 62, no. 3. (2009), www.usnwc.edu/getattachment/ 7835607e−388c−4e70−bafl−bQ0e9fb443fl/Piracy−and−Armed −Robbery−in−the−Malacca−Strait−−A−.

7 Lauren Ploch et al., "Piracy Off the Horn of Africa," CRS Report for Congress, Congre− ssional Research Service, April 19, 2010, http://fpc.state.gov/documents/organization/ 142669.pdf.

8 Goure, "Enabling the Carrier Strike Group."

inherent Resolve)작전" 수행시에는 미군중심의 연합군이 칼빈슨 항모와 트루만 항모를 이용하여 이슬람국가(ISI)에게 공중폭격을 감행한 적이 있다.[10] 2015년 에는 파리에서 발생한 테러공격에 대한 대응조치의 일환으로 프랑스 항모 샤를르 드골호가 IS 공격작전을 지원한 적이 있다.[11] 또한 2015년 국제수역에서의 통항의 자유를 수호하고 중국의 스프래틀리 군도에 대한 해양팽창시도를 견제하기 위해 미국의 루즈벨트 항모가 남중국해 수역의 해군력을 지원한 적이 있다.[12]

게다가 지구 전역에 항모전단의 배치는 미 해군과 동맹국들이 인도적 지원과 재난구호임무를 급히 수행할 때 육해공 합동부대의 동시 사용을 가능하게 해준다.[13] 인위적 재난이든 자연재해이든 재해재난의 발생 시에 가장 중요한 것은 신속한 의료지원과 구호품 제공이다. 2013년 필리핀에서 태풍피해가 심각하였을 때 미항모 조지 워싱턴 호가 급파되어 생존자들에게 매일 400만 갤런의 식수와 비상식품을 전달하고 응급치료를 지원하기도 하였다.[14]

9　Julie Cohn, "Terrorism Havens: Somalia," Council on Foreign Relations, June 2010, www.cfr.org/somalia/terrorism−havens−somalia/p9366.

10　United States Department of the Navy, "Harry S. Truman CSG Launches First OIR Missions," December 29, 2015, http://www.navy.mil/submit/display.asp? story_id−92573

11　Hendrick Simoes, "US, French Carriers Begin Combined Airstrikes Against ISIS," Military.com, February 25, 2015, http://mvw.military.com/daily−news/2015/02/25/us−french−carriers−begin−combined−airstrikes−against−isis.html? ESRCNtopstories.RSS.

12　Yeganeh Torbati, "Pentagon Chief Visits U.S. Carrier in Disputed South China Sea, Blames Beijing for Tension," Reuters, November 5, 2015, http://www.reuters.com/article/us−southchinasea−usa−carter−idUSKCN0ST35J20151105.

13　This case study focuses on the viability of aircraft carriers that carry large or advanced fixed−wing aircraft. Amphibious or helicopter carriers are cxcluded from this study but also play a vital role in naval maritime operations, expecially those operations requiring ground forces to assist in humanitarian assistance and other tasks. They are smaller but perform many of the same missions; some are equipped with vertical short takeoff and landing(V/STOL) aircraft.

14　United States Department of the Navy, "The Aircraft Carrier: More Than a Warship," November 2013, http://navyline.dodlive.mil/2013/11/14/the−aircraft−carrier−more−than−a−warship/.

1. 미국의 해상지배

　　미국은 세계 최강의 해군력을 보유한 해양 패권국가이다.[15] 미국 해군은 지난 60여년동안 고수해온 대양해군 전략 즉, 모든 분쟁과 도전국가에게 대응하여 상시 전투태세를 갖추고 상황변화에 책임지며 즉각적으로 전투돌입이 가능하게 하는 해양전략를 취하고 있다.[16] 미 해군은 지구 전역에 미국의 해상지배와 영향력의 투사를 위해 10척의 항모전단과 기동타격단을 운용하고 있으며 외교력과 군사력을 성공적으로 발휘하고 있다.[17] 현재의 계획으로는 구형 항공모함을 대체하기 위해 2058년까지 10척의 신세대 CVN-78 항공모함을 건조하겠다는 것이다. 매 6년마다 엇갈리게 중복시켜 건조하겠다는 것으로 2014년 그 첫 번째 항모인 제럴드 포드호를 건조하여 취역시키겠다는 것이었는데 2017년으로 연기된 상황이다.[18] 원래 예정으로는 2013년 1월에 퇴역한 엔터프라이즈 항모를 2014년 제럴드 포드호가 대체하는 것이었는데 예산문제로 취역이 연기된 것이다. 2011년 미해군은 설계비용 29억불과 핵추진 원자로와 함체 건조 및 시설장비 비용 86억불을 포함하여 제럴드항모의 건조비용이 대략 115억불이 될 것으로 추산하였다. 그러나 나중에 최종적인 건조비용은 약 142억불로 증액되었는데 이것은 애초에 의회예산처가 일등급 항모 건조를 위해 과거 역사적 토대에 근거하여 산출한 예상추산비용 129억불을 훨씬 상회하

15 Walter Pincus, "Challenging the Navy's Numbers," The Washington Post, December 30, 2011, www.washingtonpost.com/world/national−security/challenging−the−navys−numbers /2011/12/29/gIQANfTSPP_story.html.

16 United States Department of the Navy, "Naval Doctrine Publication."

17 The US Navy usually maintains ten active aircraft carriers, with an eleventh carrier in extended shipyard availability status to perform tasks such as nuclear fuel/ core replacement in midlife. See Daniel Whiteneck et al., "The Navy at a Tipping Point: Maritime Dominance at Stake?" CNA Annotated Briefing, CNA Analysis & Solutions— Advanced Technology and Systems Analysis Division, March 2010, www.cna.org/sites /default/fiies/research/The%20Navy%20at%0a%20Tipping% 20Point%20D0022262.A3.pdf.

18 Ronald O'Rourke, "Navy Ford (CVN−78) Class Aircraft Carrier Program: Background and Issues for Congress," Congressional Research Service, December 17, 2015, https: //www.fas.org/sgp/crs/weapons/RS20643.pdf. pdf and Zachary Cohen, "US Navy's $13B Aircraft Carrier Can't Fight," CNN Politics: US Military, July 25, 2016. https:// www.google.com/? gws_rd=ssl#q−Zachary+Cohen,+US+N avys+%2413B+Aircraft+ Carrier+Cant+Fight,+CNN 20. Ibid 21. Ibid.

그림 3.1 미국의 항공모함 아브라함 링컨호

니미츠 급 CVN-72 항모인 아브라함 링컨호와 같은 동급의 항모 6척이 신형 CVN-78급 항모에 의해 대체될 예정이다.[19]

출처: U.S. Navy photo by Mass Communication Specialist Seaman Zachary S. Welch/Released.

는 것이었다.[20] 항모기동타격전단은 미국 해군력의 최상급 물리적 투사능력이 다. 보통 항공모함은 80대의 비행기로 구성된 항공단을 지원하면서 7500명의 해군병력과 1척의 유도미사일 순양함, 2척의 유도미사일 구축함, 잠수함 1척, 보급함 1척으로 구성된 항모전단을 이끈다.[21] 항공모함과 수상전투병력은 전 시에 전투작전을 수행하면서 모든 군사업무를 지원한다.[22] 평시에는 항공기동

19 Simona Kordosava, "NATO's Defense Budgets," International Security Program, Atlantic Council, November 19, 2010, www.acus.org/files/ISP/111910_ACUS_Kordosova_NATO Budget.pdf

20 Ibid.

21 Ibid.

22 Rowan Scarborough, "New Navy Budgets May Sink Plans for Carriers: Fight Is on to Save Flattop Fleet," The Washington Times, January 16, 2012, www,Washington times.com/news/2012/jan/15/new-navy-budgets-may-sink-plans-for-carriers.

타격단이 있어 광범위한 업무를 수행한다. 미군의 위기대응능력을 지원하거나 미군 소속 부양가족들을 위험한 지역으로부터 소개하기도 하며 인도주의적 재난구호업무도 지원한다.23

   미군의 대양함대는 미국 다음으로 막강한 나머지 13개국의 해군전력 전부를 다 합친 것보다 더 막강하다.24 2016년 6월 현재 미 해군은 33만명의 병력, 3700대의 항공기, 276척의 전함을 보유하고 있다.25 레이건 대통령시절 건조된 많은 전함들이 예산문제와 국내 함선 건조비용의 상승으로 향후 10년간에 걸쳐 대체되지 않고 퇴역을 맞이할 예정이다. 다른 나라의 해군은 대체로 밀수단속이나 해상교통로 보호를 위해 연안경비를 하는 임무를 수행한다. 따라서 다른 나라의 경우 해군들은 주로 상당히 적은 전함과 병력으로 해군을 유지하고 있다.26

   오늘날 미 해군은 그 누구도 감히 도전하지 못하는 공해상의 초강대국 지위를 갖고 있다. 이에 경쟁국가들은 미국에 대해 직접 최신형 전함으로 경쟁하려고 하기보다는 대함 크루즈 미사일 개발과 같은 반접근/지역거부(A2AD) 전략으로 맞서려고 한다.

러시아

   러시아의 해양함대는 항공모함 1척, 282척의 전함과 배수량 845,730 톤을

---

23 Goure, "Enabling the Carrier Strike Group." 24. Carol R. Schuster and Richard J. Herley, "Surface Combatants: Navy Faces Challenges Sustaining Its Current Program," Report to Congressional Committees, US General Accounting Office—National Security and International Affairs Division, www.fas.org/man/gao/ns97057.pdf. 25. United States Department of the Navy, "Navy Personnel," June

24 Carol R. Schuster and Richard J. Herley, "Surface Combatants: Navy Faces Challenges Substaining Its Current Program," Report to Congressional Committees, US General Accounging Office—National Security and International Affairs Division, www.fas.org/man/gao/ns97057.pdf

25 United States Department of the Navy, "Navy Personnel," June 24, 2016, http://www.naw.mil/navydat a/nav_legacy.asp? id—146.

26 United States Department of the Navy, "Status of the Navy," December 7, 2011, www. navy. mil/navydata/navy_legacy_hr. asp? id= 146. 27. Kyle Mizokami, "The Five Most—Powerful Navies on the Planet," June 6, 2014, http://www.nationalinterest.org/feature/the—five—most—powerful—navies—the— planet—10610? page=3

보유하여 세계 2위의 막강한 해군력을 자랑하고 있다.[27] 구소련의 붕괴이후 침체기를 겪기도 하였지만 최근에 다시 경제가 안정되고 회복되면서 러시아의 대양함대는 해군현대화에 필요한 예산을 확보하였다. 그러나 러시아 함대는 서방과 비교할 때 기술적 정교함이 부족한 것이 사실이다. 러시아 해군은 2020년까지 현대화된 해군함대를 운용하겠다는 열망으로 연안해역을 경비할 신형 초계함과 구축함들을 건조중이다.[28] 러시아의 해상배수량 증가에는 쇄빙선의 증산이 큰 몫을 차지하고 있는데 이는 쇄빙선의 추가생산을 통해 러시아가 북극해의 제해권 장악을 시도하려는 것이다. 2016년 현재 러시아는 40척의 쇄빙선을 보유하고 있으며 그 중에 11척은 원자력추진 쇄빙선을 건조하겠다는 것으로 2030년에 완공예정이다.[29] 반면에 미국은 현재 단지 2척만의 쇄빙선을 보유하고 있는데 그나마 1척도 낡아서 곧 퇴역시켜야할 상황이다.[30]

중국

중국 해군은 총 239척의 전함과 708,086 톤의 배수량을 보유하고 있으며 최근에 첫 번째 항모인 랴오닝 호를 취역시켰다. 2016년 1월 중국정부는 새 항모를 추가로 건조하겠다는 계획을 발표하였는데 전문가들의 예상으로는 완공하는데 최소 5년정도는 걸릴 것으로 보고 있다.[31] 해군전문가들은 중국해군의 현재 항모능력이 지역기반의 분쟁 대응에 큰 효용성이 없는 것으로 평가하고 있지만 중국해군의 추가적인 항모생산은 아태지역 전역에 중국해군의 영향력확대와 힘의 투사능력 확대로 나타날 수 있다고 경고한다.[32] 중국해군은

27 Kyle Mizokami, "The Five Most−Powerful Navies on the Planet," June 6, 2014, http://www.nationalinterest.org/feature/the−five−most−powerful−naives−the−planet−10610? page=3.
28 Seth Cropsey, "Ebb Tide," Hudson Institute, September 1, 2010, http://www.hudson.org/research/7235−ebb−tide.
29 The White House, "Fact Sheet: President Obama Announces New Investments to Enhance Safety and Security in the Changing Arctic," September 1, 2015, https://www.whitehouse.gov/the−press−office/2015/09/01/fact−sheet−president−obama−announces−new−investments−enhance−safety−and.
30 Ibid.
31 MarEx, "Details of China's New Aircraft Carrier Revealed," The Maritime Executive, January 3, 2016, http://www.maritime−executive.com/article/details−of−chinas−new−aircraft−carrier−revealed.

최근 남중국해역에 영유권 수호와 보존을 위해 계속 수십 척의 구축함과 호위함, 잠수함을 생산중이다. 중국의 스프래틀리 군도에 대한 국익증대노력이 베트남과 필리핀을 포함한 국제사회의 여러 국가들에 의해 많은 비난을 받아왔다.[33] 또한 2015년 8월 5척의 중국 배들이 베링해역 인근에서 목격되었는데 중국은 북극해역 탐사를 위해 소규모 쇄빙선 함대를 파견한 것이라고 밝혔다.[34] 중국은 자국이 비록 북극해 협의회 회원국이 아니기 때문에 회의 표결권은 없지만 대표를 파견할 수 있는 영구적 옵저버 국가의 지위를 갖고 있다는 것이었다.[35]

일본

일본은 110척의 전함과 총 배수량 413,800 톤을 보유한 세계 4위의 해군력을 자랑한다. 2차대전 이후 일본은 미일안보동맹에 기초하여 국방을 유지해왔기 때문에 20세기 후반부에 들어서 해군력이 증강이 크게 제약을 받아 왔다. 다만 이런 현실적인 한계와 제약에도 불구하고 일본은 동아시아 지역에 미군의 전진기지 역할을 수행하면서 미 해군과 함께 막강한 해양수호협력전략을 고수해오고 있다.[36] 일본 해상자위대의 경우 비록 항공모함을 운용하고 있지는 않지만 14척의 대잠수함 헬리콥터 편대를 탑재한 2척의 헬리콥터 구축함을 보유하고 있으며[37] 미 해군의 이지스 탄도미사일 방어기술이 장착된 4척

32 United States Department of Defense, Missile Defense Agency, "Aegis Ballistic Missile Defense," March 31, 2016, www.mda.nil/system/aegis_bmd.html

33 Rupert Wingfield—Hayes, "Flying Close to Beijing's New South China Sea Islands," BBC News, December 14, 2015, http://www.bbc.com/news/magazine—35031313.

34 Colin Clark, "As Chinese Ships Cruise Arctic for First Time, Will U.S. Build New Icebreakers?" Breaking Defense, September 3, 2015, http://breakingdefense.com/2015/09/as—chinese—ships—craise—arctic—for—first—time—will—u—s—build—new—icebreakers/.

35 Franz—Stefan Gady, "Russia and China in the Arctic: Is the US Facing an Icebreaker Gap?" September 7, 2015, http://thediplomat.com/2Q15/09/russia—and—china—in—the—arctic—is—the—us—facing—an—icebreaker—gap/.

36 "India W ill Have Two Aircraft C arrier Strike Forces by Around 2015," Times o f India, January 20, 2011, http://articles.timesofindia.indiatimes.com/2011—01—20/india/28359441_1_aircraft—carrier—cbgs—refit.

37 Prashanth Parameswaran, "Japan Launches New Helicopter Destroyer," The Diplomat, August 29, 2015, http://thediplomat.com/2015/08/japan—launches—new—helicopter—

의 구축함도 보유하고 있다.[38]

영국

영국의 왕실해군은 나폴레옹전쟁 이후부터 2차대전 발생 때까지 세계 최강해군의 위용을 자랑해 왔다. 당시에 영국해군의 막강규모와 전력으로 영국은 세계 5대륙 6대양에 걸쳐 대영제국의 영토와 세력을 확장하고 지배하였다.[39] 2차대전이후 미국이 세계 최대 해군력 국가로서 영국을 능가하게 되었지만[40] 영국은 아직도 100척의 전함과 367,850 톤의 총 배수량을 보유한 세계 5위의 해군력을 보유하고 있다. 영국은 현재 엘리자베스 급 항모 2척을 건조하려고 하는데 첫 번째 것은 2020년 경에 최초의 작전능력을 보유하게 될 것이다. 하지만 재정문제로 인하여 영국은 HM 아크 로얄호를 2010년에 퇴역시켜 버렸다.[41]

프랑스

프랑스는 72척의 전함과 1척의 항공모함 그리고 총 배수량 319,195톤을 보유한 세계 6위권의 해군력 국가로서 인근 지역 및 국제 이해관계의 문제에 개입하고 있다.[42] 19세기 한때 프랑스는 대영제국에 맞먹는 해군력을 가지고 영국과 경쟁을 벌인 적도 있다.

인도

인도는 중요한 해군력을 보유한 국가로 인정받기를 희망하고 있는데 현재 155척의 전함과 1척의 항모 그리고 총 배수량 317,725톤을 보유하고 있다.

---

destroyer/.

38 Tim Fish, "Japan Rises to the Challenge of Cuts and New Threats," HIS fanes, April 4, 2009, www.janes.com/products/janes/defence−security−report.aspx? ID= 1065927179.

39 Frederik Van Lokeren, "Russia's Naval Modernization: Analysis," The Geopolitical and Conflict Report, March 21, 2012, http://gcreport.com/index.php/analysis/163−russias−naval−modernization. 40. Mizokami, "The Five Most−Powerful Navies on the Planet."

40 Mizokami, "The five Most−Powerful Navies on the Planet".

41 Royal Navy, HMS Queen Elizabeth, http://www.royalnavy.mod.uk/our−organisation/the−fighting−arms/surface−fLeet/aircraft−carriers/hms−queen−elizabeth,

42 Ibid.

인도는 자국의 해군력을 더욱 증강하여 연안해역을 넘어서 공해상에 까지 작전가능한 대양해군으로 발전하겠다는 계획을 가지고 있다.[43] 인도는 현재 INS 비크라마이티야와 러시아제를 개조한 신형 고르코프 키에프급 항모를 운용중이며[44] 50년된 28000톤 INS 비라트함을 대체할 비크란트 급 항모를 개발중이다.[45] 이 2척의 항모운용을 통해 인도의 세계적인 힘의 투사능력이 크게 확장될 것이다.[46]

1.1 세계적인 해군력 감축현상

값비싼 건조 비용과 치솟는 운용비용 때문에 세계적인 군사비 지출국가 10개국 중에 단지 5개국과 기타 3개국만이 대형 고정익 항공기를 탑재한 항공모함을 운영하고 있다.(그림 III,2 참고)[47] 이들 국가 중에서도 미 해군이 가장 믿음직하고 숙련된 최첨단 고정익 항공기가 탑재된 항모능력을 보유하고 있다.[48] 영국 해군이 한때 세계 최강의 막강한 해군력을 자랑하였지만 냉전종식 이후 영국해군력은 급격하게 쇠퇴하였다. 영국은 항모운영에 드는 예산자원을 만들기 위해 1991년, 1994년, 1998년 세 차례에 걸쳐 잠수함과 전함의 숫자를 급격하게 삭감하였으나 이러한 전략이 성공을 거두지 못하였다. 2010년 국방예산의 삭감으로 인해 대영제국의 상징 기함인 항모 아크 로얄 호가 강제퇴역을 맞이하였지만[49] 2013년 또 한 차례의 국방예산삭감을 겪어야 했다.[50]

---

43 French Navy, "Forces," July 18, 2011, www.defense.gouv.fr/english/navy/forces,

44 S. Anandan and K. A. Martin, "Navy Floats Out First Indigenous Aircraft Carrier," December 30, 2011, http://www.thehindu.com/news/national/article2758985.ece,

45 David Scott, "India's Drive for a Blue Water Navy," journal of Military and Strategic Studies 10, no. 2 (2007－2008), http://jmss.org/jmss/index.php/jmss/article/viewFile/90/100.

46 Ibid.

47 Sam Perlo－Freeman etak, "Trends in World Military Expenditure, 2015," Stockholm International Peace Research Institute, April 2016, http://books.sipn.org/files/FS/SIPRIFS 1604.pdf.

48 Ronald O'Rourke, "China Naval Modernization: Implications for U.S. Navy Capabilities－Background and Issues for Congress," Congressional Research Service October 20, 2011, www.fas.org/sgp/crs/row/RL33153.pdf.

49 Thomas Harding and James Kirkup, "Navy to Reduce to Smallest Size Ever to Save

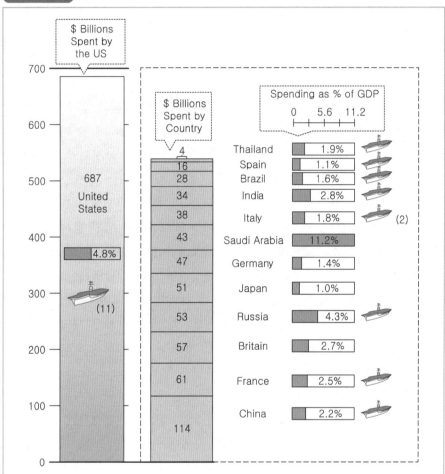

그림 3.2   최대 군사비 지출국가와 현재 운용중인 항공모함

출처: Nigah Ajaj & Ryan Larson, Pherson Associates, LLC

　　미국은 현재 341척의 전함을 보유한 막강한 해군력 국가이지만 미 해군 또한 심각한 예산 삭감을 겪고 있는 중이다. 냉전기간 동안 미 해군은 600척

Carriers," The Telegraph, October 7, 2010, http://www.telegraph.co.uk/news/uknews/defence/8049674/Nave−to−reduce−to−smallest−size−ever−to−save−carriers.html

50　Bryan McGrath, "NATO at Sea: Trends in Allied Naval Power," American Enterprise Institute, September 18, 2013, https://www.aei.org.publication/nato−at−sea−trends−in−allied−naval−power/.

이 넘는 전함을 보유하고 있었지만[51] 냉전종식이후 세계적으로 불어 닥친 국방비삭감 열풍으로 인하여 R&D와 운용/보수비용, 그리고 인력삭감은 물론 함대 규모 자체까지 급격히 감축되고 있다.[52] 2015년 미의회 예산처는 미 해군의 규모를 유지하려는데 있어 직면한 문제를 개략적으로 분석한 조사보고서를 발표하였다. 현재의 계획대로라고 한다면 지난 수십년 간 미 해군이 받은 예산액보다 400억달러가 더 많은 추가예산이 필요하기 때문에 수상전투부대의 증강을 요구하는 그런 제안은 향후 십년간은 회계상 위험하게 될 것이라고 경고하였다.[53] 그러나 지속적인 기술혁신이 이러한 추세의 부정적인 결과를 상당히 상쇄시키는 측면도 있다.

2010년 5월 로버트 게이츠 국방부장관은 미 해군장교들에게 행한 연설에서 "솔직히 다른 어떤 국가도 항모 1척 이상을 보유하고 있지 않은 상황에서 우리 미국이 앞으로도 계속해서 11척의 항모전단을 운영하는 것이 과연 필요한 것인가? 향후 어떤 국방계획도 이런 현실적인 상황을 감안해야만 할 것이다." 라고 지적한 적이 있다. 게이츠 장관의 이러한 말이 의회와 해군 내에 많은 불만을 야기하게 하였지만 하원의원인 조 세스탁(D–PA)은 게이츠 장관의 입장에 동조하였다. 그는 신형 DVN–78급 항모는 구형항모의 8배 정도의 전투력을 보유하게 될 것이므로 항모전단의 숫자를 8~9척으로 줄이는 것도 한 방법이라고 주장하였다. 2015년 존 매케인 상원의원은 상원 군사위원회 위원장으로서 포드급 항모의 건조에 드는 비용의 감축방법을 결정하기 위하여 해군작전부장을 불러 집중조사를 벌이기도 하였다.

보통 미 해군은 3척의 항모를 해상임무에 배치하고 3척은 6개월의 임무를 마치고 귀환 중이며 2척은 건식 도크에서 보수/수리 중이다. 전체 항모의 숫자를 감소시킨다는 것은 이런 해군 전력운용시스템의 훼손을 의미하는 것으로 한때 미국 의회마저 미 해군의 경우 반드시 11척의 항모를 유지해야한다고

---

51 Black, "A Post–Imperial Power? Britain and the Royal Navy".

52 Robert D. Kaplan, "The Navy's New Flat–Earth Strategy," The Atlantic, October 24, 2007, www.theatlantic.com/magazine/archive/2007/10/the–navy–8217–s–new–flat–earth–strategy/6417/.

53 Congressional Budget Office, "An Analysis of the Navy's Fiscal Year 2016 shipbuilding Plan," October 2015, https://www.cbo.gov/publication/50926.

입법화 한 적이 있을 정도이다. 비행편대 운영비용을 빼고도 대략 매년 2억 2천 5백만 불을 항모운용의 급여비용에만 충당해야하는 현실 ― 즉 엄청난 예산을 감당해야하는 냉혹한 현실이 이런 극적인 변화를 강요하고 있는 것이다.

2. 항모전단의 급감과 미래상황의 예상

만약 지금 2026년이라고 가정한다면 4개국을 뺀 거의 모든 국가들이 자국의 항모를 폐기처분하였을 것이며 미국의 항모전단 역시 절반으로 축소되었을 것이다. 대형 항공모함으로부터 탈피현상은 1941년 영국해군의 독일전함 격침과 같은해 말에 발생했던 진주만에서 일본항모의 미국전함 공격사건이 있고 난후에 전함시대의 몰락만큼이나 극적인 변화이다. 각국의 정부들이 이제 더 이상 공해 해상에서 대규모 전투작전을 지원하기 위해 대규모 해상함대를 운용하는방식에 의존하지 않게 되었다. 2026년 경이면 항모의 기능은 기본적으로 제한된 군사력을 보유하고 있는 약소국에게 무력을 과시하거나 비전투인력의 소개작전 수행, 해상교통로의 보호 그리고 인도적 원조 및 재난구호 임무등으로 제한될 것이다. 이런 극적인 해양변화를 초래한 원인은 무엇인가? 이 사례연구는 3가지 핵심동인이 이런변화의 배경으로 작용하였다고 생각하여 향후 해군력의 기능이 전환되는 방식에 대해 조사하려고 한다.

2026년 경 세계 국가들로 하여금 해상함대의 규모를 감축하고 항모를 폐기하도록 만든 3가지 핵심요인에 대하여 살펴본다.

1. 무기체계의 발전에 있어서 급속한 기술혁신

2. 많은 국가들이 실질적인 예산삭감을 추진할 수밖에 없는 세계 경제불황

3. 모든 국가들이 비용효과적이며 협력적인 해양전략을 선택하는 분위기

이런 결과로서 항모와 다른 수상전투병력은 재빨리 예산삭감의 주요 타켓이 되었으며 가능한 가장 효율적으로 국가안보목적을 달성하려는 필요성이 지상과제가 되었던 것이다.(그림 3.3 참고)

그림 3.3 세계적으로 항모함대의 규모를 축소시키는 핵심요인

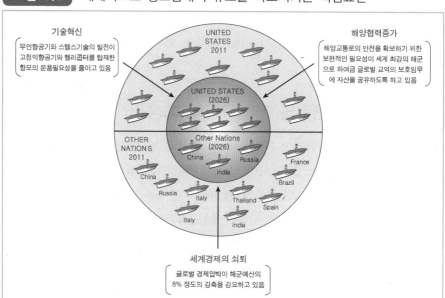

2.1 신무기기술에 대한 항모의 취약성 증대

　　향후 2026년의 상황을 전망해보면 항모와 대형구축함을 목표로 한 공격기술의 혁신적인 발전이 해상작전의 성공에 필요한 함정의 숫자를 격감시키게 만들었다. 핵추진력과 무기체계, 제트비행기, 초저음속 전기－디젤 잠수함, 수퍼 컴퓨터의 개발 등이 개별 함정의 전투능력을 증대시키면서 작전 유연성을 크게 신장시키는데 기여하였는바 이것이 궁극적으로 해상임무를 수행하는데 필요한 함정의 숫자를 감소시키는 결과를 초래하였다.

　　하지만 이런 기술적 진보는 수상전투에서 고정익 항모전단을 크게 불리하게 만든 무기체계의 발전에 비하면 훨씬 뒤떨어진 것이다. 십만톤이 넘는 배수량과 4000명의 병사, 75대의 전투기를 탑재한 항공모함은 적군에게 있어서는 커다란 공격목표가 되어버린다. 대형 항모전단은 레이더 나 음파탐지기 그리고 인공위성 및 적외선 탐지기에 의해 쉽게 탐지되고 추적되어 첨단 대함 유도미사일의 공격에 취약한 공격목표가 된다.

1) 대함(對艦)미사일의 개발

2026년경이 되면 정교한 대함미사일이 개발되어 항모의 효과적인 방어능력에 심각한 위협으로 부상하면서 항모의 작전능력을 심각하게 훼손시키게 될 것이다. 중·단거리 대함미사일의 급속한 확산이 항공모함에게 심각한 위협으로 등장한 것이다. 예를 들면 러시아의 경우 시즐러 미사일을 계속 개량하고 있는데 이것은 수면위의 30 피트 위로 비행하면서 공격하는 초음속 수상공격무기체계이다.

시즐러 미사일의 작전운용상 특징이 항모전단으로 하여금 미사일의 최종 근접을 탐지 및 추적하는 것을 어렵게 만들기 때문에 항모에게 심각한 위협이 되는 것이다. 프랑스의 MM 40 블록3 엑소세 미사일 역시 가시거리 밖의 200km 까지 요격할 수 있는 구형 엑소세미사일을 최신식으로 개량한 것으로서 이 미사일이 보유하고 있는 정교한 운행능력은 어떤 함정의 방어체계라도 쉽게 능가할 수 있다.

중국은 자국의 남중국해 영유권에 대한 미국의 군사적 도전에 대응하기 위하여 2 가지 치명적인 대항모 타격체계를 개발하였다. 그 중 첫 번째는 소위 "항모킬러"라고 불리우는 동풍 21－D 대함 미사일이다. 이것은 트럭에 장착하여 사정거리 1550km의 목표에 발사하는데 음속의 10배 이상으로 비행하여 미국항모를 격침시킬 수 있는 무기로서 미국이 심각한 위협을 느끼는 무기이다. 게다가 옌지 18 급 미사일의 보급확대 또한 또 다른 걱정거리가 된다. 초기속도가 시간당 600마일 이상인 이 옌지 미사일은 마하 3의 속도로 단거리 추진능력을 갖추고 있어서 억지능력의 유지에 있어서 상황을 급전시킬 수 있는 것이다. 중국은 남중국해에서 중국의 해상작전을 수행하는데 미국이 시험하지 못하도록 억제하기 위해서 이 옌지 미사일의 대량생산을 서두르고 있는 상태이다.

여러 가지 해군력의 요소 중에서도 중국의 이러한 두가지 대항모 미사일 체계의 사용은 미국항모의 취약성을 노출시킨 분명한 징표라고 하겠다. 특히 동풍 21－D 미사일은 미국 항모를 충분히 격침시킬 수 있는 것으로 나타났다. 이에 대해 미국의 대응조치가 뒤따르겠지만 그렇다고 해도 중국이 만약 동시다발적으로 다량의 동풍 21-D 미사일을 발사한다면 이에 대해 중간에서 요격하여 무력화시키는데 상당한 어려움을 겪을 수밖에 없다. 게다가 미국의 니미츠 급 항모 한척의 건조비용에 비하여 중국은 같은 비용으로 대략 200 기의 동풍 미사일을 생산할 수 있기 때문에 비용적인 측면에서 본다면 중국으로서는 충분히 감당할 만한 것이라고 판단할 수 있다.

이란의 미사일 개발 능력 또한 급속하게 발전하고 있다. 이란의 경우 에마드급 미사일 C-704k 대함미사일을 대량으로 생산하고 있으면서 한편으로는 적외선 탐지기를 장착한 파테100 개량미사일을 대량으로 생산하고 있다. 2015년 2월 이란은 이 미사일들로 모형 니미츠 급 항모를 격침시킬 수 있다는 것을 확인한 뒤에 이 미사일의 개발비용을 급속하게 증액시켰다. 이란은 2015년 10월 호르무즈 해협을 지나던 미국 항모 트루만 호의 근처로 에마드(Emad) 미사일을 발사한 뒤에 이에 대한 미국의 보복이 없자 더욱 대담하게 행동하고 있다.

대함미사일의 개발에 의한 이런 위험을 한 층 더 가중시키는 요인은 이런 미사일들이 잠수함, 수상함, 항공기와 헬리콥터 심지어는 연안에 배치된 발사대에서 까지 다양하게 발사될 수 있다는 것이다. 1982년 포클랜드 전쟁 당시에 아르헨티나 공군전투기가 엑소세 미사일로 영국해군의 구축함을 격침시켰는바 당시에 이런 아르헨티나의 성공적인 엑소세 미사일 공격사건은 전 세계 해군으로 하여금 대함미사일이 갖는 가공할 위력을 실감하게 만들었으며 이에 대해 큰 경각심을 갖게 되었다.

러시아의 시즐러, 중국의 동풍 21-D, 이란의 에마드 미사일과 엑소세 미사일 등 최근 개발된 대함미사일의 급속한 사거리 확장은 해군 항모를 점 점 더 취약하게 만들고 있으며 항모전단으로 하여금 점 점 더 먼거리에서 작전운영을 하게끔 만들고 있다.

<그림 3.4>에서 보듯이 기술이 획기적으로 발전하면서 항모에 대한 위협이 크게 증대되고 있는 추세이다. 예를 들면 지난 10년간 이란과 파키스탄은 사정거리 180km, 200km의 미사일을 발사할 수 있는 능력을 갖게 되었으며 중국은 이제 미국과 거의 동등한 사정거리의 미사일을 해상에서 발사할 수 있는 능력을 갖게 되었다.

그림 3.4   함대지 미사일과 대함미사일의 사정거리

Ship-to-Surface Missiles		
Country	Missile	Range (km)
China	DF-21 (CSS-5)	1770-2150
USA/UK	Tomahawk	1250-2500
USA	ArcLight (DARPA)*	3700
* DARPA development project for the farthest reaching naval ship launched missile		
Anti-Ship Missiles		
Country	Missile	Range (km)
Pakistan	Qader	200
Iran	CSS-N-8/Saccade	180

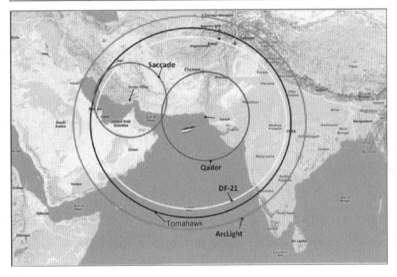

2) 초공동 수중주행(Supercavitating) 어뢰의 개발

어뢰추진에 필요한 자기추진기술(Self-Propulsion)의 향상이 어뢰라는 수중무기를 한 층 더 치명적인 위협으로 만들고 있다. 기존의 어뢰인 경우 수중마찰과 해저 난기류가 어뢰의 속도를 3.5 노트이상의 속도로 주행하는 것을 어렵게 하고 자주 어뢰를 손상시켜 진로를 비껴가게 만들었다. 그런데 새 기술인 수중 공동화과정은 어뢰와 주변수면과의 사이에 일종의 공기쿠션을 생

성시켜 어뢰의 속도를 거의 200 노트까지 신장시킴으로써 대규모 수상전력보다 이 어뢰를 더 막강한 무기로 만들었다.

3) 드론(무인항공기) 기술의 급속한 발전

무인항공기 드론 기술의 급속한 발전은 대형 항공기를 통한 공군력의 투사능력 확대가 과연 필요한 것인지 의문스럽게 만들고 있다. 많은 사람들이 드론기술의 획기적인 발전이 고정익 항공기를 탑재하고 작전능력을 펼치는 항공모함을 한물 간 퇴물이라고 주장하기 때문이다. 전장에서 무인항공기의 전투성과가 점차 더 증가함에 따라 항모에서 발진하는 유인항공기를 유지하려는 미 군부의 의욕도 점점 약화되고 있다. 2026년 미 의회 예산처는 미 국방성이 이미 2011년에 작성한 국방계획, 즉 향후 10년간 400억불을 추가로 투입하여 700 여대의 무인항공기를 구입한다는 것을 추진한다고 발표할 것이다. 2015년 미 해군은 자동적으로 이착륙이 가능한 70대의 파이어 스카우트 무인항공기와 40대의 글로벌 호크를 구입한다는 목표를 수립하였다.[54]

앞서 2011년 미 해군교리는 항공모함의 작전능력이 이제 공중폭격을 수행하는 비행편대의 능력 정도밖에 되지 않는다고 밝히고 있다.[55] 역사적으로 보면 고정익 항공기와 회전익 항공기가 하나의 비행편대를 구성하였다. 그러나 2010년 이후 미 공군은 실질적으로 신형전투기와 폭격기에 투입되는 조종사보다 훨씬 더 많은 무인항공기 조종사를 훈련시켜 힝모에서 발진하는 비행기에 부과된 임무를 이들에게 대체시키고 있다.[56] 예를 들면 F-35 공동타격전투기의 도입이 다른 수상기지에서 발진하는 공군기들의 전투임무수행 보다 훨씬 더 수월하게 되고 있는 것이다.[57]

드론기술의 발전은 미해군으로 하여금 항공모함 비행편대의 기능을 전혀 새롭게 혁신시키는 기회를 제공하고 있다. 급유담당 전용인 드론 항공기를 배

---

54 Government Accountability Office, "Defense Acquisitions Report," March 2015,
   http://www.gao.gov/products/GAO-15-342SP.

55 Ibid.

56 Goure, "Enabling the Carrier Strike Group."

57 Elisabeth Bumiller and Thom Shanker, "Microdrones, Some as Small as Bugs, Are Poised
   to Alter War," The New York Times, June 19, 2011, www.nytimes.com/2011/06/20/world/
   20drones.html? _r=1.

치하고 정보·정찰·감시용 무인 항공기를 발진시켰다가 다시 항모로 귀환할 수 있게 하면 이것은 F-35 보다도 저렴한 비용으로 항모의 타격능력과 사정거리를 크게 확장시킬 수가 있다. 미 해군은 이처럼 항모로부터 발진하는 무인항공기의 개발을 서두르면서 변화된 작전환경에 적응해 나가려 하고 있다, 2014년에 배치완료된 38 피트 길이의 X-47B는 항모로부터 이착륙이 가능한 최초의 무인항공기이다.[58]

최근 신형 무인 항공기는 크기가 점차 작아지면서 작전거리는 오히려 더 확장되는 추세로서 움직이는 해상기지 플랫폼이 점차 필요가 없어지게 되고 있다. 2026년 경이면 많은 무인항공기들의 형태가 센서와 소형카메라가 장착이 되어 이착륙 활주로가 전혀 필요없는 작은 새 정도의 크기로 바뀌게 될 것이다. 이런 추세로 기술이 발전하다 보면 2030년 쯤 드론의 크기가 잠자리 정도로 만한 것으로 바뀌어 작전에 투입하게 될지 모른다.[59] 드론무기의 이런 기술적 혁신은 결국 대형 항모와 지원함대의 취약성을 심각하게 증대시킴은 물론 실전에서의 효용가치를 크게 훼손시킬 것이다.

4) 예산압박에 따른 굴복

2008년 시작된 장기적인 세계금융위기와 경제불황은 전 세계적인 국방예산의 삭감과 해군활동에 대한 재정지원 삭감을 초래하였다. 2010년 보다 앞선 해에는 새로운 수상전투력의 보강이 대부분의 해군들에게 있어서 매년 구매예산의 가장 큰 몫을 차지하였었지만 예산삭감의 필요성에 직면하게 되자 해군 함정이 가장 큰 타격을 받게 되었다. 영국의 "2011년 국방 및 안보 검토보고서"는 8%의 국방예산 삭감을 제안하였으며 영국의회도 이것을 승인하였다. 예산삭감의 가혹한 상황에 직면한 영국 왕실해군은 영국기함이자 경항공모함인 아크 로얄 호의 퇴역을 선택하는 수밖에 없었다.[60] 2000년 경 영국해군은 32척의 해상전투함을 보유하고 있었으나 2010년에 이르러서는 23척으로 감소하였으며 2016년에는 다시 14척으로 급감하였다.[61] 2016년 영국해군은 항모의

---

58 Scarborough, "New Navy Budgets May Sink Plans for Carriers."
59 Bumiller and Shanker, "Microdrones."
60 "The Changing Shapes of Air Power" The New York Times, June 19, 2011,
    www .nytimes.com/interactive/2011/06/19/world/drone-graphic.html.

방어에 가장 중요한 45 타입의 구축함을 단지 6척만 보유하게 되었다. 게다가 무인항공기와 이에 필요한 정교한 통신시스템 구매에 필요한 예산을 증액하고자 다른 여러 가지 무기체계의 구매도 축소시켜 버렸다.[62] 이런 상황에서 문제는 과연 2척의 신형 엘리자베스 급 항모의 건조비를 충당할 수 있는 예산이 어디에서 나올 수 있는가이다.

영국해군의 예산으로는 향후 10년간의 추산비용을 충당하는데 충분하지 못한 것으로 나타나고 있는데 실제로 그 이후 몇 년동안 예산삭감율은 거의 15%에 달하였다. 2020년 경이면 해군병력은 3만명미만으로 떨어질 것이며 2026년 까지 추가적으로 5−6천 명이 더 감축될 것이다.

2012년부터 시작된 의회의 예산삭감 압박은 미국으로 하여금 영국의 뒤를 따라갈 수밖에 없게 만들었으며 상당한 국방예산 삭감을 감내할 수 밖에 없게 만들었다.[63] 2010년 국방예산의 규모를 살펴보면 미국은 미국 다음으로 국방비를 많이 지출하는 9개국과 항모를 운영하는 3개국(브라질, 스페인, 태국)의 국방예산을 전부 다 합친 것보다 많은 국방비를 지출하였다. 그러나 이런 상황은 더 이상 계속되지 않을 것이다.(그림 3.2 참고)

2013년 확정된 의회의 예산자동 조정안, 시퀘스터는 미국 군부 전체와 해군에게 엄청난 충격을 주었다. 국방예산이 5,530억불에서 5,180억불로 감축되었는데 미 해군의 경우 많은 자체 프로그램을 중단해야만 하였다. 그 이후 국방예산이 5200억불로 약간 증액되었지만 이로 인하여 전체 국방인프라의 구축에 드는 예산은 그대로 동결되어야 했고 포드 급 항모의 추가생산계획은 백지화되어 버렸다.[64]

61 "Warships' Faltering Engines Leave Navy All at Sea," Financial Times Weekend, January 30−31, 2016, p. 4.

62 BBC News, "Defence Review: Cameron Unveils Armed Forces Cuts," October 19, 2011, www.bbc.co.uk/news/uk−pohtics−11570593.

63 Royal Naval Staff Policy Team, "Strategic Defence and Security Review 2010: Royal Navy Internal Communications Supporting Question and Answer Pack," October 2010, www.rfa−association.org/cms/attachments/309_RN%20SDSR%20IC%20QsAs%20Pack%20„Final_%20v9.pdf. 85. Andrew Tilton, "The Outlook for the US Economy" White Paper, Goldman Sachs, October 2011, wvw2.goldmansachs.com/gsam/docs/fundsgeneral/general_education/economic_and_market_perspectives/wp_economic_outlook.pdf.

64 Amy Belasco, "Defense Spending and the Budget Control Act Limits," Congressional

　선진국 대부분의 경우에 국방예산이 자국의 전체 GDP의 2% 정도를 차지
하는 것이 보통인데 미국의 경우 이와 대조적으로 2015년 전체 GDP 16조불의
3.4%인 6,230 억불을 지출하고 있다.[65] 이후 계속해서 증대되는 예산삭감의 압
박은 매년 500억불 정도의 국방예산을 감축시켜왔는데 이 수치는 대략 10%의
예산감축을 의미하는 것이었다. 즉 2016년에서 2026년까지 지속적인 예산삭감
의 압박은 해군의 계속적인 예산삭감을 초래하면서 미국 국방부에 10년간
5000억불의 예산절약효과를 갖게 해 줄 것이다.[66] 대부분의 예산삭감은 무기
개발 프로그램이나 군복무 비용, 퇴직자 건강보건 보험 비용 등으로부터 산출
된 것이다.[67]

　미 해군은 항공모함과 구축함을 포함한 수상함정의 숫자를 어쩔 수 없이
감축시켜야만 할 것이다. 2018년부터 시작하여 5척의 항모가 퇴역하게 될 것
인바 이들의 퇴역으로 인해 대략 450억불 정도의 예산을 절약하게 될 것이다.
미 해군은 CVN-79 케네디 항모의 생산계획을 연기시켰으며 2척의 포드급 항
모생산도 백지화했는데 이로 인해 항모생산 및 유지보수에 드는 비용 250억불
을 추가적으로 절약하게 된다.[68] 미 해군은 이어서 DDG-51 구축함 22척의
구입비용을 다시 재조정함으로써 420억불을 더 절약하게 될 것이다.[69]

Research Service, July 22, 2015, https://www.fas.org/sgp/crs/nat sec/R44039,pdf.

65 Office of Management and Budget, "Federal Budget of the United States Government,"
2015, https://vww.whitehouse.gov/sites/default/files/omb/budget/fy2015/assets/budget.pdf.

66 "Defence Spending in Eastern Europe: Scars, Scares and Scarcity," The Economist, May
12, 2011, http://wvw.economist.com/node/18682793. 89. Stephen Losey, "Extended Pay
Freeze, Layoffs Likely," Federal Times, November 28, 2011, www.federaltimes.com/
article/20111128/BENEFITS01/111280301/1001.

67 Stephen Lowey, "Extended Pay Freeze, Layoffs Likely," Federal Times, November 28,
2011, www.federaltimes.com/article/20111128/BENEFITS10/111280301/1001.

68 Tony Capaccio. "Navy Releases Worst-Case Cost for Next-Generation Warship," The
Washington Post, January 2, 2012, www.washingtonpost.com/business/ecomony/navys
-worst-cast-cost-overrun-tops-1billion-for-aircraft-carrier-gerald-ford/2011/1
2/29/gIQAbbmoUP_story.html.

69 Ibid.

5) 해상협력강화 전략의 필요성

미국은 점점 가속화되는 세계화의 트렌드를 주목하면서 해군의 주요 기능이 이제 해상안보의 확보라고 강조한다.[70] 최근의 이런 세계화 경향을 인식하고 있는 미국은 다른 해상국가들과 광범위한 해상협력 협정을 체결하려고 노력하고 있다. 이런 해상협력의 가속화 현상을 상정해 볼 때 지금 세계 각국의 해군이 직면한 기술적, 경제적 도전들로 인하여 미국은 점 점 더 다른 국가들 즉 인도, 일본, 러시아, 중국 등과의 해상협력협정을 체결하는데 주도적이 될 것이다.[71] 미국이 이런 새로운 해상협력정책을 강구하는데 있어서는 확실한 근거가 있다. 그것은 가장 위험하면서도 교통량이 많은 해상수송로를 보호하는데 있어서 전 세계가 미국에게 일방적으로 의존하고 있는데 2011년 세계 최대 해양국가 13개국 중에 11개국가가 미국의 동맹국이거나 우방국들이기 때문이다. 상호부담의 공유를 통하여 해상안보의 효율성을 증대시킬 수 있다는 것을 깨닫게 된 미국은 이제 해상협력정책을 추진하기 위해 똑같이 기술적·재정적 부담을 겪고 있는 중국과 러시아에게 해상협력관계의 구축을 설득하고 있는 것이다.

2026년경이 되면 협력적 개입정책의 추진을 통해 미 해군이 부담을 덜게 되는 세계적인 해상협력협정들이 계속해서 체결될 것이다. 미국의 이러한 새로운 해양전략으로 인하여 세계 평화와 번영을 도모하는 모든 국가들이 공동 이해관계를 보호하는 정책을 촉진할 것이다.[72] 결과적으로 미 해군의 주요 임무는 전투지향적인 해군력 운용이 되기 보다는 타국들과 협력하여 중요한 해상수송로을 보호하고 재해재난 시 인도주의적 구호활동에 주력하는 방향이 될 것이다.

미국의 확실한 지원을 받아서 국제해양기구(IMO)라는 기구가 크게 성장하게 되었다. 국제해양기구는 해적질과 테러행위로 위협받는 고위험지역의 해

---

70 Benjamin H. Friedman and Christopher Preble, "A Plan to Cut Military Spending," CATO Institute, November 2010, www.downsizinggovernment.org/defense/cut_miliary_spending.

71 Conway, Roughead, and Allen, "A Cooperative Strategy for 21st Century Seapower."

72 Robert Farley, "The False Decline of the US Navy," The American Prospect, October 23, 2011, http://prospect.org/article/false-decline-us-navy.

양수송로를 보호하고 안전하게 지키려는 목적으로 여러 국가들이 결성하여 만든 세계적인 해양연맹체이다. 인도주의적 활동을 지원하는 데 있어서 비용이 훨씬 저렴하면서도 기동성이 훨씬 좋은 방안으로 수륙양용이 가능한 헬리콥터들의 역할이 한층 더 부각되고 있다. 말라카 해협과 아덴만지역이 특히 주목을 받고 있는데 이 두 지역은 해적들이 날뛰는 고위험지역이기도 하지만 동시에 이슬람 급진주의자들의 활동이 부쩍 급증한 지역이기도 하다. 게다가 이 지역들은 석유수송에 있어서 주요 해상교통로이며 인근 해역에서 날뛰는 해적들의 최고 공격목표가 되고 있기도 하다.73

이런 상황에서 가장 중요한 외교적 돌파구 중의 하나는 말레이시아와 싱가포르 사이에 있는 말라카 해협의 해상무역 보호 책임을 중국과 일본, 인도에게 양도하는 것이다.

2020년 중국은 자국의 석유수송량 80%가 경유하는 이 해협의 보호를 위해 이 해상수송로 동쪽 부분의 안전에 대한 책임을 동의하였다.74 인도 역시 말라카 해협 서쪽 부분과 인도양의 안전을 책임지기로 합의하였으며 일본 또한 11 대의 헬리콥터를 운용하는 자국의 18,000 톤 급 헬리콥터 구축함의 지원을 약속하였다.75

국제해양기구의 강화에 앞서서 아덴만과 베넹만 지역에서 발생하는 노략질로 세계 경제는 매년 100억불에서 150억 불의 손해를 입고 있다. 세계 안보와 경제활동의 심각한 위협인 해적의 위협을 강력하게 단속할 필요성을 인지한 미국과 러시아, 인도, 영국, 프랑스 그리고 기타 10여개의 국가들이 자국의 해군을 소말리아와 나이지리아 연안의 공동순찰과 경비에 협력하는 방안을 강구하게 된 것이다.76

---

73 James Kurth, "The New Maritime Strategy: Confronting Peer Competitors, Rogue States, and Transnational Insurgents," Orbis: A Journal of World Affairs 51, no.4(2007), www.fpri.org/orbis/5104/kurth.newmarittimestrategy.pdf

74 Ibid.

75 Jason J. Blazevick, "Defensive Realism in the Indian Ocean: Oil, Sea Lanes and the Security Dilemma,3' Y/orld Security Institute 5, no. 3 (2009), wwwxhinasecurity.us/pdfs/JasonBlazevic,pdf, 98. James Dunnigan, "Japanese Aircraft Carriers Back in Business," Strategy Page, April 15, 2009, www.strategypage.com/dls/articles/Japanese-Aircraft-Carriers-Back-In-Business-4-5-2009.asp.

3. 2026년의 세계상황: 심각한 자원부족과 새로운 우선순위의 목표 등장

앞으로의 세계 상황을 가정해 보면 2026년 경 무기 기술의 혁신과 예산압박의 증대 그리고 해상안보협력의 강화 필요성 등으로 인하여 미국과 러시아를 포함한 대양해군들이 보유한 현역 수상함의 생산이 급감하게 될 것이다. 2011년 20척에 달했던 전 세계 항공모함의 숫자는 2026년 12척 미만으로 감축하게 될 것이다. 2011년 국방비를 GDP의 2% 미만으로 지출하자는 나토의 협약을 단지 9개 회원 국가만이 이행하고 있었지만 2026년 경에는 전체 회원국가 2/3가 협약사항을 준수하게 될 것이다.[77] 이런 변화를 촉진시키는 핵심적인 요인은 각국의 국민들 대다수가 국방비의 용도를 세계무역확산 및 해양안전 도모에 있다는 것을 잘 인지하고 있기 때문이다.

해양전략의 변화에 따라 전투지향적인 작전과 임무수행의 감소는 미 해군이나 다른 국가의 해군으로 하여금 인도주의적 지원에 더 집중하도록 할 것이다. 세계적으로 증대되는 자연재해의 발생과 참혹한 현실은 세계 각국의 해군에게 구호활동의 증대를 위해 노력하도록 더욱 압박을 가하고 있다. 게다가 점증하는 시민 소요도 민간인과 비전투요원들을 위험지역에서 철수시킬 필요성을 증대시키고 있다. 해군들만이 특이하게 NEO 들을 수행할 수 있는데 새로 협상된 많은 해양협력협정은 해군작전활동의 효과성과 효율성을 최적화하는데 있어서 부담공유방식을 포함하고 있다.

이제 우리의 가상 시계를 현재시각으로 되돌려 놓고 생각해 보자. 오늘날의 예산압박문제와 무기기술의 발전이 세계적으로 해양전략의 근본적인 재검토를 요구하는 것이 아닌가? 고정익 비행편대를 보유한 항모전단도 비스마르크 호의 침몰과 진주만 공격사건으로 인해 대형전함시대의 종말이 초래된 것과 유사한 운명에 처하게 될 것인가? 만약에 그렇다고 한다면 현재의 해양전략 기획에 영향을 미치는 가장 중요한 핵심요인은 무엇인가? 이러한 주요 변화들이 2026년의 군사정책 입안가들에게 어떤 정책적 함의를 주는 것일까?

76 Ploch et al., "Piracy Off the Horn of Africa." 100. Africa Economic Development Institute, "Africa Economic Institute: Pirates of Somalia," March 2,

77 Africa Economic Development Institute, "Africa Economic Institute: Pirates of Somalia," March 2, 2009, http://africaecon.org/index.php/exclusives/read_exclusive/1/1.

4

2008년 미국 금융위기는
예방할 수 있었는가?

　향후 10년 이상 지속되면서 세계적인 경기후퇴를 초래한 2008년 금융위기에 대한 해법은 미국과 유럽 모두에게 정책의 최우선 과제였다. 사람들은 우선 경제에 대해 무엇이 잘못되었고 또 무엇을 해야 하는지 알고 싶어 하였다. 이 문제에 대해 제시된 다양한 해법들은 완전히 틀렸다고 할 수는 없어도 상당히 혼란스러운 것이었다.

　예를 들면 금융위기 이전에 정부가 시행한 자유시장 촉진을 위한 규제완화 조치들은 사실상 보다 자유로운 시장을 만들지 못하였다. 자유로운 시장에 있어서 완전한 정보, 참여자들의 책임성을 보장하는 법치주의, 정부의 공정한 심판자 역할[1]은 시장의 규제완화를 위한 필수적인 존재이다. 그러나 금융위기 이전 시장 참여자들은 자신들이 사고파는 것들에 대해 정확하게 알지 못했고 정부의 긴급지원금은 금융기관들의 책임감을 약화시켰다. 이러한 상황은 자유시장이라기 보다는 중상주의에 부합하는 것이었고 정부와 시장은 모두 규율과 규제를 위한 노력을 하지 않았다.

　이러한 명백한 모순을 어떻게 설명할 수 있을까? 정책이 이론에 맞지 않게 수립된 것인가? 정책은 잘 세워졌지만 이론과 일치하지 않았던 것인가? 정

---

1 정부를 심판자로 비유하는 것은 게임에 있어서 정부가 안전하고 일반적으로 납득할 수 있으며 예측 가능한 규칙을 운영하는 등 적절한 역할을 할 것으로 보기 때문이다. 좋은 심판자는 특정인을 편들지 않고 게임이 공정하게 이루어지도록 편견 없이 이러한 역할을 하여야 한다. 좋은 정부는 시장에서 특정인을 편들지 않고 한결같이 예측 가능한 법률을 시행하여야 한다. 여기에는 공평한 세금, 최소한의 보조금, 건전성과 안전성을 보장하기 위한 규제 등이 포함된다.

책이 부적절하거나 불완전하게 수립된 것인가? 정책의 틀이나 집행과정에서
틈새가 있었던 것인가?

　이러한 질문에 대답하기 위해 본 연구에 있어서는 과거에 발생한 금융위
기에 정책이 어떻게 대응했는지를 검토하고자 한다. 논의를 위해 1980년대 규
제완화와 관련된 레이거노믹스(Reaganomics)와 다른 중요한 경제적 접근방법
과 함께 클린턴(William Clinton)과 부시(George W. Bush) 행정부의 정책도 검토
할 것이다. 이 사례에서 역사적 맥락, 관련 경제이론, 관련 정책과 함께 글로
벌 경기침체를 개선하는 데 기여하지 못한 경제정책과 정책실행 결과의 불일
치에 대해서도 살펴보게 될 것이다.

1. 역사의 한 단면

　1980년대 초 대규모 경제침체가 시작될 무렵 미국은 증권거래 당사자의
거래 관련 정보를 확보한다는 이유로 증권거래위원회(Securities and Exchange
Commission: SEC)를 설립하였다. 당시에는 저축금융기관(저축은행)은 투자은행
이나 보험회사와 같은 다른 금융기관과는 분리되어 있었다.2

　1933년 글래스 스티걸 법(Glass-Steagall Act)은 상업은행과 투자은행을 분
리하였다. 은행이나 저축기관을 보유하고 있는 회사는 비금융 자산에 투자하
는 데 제한을 받았다. 그것은 저축기관과 정부를 비은행계의 위험으로부터 보
호하기 위한 것이었다. 경쟁이 과열될 것을 우려하여 연방예금보험공사
(Federal Deposit Insurance Corporation: FDIC)를 설립하여 예금자보험이라는 또
다른 규제를 도입하였다.3

2　미국의 금융기관(financial intermediaries)은 3종류로 나눌 수 있는데 저축은행(thrifts),
　보험회사(insurance companies), 투자은행(증권회사, investment banking/securities)으로
　구분할 수 있다. 금융증권(financial security)은 채권(bonds), 주식(stocks)과 파생상품
　(derivatives)인 스톡옵션(stock options), 선물(futures)로 나눌 수 있다. George G. Kaufman,
　The U.S. Financial System: Money, Markets, and Institutions, 6th ed. (Englewood Cliffs,
　NJ: Prentice Hall, 1995) 참조.
3　R. E. Litan, *Financial Regulation: In American Economic Policy in the 1980s*, ed. M.
　Feldstein (Chicago: University of Chicago Press, 1994): 519~557.

이러한 규제장치는 몇 십년간 상당히 잘 작동하였다. 시장변동에도 불구하고 증권거래가 잘 이루어졌고 은행파산도 많지 않았다. 그러나 1970년대 초 몇 가지 시스템적인 문제가 생기기 시작하였다. 예를 들면 1950년대부터 FDIC는 은행을 파산시키기 보다는 합병을 유도하였다. 이러한 합병은 모든 예금자에 대해 사실상 보험과 같은 역할을 하였다. 이러한 관행은 1974년 은행 감독기관이 프랭클린은행(Franklin National Bank)의 모든 예금자들에게 상환을 허용하면서 더욱 확실하게 되었다. 예금자들이 이러한 방법으로 구제될 수 있다고 한다면 은행은 혹시 위험이 닥치더라도 자신들이 지게 될 책임은 적어질 수도 있다고 믿게 되었다.[4]

1.1 고통의 10년

미국은 1980년대에 대규모 경제침체를 맞이하여 금융기관의 극심한 고통을 경험하였다. 이 기간 동안 자산담보 증권(asset-backed securities), 변동금리 저당증권(variable-rate mortgages), 대형 지방은행(super regional banks)과 같은 새로운 제도들은 또 다른 문제발생의 여지를 만들었다. 고금리, 뮤추얼 펀드 등으로 인한 시장의 압력이 증가함에 따라 시스템에 부담이 증가하기 시작하였다. 저축은행들은 원칙적으로 고정금리로 저당증권을 발행하는 자산을 가지고 있었는데 이자수입을 얻을 수 있는 자산을 조달하는 데 점차 어려움을 겪게 되었다. 또한 소비자들은 뮤추얼 펀드에 대해 높은 수익을 얻을 수 있다고 기대하게 되었다.[5]

1970년대 말에서 1981년에 걸친 시장금리의 급격한 상승과 함께 예금금리에 대한 규제는 많은 사람들이 은행예금을 찾아서 증권회사의 자산시장인 뮤추얼 펀드에 가입하게 하였다. 은행이 가지고 있는 대출과 저당증권(mortgage)의 가치가 낮아지고 예금자들의 인출이 많아지자 은행의 파산이 급격하게 증가하였다. 이러한 사태를 더욱 악화시킨 것은 어떤 경우에는 회계원칙에 따라 또 다른 경우에는 고의적으로 이러한 지급불능 상황에 대해 기록을

---

4 Ibid.
5 Ibid.

하지 않았다는 것이다. 그러므로 규제조치는 특정 은행이 지급불능 사태에 달할 때까지 지연되었다.[6]

낮은 물가상승율과 강한 달러는 은행을 더욱 압박하였다. 이것은 일부 상품 가격의 인하를 초래하였고 장기 고정금리로 대출을 받은 사람들에게 큰 부담이 되었다. 규제조치들은 금융기관의 상품 다양화를 제한하여 변화하는 경제환경에 더욱 취약하게 만드는 등 문제를 악화시켰다.[7]

의회와 카터(Jimmy Carter) 행정부는 이러한 문제에 대응하기 위해 1980년 3월 예금기관규제완화 및 통화관리법(Depository Institutions Deregulation and Monetary Control Act: DIDMCA)을 통과시켰다. 이 법은 이자 제한 상한을 단계적으로 폐지하고 6년에 걸쳐 획일적인 지불준비율 제도(reserve requirements)를 도입하도록 하였으며, 예금보험의 한도를 4만 달러에서 10만 달러로 인상하였다. 이 법은 또한 모든 은행과 예금기관들에게 나우계정(negotiable order of withdrawal(NOW) accounts)[8]을 허용하였고, 예금기관들에게 개인 및 기업에 대한 대출업무를 허용함으로써 은행과 예금기관의 경계를 불분명하게 하였다. [9,10,11]

또한 규제완화와 예금보험 한도 인상은 사람들이 예금과 대출을 받아 투자를 하도록 하였고 많은 사람들을 파산하게 하는 원인이 되었다. 사람들은 현명하지 못한 투자를 하였을 뿐만 아니라 느슨해진 규제를 틈타서 거짓보고

---

6 Alan Greenspan, *The Age of Turbulence: Adventures in a New World* (New York: Penguin Press, 2007).

7 W. A. Niskanen, *Reaganomics: An Insider's Account of the Policies and the People* (New York: Oxford University Press, 1988): 196–197

8 나우계정(NOW account)은 수표와 비슷한 것을 발행할 수 있도록 허용한 예금기관의 이자발생 계정이다. 예금자는 예금계좌를 가지고 수표발행과 비슷한 양도성 예금 인출권(negotiable order of withdrawal)을 행사할 수 있게 되었다. 이것은 예금자가 언제든지 자신의 돈을 사용할 수 있는 단기 금융시장계정(money market account)과 유사한 것이다. Kaufman, *The U.S. Financial System : Money, Markets, and Institutions* 참조.

9 Niskanen, *Reaganomics*, 122.

10 Litan, *Financial Regulation: In American Economic Policy in the 1980s*.

11 Federal Deposit Insurance Corporation (FDIC), "The Savings and Loan Crisis and Its Relationship to Banking," in *History of the Eighties–Lessons for the Future, Vol 1: An Examination of the Banking Crises of the 1980s and Early 1990s* (Washington, DC: FDIC, 1997).

까지 하였다.[12]

    은행은 저축예금 계정에서 손해를 보지 않게 되었으나 보다 높은 이자율 문제에 직면하게 되었다. 예를 들면 1981년의 경우 85%의 예금기관들이 예금 금리보다 높은 이자를 지급하고 있었다. 이 때문에 통화감독청(Comptroller of the Currency)과 연방주택대출은행이사회(Federal Home Loan Bank Board: FHLBB)는 예금기관에 대해 변동금리형 저당증권(variable-rate mortgage) 발행을 허가하였다. 예금기관들을 더욱 신용조합(credit unions)과 같이 보이게 만든 것은 누구나 예금기관을 사거나 팔 수 있도록 소유에 관한 규제를 제거한 것이었다. 개정된 회계 규정은 최소의 자본규모도 축소시켰다.[13],[14] 이러한 규제 완화는 필연적으로 은행으로 하여금 보유한 돈을 더 많이 대출에 사용하도록 하였다. 이것은 은행에게 더 많은 이익을 가져올 수 있게 하는 동시에 더 많은 위험에 노출되게 한다. 만약 은행 또는 일반적인 금융기관이 이러한 규제에 부응하여 적절한 판단을 하지 않는 경우에 특히 자본이 부족하게 되면 나쁜 결과가 초래될 수 있다.

    1982년의 가른 세인트 저메인법(Garn-St Germain Act of 1982)은 규제를 더욱 완화하였다. 이 법은 예금기관이 소액 예금자에게 금융시장 계정(money market accounts)을 개설할 수 있도록 했고 고액 예금자에게는 수퍼 나우계정(super NOW accounts)을 개설할 수 있도록 허용하였다. 이 조치는 편리한 지불수단을 제공한다는 점에서 인기가 있었다. 또한 이 법의 일부 규정은 연방보험공사 입장에서 필요한 것으로서 예금기관의 어려움을 일시적이나마 완화시켜 주었다. 다른 규정들은 다른 주 또는 다른 형태의 은행이 파산은행을 인수할 수 있도록 허용하였다.[15] 이러한 조치와 함께 감독기관은 회계 관련 요구사항을 완화하고 최소의 자본규모도 축소시켰고 결국 예금기관들은 실제보다 지불능력이 있는 것처럼 보이게 하는 것이 용이하게 되었다.[16]

    점차 많은 예금기관들이 지불불능이 되어갔다. 감독기관들은 파산하는 모

---

12 Greenspan, *The Age of Turbulence*.
13 Niskanen, *Reaganomics*, 122-123.
14 FDIC, "The Savings and Loan Crisis and Its Relationship to Banking."
15 Niskanen, *Reaganomics*, 123.
16 Litan, *Financial Regulation*.

든 기관의 손실을 해결할 만한 보험금이 부족했기 때문에 예금기관들이 재정적으로 지불불능 상태라는 것을 감추도록 독려하였다. 많은 전문가들은 예금기관들이 높은 이자를 지급하는 것은 일시적인 현상일 것이고 이자율이 하락하면 예금기관도 회복할 수 있을 것으로 기대하였다. 또한 모든 지불불능 예금기관의 파산처리에 필요한 재원을 마련하는 것은 엄청난 비용이 들고 정책적으로도 불가능한 것으로 생각하였다.[17]

감독기관들은 낙관적인 견해를 가졌다. 경제는 회복되기 시작하였으나 1985년 두 번째 경제위기가 닥쳤다. 오하이오와 메릴랜드의 대형 은행이 파산하면서 몇 개의 주(state)의 인가를 받은 예금기관들에게 불똥이 튀었다. 연방정부는 보험이 되지 않는 주의 보증금 문제를 대신 해결하였다. 이것은 결국 은행 소유자와 경영자들에게 은행파산의 위험을 걱정하지 않아도 된다는 신호를 주게 되었고 도덕적 해이를 증가시켰다.[18] 은행은 잃을 것이 없다고 생각하고 모을 수 있는 한 많은 돈을 모으게 됨에 따라 대단히 위험하게 되었다.[19]

그러는 사이에 국가는 예금기관에 대한 규제를 더욱 완화하였다. 예금기관은 비주거용 부동산, 상업대출, 소비자금융에 있어서 자산 대비 투자할 수 있는 비율을 높였고 감정평가 없이 가정용 대출을 할 수 있도록 허용하였다. 그 외에 연방 또는 주 차원에서 예금기관 인가를 할 수 있도록 하여 많은 주에서 예금기관에 대한 규제를 완화하는 법률을 제정하였다.[20]

1987년이 되면 금융시장의 상황은 더욱 악화하였다. FDIC는 지불불능에 빠진 예금기관을 파산시킬 경우 지급해야 할 보험금을 충분히 갖고 있지 못하였다. 결국 미국 재무부는 대대적인 구제활동을 시작하는 수밖에 없었다. FHLBB의 회장인 에드윈 그레이(Edwin J. Gray)는 재무부에 대해 지불불능에 빠진 예금기관을 위한 긴급구제 자금을 요청하였다. 1987년 8월 조치가 이루어졌으나 요청한 150만 달러 가운데 108만 달러만 받아들여졌다.[21,22]

17 Ibid.
18 옥스퍼드 영어사전(Oxford English Dictionary)에 의하면 도덕적 해이(moral hazard)란 어떤 행위자가 자신의 행동으로 인한 모든 책임을 감당하지 않아도 될 때 그러한 행동을 더욱 많이 하는 것이라고 설명하고 있다.
19 Litan, *Financial Regulation*.
20 FDIC, "The Savings and Loan Crisis and Its Relationship to Banking."

그림 4.1 금융위기에 대한 경제학파의 입장

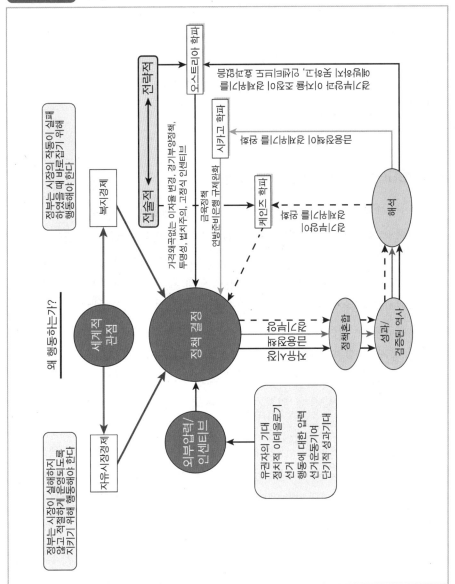

---

21 Litan, *Financial Regulation*.
22 FDIC, "The Savings and Loan Crisis and Its Relationship to Banking."

　　비상자금으로 사용된 금액은 당초에 요청한 것보다 적은 것이었지만 연방 예산에 심각한 영향을 미쳤다. 재무부가 지출한 돈을 포함하여 최종적으로 납세자들에게 돌아갈 부담은 수천만 달러에 달하였다. 여기에 상업은행 붕괴와 부동산 경기침체는 엄청난 피해를 초래하였다. 국가의 최고 인재들이 최선의 노력을 하였음에도 불구하고 정책은 침체로부터 경제를 활성화시키는 데 실패하였다.[23],[24]

2. 1990년대 심화되는 문제들

　　해외에서의 사건들이 1990년대 후반 새로운 재정위기를 촉발시켰다. 한국에 처음으로 재정위기가 닥치자 이를 완화시키기 위해 한국에 수십만 달러를 빌려주었다. 앨런 그린스펀(Alan Greenspan)은 금융위기를 '전염병'이라고 불렀다. 그는 도덕적 해이로 인한 구제조치는 오래 갈 것이라면서도 2008년 모기지 사태에서도 사용했던 '대응에 실패하면 너무도 큰 손해가 발생한다'는 논리를 주장하였다.[25] 더욱 위험한 러시아 금융위기가 곧 바로 닥쳤다. 미국 경제에 미친 충격은 훨씬 컸다. 연방준비제도이사회(Federal Reserve Board: FRB)는 충격을 완화하기 위해 이자율 인하를 중심으로 하는 점진적인 정책을 사용하였다.[26] 브라질은 그 다음에 위기가 발생한 국가였지만 극심한 재정위기는 겪지 않았다.

　　그러는 동안 큰 정부에 대한 반대 정서가 되살아나 규제완화는 계속되었다. 클린턴(Bill Clinton)행정부는 임기 말이 되자 큰 폭으로 예산을 증액하고 이 돈을 사람들에게 되돌려주었으며 정부의 규모를 축소하였다.[27] 이러한 규제완화는 1999년 그램 리치 브릴리법(Gramm-Leach-Bliley Act)에 의해 글래

---

23 Greenspan, *The Age of Turbulence*.
24 N. Gregory Mankiw, *Macroeconomics*, 6th ed. (New York: Worth Publishers, 2007).
25 Alan Greenspan, "Testimony of Dr. Alan Greenspan," Washington DC, December 23, 2008, http://clipsandcomment.com/wp-content/uploads/2008/10/greenspn-tsetimony-2008 10 23.pdf.
26 Greenspan, *The Age of Turbulence*.
27 Ibid.

스 스티걸 법(Glass – Steagall Act)이 일부 개정되는 결과를 가져왔다. 이것은 하나의 회사가 동시에 상업은행, 투자은행, 보험회사가 되는 것을 합법화하였다.[28]

부시(George W. Bush) 행정부가 2개의 전쟁, 세금감면 등으로 전례 없는 재정적자에 빠지자 정부에 대한 지출축소를 요구하는 목소리가 높아졌다. 규제완화, 정부규모 축소, 적자재정 개선 등으로 정부의 효율성을 향상시켜야 한다고 주장하는 논문이 다수 발표되면서 예산절감을 더욱 압박하였다.[29]

2007년 말부터 2008년 초까지 미국 정부와 의회에서는 임박한 재정위기의 심각성에 대한 논의는 없이 대응방안에 대한 의견대립만 심화되었다. 위기를 심화시킨 핵심요인 중 하나는 대형은행들이 자율적 규제를 시행할 것이라고 믿었다는 것인데 이것은 놀랄 만큼 잘못 생각한 것이었다. 앨런 그린스펀은 2008년 의회의 증언에서 "대출은행들이 스스로 주주들의 자산을 보호하기 위해 관심이 있을 것으로 기대했던 우리들은 (특히 내 자신이) 커다란 불신을 갖게 되었다"고 하였다.[30]

시장은 자율규제 장치가 있고 이것이 적절하게 작동할 것이라는 일정한 가정과 조건이 필요하다. 작은 농장들로 구성된 밀 시장과 같은 완전한 경쟁시장의 경우에는 수요자와 공급자가 모두 가격에 영향을 미칠 수 없다. 그리고 시장은 완전한 또는 최소한 충분한 정보를 알 수 있다고 가정한다. 구매자와 판매자는 자신이 무엇을 사거나 팔고 있는지를 알고 특정한 거래에 있어서 거래조건을 이해하고 있어야 한다.[31] 구두나 커피용 컵과 같은 단순 상품 시장에 있어서는 이러한 것들이 복잡하지 않다. 그러나 금융처럼 제도가 복잡하고 공개 보고서를 충실하게 작성하지 않으면 좋은 정보를 얻는 것이 어렵게 된다.

시장기능이 건전하게 작동하는 데 있어 또 하나의 중요한 조건은 수익과

---

28 Gramm – Leach – Bliley Act, April 28, 1999, http://thomas.loc.gov/cgi – bin/bdquery/z?d106:S900.

29 J. W. Kingdon, *Agendas, Alternatives and Public Choices*, 2nd ed. (New York: Harper Collins College, 1995).

30 Greenspan, "Testimony of Dr. Alan Greenspan."

31 R. S. Pindyck and D. L. Rubinfeld, *Microeconomics* (Upper Saddle River, NJ: Pearson Education, 2005).

손해가 내면화되어 있어야 한다는 점이다. 시장 참여자(개인, 기업, 정부)는 자신의 모든 활동에 대해 비용을 지불하고 이것으로부터 발생하는 이익을 취득한다. 도덕적 해이는 이러한 시장 구조에 문제가 생길 때 발생하게 되는 데 예를 들면 비용을 충분히 지불하지 않고도 이익을 얻을 수 있게 되면 참여자들은 자신의 행위에 대해 비용을 충분히 지불하지 않게 된다. 긴급 구제금융의 경우 금융기관들은 위험한 행동을 하면서도 이로 인한 이익을 얻었지만, 공공기관들은 2008년에 있었던 AIG, Fannie Mae, Freddie Mac의 파산의 경우와 같이 최종적인 모든 위험을 부담해야 하는 것이 보통이다.32

2.1 경제학파의 역할

역사적 관점에서 보면 특정한 시점에 어떤 경제학파가 유행했는지를 알게 되면 어떤 정책이 왜 그리고 어떻게 채택되었는지를 설명하는 데 도움이 된다. 경제학파는 기본적인 정책의 틀을 형성하고, 어떤 사건이 일어날 것인지를 예측하며, 향후 어떤 조치를 취해야 할 것인지를 검토하는 데 있어 중요하다.33 그러한 정책의 틀이나 시나리오는 결국 경제, 나아가서는 보다 넓은 사회시스템이 어떻게 작동할 것인가에 대한 다양한 경쟁적 대안에 기초하여 작성된다.

사회적 시스템은 본질적으로 개인의 관심사항보다는 복잡하다. 그러므로 어떤 개인이 경제 또는 국가와 같은 사회적 시스템에서 나타나는 모든 측면과 복잡성을 이해하는 것은 불가능하지는 않다고 하더라도 대단히 어려운 일이다. 경제이론, 기본 틀, 모델 등은 이와 같이 엄청나게 복잡한 현실을 사람들에게 이해하기 쉽게 단순화시켜 보여주기 위한 것이다. 이러한 것들은 어떤 일이 발생했고, 현재 진행되고 있으며, 앞으로 어떤 일이 일어날 것인가에 대해 설명하고자 한다. 경제적 모델이나 틀이 완전히 틀리는 경우는 드물지만, 아무리 훌륭한 것이라고 하더라도 완전한 것은 없다. 어떤 문제를 적절하게 설명하기 위해서는 서로 충돌하기도 하고 일부는 보완적이기도 한 광범위한

---

32 Emergency Economic Stabilization Act of 2008, HR. 1424, October 3, 2008.
33 Kingdon, *Agendas, Alternatives and Public Choices.*

이론적 틀과 예측 모델을 검토하여 보다 나은 결과를 얻을 수 있을 것이다.

1) 케인즈 경제학파(Keynesian Economics)

케인즈 경제학자들은 완만한 경기변동과 경제성장 지속을 위해 적극적인 재정정책이 필요하다면서 거시경제 변수들을 중시한다. 금융정책은 부차적인 것이고 유용한 것이 아니라고 생각한다.[34] 케인즈 경제학파는 20세기 중반 지배적인 영향력을 가졌었다. 이 학파는 1980년대까지 영향력을 가졌으나 1970년대 스태그플레이션이 발생하면서 심각한 의문이 제기되었다.[35] 이후에 신케인즈학파가 출현하여 이론을 정비하고 케인즈학파의 발전을 위해 노력하기도 하였다. 이들은 물가란 안정성을 추구하기 때문에 상황에 따라 변화하는 데 시간이 걸리고, 재정 및 금융정책은 이러한 완만한 변화를 촉진시키는 데 도움을 준다고 주장하였다.[36]

2) 시장실패론(Market Failure Theory)

시장실패론에 의하면 자유시장은 시장권력(market power), 불완전한 정보(incomplete information), 외부적 영향력(externalities), 공공재(public goods) 등의 요인으로 실패할 수 있다고 한다.

> 구매자 또는 판매자는 시장 조작이나 비효율적 결과를 초래할 수 있을 정도로 시장에 직접적인 영향력을 행사할 수 있을 때 시장권력을 갖게 된다.
>
> 만약 구매자 또는 판매자가 자신의 구매 또는 판매와 관련하여 불완전한 정보를 가지고 있다면 가격은 자원배분에 있어 적절한 지표(indicator) 역할을 할 수 없을 것이다.
>
> 외부적 영향력은 시장가격이 그 상품의 모든 비용이나 효용을 완전하게 반

---

34 Niskanen, *Reaganomics*, 16.

35 P. J. Boettke, "The Reagan Regulatory Regime: Reality vs. Rhetoric," in *The Economic Legacy of the Reagan Years: Euphoria or Chaos?* ed. A. P. Sahuand and R. L. Tracy (New York: Praeger, 1991), 117−123.

36 Mankiw, *Macroeconomics*.

영하지 못할 때 나타난다. 자동차 운행이나 공장운영으로 발생하는 환경오
염은 바로 그러한 예에 해당한다. 금융기관의 위험한 행동에 대한 비용도
이러한 예에 속한다고 할 수 있다. 만약 경영자들이 모든 비용을 부담할 필
요가 없다는 것을 알고 의사결정을 하게 된다면, 이들의 잘못된 결정의 결
과를 일반 납세자들이 결국 부담하게 될 것이다.

공공재란 국가안보 또는 전염병 예방과 같은 것을 말한다. 이러한 재화는
다른 사람이 활용하는 것을 배제하기 어렵고, 어떤 사람이 소비한다고 하
여 다른 사람에게 손해가 발생하지도 않는다.[37]

3) 복지경제학파(Welfare Economics)

시장실패의 원인을 설명하는 것은 공공재(public goods)와 부의 공공재
(public bads)를 중심 개념으로 하는 복지경제학파의 중요한 부분이다. 그러나
복지경제학파는 시장실패론보다 다수의 미시경제학적 변수들과 정부의 재정
지출, 조세, 규제 등을 포함하여 설명한다. 이들은 민간경제 부문이 재화나 용
역을 적절하게 공급하지 않으면 시장실패가 발생하며 이것을 바로 잡는 것이
정부의 역할이라고 주장한다. 또한 정부는 능력이 있고 베풀 수 있는 존재라
는 것을 전제로 한다. 케인즈학파처럼 복지경제학파는 2008년 금융위기의 도
래와 함께 인기와 영향력을 상실하였다. 그 이유는 정부가 문제를 해결할 수
있는 능력이 있고 베풀 수 있을 것이라는 신뢰가 깨지게 되었기 때문이다.
[38,39]

4) 시카고학파(Chicago School) - 통화주의(Monetarism)

밀튼 프리드먼(Milton Friedman)은 시카고 경제학파에 속해 있을 때에는
통화주의를 강하게 주장하였다. 통화주의는 경제성장을 촉진하기 위해서는 재
정정책이 아닌 통화 공급에 변화가 필요하다고 강조하였다.[40] 이 학파는 1980

---

37 Pindyck and Rubinfeld, *Microeconomics*.
38 Niskanen, *Reaganomics*, 17.
39 Boettke, "The Reagan Regulatory Regime."
40 Niskanen, *Reaganomics*, 17.

년대의 금융위기에 대한 대응과 규제완화 정책에 직접적인 영향을 미쳤다. 연방준비제도이사회(Federal Reserve Board) 의장이었던 통화주의자 앨런 그린스펀과 함께 시카고학파는 1980년대 말의 위기대응에 큰 영향을 주었다. 특히 1980년대 말 이전의 규제완화 정책이 잘못되었다고 하는 그린스펀의 생각은 금융산업의 붕괴를 초래하는 원인이 되었다.[41],[42]

5) 오스트리아 학파의 시장과정론(Austrian Theory of the Market Process)

오스트리아 학파의 시장과정론에 의하면 시장이 기능하는 데 있어 결정적으로 중요한 것은 가격이다. 자유시장에 있어서는 개인이나 단일 조직은 의사결정을 하는 데 필요한 정보를 제공할 수 없고 가격이 관련 정보를 통합적으로 제공한다. 여기에는 이자율도 포함되는데 왜냐하면 이자율은 돈의 가격이기 때문이다. 정부가 규제를 하게 되면 가격에 왜곡이 발생하게 된다. 사람들은 가격에 기초하여 의사결정을 하는데 특히 이자율의 경우에는 민감하게 반응하기 때문에 이러한 왜곡은 시장 참여자들이 이용할 수 있는 정보의 정확성을 떨어뜨린다.[43],[44]

정부가 이자율을 낮추면 돈의 가격이 낮아진다. 시장의 관점에서 보면 돈의 가격이 낮아진 것이 시장여건에 의한 것이 아니라 자의적으로 이루어진 것이므로 사람들은 정상적인 것보다 많은 돈을 빌리거나 투자하려고 할 것이다. 시간이 흐르면 시장에 있어 이러한 움직임은 붐을 이루게 된다. 어떤 문제에 있어서는 왜곡이 더 이상 견딜 수 없을 때까지 확대되는데, 이러한 결과 초래되는 시장붕괴는 이전에 있었던 왜곡을 바로잡는 과정이라고 할 수 있다. 오스트리아 학파에 있어서는 가능한 한 시장에 적게 개입하는 것이 최선의 정책이다. 경제를 자극하기 위한 패키지와 금융정책은 장기적으로 보면 잘못된 정보를 광범위하게 제공하여 문제를 더욱 악화시킬 뿐이라고 한다.[45],[46]

41 Litan, *Financial Regulation*, 519-557.

42 Greenspan, *The Age of Turbulence*.

43 Luwig Von Mises, *Human Action*, 4th ed. (Little Rock, AR: Fox and Wilkes 1996).

44 Murray N. Rothbard, *Man, Economy, and State: a Treatise on Economic Principles*, scholar's ed. (Auburn, AL: Ludwig won Mises Institute, 2009).

45 Von Mises, *Human Action*.

2.2   정치적 고려사항

여러 요인들이 결합되게 되면 어떤 문제가 국가의 정치적 관심사항으로 부각되는 경우가 많다. 어떤 문제에 대한 관심이 증가하면 다양한 해결방법이 제시되고 사회 지도층 인사들이 개입하게 되며 긴박감이 증가하게 되어 개선의 기회가 생기게 된다. 도출되는 정책은 대체로 사람과 조직이 서로 어떻게 관련되어 상호 작용을 하고 있는가와 같은 문제의 특징에 의해 결정된다. 이러한 요소들이 교차하는 곳은 정책의 변화가 일어나는 데 필요한 환경을 엿볼 수 있는 정책의 창(policy window) 역할을 하기도 한다.47

1) 점진주의의 영향력

점진주의(Incrementalism)는 정책결정자들이 현상유지를 지지하고 최소한의 변화를 선호할 것이라고 가정한다. 비록 이론적으로는 대규모의 혁신적인 변화가 최선의 방법이라고 하더라도 정치인들의 입장에서는 정치적으로 위험할 수 있다.48 점진주의는 1980년대 위기에 대응하기 위해 실시된 금융 규제완화를 위한 정책적 접근방법에서도 나타났는데, 여기에서는 이 분야의 제도적 결함이 무엇이고 장차 유사한 위기발생을 예방하기 위해 무엇이 필요한지에 대해서 거의 제시하고 있지 않았다. 이러한 현상은 1997년부터 2001년까지 진행된 금융위기와 2008년 모기지(mortgage) 사태로 촉발된 금융위기에서도 나타났다.49

어떤 이슈는 국가적 관심주제로 우선순위가 부상하기 이전에 사람들이 위기의식을 갖게 되는 경우가 있다.50 1980년대 금융부문에 대한 정책결정은 위기를 예방하려는 것이라기보다는 이미 발생한 사건을 수습하는 데 중점을 둔 조치라고 할 수 있다.51

더욱 심각한 문제는 점진주의가 정치적 시스템을 무능하게 만들 수 있다

---

46 Rothbard, *Man, Economy, and State: a Treatise on Economic Principles.*
47 Kingdon, *Agendas, Alternatives and Public Choices.*
48 Ibid.
49 Greenspan, *The Age of Turbulence.*
50 Kingdon, *Agendas, Alternatives and Public Choices.*
51 Litan, *Financial Regulation.*

는 것이다. 공공정책에 대한 의견차이가 너무 극명하게 대립적이면 정치적 고려 때문에 정치적 이데올로기를 앞세우게 된다. 2008년 이전에는 금융위기 해결에 도움이 되는 시스템 구조를 개혁하기 위한 노력은 거의 이루어지지 않았고, 일부의 조직적인 문제점은 오늘날에도 존재하고 있다.

2) 공공선택론(Public Choice)과 정치경제학(Political Economy)

공공선택론은 다양한 정부 실패의 형태를 보여주는 정부의 행동을 설명하기 위해 게임이론의 원칙을 도입하였다. 이 이론은 2008년 위기 이전에 많은 지지를 받고 있었다. 이것은 시장은 물론 정부도 실패할 수 있다고 상정한다. 공공선택학파는 규제가 비효율을 심화시키기 때문에 정부가 항상 문제해결 능력이 있고 공정하게 베푸는 역할을 하는 것은 아니라고 주장한다.

규제포획(regulatory capture)의 개념은 이러한 사례를 설득력 있게 설명할 수 있다. 이 사례에 있어서 규제를 받고 있는 산업은 규제를 하는 정부기관과 너무 가까운 관계를 가지고 있었다. 기업(이 경우에는 금융기관)이 규제에 대해 강한 영향력을 행사할 수 있으면 산업에 우호적인 편향적인 결과가 되어 경쟁원칙에 반하거나 불충분한 조사가 이루어지는 등 공공선택론자들이 주장하는 정부실패(government failure)의 모습들이 나타나게 된다. 결국 규제포획을 비롯한 각종 정부실패는 사회에 해로운 것으로 보인다. 이러한 주장은 정책토론 과정에서 당시에 광범위하게 퍼져있었던 규제완화 주장을 지지하는 데 영향력을 발휘하였다.[52,53]

공공선택론에 있어서 이해관계가 있는 정치적 행위자는 사회공동체를 위한 최적의 결과가 나오도록 항상 행동하지는 않는다. 비록 가장 양심 있는 정치인이라고 하더라도 현재 유권자들의 요구사항을 끊임없이 고려해야 한다. 대부분의 국회의원들은 빈번하게 실시되는 선거를 의식하기 때문에 책임을 지고 문제가 많고 불안정한 금융시스템을 근본적으로 개혁하기보다는 단기적인 해결방안을 찾게 된다.[54]

---

52 Niskanen, *Reaganomics*, 17-18.
53 Boettke, "The Reagan Regulatory Regime."
54 Greenspan, *The Age of Turbulence*.

　　대부분의 경우에 의회는 미래의 문제를 예방하는 것이 아니라 당면한 상황을 개선하는 최소한의 입법조치나 임시 처방을 하는 것으로 마무리한다. 정치적으로 비타협적 태도를 보이는 것은 국회의원들이 개혁을 제한하거나 현행 제도를 유지하는 데 이해관계가 있는 정치자금 기부자의 입장을 고려한 것일 수도 있다.

2.3   위기에 대한 대응

　　모기지 위기가 심화된 2007년 말 부시 행정부와 뒤를 이은 오바마(Barack Obama) 행정부는 기본적으로 신케인즈학파(neo‒Keynesian)의 접근법을 지지하였다. 여기에는 2008년 긴급경제안정화법(Emergency Economic Stabilization Act of 2008)과 2009년 미국 경제회복 및 재투자법(American Recovery and Reinvestment Act of 2009)이 포함되어 있었다. 이 두 개의 법은 대체로 케인즈학파(또는 신케인즈학파)의 입장에 입각하여 위기 완화의 방법으로 연방의 달러를 경제에 투입하여 유동성을 확보하고 경제의 활력을 유지하기 위한 것이었다.[55,56]

　　긴급경제안정화법은 7,000억 달러를 투입하여 부실자산을 구입하고 은행자본을 확충하는 프로그램을 실시하는 주요 금융구제 조치에 속한다. 이러한 입법조치를 시행한 결과 AIG, Fannie Mae, Freddie Mac과 같은 회사가 방대한 분량의 주택저당증권(mortgage backed securities)을 발행하였다.[57] 이외에 연방준비제도이사회는 기업을 보유하면서 은행으로 전환하겠다는 아메리칸 익스프레스(American Express)의 신청을 승인하였다. 연방의 규제 하에 있는 은행들은 연방준비제도로부터 대출을 받고 예금을 유치할 수 있게 되어 현금을 동원하기 쉬워졌다. 그 결과 아메리칸 익스프레스는 다른 신용카드 회사들보다 강한 경쟁력을 갖게 되었다.[58]

---

55 Emergency Economic Stabilization Act.
56 American Recovery and Reinvestment Act of 2009. H.R. 1. February 17, 2009.
57 Emergency Economic Stabilization Act.
58 Ben Steverman, "American Express Banks on Federal Help," *Business Week*, November 12, 2008, www.businessweek.com/invester/content/nov2008/pi20081111_996691.htm.

오바마 대통령은 취임하고 1개월 후에 2009년 미국 경제회복 및 재투자법에 서명하였다. 이 법은 소비자에게 돈을 공급하는 데 중점을 두고 있어 2008년 입법보다 더욱 전통적인 케인즈 학파의 입장에 충실하였다. 뉴딜(New Deal) 입법과 유사하게 이 법에도 단기 및 장기의 목표가 있었다. 예를 들면 지방차원에서 불경기로 타격을 입은 많은 사람들에게 1,440억 달러의 구제금융을 제공하고, 약 2,880억 달러의 세금우대 조치를 하도록 하였다. 또한 인프라를 증설하고 개량하는 것과 함께 연구와 기술발전을 지원하는 데 3,570억 달러를 배정하였다.[59]

연방준비제도이사회 의장인 벤 버냉키(Ben Bernanke)의 지원을 받는 헨리 폴슨(Henry Paulsen)재무부 장관은 2008년 경기부양 정책을 배후에서 조정하는 중요한 인물 중의 한 사람이었다. 폴슨은 이와 같은 대규모 부양정책에 대해 첫째, 투자자들의 자신감을 높이고 유동성을 공급할 수 있으며 둘째, 충분히 종합적이고 광범위하며 의미 있는 동기를 줄 수 있는 것이라면서 정당성을 주장하였다.[60]

2009년 경기부양 정책을 지지하는 입장은 200명의 경제학자들이 서명하고 미국진보행동기금센터(Center for American Progress Action Fund)에서 발표한 성명서에 잘 나타나 있다. 그들의 핵심 주장은 케인즈학파가 주장하는 바와 같이 경기후퇴를 막기 위해 유동성을 투입하는 신속한 행동이 필요하다는 것이었다. 그들은 조치가 취해지지 않는다면 사태는 더욱 악화될 뿐이라고 경고하였다.[61]

많은 사람들이 케인즈학파가 주장하는 경기부양 프로그램을 비판하였다. 그 중에서 가장 널리 알려진 것으로 카토 연구소(Cato Institute)가 발행하고 다른 경제학자들이 서명한 청원서가 있는데, 이것은 경기부양 정책과 그 배경이 되는 케인즈학파의 이론을 비판하였다. 이들은 경기부양 프로그램이 성장을

---

59 American Recovery and Reinvestment Act.

60 Edmund L. Andrews and Graham Bowley, "Dow Rises 370 Points as U.S. Plans Financial Rescue Package," *The New York Times*, September 19, 2008, www.nytimes.com/2008/09/20/business/economy/20cndleadall.html.

61 Center for American Progress Action Fund, "Letter to Congress: Economists across Spectrum Endorse Stimulus Package," January 27, 2009, www.americanprogressaction.org/issues/2009/01/stimulus_letter.html.

촉진시키지 못할 것이므로 기본 시스템을 개혁하고 저축, 투자, 업무, 생산에 대한 장애물들을 제거해야 한다고 하였다. 또한 이들은 최선의 재정정책은 오스트리아 학파 및 시카고 학파의 입장을 반영하여 세금을 낮추고 규제를 완화하는 것이라고 주장하였다.[62]

2.4 경제학파의 영향력 평가

1) 1980년대

결국 1980년대 금융위기에 대응하여 실시된 정책들은 그 이후에 발생한 금융위기를 예방하지 못했다. 일부 시스템적인 문제로 인하여 예금 시스템이 붕괴되었다. 정책결정자들은 도덕적 해이와 규제완화 부실관리와 같은 시스템적인 문제에 대해 근본적인 해결을 하지 않고 점진적인 조치를 하였다. 이러한 정책들은 장차 발생할 위기를 예방하지 못했을 뿐만 아니라 1980년대 말과 1990년대 초에 있었던 경기후퇴로부터 국가경제를 구출하지도 못하였다.[63]

당시의 사건에 대해 두 개의 경제학파가 참고할만한 설명을 제시하였다. 오스트리아 학파와 공공선택론은 어떻게 그리고 왜 훌륭한 정치가 반드시 좋은 경제를 만들 수 없는지에 대해 설명하였다. 오스트리아 학파는 좋은 경제 정책은 어떤 것이어야 하는지에 대해 주장하였고, 공공선택 학파는 왜 정치인들이 이 학파의 주장에 따라 정책을 선택하지 않는지에 대해 설명하였다.

오스트리아 경제학파에 의하면 재정정책(케인즈 학파)과 통화정책(시카고 학파, 통화주의)은 모두 가격 신호를 왜곡하고 해결해야 할 문제를 오히려 악화시킬 수 있다고 하였다. 그러므로 이러한 정책들은 비효율적이고, 미래의 위기를 초래하는 원인이 될 수 있다고 하였다. 오스트리아 학파는 구제조치와 이자율을 조정하는 것은 효과가 없을 것이라고 주장하였다. 이들은 이러한 조치 대신 투명성을 제고하고 게임의 룰을 예측 가능하도록 만

---

62 Cato Institute, "With All Due Respect Mr. President, That Is Not True," January 9, 2009, www.cato.org/special/stimulus09/cato_stimulus.pdf.

63 Greenspan, *The Age of Turbulence*.

드는 데 중점을 두고 정책을 수립해야 한다고 주장하였다. 오스트리아 학파는 투명성을 강화하고 사기를 예방하며 도덕적 해이를 제거하고 시장의 승자를 제거하지 않는 것이 중요하다고 하였다. 이들은 이러한 정책을 채택하게 되면 정부는 당장의 증상에만 집중하는 것이 아니라 내재되어 있는 근본적인 문제를 완화시킬 수 있다고 주장하였다.

공공선택론은 내재되어 있는 문제들을 근본적으로 해결하기 위한 개혁을 실행하는 데 걸림돌이 되는 불합리한 제도들이 많다고 주장한다. 국회의원들은 상당한 경제적 및 정치적 압력을 받고 있고 선거도 생각해야 한다. 위기가 발생하면 사람들은 즉각적이고 과감한 조치를 요구하기도 한다. 결과적으로 정치인들은 유권자들이 체감할 수 있고 가시적인 방법을 선택하게 되는데 이것이 선거운동에도 도움이 될 것이다. 만약 정책이 효과가 없는 것으로 판명되면 그들은 비난을 대신 받을 사람을 찾게 될 것이다. 그들은 신속하게 가시적인 조치를 취하도록 압력을 받기 때문에 근본적인 문제를 해결하는 어려운 정책에 대해서는 부적절하다고 생각하기 쉽다.

케인즈주의와 통화주의는 정치인들이 자신과 유권자들을 보다 쉽게 정당화할 수 있는 정책적 대안들을 제공한다. 1980년대 금융위기 상황에서 부양정책(케인즈 정책)과 금리변경(통화정책)이 정책으로 채택되었다. 통화주의자와 오스트리아 학파는 모두 규제완화를 주장하였으나 오스트리아 학파는 도덕적 해이와 같은 시스템적 이슈에 보다 많은 관심을 보였다.[64],[65]

정부가 규제완화를 잘못했다고 손가락질하고 지적하는 것은 쉬운 일이다. 그러나 당시에 정책결정자들은 이러한 정책들이 도덕적 해이라는 위험성을 높일 것이라고 심각하게 생각하지 못했다. 그들은 5년, 10년, 20년 뒤에 금융부문에서 나타나게 될 시스템적인 문제점에 대해 충분한 주의를 기울이지 못했다. 또한 어느 누구도 시스템을 의미 있게 개혁하기에 충분한 힘을 가지고 있지 못했다.

이 사례에 있어서 정책결정자들은 종종 당시에 주장되었던 가장 좋은 주

---

64 Boettke, "The Reagan Regulatory Regime."

65 Greenspan, *The Age of Turbulence.*

장들을 들을 기회는 있었다. 그러나 불행하게도 해결해야 할 일이 복잡하고 장기적 관점에서 일을 추진할만한 동기가 부족하여 당연히 해야 할 일을 하지 못했을 수도 있다. 훌륭한 대안이 있더라도 정치적 과정이라는 현실이 혼란스러운 제약요인으로 작용할 수도 있다.

2) 2007-2008년 위기

2008년 금융위기에 대한 정부대책의 장기적인 정책 효과를 정확하게 논의하는 것은 시기상조라고 하더라도 정책결정자들이 왜 이러한 정책방안을 선택했는지에 대한 몇 가지 관찰은 가능할 것이다. 정책결정자들은 기본적으로 공공선택론과 케인즈학파 또는 신케인즈학파의 영향을 강하게 받았던 것으로 보인다.

경제학자들의 견해와 여론이라고 하는 두 개의 정치적 요소가 의사결정과정에 상당한 영향을 미쳤다. 2008년 폴슨과 그린스펀의 지원을 받은 버냉키는 케인즈적인 해결방안을 수립하는 데 영향을 주었다. 결국 정책결정자들은 의회로 하여금 경제성장을 촉진할 수 있는 정책들을 승인하게 하여 전형적인 케인즈식의 대책을 채택하였다. 또한 그들은 금융부문이 경색되지 않도록 8,000억 달러를 투입하였다.

여론도 정책결정에 큰 영향을 주었는데, 국회의원들에게 대폭적이고 즉각적으로 영향을 미칠 수 있는 정책을 지지하도록 하였고, 장기적인 방안에 대해서는 관심을 갖기 어렵게 하였다. 유권자들은 집이나 직장을 잃게 되는 것을 걱정했기 때문에 정부가 어떤 조치를 해주기를 원했다. 케인즈 경제학자들은 정치인들에게 즉시 실행할 수 있고 국민들이 납득할 수 있는 매력적인 선택방안을 제시하였다. 오스트리아 학파식 접근법은 정치인들이 아무 것도 하지 않는 것처럼 보이기 때문에 정치적으로 실행하기 어려운 것이었다.

3. 회피할 수 없는 결과였는가?

　종합적으로 평가하면 2007년에 발생한 모기지 사태에 대한 완만한 개혁 정책들은 그 범위에 있어서 1980년대의 구제금융 조치와 별 차이가 없고 두 가지 모두 근본적인 구조적 문제에 대해서는 적절한 조치를 하지 않았다. 그 동안의 입법조치에서는 앞으로 닥칠 일들에 대해 대비를 하지 않았기 때문에 미봉책으로 금융위기를 넘겼거나 다시 건전하지 못한 경제패턴이 나타날 것에 대비하여 보다 근본적인 문제해결을 위해 노력하는 것이 필요하다.[66] 불행하게도 1970년대 이후 미국의 정책결정자들은 근본적인 구조적 문제보다는 당면한 금융위기의 급한 불을 끄는 데에만 관심이 있다. 더욱 필요한 구조적 변화가 계속 지연되어 온 점을 생각하면 다음에 금융위기가 닥치게 되면 미국은 잃어버린 기회에 대해 상당한 비용을 지불해야 할 것이다.

　주요 금융시스템을 개혁하는 것은 대단히 어려운 일이고 복잡하기 때문에 훌륭한 경제학자들이라고 하더라도 무엇이 문제이고 어떤 조치를 해야 하는지에 대해 의견이 일치한다는 보장은 없다. 비록 정책결정자들이 해결능력이 있고 공평하게 업무를 처리한다고 하더라도 경제학자들 모두가 최선의 정책결정이라고 진심으로 동의하는 것은 어려울지도 모른다. 그러나 정치적 타협을 이룩하고 해결방안을 모색하는 것은 그들의 업무이고, 그 결과로 도출된 해결방안은 경제학자들이 제안하는 것과 비슷할 수도 있고 그렇지 않을 수도 있다.

　마지막으로 중요한 질문이 하나 남아 있다. 다양한 정치적, 경제적 환경과 금융위기의 각종 제약사항들을 전제로 할 때 정치인들이 보다 잘 할 수 있는 방법이 있었을까? 아니면 이러한 결과는 미국 정치와 금융시스템의 한계에서 기인하는 불가피한 결과였을까?

---

66 D. Braybrooke and C. E. Lindblom, *A Strategy of Decision: Policy Evaluation as a Social Process* (New York: MacMillan, 1970).

5

예멘의 안보 위협은 확대되고 있는가?

예멘 공화국은 2015년 내전으로 붕괴되었다. 예멘을 장악하기 위해 주도권 다툼을 벌이는 세력으로는 현 대통령 압두 라부 만수르 하디(Abdu Rabbu Mansour Hadi)에 충성하는 정치군사적 파벌과 물러난 전임 대통령인 알리 압둘라 살레(Ali Abdullah Saleh)에 충성하는 정치군사적 파벌, 명목상 살레와 제휴하고 보도에 의하면 이란으로부터 지원을 받고 있는 반란 종족인 후티 집단(Houthi Group)[1], 그리고 테러단체로 지정된 알카에다 아라비아반도 지부(AQAP: Al Qaeda in the Arabian Peninsula)와 이슬람국가(IS: Islamic State) 등이 있다.[2] 전쟁을 종식시키고 예멘의 안정을 가져 오려는 걸프협력회의(GCC: Gulf Cooperation Council, 페르시아만의 석유부국 6개국으로 구성)와 유엔의 노력은 효력을 발휘하지 못하였다.[3]

내전은 예멘의 통합에 위협이 되어왔을 뿐만 아니라 중동의 균열을 악화

---

1 Mahmoud Harby and Sam Wilkin, "Yemen War Will End Up Harming Riyadh, Iran Minister Says," Reuters, May 27, 2015, http://www.reuters.com/article/us－yemen－security －iran－idUSKBN0OC10R20150527.

2 Frank Gardner, "Torn in Two: Yemen Divided," BBC News, December 24, 2015, http://www.bbc.com/news/world－middle－east－35160532.

3 Kareem Fahim and Saeed Al－Batati, "Yemen Peace Talks End With No End to Conflict," *The New York Times*, December 20, 2015, http://www.nytimes.com/2015/12/21/world/ middleeast/yemen－peace－talks－end－with－no－end－to－conflict.html; International Crisis Group, "Yemen at War," Middle East Briefing No.45, March 27, 2015, http://www.crisis group.org/~/media/Files/Middle%20East%20North%20Africa/Iran%20Gulf/Yemen/b045－ye men－at－war.pdf.

시켜 왔다. 예멘 정부의 입장에 반대하는 후티 세력이 확대하자 사우디는 이를 저지하기 위한 군사행동을 위해 걸프국의 동맹을 형성하였다. 지역 전문가들은 이른바 이란이 지원하는 후티 세력을 격퇴하기 위한 사우디 주도의 이니셔티브로 인해 사우디와 이란 간의 냉전이 종교적인 이념적 차이와 지역패권 장악을 둘러싸고 갈수록 더 격화되었음을 제시한다(그림 5.1 참조).[4]

이 사례 연구에 제기된 핵심문제는 예멘 내의 상황으로 인해 야기된 안보위협의 본질과 함의는 무엇인가? 이다. 이와 관련하여 어느 집단에 의해 중앙집권 통제가 확립되는지 여부가 매우 중요하다. 오랫동안 지속된 내전은 IS, AQAP와 다른 비국가 행위자들의 예멘 내 군사활동 기지 설립을 용이하게 하고 지역 및 글로벌 안정에 위협이 되어 왔다. 후티의 승리는 예멘 내에 이란의 발판을 제공하고 사우디와 동맹국들에게 안보 위협을 야기할 것이다. 예멘이 국가의 기능을 제대로 수행한다면 예멘을 발판으로 군사활동을 전개하려는 알카에다 아라비아반도 지부와 이슬람국가의 역량은 제한될 것이다. 그러나 한가지 확실한 것은 이들 집단들이 미래에 어떻게 활동을 전개할지 예측하기 힘들다는 것이다.

1. 불안의 증대

예멘의 문제들은 튀니지에서 확산된 시위로 인해 지네 알 아비디네 벤 알리(Zine Al-Abidine Ben Ali) 대통령이 2011년 권력에서 축출된 직후 시작되었다.[5] 벤 알리처럼 예멘의 살레 대통령은 쿠데타를 통해 권력을 쟁취하였지만

---

4 Michael Pearson, "Iran and Saudi Arabia at Loggerheads: How We Got Here," CNN. com, January 4, 2016, http://www.cnn.com/2016/01/04/middleeast/saudi-arabia-iran-explainer/index.html; Hussein Kalout, "The Saudi-Iranian 'Cold War' and the Battle Over Yemen's Stategic Worth," Iran Matters, Harvard University's Belfer Center, June 30, 2015, http://iranmatters.belfercenter.org/blog/saudi-iranian-%E2%80%9Ccold-war%E2% 80%9D-and-battle-over-yemen%E2%80%99s-strategic-worth; Matthew Levitt, "Iran's Decades-Long Cold War With Saudi Arabia May Finally Be Reaching a Breaking Point," The Washington Institute for Near East Policy, May 20, 2015, http://www.businessin sider.com/saudi-arabias-decades-long-cold-war-may-finally-be-reaching-a-b reaking-point-2015-5.

그의 정권은 예멘의 인종 및 정치적으로 그리고 부족 파벌에 의해 결코 전적으로 인정되지 않았다.[6] 살레 정부는 십 년 이상 북부의 후티 반군과 남부의 분리독립운동과 투쟁하였다.[7] 이러한 토착적인 요소 외에도 과격 이슬람주의자들은 오랫동안 예멘의 허약한 중앙정부에 편승하여 예멘 내에서 대규모 테러를 계획하고 범행하여 왔다. 이러한 문제 요소들이 언제든지 점화될 수 있는 상황에서 전문가들은 튀니지의 격변 이후 예멘 내에서는 별 반응이 없는데 대해 놀랐다. 2011년 1월 15일 수십 명의 예멘인들이 소규모 지지시위에 참여하였으나 별다른 일은 발생하지 않았다.

그림 5.1 예멘 내의 군사행동에 대한 지지 및 반대 국가들

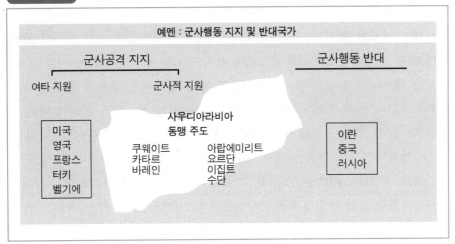

5 International Crisis Group, "Yemen at War."

6 "Zine El-Abidine Ben Ali," *The New York Times*, http://www/nytimes.com/topic/preson/zine-elabidine-ben-ali; Freedom House, "Freedom in the World-Yemen," Freedom in the World 2010 Edition, 2010, http://www.freedomhouse.org/template.cfm? page=22&year=2010&country=7950.

7 International Crisis Group, "Popular Protest in North Africa and the Middle East(II): Yemen Between Reform and Revolution," Middle East/North Africa Report N°102, March 10, 2011, http://www.crisisgroup.org/en/regions/middle-east-north-africa/iraq-iran-gulf/yemen/102-popular-protest-in-north-africa-and-the-middle-east-II-yemen-between-reform-and-revolution.aspx.

그 다음 주에 사나 대학교(Sanaa University)의 많은 학생들이 공개적으로 튀니지 방식의 혁명을 요구하기 시작하였다.[8] 1월 29일 살레 정부를 반대하는 주요정당들의 연합체인 연석회의연합(JMP: Joint Meeting Parties)은 수도에서 4개의 다른 시위들을 조직하여 수천 명의 지지자들을 이끌어 냈다. 2월초까지 이러한 시위는 사나를 넘어 퍼졌으며 국제적인 언론의 관심을 이끌어 냈다. 2월 11일 이집트의 호스니 무라바크(Hosni Mubarak) 대통령이 사임하던 날 수천 명의 예멘인들은 거리를 점거하고 공개적으로 정치개혁과 살레 정권의 종식을 요구하였다.

살레 정부는 처음에는 반응이 없다가 갑자기 시위자들을 강력하게 탄압하기 시작하였다. 3월 3일 일단의 무장괴한들이 알 바이다(al-Baidah)시에서 발생한 반정부 시위자들에게 발포하였을 때 적어도 5명이 사망하였다.[9] 폭력사태가 빠르게 확대되었다. 3월 18일 사나에서 보안군과 정부 지지자들이 수만 명의 시위자들에게 발포함으로써 적어도 50명이 사망하고 100명 이상이 부상을 입었다.[10] 시위에서 나타난 요구사항을 무마하기 위하여 살레는 내각을 해산하고 일련의 경제 개혁을 약속하였다. 이러한 제스처가 정권에 대한 비난을 거의 억누르지 못하였으며, 대중의 불만은 거리 시위로 지속해서 나타났다.

예멘에서 영향력있는 정치 및 군사적 인물들이 독재 지도자에 등을 돌리기 시작하였다. 많은 전문가들은 그의 권력이 얼마나 오래 지속될지 의심하기 시작하였다. 3월 21일 5명의 군사령관과 한 명의 중요한 부족 지도자가 급성장하는 시위운동에 대한 지지를 발표하였다.[11] 많은 정부 관리들이 사임하였다.[12] 살레는 예멘 종교지도자들과의 비공개 모임에서 떠날 준비가 되어 있다고 언급하였다.[13] 살레는 "나는 떠날 준비가 되어 있으나... 혼란 상태에서는 아니다"라면서 "나는 32년이 지난 지금 지쳐있기는 하나 평화적으로 떠나는 길을 모색하고 있다"고 언급하였다. 일부 전문가들은 살레의 언급에 대해 시

---

8 Ibid.

9 Ibid.

10 "Yemen-Protests," *The New York Times*, June 27, 2011,
  http://topics.nytimes.com/top/news/international/countriesandterritories/yemen/index.html.

11 Ibid.

12 Ibid.

13 International Crisis Group, "Popular Protest in North Africa and the Middle East(II)."

위운동이 흐지부지 되어 권좌에 계속 남으려는 기대를 갖고 시간을 벌기 위한 노력으로 의심하였다.

GCC는 4월에 살레와 권력 포기를 댓가로 기소를 면제하는 거래를 시도하였다.[14] 살레는 GCC 특사와 수주 간의 흥정을 거친 후 적어도 3가지 경우에 대한 협상안에 거의 서명 직전에 이르렀다. 그러나 그는 매번 합의를 거부하고 갈수록 더 특이한 내용을 제시하였다.[15] 6월 3일 대통령궁 회교 사원에서 폭발 사건이 발생함으로써 정치 협상은 중단되었다.[16] 심하게 부상을 입은 살레는 회복을 위해 사우디에 있는 병원에 입원하였다. 그의 부재하에서 당시 예멘 부통령인 압두 라부 만수르 하디(Abdu Rabbu Mansour Hadi)가 대행하였으나, 그의 권한은 제한되었다. 살레의 아들과 조카들이 보안군을 장악하고 있었으며 지속해서 대통령궁에 거주하며 머물렀다.[17]

살레가 떠나고 며칠 안되어 미 중앙정보부(CIA)가 예멘 내에 무장한 무인 항공기 드론(drone)의 작전 운용을 계획하고 있다는 소식이 유출되었다.[18] 미 정부 관리들은 이를 진행하는 것 외에는 다른 선택이 없다고 주장하였다. 미 정부 운용 드론의 활용은 버락 오바마(Barack Obama) 대통령 행정부가 예멘의 다양한 과격 단체들, 특히 알카에다 아라비아반도 지부를 심각한 위협으로 간주한다는 증거로 여겨졌다.

살레의 상처를 잘 알고 있는 관리들은 그가 예멘에 돌아올 가능성이 상당히 낮다고 언급하였으나, 살레의 지지자들은 그가 몇 주안에 복귀할 것이라고 주장하였다. 살레가 결국 11월 22일 예멘에 돌아왔을 때 그는 33년간의 통치

---

14 Robert F. Worth, "Yemeni Leader Refuses Deal," *The New York Times*, May 18, 2011, http://www.nytimes.com/2011/05/19/world/middleeast/19yemen.html.

15 "Ali Abdullah Saleh," *The New York Times*, June 7, 2011, http://www.nytimes.com/topic/person/ali−abdullah−saleh.

16 Neil Macfarquhar and Robert F. Worth, "Political Maneuvering Over Yemen as Saleh Is Reported to Have Severe Burns," *The New York Times*, June 7, 2011, http://www.nytimes.com/2011/06/08/world/middleeast/08saleh.htlm.

17 Neil Macfarquhar, "Yemen's Leader Is Said to Plan Return 'in Days,'" *The New York Times*, June 6, 2011, www.nytimes.com/2011/06/07/world/middleeast/07yemen.html.

18 Greg Miller, "CIA to Operate Drones Over Yemen," *The Washington Post*, June 13, 2011, http://www.washingtonpost.com/national/national−security/cia−to−operate−drones−over−yemen/2011/06/13/AG7VyyTH_story.html.

에서 물러나고 90일 안에 실시되는 선거에 앞서 하디에게 권력을 물려주도록
하는 GCC 6개국의 계획에 서명하였다.[19] 동 계획은 살레와 그의 가족들에게
면책특권을 부여하였다.

2012년 2월 21일 대통령 선거가 실시되었고 미국과 국제사회로부터 지지
를 받은 하디가 경쟁자없이 승리하였다.[20] 그의 적법성에 대한 외부의 지지에
도 불구하고 하디의 임기 초반에는 후티세력이 재활성화하는 등 문제점들이
나타났다. 다음 대통령선거가 2014년 2월에 예정되었으나 지속된 불안으로 인
해 예멘의 전국대화회의(NDC: National Dialogue Conference)는 선거를 연기하
였다. 2015년으로 일정을 변경하였으나 실시되지 않았다. 이러한 선거의 불확
실성은 하디가 지속해서 미국과 사우디 및 국제사회로부터 지지를 받고 있음
에도 불구하고 예멘 내의 정권의 적법성을 약화시켰다.

물러난 대통령인 살레는 권력을 되찾기 위한 노력에서 후티의 약진을 모
멘텀으로 하여 영향력을 행사하는 것으로 나타났다. 2014년 10월 사우디의 알
아라비야(Al-Arabiya) 언론 매체는 살레가 후티와 동맹을 맺었다고 보도하였
으며[21] 이는 이후 영국방송협회(BBC: British Broadcasting Corporation)[22] 및 포린
어페어즈(Foreign Affairs) 잡지[23] 등의 다른 뉴스와 분석 출판물에 의해서도 확
인되었다. 2015년 5월 카타르의 알 자지라(Al Jazeera) 방송은 살레가 후티와의
동맹을 공개적으로 선언하였다고 주장하였다.[24] 하디의 권력장악의 불안정성

---

19 KarenDeYoung, "Yemen President Saleh to Step Down; Bahrain Acknowledges That
   Crackdown Used Torture, Excessive Force," *The Washington Post*, November 23, 2011,
   https://www.washingtonpost.com/world/national−security/report−torture−excessive−fo
   rce−used−in−bahrain−crackdown−but−no−iranian−links/2011/11/23/gIQAOOgtoN_
   story.html.

20 Mohammed Jamjoon, "Yemen Holds President Election With One Candidate," *CNN*,
   February 22, 2012, http://www.cnn.com/2012/02/21/world/meast/yemen−elections/index.html.

21 Mustapha Ajbaili, "Eyeing Return, Yemen's Ousted Saleh Aids Houthis," *Al Arabiya
   English*, October 23, 2014, http://ara.tv/ppbx9.

22 BBC News, "Yemen Conflict: Ex−Leader Saleh Appeals to Houthi Allies," April 24,
   2015, http://www.bbc.com/news/world−middle−east−32458774.

23 Charles Schmitz, "In Cahoots With the Houthis," *Foreign Affairs*, April 19, 2015,
   https://www.foreignaffairs.com/article/yemen/2015−04−19/cahoots−houthis.

24 Al Jazeera, "Yemen's Saleh Declares Alliance With Houthis," May 11, 2015,
   http://www.aljazeera.com/news/2015/05/cloneofcloneofcloneofstrikes−yemen−saada−br

은 2014년 9월 후티 세력이 사나로 진격하여 들어왔을 때 입증되었다.[25] 하디 대통령과 그의 정부는 2015년 1월 후티 세력이 대통령궁을 장악하고 일시적으로 권력을 잡을 때 사임한 것으로 알려졌다.[26] 수개월후 후티의 진격은 남부 예멘으로 이어졌으며, 이로 인해 사우디가 주도하는 지역동맹이 나서게 되었고 이들에 대해 군사공격을 시작하였다. 반 후티 세력의 반격으로 하디는 리야드 망명에서 예멘으로 복귀할 수 있는 자신감을 가지고 9월에 일시 방문하였으며 11월에는 좀 더 오래 머물렀다.[27]

2015년 12월부터 국제사회는 하디 정부와 후티 반군과의 일련의 평화회담에 참여하였다. 이에 따른 종전은 오래 지속되지 못하고 양측은 서로 상대방이 평화를 깨뜨렸다고 비난하였다. 후티 지배하에 있는 사나 안팎에 대해 사우디가 주도하는 동맹군의 공습은 지속되었으며, 하디 정부는 전통적인 근거지인 주로 아덴(Aden) 남부 해안도시에 제한되어 유지되었다.

2. 분쟁의 집합체로 떠오른 예멘

아라비아 반도의 남부 해안을 따라 위치한 예멘은 지역에서 늘 분쟁의 집합체가 되었을 뿐만 아니라 무역 및 이동의 중심이 되어왔다. 고대 세계에서 향신료 무역에 의한 예멘의 수입은 막대해서 로마인들은 예멘에 대해 "행운의 아라비아"(Lucky Arabia)라는 별명을 붙이기도 하였다.[28] 예멘의 번성은 7세기까지 그 지역을 지배한 여러 이슬람 칼리프 통치하에 지속되었다. 오스만 제국이 북부 예멘을 합병하여 1918년까지 통치하였다. 영국은 1839년 남부 예멘

each--150510143647004.html.

25 BBC News, "Yemen Profile-Overview," November 25, 2015,
    http://www.bbc.com/news/world-middle-east-14704897.

26 BBC News, "Yemen Profile-Leaders," November 24, 2015,
    http://www.bbc.com/news/world-middle-east-14704899.

27 BBC News, "Yemen Conflict: Exiled President Hadi Returns to Aden," November 17,
    2015, http://www.bbc.com/news/world-middle-east-34843156; "Yemen's Exiled
    President Returned to Aden," Al Jazeera, November 17, 2015,
    http://www.aljazeera.com/news/2015/11/yemen-exiled-president-returns-aden-1511
    17102731437.html.

28 "Yemen-Protests."

을 장악하여 1967년까지 지속된 보호국을 아덴 주변에 세웠다.

역사적 분할. 예멘의 분열 상황은 내전을 초래하였으며 궁극적으로 분리된 국가들은 냉전 대리국이 되었다.[29] 마르크스주의자들이 1970년 남부 예멘의 정부를 장악하였을 때 수천 명의 예멘인들이 북쪽으로 피신하였다. 미국은 이후 북부 예멘의 후원자가 되었으며, 소련은 남부 예멘을 지지하였다. 20년 이상의 상호 파괴적인 전쟁을 한 후 두 나라는 1990년 통일되어 예멘 공화국이 되었다.

그림 5.2 예멘의 종족 및 정치적 분열 현황

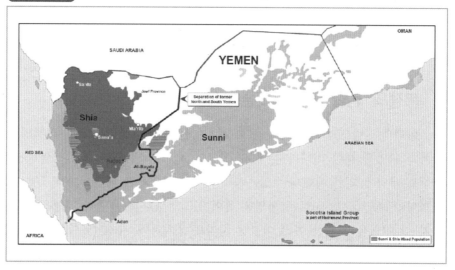

통일은 예멘 내의 분쟁을 종식시키지 못하였다. 살레는 1978년 군사쿠데타를 통해 북부 예멘에서 처음으로 권력을 장악하고[30] 1990년 통일된 예멘 공화국의 대통령직을 계속해서 맡게 되었다. 남부에서는 즉시 분리운동이 일어났으며 평등 확대, 분권화된 정치체제 및 국가의 석유수입의 지분 증가를 요

---

29 "Yemen–Protests."
30 Freedom House, "Country Report: Yemen,"
   https://freedomhouse.org/report/freedom–world/2016/yemen.

구하였다. 이러한 운동은 새로운 중앙정부를 괴롭히기 시작하였다.[31] 반란이 처음에는 빨리 진압되었음에도 불구하고 2008년 다시 나타났으며 이는 사회 경제적 상황을 크게 악화시키는 계기가 되었다.[32] 한편 북부 예멘의 사다 (Saada) 주에서 거주하는 일단의 자이디 시아파(Zaydi Shiites) 신도들이 수니파가 지배하는 정부에 대항하여 투쟁을 시작하였다.[33] 이 시아파 집단은 후티 조직의 구성원들과 밀접한 관계가 있으며 그래서 이들의 반란은 때때로 단지 부족 분쟁으로 표현되기도 한다.

예멘이 헌법에 의해 통치되고 선거를 실시함에도 불구하고 진정한 민주주의 특징을 보여주지 못하였다. 살레의 통치 기간 중에 발표된 프리덤 하우스(Freedom House)의 2010년 연례보고서는 행정부에 권력이 집중되었음을 지적하였다.[34] 프리덤 하우스는 2010년 예멘을 "부분적인 자유국"(Partly Free)에서 "자유가 없는 국가"(Not Free)로 격하시켰는데 이는 정치적 권리와 시민적 자유와 같은 분야에서의 빈약한 성과에 따른 것이었다.[35] 이러한 등급은 2015년까지 변하지 않았다.[36]

부족주의와 부패. 대통령직 수행기간 동안 살레는 국가에 대한 개인적인 통치를 유지하기 위해 혈연관계를 이용하고 경쟁적인 종족들간의 이해 관계 그리고 미국과 사우디와 같은 나라들의 국제적인 지지에 의존하였다. 한 때 그는 예멘을 통치하는 것은 "뱀의 머리 위에서 춤을 추는 것"[37](dancing on the heads of snakes)과 같다고 빈정거렸다. 중앙집중 권력에 회의적인 지방의 부족

31 Jeremy M. Sharp, "Yemen: Background and U.S. Relations," *Congressional Research Service*, February 11, 2015, http://www.fas.org/sgp/crs/mideast/RL34170.pdf.
32 Central Intelligence Agency, "Yemen," *The World Factbook*, June 14, 2011, https://www.cia.gov/library/publications/the-world-factbood/geos/ym.html.
33 Sharp, "Yemen: Background and U.S. Relations."
34 Freedom House, "Combined Average Ratings-Independent Countries," 2010, http://www.freedomhouse.org/template.cfm? page=546&year=2010.
35 Freedom House, "Freedom in the World-Yemen."
36 Freedom House, "Freedom in the World 2015," January 29, 2015, https://freedomhouse.org/report/freedom-world/2015/yemen.
37 BBC News, "Profile: Yemen's Ali Abdullah Saleh," September 19, 2011, http://www.bbc.com/news/world-middle-east-13179385.

구성원들의 충성을 얻기 위하여 살레는 부족지도자들에게 자금과 무기를 제
공하였다.[38] 그는 부족 지도자들을 자신의 정부 내의 중요 지위에 임명하였다.
부족 지도자들은 공공자금을 횡령하여 자신의 추종자들에게 나누어 주고 자
신들의 정치적 생존을 보장하려 하였다. 이런 이유로 인해 예멘에서의 부패는
"고질병"(endemic)이 되었다. 예멘은 국제투명성기구(TI: Transparency International)
의 2009년 부패인식지수에서 180개국 가운데 154위를 기록한 것으로 조사되
었다.[39]

　　예멘의 지방 부족들은 기본적으로 중앙권력 집중을 불신하면서 자신들의
부족사회가 누군가에 의해 영향받고 통치되는 것을 좋아하지 않는다. 중동문
제 학자이면서 미국 예멘연구소장인 찰스 슈미츠(Charles Schmitz)는 연구를 통
해 예멘의 부족 연맹은 주로 사리사욕을 추구하는 헐거운 니트 옷과 같은 조
직이라고 분석하였다.[40] 부족 지도자들은 "현재 처한 상황"(circumstances of the
moment)에만 오직 관심을 가지며 일반적으로 부족원은 자신의 "명예와 생
존"(honer and survival)에 가장 큰 관심을 둔다. 부족들은 서로 자주 급습하고
도시와 정부 시설을 공격한다. 당국이 폭력을 통제하기 위해 뇌물을 제공하면
부족원들은 일시적으로 협력하고 그런 다음에 다시 태도를 바꾼다. 이런 이유
로 인해 "나의 주머니에 돈을 채워주는 쪽이 내 편이다."[41] 라는 부족의 오래
된 좌우명(motto)이 있다.

　　사회적 그리고 인구학적 문제. 뿌리깊은 부족의 분열, 만연하는 부패, 허약
한 중앙정부 이외에도 예멘은 인구와 사회 문제에 시달리고 있다. 예멘은 아
랍 세계에서 가장 가난한 국가이다.[42] 국가 인구의 절반 이상이 빈곤선 이하에
서 생활하고 1/4 이상은 실업상태에 있다.[43] 이것은 약 800만명이 주로 농업과

---

38 "Yemen – Protests."

39 Transparency International, "Corruption Perceptions Index 2009," November 17, 2009,
　　http://www.transparency.org/research/cpi/cpi_2009.

40 missing

41 missing

42 The World Bank, "Yemen Overview,"
　　http://www.worldbank.org/en/country/yemen/overview.

43 Central Intelligence Agency, "Yemen", *The World Fackbook*, December 21, 2015.

목축에 의존하는 경제침체 상태에서 일자리를 구하고 있음을 의미한다. 운이 있어 취업한다 하더라도 평균 봉급은 연 1,200달러에 불과한 바 이는 하루에 4달러도 안되는 금액으로 겨우 생존할 수준의 액수이다.[44] 2015년 보건, 교육, 빈곤 그리고 개인적인 안전과 같은 삶의 질을 측정하는 인간개발지수(HDI: Human Development Index)와 관련하여 예멘은 188개국중 160위를 차지하였다.[45]

예멘의 발전 부족은 과도한 오일수출 의존에 기인한다. 국내총생산(GDP)의 25%는 석유판매에 기반을 두며, 정부의 전체 수입의 65%는 오일 산업에 의해 형성된 기금에서 비롯된다.[46] 이웃 국가인 사우디와 달리 예멘은 미래에 현금을 생성할 수 있도록 오일을 활용할 수 없는 형편으로 경제학자들은 예멘의 오일 공급이 10년에서 15년 이내에 고갈될 것으로 예측하기도 한다.[47] 2005년에서 2011년까지 오일 생산은 거의 25% 정도 감소되었다. 이에 대응하여 예멘은 천연가스와 함께 경제를 다양화하기 위해 노력하였으나 기대에 미치지 못하였으며 예멘의 평균 경제전망은 개선되지 않았다.

한편 예멘은 인구 붐을 경험하고 있으며 이는 경제와 극도로 제한된 천연 자원을 압박하고 있다. 2,700만명의 인구중 40% 이상이 14세 이하이고 전체 인구의 평균 연령은 약 19세이다.[48] 1,000명당 30명의 출산으로 예멘의 출산율은 세계에서 42번째로 높은 반면 사망률은 154위이다.[49] 종합해 볼 때 이러한 추세는 이미 제한된 천연 담수자원, 지나친 가축방목 및 토양침식과 싸우고 있는 국가로서 예멘이 앞으로 인간의 기본욕구를 만족시키기 어려운 곤경에 처하게 될 것임을 보여준다.

---

44 United Nations, "Yemen," *World Statistics Pocketbook*, 2011,
    http://data.un.org/CountryProfile.aspx? crName=Yemen.
45 United Nations Development Programme, "Human Development Report 2015,"
    December 14, 2015,
    http://www.undp.org/content/undp/en/home/librarypage/hdr/2015−human−development−report.html.
46 Central Intelligence Agency, "Yemen", 2015.
47 Sharp, "Yemen: Background and U.S. Relations."
48 Central Intelligence Agency, "Yemen", 2015.
49 Ibid.

그림 5.3   예멘의 오일 생산, 1979-2009

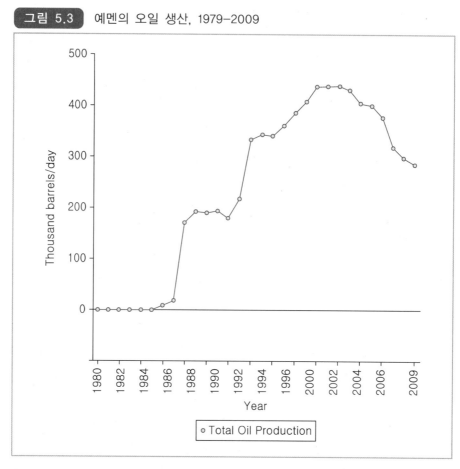

출처: 미 에너지정보국(U.S. Energy Information Administration)

3. 지역과 세계 내에 예멘의 입장

예멘 내의 분쟁은 국경을 넘어 지역에 영향을 미쳤으며, 국제사회가 시리
아 내의 분쟁에 좀 더 관심을 두는 동안 예멘 내전의 상황은 더 위태로워졌다.
예멘은 과격 극단주의 활동의 중심지가 되었으며, 신뢰할 수 있는 거버넌스
(governance)의 결여는 알카에다 아라비아반도 지부(AQAP), 이슬람국가(IS) 및
다른 과격 단체들에게 인원 모집과 훈련 기회를 제공하였다.

예멘의 내전은 수니파와 시아파 간의 적개심이 분출된 결과로서, 좀 더 구체적으로 표현하면 사우디와 이란 간의 정치 및 이념적 경쟁에서 기인하였다. 사우디는 인접국가의 내전이 자국의 남부 국경에 미치는 "여파"(Spillover effect)와 자국의 오일 자원 인프라에 위협이 될 수 있음을 우려하였으며, 후티의 승리로 이란이 얻을 수 있는 것으로부터 위협을 받는다고 인식하였다. 후티 반란세력이 승리함으로써 예멘 내에 이란에 우호적인 정권이 들어선다면, 특히 이란이 미국과 서방과의 관계 확대로 글로벌 무대에서 재기한다면 이는 지역 내에서 사우디의 지배적인 입장을 약화시킬 수 있기 때문이다.

이슬람교와 극단주의의 중심지. 예멘에서 중앙통제의 약화는 과격 극단주의 집단들이 예멘에서 성장하게 하는 요인이 되었다. 이들 집단들의 적극적인 인원 모집과 훈련이 예멘에서 이루어졌으며 예멘은 이들을 위한 매력적인 은신처 및 다른 집단에 대한 공격을 준비하기 위한 무대가 되었다. 예멘이 오사마 빈 라덴의 조상이 거주하던 고향이라는 사실은 예멘에서 이슬람 전사의 모집을 수월하게 하였다. 1980년대 아프가니스탄에서 소련에 대항하여 지하드(jihad) 투쟁시 빈 라덴과 "아랍계 아프가니스탄인들"(Arab Afghans)은 예멘으로부터 수천 명을 모집하였다.[50] 전쟁이 끝났을 때 이들은 예멘으로 돌아와서 다양한 과격 이슬람 집단과 연계하였다. 살레는 이들을 해산하는 대신 후티 반란세력과 남부의 분리독립주의자들에 대항하는 자신의 전쟁에 배치하였다.[51]

예멘에서 "아랍계 아프간인들"에 의한 위협은 2000년 미국에 대한 공격으로 나타났는데 당시 알카에다는 아덴항에 정박한 미국의 전함 부근에 설치한 폭발장치를 터뜨렸으며 이로 인해 17명의 수병이 목숨을 잃었다. 2009년 1월 예멘과 사우디에 있는 알카에다는 아라비아반도 지부(AQAP)로 통합되었다. AQAP는 2009년 크리스마스 당일에 미국 내의 목표물을 공격하려 하였는데 당시 나이지리아 출신의 우마르 파로우크 압둘무탈랍(Umar Farouk Abdulmutallab)이 디트로이트 향발 아메리칸 에어라인(American Airlines)에 탑승하여 자폭테러를 시도하였다. 그리고 2011년 6월에는 AQAP 전사들이 유대교 회당 앞으로 보

---

50 Sharp, "Yemen: Background and U.S. Relations."
51 Ibid.

내는 항공편 소포물 안에 폭탄을 숨겼으나 이후 안전하게 처리된 바 있다. 2011년 9월에는 소셜미디어를 통해 AQAP의 대의명분을 적극적으로 홍보했던 미국 태생의 성직자가 남부예멘에서 여행하던중 미국의 드론 공격으로 사망하였다. 대테러 부대의 성과에도 불구하고 AQAP와 다른 과격단체들은 예멘에서 지속적으로 활동하면서 미국과 다른 서방 강대국들에게 큰 위협이 되었다.

이란과 사우디 경쟁의 중심지. 예멘 내의 분쟁은 갈수록 지역의 패권을 차지하려는 사우디와 이란 두 나라 간의 냉전으로 분석관들은 평가하고 있다. 사우디는 2016년 1월 미국, 영국, 프랑스, 러시아, 중국 그리고 독일이 참여한 P5+1과 이란 간에 이루어진 핵 합의를 중동 내에서 사우디의 전략적 이익에 손상을 주는 것으로 여기는데, 이는 이란이 개방을 통해 지역에서 영향력을 제고하고 국제적 고립을 완화시키려는 것으로 보기 때문이다.52 사우디는 예멘 개입을 통해 지역에서 후티와 이란의 영향력을 동시에 차단하기를 기대하였다.

게다가 예멘은 전략적으로 사우디에 중요한데 예멘이 세계에서 가장 중요한 해양출구중 하나인 밥 알 만뎁(Bab-al-Mandeb) 해협을 통제할 수 있는 위치에 있기 때문으로 동 해협은 아덴만을 통해 홍해와 인도양을 연결하고 있다. 매년 거의 2만 1,000대의 상선들이 밥 알 만뎁을 항해하는데 이는 전세계 상선의 10%에 해당된다. 이와 함께 사우디 오일을 포함하여 일일 350만 배럴의 오일이 밥 알 만뎁 해협을 통과하는데 이는 전세계 일일 생산되는 오일의 5%에 해당된다.53 사우디로서는 아라비아 반도의 2개의 측면인 동쪽의 호르무즈(Hormuz) 해협과 서쪽의 밥 알 만뎁 해협에 대한 통제가 이란의 수중에 떨어지는 것을 허용할 수 없다.

---

52 Dieter Bednarz, Christoph Reuter, and Bernhard Zand, "Proxy War in Yemen: Saudi Arabia and Iran Vie for Regional Supremacy," *Spiegel Online*, April 3, 2015, http://www.spiegel.de/international/world/saudi-arabia-and-iran-fighting-proxy-war-in-yemen-a-1027056.html.

53 Kalout, "The Saudi-Iranian 'Cold War' and the Battle Over Yemen's Strategic Worth."

4. 예멘 내의 불안정에 따른 전망

예멘 내의 불안정에 의해 야기된 위협은 지역에서 오랫동안 지속되어온 대립과 해결되지 않은 문제들을 악화시키기 쉽다. 예멘은 주요 교차로에 위치하며 현 추세에서 볼 때 밝지 않은 전망이다. 상황은 매우 불안하며 예멘에 대한 적어도 5가지 경로가 제기된다.

만성적인 내전. 2015년 취약국가지수(Fragile State Index)에서 7위를 기록[54]한 예멘은 내전 상태하에서 불안정 국가로 남는다. 이러한 시나리오에서 예멘은 지속해서 근본적으로 지도자가 부재한 국가로서 종파 폭력, 부족 반란 그리고 지역 불신에 의해 분열된다. 뿐만 아니라 이념적 전쟁과 이란과 사우디 간의 지역 패권 대립의 지속적인 무대가 된다.

연합국가. 예멘의 중앙정부가 권력분담 합의에 이르는 평화협상 과정을 중개하여 예멘이 실질적으로 연합국가가 된다. 분열 지역의 정치적 영향력을 가진 인물들이 선출된 중앙정부와 권위의 적법성을 인정하는 대신 그들에게 그들 지역에 대한 통치권한을 부여한다. 이러한 시나리오는 단기적으로 안정을 제공할 수 있으며 제도화된 안정으로 이끌 수 있는 한편 지역에서 정치적인 영향력을 가진 인물들 사이에 끊임없는 권력 투쟁이 나타난다.

사우디 보호국. 사우디가 일방적으로 예멘 내로 진격하여 후티 세력을 몰아내고 예멘을 사우디의 보호국으로 세운다. 이러한 시나리오는 십 년 전에는 그럴듯하지 않은 것으로 여겨졌지만, 예멘 내의 위기로 인해 사우디가 사상 최초로 군사적인 전투국가가 되었다. 과거에 사우디가 경제적인 영향력으로 지역의 문제를 해결하였다면 이제는 공격을 개시할 적절한 무력수준과 전문성을 갖추고 있다. 예멘 내전에 관한 사우디의 최근 움직임은 군사행동의 가능성을 배제하지 않는 새로운 개입 독트린을 보여준다. 이러한 시나리오는 사

---

54 Fund for Peace, "Fragile State Index 2015," June 17, 2015,
http://library.fundforpeace.org/fsi15-report.

우디의 역내 정치, 군사 및 경제적인 우세가 상승하고 있다는 이란의 인식으로 인해 장기적으로는 지역 경쟁을 더 촉발시킬 수도 있다.

후티의 상승세. 후티 세력이 하디 정부를 전복시키고 신정부를 선포하거나 또는 알리 압둘라 살레(Ali Abdullah Saleh) 전임 대통령이 다시 등장하게 되는데 이는 후티 세력의 지원을 필요로 한다. 이 시나리오는 2015년 3월 후티에 의해 일시적인 정권탈취가 있었다는 점을 감안할 때 가능성이 없는 시나리오만은 아니지만 이러한 정권의 장기적인 생존 가능성은 낮다. 첫째, 사우디 주도의 걸프군과 미국은 이미 후티가 아닌 해결을 위해 군사적으로 대응한 바 있다. 둘째, 사우디, 미국, 국제사회 어느 쪽도 일반적으로 살레의 적법성을 인정하지 않는다. 이러한 시나리오는 이란이 사우디 행동의 반대자로서 직접 나서게 되고 이는 잠재적으로 전반적인 글로벌 안정에 악영향을 미치면서 지역의 불안을 가중시킬 수 있다.

과격 이슬람세력의 정권 탈취. IS나 AQAP와 같은 과격 이슬람 세력은 탈레반(Taliban)이 지배하여 1990년대말 아프가니스탄의 대부분 지역을 장악했을 때 발생한 것과 유사하게 예멘을 이슬람 근본주의의 급진적인 이론을 수용하는 신정국가로 전환시킨다. 이러한 시나리오가 수년 전에는 좀 더 가능한 것처럼 보였지만 지금은 후티 세력 및 정부군 양측의 역량 강화와 걸프국가들과 미국의 개입으로 그럴 가능성이 적다. 더군다나 IS와 AQAP는 협력자이기 보다는 경쟁자들이며 예멘에서 사우디나 미국의 존재를 능가할 능력을 가진 것으로는 보이지 않는다.

후진적인 제도, 허약한 경제, 빈곤한 주민들 및 지역 분쟁에서 강한 세력에 좌우되는 노리개가 될 잠재성 등을 감안해 볼 때 예멘의 미래 전망은 매우 불확실하다. 분열되고 만성적으로 불안정한 예멘은 AQAP과 다른 과격주의자들에게 테러범들을 훈련시키고 서방에 대한 공격을 착수하는 플랫폼을 제공할 수 있다. 예멘은 역시 사우디와 이란 간의 갈등을 일으키는 대리전쟁 장소가 될 수도 있다. 예멘에서 분쟁이 어떻게 전개될지와 글로벌 안보에 대한 영

향은 대체로 다음과 같은 핵심 동인들에 의해 결정될 것이다:

예멘 국내정치의 전개. 중앙정부세력에 의한 결정적인 승리 또는 국내 정치과정에서 지역의 막후 실력자와 부족 지도자들이 포함된 권력분담 합의가 없는 상황에서 분쟁은 지속될 것이 분명하다. 후티 세력은 정부에 반대하는 주된 세력으로 남을 것이다. 이슬람단체들은 예멘 내의 존재를 지속 유지할 것이고, 살레는 후티와 다른 반대세력들을 재정적으로 지원함으로써 중앙의 권력을 약화시키는데 주력하는 불안정한 역할자로서의 행동을 지속할 것이다.

사우디 군주제의 안정. 사우디는 글로벌 경제의 침체와 오일가격의 하향 추세로 인한 경제적 압박, 사형집행 정책을 둘러싼 국제사회로부터의 강력한 비난, 시리아 내전으로 인한 외부적인 정치적 압박, 역사적 경쟁국인 이란의 글로벌 사회 복귀, 2015년 압둘라(Abdullah) 국왕의 사망 이후 지도력의 변화에 따른 내부적인 정치적 압박 그리고 시아파가 우세한 동부의 주에서 불만세력의 등장 조짐에 직면하고 있다. 사우디는 예멘에서 군사적인 활동을 통해 외부 세력으로서의 힘을 과시하고 있는데, 이러한 추세는 국가창립자인 이븐 사우드(Ibn Saud)의 손자들인 사우드 혈통의 "제3세대"(third generation)가 권력의 지위에 오름으로써 지속될 것이다. 가능한 결과로는 군주제의 강화에서부터 붕괴까지 다양하며, 어떤 가능성이든 왕족과 다른 파벌들 사이의 무장대립을 초래할 수도 있다.

역내에서 이란의 역할. 이란의 대서방 관계개선, 러시아와의 강한 유대관계를 포함한 국제사회 복귀는 예멘에서 영향력을 행사하기 위해 이란을 대담하게 할 수 있다. 예멘에서 좀 더 강하고 가시적인 이란의 영향력은 사우디의 예멘 내의 활동을 자극하고 이란과 사우디 두 지역강국 사이에 존재하는 균열을 심화시킬 것이다. 결과적으로 이러한 경쟁은 시아파와 수니파 간의 긴장을 더욱 악화시키면서 종교를 바탕으로한 국제적인 분쟁을 초래할 수도 있다.

예멘의 해상 경로에 대한 접근. 예멘은 전략적으로 아덴만으로 이어지는 홍해의 폭이 좁아지는 부분에 위치하고 있다. 주요한 수로의 교차지점에 있는 예멘 해안 20마일의 밥 엘 만뎁(Bab-el-Mandeb) 해협은 해상무역과 관련하여 세계에서 가장 중요한 지점 중에 하나로서 사우디 오일의 많은 양이 이 해협을 통과한다. 이 수로에 대한 사우디 접근을 방해하는 비우호적인 정권이 예멘에 들어선다면 사우디는 오일 수익에 막대한 손실을 입게 될 것이며, 나아가 이는 사우디 경제를 악화시키고 군주제에 대한 사회, 정치적인 압력을 가하게 될 것이다. 예멘은 사우디에게는 전략적으로 매우 중요한 지역이 된다. 사우디는 예멘에서 자국에 우호적인 정권을 유지함으로써 예멘의 상업수로에 대한 접근을 확보할 수 있다.

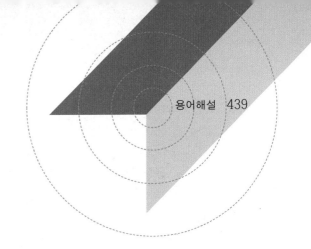

용어해설

* 가설(Hypothesis): 수집된 자료 또는 증거에 의해 검증되어야 할 잠재적 가능성이 있는 설명이나 결론. 가설은 진실이라고 입증되지 않은 주장이지만 어느 정도의 근거가 있는 추측으로서 추가 관찰이나 실험을 통하여 입증되거나 반박되어야 할 대상이다.

* 가설 수립(Hypothesis Generation): 어떤 특정한 현상을 설명하기 위해 종합적이고 가급적이면 상호 배타적인 일련의 가설들을 만들어내는 과정.

* 가정(Assumption): 사실이거나 당연하다고 생각되거나 확실하게 발생할 것이라고 생각되는 것.

* 간트 도표(Gantt Chart): 일정한 기간 동안 진행되는 다면적인 절차에 대해 매트릭스를 이용하여 그림으로 표시하는 진행도의 한 형태.

* 개념도(Concept Map): 지식을 조직화하거나 체계적으로 표현할 때 사용되는 개념들 사이의 관계를 시각화하여 보여주는 도표화 기법.

* 개념 보고서(Concept Paper): 작성할 보고서의 핵심과제, 고객, 조사계획, 출처와 접근방법, 가설, 필요한 자원, 시간계획 등을 포함하고 있는 문서. 이것은 분석관과 상급자 그리고 협력관계에 있는 다른 사람들 사이의 약속과 같은 역할을 수행한다.

* 개연적 추론(Abduction): 추측이나 가설을 이끌어내는 방법으로서 연역, 귀납과는 다른 또 하나의 논리적 추론방법. 개연적 추론은 어떤 가설이 진실인 경우에 사실관계를 가장 잘 설명할 수 있는 일련의 사실들을 검토하는 것으로부터 시작한다.

* 객관성(Objectivity): 관찰자가 신중하게 증거에 접근했고 자신이 믿고 있는 것을 확인하려고 하는 동기 또는 기대가 있었는지를 중심으로 증거의 신뢰성을 평가하는 증거의 3대 요건 중의 하나.

* 경고 분석(Warning analysis): 모든 출처의 첩보, 전문가 지식, 특수한 전문기술 등을 활용하여 외부의 위협으로부터 초래되는 손실을 예방하거나 최소화시키기 위해 정책결정자들을 지원하는 분석. 전술적 경고(tactical warning)는 특정한 위협을 탐지하고 저지하여 예상하지 못한 사태를 방지하고 손실을 예방하거나 줄이기 위한 것이고, 전략적 경고(strategic warning)는 광범위한 위험을 인식하고 규명하여 전반적인 안보태세에 대하여 정책결정자에게 보고하는 것이다.

* 경쟁가설분석(Analysis of Competing Hypotheses, ACH): 복수의 가설을 수립한 다음 자료와 일치하지 않는 가설들을 배제하고 더 이상 반박할 수 없는 가설만을 남기는 절차적 분석기법.

* 고객 체크리스트(Client Checklist): 분석관이 고객 또는 수요자의 특별한 관심과 요구사항을 확인하여 실효성 있는 보고서를 생산할 수 있도록 하는 분석기법.

* 고충격·저확률 분석(High Impact · Low Probability Analysis): 분석관이나 정책결정자가 어떤 사건이 실제로 발생할 가능성은 낮으나 만약 발생한다면 초래될 수 있는 잠재적 위험에 어떻게 대처하고 기회를 포착할 것인지를 검토하는 데 사용하는 구조화 분석기법.

* 공동작업 중요요소(Imperatives of Collaboration): 바람직한 공동작업 환경구축을 위한 6가지 중요요소로서 국가정보장실의 공동작업에 대한 연구에 의하면 ① 임무의 중요성 ② 상호 의존성 ③ 상호 신뢰성 ④ 인센티브 제도 ⑤ 자료 접근권과 신속한 운영 ⑥ 인식의 공유가 필요하다.

* 공동작업 촉진자(Enablers of collaboration): 효과적인 공동작업을 진행하기 위한 4가지 중요한 촉진요소. 국가정보장실의 공동작업에 대한 연구에 의하면 ① 적극적인 리더십 ② 공동작업 공간의 존재 ③ 정책의 일관성 ④ 기술적·행정적 지원이 가능한 기반시설이 필요하다.

* 공동작업 핵심원칙(Core principles of collaboration): 국가정보장실(ODNI)의 공동작업 연구(study on collaboration)에 의하면 ① 제공자료의 책임성 ② 참여의 적극성 ③ 사용자 중심의 환경조성 등 3개로 원칙으로

구성된다.

* 관련성 도표(Affinity diagram): 데이터 또는 자료를 논리적 그룹으로 나누어 표시한 조직도.

* 관찰 정밀성(Observational sensitivity): 관찰의 조건과 관찰 당시의 관찰자의 신체적 조건을 기초로 관찰의 정확성을 파악하여 증거의 신뢰성을 평가하는 증거의 3대 요건 중의 하나.

* 교차 영향력 매트릭스(Cross-Impact Matrix): 특별한 분석 프로젝트와 관련이 있는 변수의 목록을 작성하고 이것들이 서로 어떻게 영향을 미치는지 평가하는 구조화 분석기법.

* 구조화 분석기법(Structured Analytic Techniques: SATs): 분석관의 생각을 다른 사람에게 보여줄 수 있는 방법으로 제시하여, 이를 재검토하거나, 토론하거나, 비판하는 과정을 통해 단계적으로 진행하는 분석기법.

* 구조화 유추(Structured Analogies): 문제가 된 이슈를 하나의 유추가 아닌 다수의 유추와 체계적으로 비교하는 분석기법.

* 구조화 자기비판(Structured Self-Critique): 분석의 약점을 확인하기 위해 체크리스트에 따라 분석의 결과를 재검토하는 체계적인 절차.

* 권위에 의한 주장(Appeal to authority): 유명한 전문가의 의견은 당연히 타당할 것이라고 생각하는 논리적 오류.

* 귀납적 추론(Inductive reasoning): 주장의 근거가 되는 관찰이나 경험보다 넓은 범위의 일반화된 결론을 내리거나 주장을 하는 논리적 과정. 귀납적 추론에 의한 주장은 확실한 사실에 입각한 것이 아니기 때문에 사실일 가능성은 있으나 틀릴 수도 있다.

* 기만(Deception): 자신의 이익을 위해 다른 사람의 인식, 의사결정, 행동에 영향을 미치고자 하는 노력.

* 기만탐지(Deception Detection): 출처, 첩보 제공자, 적국, 경쟁상대 등이 정보를 필요로 하는 사람으로 하여금 오인하도록 하거나 중요한 첩보를 숨기고 있는지를 평가하기 위해 분석관이 사용하는 일련의 체크리스트로 구

성된 분석기법.

* 네트워크 도표(Network Chart): 각종 이해관계가 있는 사람, 집단, 사물, 장소, 사건 등을 밝히고, 이들이 관련되어 있는 다양한 모습을 선으로 연결하여 나타내는 분석기법.

* 네트워크 분석(Network Analysis): 네트워크 도표에 나타난 그룹 사이의 연계관계의 유형을 확인하고 분석하여 의미를 평가하는 절차.

* 노센코 접근법(Nosenko Approach): 토론자에게 자신의 입장을 뒷받침하는 가장 중요한 증거를 밝히도록 하고 다른 토론자들이 동일한 현상을 설명하기 위해 제시하는 증거에 대해 설명을 하도록 요구하여 논쟁을 해결하는 분석기법.

* 논거(Warrant): 툴민 모델에 있어서 논거란 주장과 증거 사이에 존재하는 가정으로서 논거는 자료를 주장으로 연결시켜 주는 것이다.

* 논리적 비약(Slippery slope): 인과관계 고리에 있어 첫째 단계가 시작되지도 않았는데 첫째 단계만 시작되면 마지막 단계가 실현될 것이라고 주장하는 논리적 오류.

* 논점 도표화(Argument Mapping): 복잡한 이슈를 간결하게 정리하고 결론을 뒷받침하는 추론을 공유할 수 있도록 주장과 증거를 구분하여 제시하는 시각적 기법.

* 누락 증거(Missing evidence): 어떤 가설이 증명되려면 당연히 있어야 할 것으로 기대되는 증거이지만 아직 발견되지 않은 것.

* 능동태(Active voice): 어떤 행위자 또는 주어의 행동을 문장으로 표현할 때 나타나는 명사에 대한 동사의 관계.

* 단순가설 수립(Simple Hypotheses Generation): 핵심동력과 중요요소를 파악하고 접착식 메모지 등을 이용하여 유사한 것들을 그룹으로 정리하여 진행하는 구조화 브레인스토밍 분석기법.

* 대중의존적 주장(Ad populum argument): 사실적인 증거보다 사람들의 지지를 받는 행동이나 의견을 주장의 근거로 삼는 논리적 오류.

* 델파이 기법(Delphi Method): 전문가 집단으로부터 아이디어, 판단, 예측 등을 도출하기 위해 질문과 평가를 수차례 되풀이 하는 구조화 분석기법으로 익명으로 진행하는 경우가 많다.

* 도전분석(Challenge analysis): 기존의 유력한 주장에 대해 다른 관점에서 경쟁적인 주장을 전개하는 것으로 예를 들면 악마의 변론, A팀·B팀 분석, 레드 팀 분석 등을 포함하는 분석기법으로서 반박분석(contrarian analysis)이라도 한다.

* 레드 팀 분석(Red Team Analysis): 어떤 조직의 전략, 전술뿐만 아니라 계획, 프로그램, 가정 등 조직의 모든 측면을 파악하고자 하는 분석기법. 이 기법을 활용하기 위해서는 레드팀 구성, 사무실, 훈련된 전문가 조직 등이 필요하다.

* 레드 햇 분석(Red Hat Analysis): 다른 사람이나 집단의 입장이 되어 어떻게 생각할 것인지를 파악하여 그들의 행동을 예측하기 위한 구조화 분석기법.

* 마인드 맵(Mind Map): 여러 가지 아이디어 또는 자료들을 메모, 브레인스토밍, 문제해결, 프로젝트 계획수립 등에 활용할 때 상호 관련성을 시각화하여 보여주는 그래픽 기술.

* 마일스의 법칙(Miles' law): "당신의 위치에 따라 당신의 입장이 결정된다"(Where you stand depends on where you sit)는 것으로, 미국의 연방 고위직 공무원이었고 프린스턴 대학교(Princeton University) 우드로 윌슨 대학원(Woodrow Wilson School)의 선임연구원이었던 루퍼스 마일스(Rufus E. Miles Jr.)가 한 말이다.

* 매트릭스(Matrix): 많은 출처의 자료들을 체계적으로 정리하여 비교 검토할 수 있도록 행과 열로 구성한 직사각형의 표.

* 맥락(Context): 분석관이 업무를 수행하는 환경.

* 목표 분석(Target analysis): 중요한 정보목표물을 확인하고 취약점을 파악하기 위해 네트워크 분석기법 등을 활용하는 정보분석.

* 문화적 관점(Cultural perspective): 관찰자가 가진 문화적이고 지적인 경험이 그가 관찰한 것에 대해 어떤 영향을 미칠 것인지에 중점을 두고 증거의 신뢰성을 평가하는 기준.

* 발생가정 분석(What If? Analysis): 직접적 또는 간접적 영향을 미칠 수 있는 어떤 사건이 발생했다고 가정하고 이 사건이 어떻게 발생할 수 있는지를 설명하는 분석기법.

* 벤 다이어그램(Venn diagram): 어떤 주장의 논리적 구조를 파악하고 분석적 주장에 나타난 상관관계를 그림으로 표현한 시각적 분석기법.

* 복수가설 수립도구(Multiple Hypotheses Generator®): 확립된 가설을 구성부분으로 분해하고, 그 구성부분들을 조합하여 광범위한 가설들을 만들어낸 다음, 가설에 순위를 부여하고, 가장 유력한 가설을 선택하는 분석기법.

* 복수 시나리오 수립(Multiple Scenarios Generation): 상당히 불확실한 상황에서 몇 개의 핵심요소가 작용할 때 상황이 전개될 수 있는 다양한 경우를 브레인스토밍하기 위한 시스템적인 방법.

* 복잡성 관리자(Complexity Manager): 분석관이나 의사결정자가 핵심 변수들 간의 상호관계를 체계적으로 평가하여 복잡한 시스템 내부의 변화를 이해하고 예측하는 데 사용하는 구조화 분석기법.

* 부적절한 표본추출(Inadequate sampling): 결론을 도출하기 위해 사용한 부분집합이 너무 작을 때 발생하는 논리적 오류.

* 부정적 증거(Negative evidence): 어떤 가설을 부정하는 데 사용될 수 있는 증거.

* 분류(Sorting): 새로운 통찰력을 얻기 위해 대량의 자료를 일정한 기준으로 재조직하는 기본적인 분석기법.

* 분석(Analysis): 어떤 실체를 작은 구성부분으로 분해하는 방법.

* 분석 영역(Analytic spectrum): 결론을 표현하는 4가지 범주 또는 분석적 사고기법으로서   묘사적(descriptive),   설명적(explanatory),   평가적

(evaluative), 판단적(estimative)으로 구분된다.

* 분해(Decomposition): 어떤 것을 구성부분이나 보다 단순한 요소로 나누는 것.

* 불합리한 추론(Non sequitur): 존재하지 않는 전제와 결론 사이의 관계를 주장하는 논리적 오류. 결론은 전제와 부합하지 않게 된다.

* 비판적 사고(Critical thinking): 특별한 환경을 전제로 하여 전략정보 생산을 위해 체계적인 질문과 절차를 진행하는 것.

* 사분면 가설수립(Quadrant Hypotheses Generation): 두개의 핵심 추동요소를 2×2의 매트릭스에 배치하여 4개의 상호 배타적인 가설을 수립하는 분석기법.

* 사분면 분할(Quadrant CrunchingTM): 핵심가정과 반대가정을 이용하여 체계적으로 다수의 대안적 결과들을 창출하는 데 사용되는 구조화 브레인스토밍 분석기법.

* 사전 실패가정 분석(Premortem Analysis): 어떤 예측이나 분석적 판단을 검증하지 않으면 잘못될 수 있기 때문에 배포하기 이전에 필요한 검토를 하여 예측하지 못한 비상사태가 초래되는 위험을 줄이기 위한 재구성 분석기법.

* 사후지혜 편향(Hindsight bias): 이미 발생한 사건에 대해서는 사건이 발생하기 이전에 생각했던 것보다 훨씬 많은 것들이 예측 가능했을 것이라고 생각하는 경향.

* 상호이해(Mutual Understanding): 의견이 대립되는 두 사람이 진행자를 사이에 두고 상대방이 자신의 입장을 적절하게 설명했다고 생각할 수 있도록 서로 상대방의 입장을 설명하도록 하는 절차.

* 상황논리(Situational logic): 특정한 시간과 장소에 작용하는 모든 관련 요소를 고려하여 이것과 일치하는 그럴듯한 대안적 설명을 제시하는 것.

* 서술적 분석(Descriptive analysis): 상황, 사람, 장소, 목표 등에 대해 알려진 사실을 기록하거나 정리한 것.

* 선입관(Mindsets): 과거의 기억에 기초한 신념, 가정, 개념, 정보로 형성되는 관념적 모형(mental model)으로서 새로운 첩보에 대한 인식과 처리과정을 결정한다.

* 선행원인 논리(Post hoc, ergo propter hoc): 어떤 사건이 일어난 것은 선행하는 사건이 있었기 때문이고, 먼저 발생한 사건은 반드시 다음 사건을 촉발한다고 주장하는 논리적 오류.

* 설득(Persuasion): 어떤 사람의 태도 또는 행동에 변화를 초래하고자 하는 노력. 분석에 있어 설득은 보고서 작성자 또는 구두 보고자가 독자 또는 청자에게 그가 말하는 것을 믿도록 하고, 그가 사건, 문맥, 잠재적 가능성에 대해 설명하는 것이 정확한 기술에 의한 것이라고 믿도록 하는 것이다.

* 설명적 분석(Explanatory analysis): 확실한 출처에 입각하여 처음에 사건이 어떻게 발생하였고 어떻게 전개되어 왔는지를 파악하고, 사건의 배경 또는 원인을 탐색하는 분석.

* 성급한 일반화(Hasty generalization): 불충분하거나 적절하지 않은 증거를 바탕으로 일반적인 주장을 도출하는 논리적 오류.

* 수동태(Passive voice): 행위자가 없거나 행위의 목적물이 동사에 의해 표시되는 문장의 구조.

* 순위부여, 점수부여, 우선순위(Ranking, Scoring, Prioritizing): 항목의 중요성, 바람직한 정도, 우선순위, 가치의 정도, 사실 가능성 등의 기준에 따라 자료에 순서를 부여하기 위한 분석기법.

* 순환적 주장(Circular argument/tautology): 어떤 주장이나 결론을 뒷받침하는 근거로 바로 그 주장이나 결론을 사용하는 논리적 오류.

* 스타버스팅(Starbursting): 언론인들이 전통적으로 사용해 온 5W 1H 즉 누가, 언제, 어디서, 무엇을, 어떻게, 왜라는 형식을 이용하여 답변보다는 질문에 중점을 두는 브레인스토밍의 한 형태.

* 시각화(Visualization): 사고를 가시적 이미지로 표현하는 것으로 가시적 수단으로 해석하거나 가시적 형태로 나타내는 행동이나 과정을 말한다.

* 시나리오 분석(Scenarios Analysis): 중대한 불확실성이 존재하는 데도 불구하고 의사결정, 계획수립, 행동방안 등을 제시하여야 할 경우에 그럴듯한 스토리를 구성하여 가능한 선택방안을 검토하는 체계적인 방법.

* 시스템1 사고(System 1 thinking): 활용 가능한 지식, 과거의 경험, 오랜 시간에 걸쳐 형성된 관념적 모형(mental models)을 이용하여 신속하고 효율적으로 진행하는 직관적이고 때로는 무의식적인 사고의 과정.

* 시스템2 사고(System 2 thinking): 계획적이고 의식적인 추론과 비판적 사고 기법(critical thinking skills)을 사용하는 느리고 의도적인 사고의 과정.

* 시작 체크리스트(Getting Started Checklist): 분석관이 새로운 주제에 대한 분석을 시작하거나 초안을 작성할 때 최적의 첩보를 입수하거나 적절한 전문지식을 찾거나 가장 효율적인 분석기법을 찾는 데 도움을 주는 분석기법.

* 신뢰도(Reliability): 어떤 실험, 테스트, 측정을 반복적으로 실시하였을 때 결과가 동일하게 나오는 정도 또는 일정 기간 동안 지속적으로 관찰하였을 때 어떤 출처의 자료내용이 진실한 정도.

* 신뢰성(Credibility): 진실, 사실 또는 정직하다고 받아들여지는 정도.

* 실재 증거(Tangible evidence): 문서, 그림, 물건과 같이 사람들이 결론을 도출하는 과정에서 직접 조사할 수 있는 대상.

* 실증적 분석(Empirical analysis): 관찰이나 실험에 의해 검증되었거나 검증될 수 있는 확실한 자료에 양적 분석기법을 적용하기 위해 통계학과 데이터에 기초한 컴퓨터 모델을 사용하는 분석.

* 악마의 변론(Devil's Advocacy): 제출된 분석적 판단, 계획, 결정 등에 대해 가능한 최대한의 반대의견을 제기하는 분석기법.

* 양적 분석(Quantitative analysis): 관찰한 것을 설명하고 판단할 때 통계적 모델을 구축하고 가설을 검증하기 위해 수치화된 자료를 컴퓨터에 입력하여 수행하는 분석.

* 역량(Competencies): 현재 및 미래의 업무를 수행하는 데 있어 전문가로 서 갖추어야 할 기술, 능력, 태도, 특징 등을 말한다.

* 역사적 유추(Historical analogy): 현재의 사건을 과거에 있었던 개인적 경 험이나 역사적 사건과 비교하는 방법.

* 역삼각형 모델(Inverted Triangle model): 분석관의 생각과 자료를 조직화 할 때 가장 중요한 개념, 사고, 아이디어로부터 시작하여 가장 중요하지 않 은 것으로 마무리하는 논리적 방법.

* 연대표(Chronology): 어떤 사건이나 행위가 전개되는 방향이나 상호 관계 를 파악하는 데 사용될 수 있는 것으로, 사건이나 행동을 시간적 순서에 따 라 정렬한 목록표.

* 연역적 추론(Deductive reasoning): 구체적이고 완전한 증거 또는 전제로 부터 보편적인 결론을 도출하는 논리적 과정. 만약 증거가 진실이라면 결 론도 진실이다.

* 영향력 다이어그램(Influence Diagrams): 개인간 또는 조직에 있어서 계층 적 관계 또는 권력관계를 표시하는 분석기법.

* 유의어 반복(Tautology or circular argument): 어떤 주장의 결론을 토론의 근거로 사용하는 논리적 오류.

* 유추 오류(False analogy): 본질적으로 유사하지 않은 증거에 입각하여 동 일한 주장을 하는 경우에 나타나는 논리적 오류.

* 이론(Theory): 동일한 현상에 내해 많은 사례를 언구하여 도출한 일반화된 내용.

* 이분법 오류(False dichotomy): 대립되는 요소들과 여러 가능성들을 오직 2개의 항목으로 분류함으로써 복잡한 상황을 잘못 해석할 때 일어나는 논 리적 오류.

* 이슈 재정의(Issue Redefinition): 어떤 이슈를 다른 방법으로 정의하기 위 한 구조화 분석기법.

* 이중과정이론(Dual Process theory): 2가지 사고 시스템을 주장하는 이론

으로서 시스템1은 직관적이고 빠르며 효율적이고 때로는 무의식적이고, 시스템2는 분석적이고 느리며 의도적이고 의식적이다.

* 이해관계자(Stakeholders): 사건 그 자체 또는 분석의 결과에 의해 영향을 받거나 받을 수 있는 개인이나 단체.

* 이해형성(Sensemaking): 두뇌가 자료를 이해하거나 판단할 때 어떤 틀이나 관념적 모형(mental model)에 맞추어서 동시적이고 자동적으로 진행하는 과정.

* 인신공격적 주장(Ad hominem argument): 어떤 주장 그 자체보다 그것을 주장하는 사람의 성품을 공격하는 논리적 오류.

* 인지 심리학(Cognitive psychology): 인식, 사고, 학습, 기억과 같은 정신 작용과 관련이 있는 심리학의 한 분과로서 특히 감각적 자극이 외부적 행동으로 표현될 때까지 일어나는 내부적 현상을 중심으로 연구한다.

* 인지적 편향(Cognitive bias): 자료처리를 단순화하려고 하는 두뇌의 전략에서 기인하는 심리적 오류.

* 자료 시각화(Data visualization): 자료를 시각적 수단으로 해석하거나 그래픽을 사용하여 볼 수 있는 형태로 나타내는 과정.

* 적격성(Competence): 진술 증거를 평가할 때 신뢰성(credibility)과 함께 고려하는 사항으로서 관찰자가 실제로 그러한 활동을 하였고 그 의미를 이해할 수 있는 능력이 있는지를 판단하는 것을 말한다.

* 전문가 판단(Expert judgment): 수집한 자료를 질적으로 평가하기 위해 전문가의 판단과 비판적 사고를 활용한 분석.

* 전문지식(Expertise): 관찰자가 자신의 관찰에 대해 완전히 이해할 수 있는 능력을 말하며, 진술 증거를 제공하는 관찰자의 능력을 평가하는 데에도 사용된다.

* 전통적 분석(Traditional analysis): 전문가의 판단, 사례연구, 개인적 경험 등에 입각하여 입수된 자료를 질적으로 평가하는 분석.

* 접근권(Access): 어떤 문서 또는 상황을 직접 보거나 다른 사람에게 이야

기하거나 들을 수 있는 권한. 전문성과 함께 증인의 증거능력을 평가하는 기준이 된다.

* 정보공유 기본원칙(ABCs of Sharing Information): 분석관들이 원활한 정보공유를 위해 기억해야 할 4가지 기본적 사항으로서 첫째, 다른 사람들에게 정보를 요청할 것(ask) 둘째, 다른 사람들에게 사실관계를 알려줄 것(brief) 셋째, 협조적인 소통을 계속할 것(continue) 넷째, 사실관계를 문서로 작성할 것(document)을 말한다.

* 정치적 불안정성 위험평가 모델(Political Instability Risk Assessment model): 어떤 정부의 사회불안, 음모, 폭동, 혼란, 정치적 변화 등에 대한 취약 정도를 평가하기 위한 목적으로 정치적 불안정성이 진행되는 과정의 중요한 측면들을 파악하고 평가하는 분석기법.

* 정황 증거(Circumstantial evidence): 분석관이 관찰한 것이나 분석관이 만든 가정에 따라 내린 결론에 기초한 증거.

* 주제문장 개요(Topic sentence outlines): 주요 요점이 모두 압축되어 있어서 각 단락의 첫 부분에서 사용할 수 있고 이후의 주장을 자연스럽게 전개할 수 있는 전체 글의 주제를 나타내는 요약.

* 준계량 분석(Quasi-quantitative analysis): 불확실하거나 파악이 되지 않는 자료를 해결하는 방법으로 전문가의 판단 정도를 수치로 변환하여 컴퓨터를 활용하여 수행하는 분석모델.

* 지식경영(Knowledge management): 지식과 관련된 자료를 창출하고 배포하고 활용하는 기술.

* 지표(Indicators): 어떤 시나리오가 진행되고 있는지를 확인하면서 미래에 일어날 사건에 대해 조기 경보하는 데 사용되는 구조화 분석기법.

* 지표 타당성 검증도구(Indicators Validator®): 지표의 진단력을 평가하고 검증하기 위해 사용하는 구조화 분석기법.

* 직관적 함정(Intuitive traps): 분석관이 증거를 평가하거나, 원인과 결과를 설명하거나, 가능성을 측정하거나, 정보보고에 대해 평가를 내릴 때 범하기 쉬운 일반적인 잘못과 심리적 오류.

* 진단적 자료(Diagnostic data): 어떤 특정한 행동, 목적물, 관찰한 결과에 대해 이를 확인하고 특징을 파악할 수 있도록 해주는 자료.

* 진단적 추론(Diagnostic reasoning): 상황의 전개, 입수된 첩보, 출처의 신뢰성 등을 평가하기 위해 사용하는 가설검증을 응용한 방법.

* 진술 증거(Testimonial evidence): 사건의 상황이나 진행과정, 대화의 내용 등에 대한 다른 사람의 보고 등으로서 분석관이 직접 관찰할 수 없는 것.

* 진실성(Veracity): 진술 증거의 신뢰성을 평가할 때 사용하는 3개 요소 중의 하나로서 관찰자가 자신이 관찰한 것에 대해 진실하다고 믿고 있고 진정성 있게 보고하고 있는지를 중점적으로 평가한다.

* 진정성(Authenticity): 어떤 대상이나 물건이 원래의 것과 일치하는 상태.

* 질문법(Question Method): 핵심고객의 관심사항을 우선순위에 따라 문서로 정리하는 분석기법.

* 질적 분석(Qualitative analysis): 어떤 사건의 흐름을 설명하거나 상황을 판단하기 위해 서술이나 그림과 같은 비수치 자료를 이용한 분석.

* 첫머리 결론 제시(Bottom line up front, BLUF): 문서의 첫 부분에 가장 중요한 분석적 판단을 기술하고 이를 뒷받침하는 자료와 주장을 그 다음에 서술하는 것.

* 초점 흐리기(Distraction or Red herring): 문제가 되는 이슈에서 관심을 돌리기 위해 관련이 없는 사항을 주장하는 논리적 오류.

* 충족(Satisficing): 제일 먼저 입수되는 자료를 활용하여 제일 먼저 그럴듯하게 구성되는 논리적 구조를 이용하여 결론을 도출하는 것.

* 쿠데타 취약성 분석법(Coup Vulnerability methodology): 어떤 국가의 정치인과 군부 간의 긴장수준을 평가하여 잠재적 군사쿠데타 가능성을 판단하는 전문가 주도의 경험적 분석방법.

* 타임라인(Timeline): 시간 순서에 따라 첩보를 정리하는 시각적 분석기법.

* 통합(Synthesis): 부분 상호간의 관계를 파악하고 시스템으로서의 완결성을 평가하며, 개별적인 요소와 구성부분들을 결합하여 하나의 일관성 있는

완전한 지식으로 구성하는 것.

* 툴민 모델(Toulmin model): 주장(claim), 자료(data), 논거(warrant), 논거입증(backing), 상황(modality), 반박(rebuttal)의 6개 부분으로 구성되는 논증모델. 이것은 영국의 철학자 스티븐 툴민(Stephen Toulmin)이 그의 저서 『논리의 활용』(*The Uses of Argument*, Cambridge University Press, 1958)에서 주장하였다.

* 판단적 분석(Estimative analysis): 다음에 일어날 상황을 예측하고 의사결정자가 선택할 수 있는 방안을 선제적으로 검토하는 등 미래를 전망하는 분석.

* 평가적 분석(Evaluative analysis): 논리를 사용하여 자료에 내재된 다양한 의미를 해석하고 판단하여 고객 이익의 관점에서 문제의 중요성을 평가하는 분석.

* 프로세스 맵(Process Map): 일이 어떻게 진행되는 것이 바람직한데 실제로는 어떻게 진행되었고, 시스템이 어떻게 구성되어 있는데 실제로 작동한 기능은 무엇이었는지 등을 확인하여 복잡한 절차를 도표로 나타내는 시각적 분석기법.

* 프로젝트 개요서(Terms of Reference: TOR): 정형화된 서식에 따라 어떤 보고서에서 다루어질 모든 이슈를 기재한 공식문서로서 작성자, 감독자, 기타 이해관계자가 서명하는 것이 일반적이다.

* 합동 확대보고(Joint Escalation): 두 사람이 합의하여 문제의 해결방법에 대해 의견이 일치하지 않는다는 것을 상급자에게 보고하고, 동일한 형식의 보고서를 각자 제출하는 과정.

* 핵심가정 점검(Key Assumptions Check): 분석관이 특정한 문제에 대해 증거를 해석하고 추론을 하는 과정에서 가이드 역할을 하는 가정을 분명하게 드러나게 하고 이에 대해 의문을 제기하는 체계적인 노력.

* 형태적 분석(Morphological Analysis): 다차원적이고 매우 복잡하며 보통은 수량화할 수 없는 문제를 시스템적으로 파악하고 가능성 있는 모든 관계를 고려하기 위해 사용하는 포괄적인 분석기법.

* 화이트보드 작업(Whiteboarding): 일반적으로 화이트보드를 이용하는 절차를 지칭하는 말로서, 주로 보고서의 개념을 작성하거나, 주장의 논리를 구성하거나, 개념 보고서 작성에 협조를 구하거나, 위임사항(Terms of Reference)을 결정하거나, 보고서 초안을 작성할 때 이용한다.

* 휴리스틱스(Heuristics): 신속하게 해결방안을 도출할 수는 있으나 최선의 방안이라는 보장이 없는 경험에 입각한 문제해결 방안.

* AIMS: 분석관이 보고서 초안을 작성할 때 고려해야 할 독자(audience), 정보 또는 정책 관련 이슈(issue), 메시지(message), 줄거리(story line)를 기억하기 쉽도록 표시한 약어.

* CREATE 모델(CREATE model): 디지털시대를 맞이하여 수요자(Consumer), 적합성(relevance), 의사결정 지원(Enable the decision), 접근성(Access), 시간(Time), 요소(Elements)에 초점을 맞추어 분석을 진행해야 한다는 것을 나타내는 약어.

* STEMPLE: 상황이 전개될 때 파악해야 할 핵심 동인으로서 사회적(social), 기술적(technical), 경제적(economic), 군사적(military), 정치적(political), 법적(legal), 환경적(environmental) 요소를 나타내는 약자.

* Te@mACH®: 분석관이 자료를 관리하고, 경쟁가설과 자료를 대조하여 평가하며, 핵심 가정을 기록하고, 장차 조사할 사항들을 정리할 수 있도록 도와주는 웹기반의 공동작업 소프트웨어.

* TH!NK Suite®: 복수가설 수립도구(Multiple Hypotheses Generator®), Te@mACH®, 지표 타당성 검증도구(Indicators Validator®)가 통합된 웹기반의 공동작업 소프트웨어 세트.

추천도서

Arcos, Ruben, and William J. Lahneman, eds. *The Art of Intelligence: Simulations, Exercises, and Games*. Lanham, MD: Rowman and Littlefield, 2014.

Arcos, Ruben, and Randolph H. Pherson, eds. *Intelligence Communication in the Digital Age: Transforming Security, Defence and Business*. London: Palgrave Macmillan, 2015.

Beebe, Sarah Miller, and Randolph H. Pherson. *Cases in Intelligence Analysis: Structured Analytic Techniques in Action*. 2nd ed. Washington, DC: CQ Press, 2015.

Betts, Richard K. *Enemies of Intelligence: Knowledge & Power in American National Security*. New York: Columbia University Press, 2007.

Booth, Wayne C., Gregory G. Colomb, and Joseph M. Williams. *The Craft of Research*. 3rd ed. Chicago: University of Chicago Press, 2008.

Brugioni, Dino A. *Eyeball to Eyeball: The Inside Story of the Cuban Missile Crisis*. New York: Random House. 1990.

Clark, Robert M. *Intelligence Analysis: A Target−Centric Approach*. 5th ed. Washington, DC: CQ Press, 2016.

Clark, Robert M. *Intelligence Collection*. Washington, DC: CQ Press, 2014.

_____. *The Technical Collection of Intelligence*. Washington, DC: CQ Press, 2010.

Fingar, Thomas. *Reducing Uncertainty: Intelligence Analysis and National Security*. Stanford, CA: Stanford University Press, 2011.

Fischhoff, Baruch, and Cherie Chauvin, eds. *Intelligence Analysis: Behavioral and Social Science Foundations*, Washington, DC: National Academies Press, 2011.

Foreign Affairs. *The Clash of Ideas: The Ideological Battles That Made the Modern World−and Will Shape the Future* 91 (January/February 2012).

Gawande, Atul. *The Checklist Manifesto: How to Get Things Right*. New York: Metropo−

litan Books, Henry Holt & Company, 2009.

George, Roger Z., and James B. Bruce. *Analyzing Intelligence: Origins, Obstacles, and Innovations*. 2nd ed. Washington, DC: Georgetown University Press, 2014.

Gladwell, Malcolm. *Blink: The Power of Thinking Without Thinking*. New York: Little, Brown, 2005.

_____. *Outliers*. New York: Little, Brown, 2008.

_____. *The Tipping Point: How Little Things Can Make a Big Difference*. New York: Little, Brown, 2000.

Grabo, Cynthia M. *Anticipating Surprise: Analysis for Strategic Warning*. Lanham, MD: University Press of America, 2004.

Groopman, Jerome. *How Doctors Think*. Boston: Houghton Mifflin, 2007.

Govier, Trudy. *A Practical Study of Argument*. 7th ed. Boston: Wadsworth, 2014.

Heath, Chip, and Dan Heath. *Made to Stick: Why Some Ideas Survive and Others Die*. New York: Random House, 2007.

Heuer, Richards J. Jr. *Psychology of Intelligence Analysis*. Reston, VA: Pherson Associates, 2007.

Heuer, Richards J. Jr., and Randolph H. Pherson. *Structured Analytic Techniques for Intelligence Analysis*. 2nd ed. Washington, DC: CQ Press, 2015.

Higgins, James M. *101 Creative Problem Solving Techniques: The Handbook of New Ideas for Business*. Winter Park, FL: The New Management Publishing Company, 1994.

Janis, Irving L. *Victims of Groupthink: A Psychological Study of Foreign Policy Decisions and Fiascos*. New York: Houghton Mifflin, 1972.

Jervis, Robert. *Why Intelligence Fails*. Ithaca, NY: Cornell University Press, 2010. Kahneman, Daniel. *Thinking, Fast and Slow*. New York: Farrar, Strauss, and Giroux, 2011.

Kaiser, Louis M., and Randolph H. Pherson. *Analytic Writing Guide*. Reston, VA: Pherson Associates, 2014.

Klein, Gary. *The Power of Intuition: How to Use Your Gut Feelings to Make Better Decisions at Work*. New York: Currency/Doubleday, 2004.

_____. *Streetlights and Shadows: Searching for the Keys to Adaptive Decision Making*. Cambridge, MA: MIT Press, 2009.

Lowenthal, Mark M. *Intelligence: From Secrets to Policy*. 6th ed. Washington, DC: CQ Press,

2014.

Lowenthal, Mark M., and Robert M. Clark. *The Five Disciplines of Intelligence Collection.* Washington, DC: CQ Press, 2015.

Mayberry, Katherine J. *Everyday Arguments: A Guide to Writing and Reading Effective Arguments.* 3rd ed. Boston: Houghton Mifflin, 2009.

McDowell, Don. *Strategic Intelligence.* Rev. ed. Lanham, MD: Scarecrow Press, 2009.
Michalko, Michael. *Thinkertoys.* 2nd ed. Berkeley, CA: Ten Speed Press, 2006.

Moore, David T. *Critical Thinking and Intelligence Analysis.* Washington, DC: National Defense Intelligence College, 2009.

Moose, Charles A., and Charles Fleming. *Three Weeks in October: The Manhunt for the Serial Sniper.* New York: Penguin, 2003.

Morgenson, Gretchen, and Joshua Rosner. *Reckless Endangerment: How Outsized Ambition, Greed, and Corruption Led to Economic Armageddon.* New York: Times Books, Henry Holt and Company, 2011.

Osbourne, Deborah. *Out of Bounds: Innovation and Change in Law Enforcement Intelligence.* Washington, DC: Joint Military Intelligence College, 2006.

Pherson, Randolph H. *Handbook of Analytic Tools and Techniques.* 4th ed. Reston, VA: Pherson Associates, 2016.

Pherson, Randolph H., Walter Voskian, and Roy A. Sullivan Jr., *Analytic Briefing Guide.* Reston, VA: Pherson Associates, 2017.

Pillar, Paul. *Intelligence and US. Foreign Policy: Iraq, 9/11, and Misguided Reform.* New York: Columbia University Press, 2011.

Pillar, Paul. "Intelligence, Policy, and the War in Iraq." *Foreign Affairs.* March/April 2006. www.foreignaffairs.org/20060301faesay8502/paul−r−pillar.

Pink, Daniel H. *A Whole New Mind: Why Right−Brainers Will Rule the Future.* New York: Riverhead Books, 2006.

Roam, Dan. *The Back of the Napkin: Solving Problems and Selling Ideas With Pictures.* London: The Penguin Group, 2009.

Roche, Edward M. *Corporate Spy: Industrial Espionage and Counterintelligence in the Multinational Enterprise.* New York: Barraclough, 2007.

Root−Bernstein, Robert, and Michele Root−Bernstein. *Sparks of Genius: The 13 Thinking*

Tools of the Worlds Most Creative People. Boston: Houghton Mifflin, 1999.

Rovner, Joshua. *Fixing the Facts: National Security and the Politics of Intelligence. New York:* Cornell University Press, 2011.

Schum, David A. *The Evidential Foundations of Probabilistic Reasoning.* Evanston, IL: Northwestern University Press, 2001.

Schwartz, Peter. *The Art of the Long View.* New York: Doubleday, 1996.

Surowiecki, James. *The Wisdom of Crowds.* New York: Random House, 2004.

Taleb, Nassim Nicholas. *The Black Swan: The Impact of the Highly Improbable.* New York: Random House, 2007.

Voskian, Walter, and Randolph H. Pherson. *Analytic Production Guide.* Reston, VA: Pherson Associates, 2016.

Walton, Timothy. *Challenges in Intelligence Analysis: Lessons From 1300 BCE to the Present.* New York: Cambridge University Press, 2010.

Williams, Joseph M., and Gregory G. Colomb. *The Craft of Argument.*3rd ed. New York: Pearson Longman, 2007.

———. *Style: Lessons in Clarity and Grace.* 10th ed. New York: Longman, 2010.

Wong, Dona M. *The Wall Street Journal Guide to Information Graphics.* New York/ London: W. W. Norton & Company, 2010.

미국 정부간행물

The 9/11 Commission Report: Final Report of the National Commission on Terrorist Attacks Upon the United States. New York: W. W. Norton, 2005.
http://govinfo.library.unt.edu/911/report/index.htm.

The Commission on the Intelligence Capabilities of the United States Regarding Weapons of Mass Destruction: Report to the President of the United States. March 31, 2005.
https://www.gpo.gov/fdsys/pkg/GPO−WMD/pdf/GPO−WMD.pdf.

Directorate of Intelligence. *Style Manual & Writers Guide for Intelligence Publications.* 8th ed. Washington DC: Central Intelligence Agency, 2011.

Johnston, Rob. *Analytic Culture in the U.S. Intelligence Community.* Washington, DC: Center for the Study of Intelligence, Central Intelligence Agency, 2005.
https://www.cia.gov/library/center−for−the−study−of−intelligence/csi−publications /books−and-monographs/sherman−kent−and−the−board−of−national−estimates −collected-essays/6words.html.

Kent, Sherman. "Words of Estimative Probability." *Studies in Intelligence.*
https://www.cia.gov/library/center−for−the−study−of−intelligence/csi−publications /books−and-monographs/sherman−kent−and−the−board−of−national−estimates −collected- essays/6words.html.

Office of the Director of National Intelligence (ODNI). "Intelligence Community Directive 203: Analytic Standards." January 2, 2015.
https://www.dni.gov/files/documents/IC D/ICD%20203%20Analytic%20Standards.pdf.

_____."Intelligence Community Directive 206: Sourcing Requirements for Disseminated Analytic Products." January 22, 2015.
https://www.dni.gov/files/documents/ICD/ICD%20206.pdf.

_____. "Intelligence Community Directive 208: Writing for Maximum Utility." December 17, 2008. https://www.dni.gov/fues/documents/ICD/icd_208.pdf.

찾아보기

분석관 로드맵
(완벽한 보고서 작성방법)

사전점검	메시지 초점확인	줄거리 구성	초안 준비	보고서 완성
• 분석을 통해 특별한 도움을 받을 수 있는가? • 분석이 새로운 정보와 이해를 낳는데 도움이 되는가? • 명백한 경고메시지가 필요한가? • 분석과정의 각 단계별로 연락해야 할 사람은 누구인가? 협력해야 할 사람은 누구인가? • 분석은 구조분석기법의 도움을 받을 수 있는가?	• 주된 고객은 누구인가? 다른 버전의 보고서가 필요한가? • 대답해야 할 핵심질문은 무엇인가? • 분석주제 또는 이슈의 맥락을 충분히 이해하고 있는가? • 나의 핵심가정을 확인하고 점검하였는가? • 전반적인 분석방향을 바꾸었다면 그 이유를 설명하였는가? • 메시지를 표현하는데 그래픽을 사용할 수 있는가?	• 핵심통찰과 주제가 명확해졌는가? • 반대증거와 첩보의 갭을 확인하였는가? • 분석적 판단과 가정들은 정보에 입각하여 도출되었 것인가? • 과거의 고객반응, 개선방안탐구, 기회 및 위험요인에 대해 고려하였는가?	• 문장은 분명하고 정확하며 구성이 잘 되었는가? • 보고서 구성은 논리적인가? • 출처의 신뢰성은 분명하게 설명하였는가? • 기만 또는 부인가능성은 없는가? • 판단의 확신정도와 불확실성에 대해 분명하게 표현하였는가? • 보고서에 편향, 특정지향적 용어가지, 가치지향적 용어가 포함되지 않았는가?	• 그래픽은 분석과 조화를 이루고 있는가? • 핵심용어들은 잘 정의되어 있는가? • 용어해설이 필요한가? • 문법적 오류, 오탈자 등을 수정하였는가? • 모든 표기가 적절하고 취급유의사항은 분명하게 표현되었는가? • 적절한 주석을 붙였는가?
중요 요구사항 분석주제는 명백하게 임무와 관련이 있는가?	주요 논점이 분명하고 확실하게 규명되었는가?	대안가설들을 확인하고 상황을 점검하였는가? 판단결과를 뒷받침하는 충분한 증거와 논리가 있는가?	보고서의 문장, 문단, 단락은 논리적으로 구성되었는가?	제목과 소제목은 메시지를 잘 표현하고 있는가? 또한 보고서 본문과 일치하고 있는가?

저자 약력

이길규

한양대학교 법학과 졸업. 한양대학교대학원 법학석사, 고려대학교대학원 문학석사, 한양대학교대학원 정치학박사. 서울과학종합대학원대학교 부교수, 성균관대학교 국가전략대학원 겸임교수 역임. 현재 한양대학교 국제학대학원 특임교수, 한반도미래연구원 연구위원, 방위사업청 기술보호심사위원, 한국국가정보학회 부회장. 주요 저서로 『국가정보학』(2013 박영사), 『산업보안학』(2012 박영사), 『정보분석의 역사와 도전』(번역서, 2015, 박영사), 『구조화 분석기법』(번역서, 2016, 박영사), 『정보분석 사례연구』(번역서, 2017, 박영사)가 있으며, "국가정보의 개념에 관한 소고", "미국의 국가산업보안 프로그램 연구", "개인정보보호법 시행과 산업보안", "최근 한반도정세와 대북정책 추진방향", "외국의 공개정보 수집활용 실태와 시사점" 등의 논문이 있다.

김병남

한국외국어대학교 문학사, 정치학 석사, 국제관계학 박사. 스페인 마드리드대학교 수학. 베네수엘라 주재 한국대사관 참사관, 국가안보전략연구원 연구위원, 정부업무평가 전문위원 등을 역임. 현재 원광대학교 초빙교수. 주요 저서로 『안보란 무엇인가』(2011), 주요 논문으로 "아프가니스탄 이슬람반군 지원 미국의 공격적 비밀공작 분석"(2013), 번역서(공역)로 『정보분석의 역사와 도전』(2015), 『구조화 분석기법』(2016), 『정보분석 사례연구』(2017) 등이 있다.

김유은

한양대학교 정치외교학과 졸업. 한양대학교 정치학 박사. 영국 케임브리지대학교 국제문제연구소 방문연구원. 일본 와세다대학교 아시아태평양대학원 교환교수, 일본국제교류기금 일본연구 특별연구원. 현재 한양대학교 국제학대학원 교수. 주요 논저로 『국제레짐이란 무엇인가』, 『동아시아 공동체: 비전과 전망』(공저), 『글로벌 거버넌스와 한국』(공저), 『한국의 동아시아 미래전략』(공저), 『정보분석의 역사와 도전』(공역), 『구조화 분석기법』(공역), 『정보분석 사례연구』(공역), "해외정보활동에 있어 윤리성의 개념 및 효율성과의 관계", "동아시아 지역주의에 있어 중.일의 리더십 경쟁과 전망", "푸틴의 공세적 외교정책과 러시아의 동북아다자안보에 대한 입장", "동북아 안보공동체를 위한 시론: 구성주의적 시각을 중심으로", "동북아 안보공동체 추진전략", "신국제정치경제 질서의 특징과 한국의 대응" 등이 있다.

허태회

현재 선문대학교 국제관계학과 교수 겸 국제평화대학 학장. 건국대 정외과 학사, 미국 워싱턴 주립대 정치학 석사, 덴버대학 국제정치학 박사학위 취득 후, 2000년까지 한국정치사회연구소와 국가정보원 전문위원 등을 역임. 이후 선문대 입학처장, 대외협력처장, 중앙도서관장, 동북아 역사재단 자문위원, 대통령 직속 사회통합위원회 이념분과위원 등을 역임. 관심 연구분야는 미국외교정책과 동북아 정치 및 통일문제, 국가정보 등이며 주요 저서로는 『한반도 통일론』(2000), 『지속가능 통일론』(2012), 『통일시대 국가이념 및 비전연구』(2012), 『사회과학 통계분석』(2010), 『국가정보학』(2013), 『21세기 국가방첩』(2014), 『구조화 분석기법』(2016) 등이 있으며 논문으로는 "위기관리이론과 사이버안보"(2005), "동북아안보지형의 변화와 국가정보"(2013), "선진 방첩이론의 적용과 국가정보 효율성"(2014) 등 50여편이 있다.

한반도미래연구원
IFK:Institute for the Future of the Korean Peninsula

주소 : 06156, 서울특별시 강남구 삼성로99길 14, 510호(삼성동)

전화 : 02-6215-2476

한반도미래연구원 기획 번역도서
비판적 사고와 전략정보생산

초판인쇄	2018년 1월 10일
초판발행	2018년 1월 15일
지은이	Katherine Hibbs Pherson·Randolph H. Pherson
옮긴이	이길규·김병남·김유은·허태회
펴낸이	안종만
편 집	한두희
기획/마케팅	송병민
표지디자인	권효진
제 작	우인도·고철민
펴낸곳	(주)**박영사**
	서울특별시 종로구 새문안로3길 36, 1601
	등록 1959. 3. 11. 제300-1959-1호(倫)
전 화	02)733-6771
f a x	02)736-4818
e-mail	pys@pybook.co.kr
homepage	www.pybook.co.kr
ISBN	979-11-303-0518-9 93350

정 가   28,000원